영단기

영단기 토익
기출 보카

영단기 토익 기출 보카

저자	영단기 연구소
대표 저자	정재현
수석 연구원	조대호
연구원	최민정 우중민 최낙현 함윤희 임정길 Briana McClanahan Cosmin Ritivoiu Kirsten Avila
기획 총괄	김도훈
기획·편집	정유상
마케팅·영업	김정현 양광열 양윤화 김보경 김보연
표지 디자인	김보라
내지 디자인	김소영 이정화 이플디자인
펴낸날	3판 1쇄 2020년 7월 23일 3판 11쇄 2024년 10월 20일
펴낸이	김정택
펴낸곳	(주)에스티유니타스
등록번호	제25100-2022-000072호
홈페이지	eng.conects.com
고객센터	카카오톡 플러스 친구 [영단기] / 영단기 1:1 게시판
주소	서울시 구로구 경인로 662 타워동 30층/31층
ISBN	979-11-6576-111-0 (13740)

잘못 만들어진 책은 구입처에서 바꿔 드립니다.
가격은 뒤표지에 있습니다.
이 책에 실린 모든 글과 사진, 일러스트를 포함한 디자인 및
편집 형태, 배포에 대한 권리는 (주)에스티유니타스에 있으므로
무단으로 전재하거나 복제, 배포, 전송할 수 없습니다.

저자의 말

대학교 때 우연히 본 한 기사가 지금까지도 생생하게 기억에 남아 있습니다. 영어 지식이 거의 없었던 학습자가 원서로 된 시사 주간지를 학습하며 겪었던 어려움에 관한 기사였는데, 그중 처음에는 매일 노트 한 권 분량으로 정리하던 새로운 어휘가 5~6개월이 지나고 나니 더 이상 정리할 어휘가 없어졌다는 내용이 있었습니다. 5만 단어 이상 수준의 시사 주간지도 몇 개월 만에 정복할 수 있다면 수천 단어에 지나지 않는 토익 어휘는 1~2개월에 충분히 끝낼 수 있지 않을까요? 가장 중요한 것은 토익에 출제되는 어휘 범위는 분명히 정해져 있다는 것입니다.

〈영단기 토익 기출 보카〉는 Part 1부터 7까지의 기출 어휘와 출제 포인트를 한 권에 담았습니다. LC의 빈출 정답 표현, 출제 우선순위에 따라 정리한 Part 5&6 빈출 표현, Part 7 독해 문제 풀이에 가장 중요한 패러프레이징까지 모두 담겨 있습니다. 빅데이터 기반으로 분석한 빈출 어휘만으로 표제어와 예문을 구성하여 학습 시간은 줄이고 적중률은 높였습니다. 특히 'LC/RC 짝꿍 표현'을 정리하여 쉽게 암기할 수 있고, 모든 예문의 '끊어 읽기'를 차근차근 따라가다 보면 문장 구조 파악에 도움이 되어 Part 7 독해력을 향상시킬 수 있습니다.

지난 20년간 토익을 분석하며 토익 어휘의 용례와 출제 포인트를 매달 꾸준히 정리한 방대한 내용을 이 한 권에 모두 담았습니다. 이 책을 마스터하면 여러분은 분명 토익 문제를 풀면서 더 이상 사전을 찾을 필요가 없는 자신을 발견하게 될 것입니다. (이러한 사실만으로 정말 흥분되지 않나요?) 본 교재로 학습 시 그 어느 교재보다 월등히 빠르게 어휘 고득점에 도달할 수 있다는 것을 확신합니다.

여러분을 온 마음으로 늘 응원합니다.

여러분의 토익 선생님, *정재현* 드림

이 책의 구성

• 반드시 출제되는 단어 •

① 표제어/예문/짝꿍 표현 MP3 QR코드를 찍으면 해당 Day의 표제어 및 예문과 짝꿍 표현 페이지의 단어를 음성으로 들을 수 있습니다.

② 주제별 출제 경향 각 주제가 토익에서는 구체적으로 어떤 내용으로 출제되는지 확인할 수 있습니다.

③ 카툰 재미있는 카툰 스토리에 오늘 배울 단어를 중간중간 심어 본격적인 학습 전에 쉽고 가볍게 워밍업할 수 있습니다.

④ 복습용 체크 박스 단어 암기는 3회독은 기본! 암기할 때마다 체크하면 자신의 복습 진도를 점검해 볼 수 있습니다.

⑤ 표제어와 출제율 특히 RC에서 정답으로 자주 출제되는 단어를 우선순위로 구성하였습니다. (★★★: 출제율 최상 ★★: 출제율 상 ★: 출제율 중)

⑥ 관련어 표제어와 관련된 파생어, 동의어, 반의어를 함께 학습할 수 있습니다.

⑦ 품사와 뜻 토익에서 가장 많이 출제되는 품사와 뜻 위주로 수록하였습니다. (v 동사 n 명사 adj 형용사 adv 부사 phr 구 표현)

⑧ 예문 토익 빈출 내용과 표현으로 구성한 예문에 끊어 읽기를 표시하고 표제어와 함께 자주 쓰이는 표현을 볼드체로 처리하여 효율적인 예문 학습이 가능합니다.

⑨ 빅데이터 토익 빈출 표현 방대한 토익 데이터에서 표제어와 파생어를 기준으로 추출하고 엄선한 표현을 빈출도와 함께 수록했습니다.

⑩ 연상 삽화 연상 암기법으로 단어가 오랫동안 기억에 남을 수 있도록 표제어에서 연상되는 삽화를 수록하였습니다.

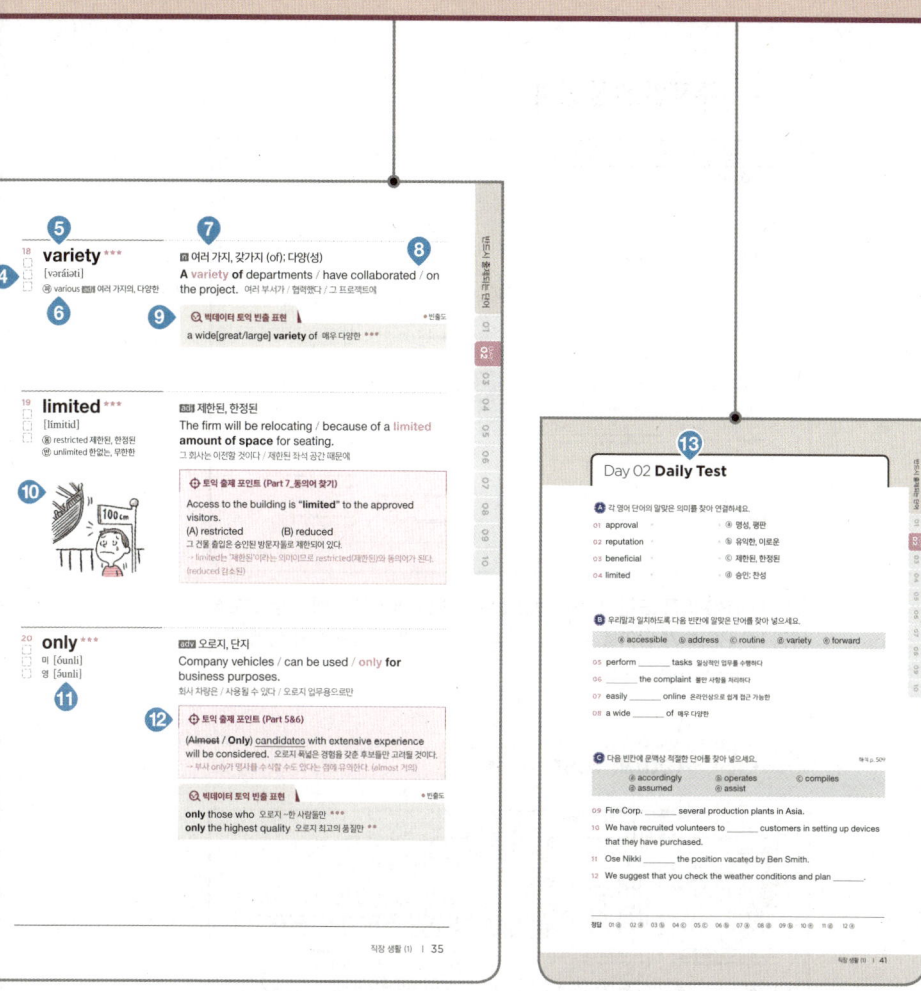

⑪ 발음 기호 영어 발음은 미국식/영국식 발음이 다르거나 품사에 따라 악센트가 달라지는 경우가 있는데, 이런 경우 모든 발음 기호를 수록하여 리스닝도 함께 대비할 수 있도록 했습니다.

⑫ 토익 출제 포인트 암기한 단어가 실제 토익에서는 어떻게 출제되고 활용되는지 확실하게 포인트를 잡을 수 있도록 Part 5&6 문법/어휘 문제부터 Part 7 동의어 문제와 패러프레이징까지 모두 정리해 두었습니다.

⑬ Daily Test 하루 분량의 단어 학습이 끝나면 간단하게 암기 테스트해 볼 수 있는 Daily Test가 수록되어 있습니다. 정답은 페이지 하단에서 바로 확인할 수 있으며, 해석은 별도로 페이지를 표시해 두었습니다.

이 책의 구성 | 3

• 주제별 완성 단어 •

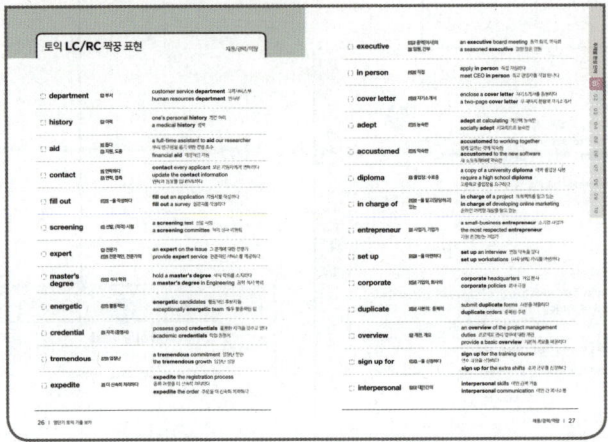

토익 LC/RC 짝꿍 표현 표제어만으로는 부족한 어휘량을 채울 수 있도록 토익 LC/RC 추가 단어를 수록하였으며, 동시에 짝꿍 표현까지 함께 익힐 수 있도록 구성하였습니다.

• Actual Test •

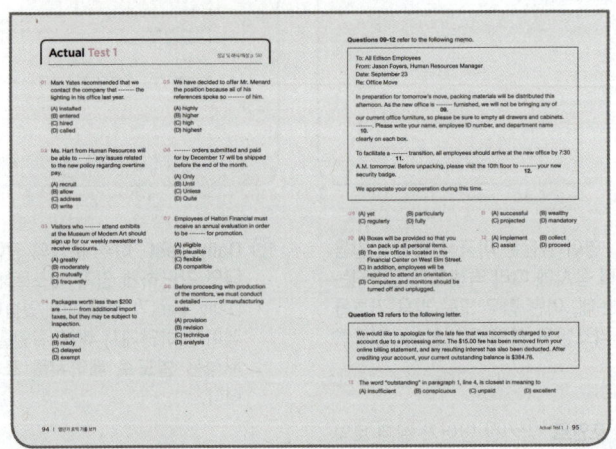

Actual Test 중간중간 여러 Day의 표제어를 묶어서 암기 테스트해 볼 수 있도록 Day 5개마다 Actual Test를 수록하였습니다(총 6회). 실제 토익 RC 문제 형태이므로 실전에도 완벽 대비할 수 있습니다.

추가 학습 구성

● 정답 및 해석/해설

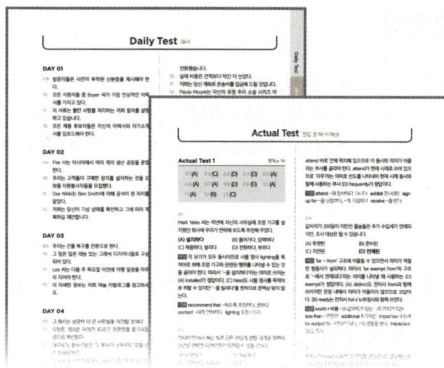

Daily Test의 해석과 Actual Test의 정답 및 해석/해설을 확인할 수 있습니다.

● 부록(빈출 전치사 표현)

전치사 어휘 문제는 전체 어휘 문제에서 15~20% 정도의 비중을 차지할 정도로 중요도가 높습니다. 따라서 묶어서 기억해 두면 정답을 바로 찾을 수 있는 빈출 전치사 숙어 표현만 모았습니다.

● 인덱스

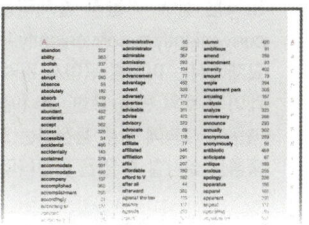

Day 01~30의 표제어와 짝꿍 표현 단어를 A~Z 순으로 정렬하고 해당 페이지 번호를 적어 놓아 뜻이 기억이 안 나거나 확인하고 싶은 단어를 쉽게 찾을 수 있습니다.

이 책의 특징

01 주제별 연상 학습 30일 완성

토익에 자주 나오는 주제를 30개로 나누고, Day별로 주제별 단어를 수록함으로써 연상 학습 효과를 극대화할 수 있습니다. 또한, '30일 완성'이라는 뚜렷한 목표가 있으므로 독학하는 수험생뿐만 아니라 스터디 모임에서도 체계적으로 계획을 짜서 학습할 수 있습니다.

02 ALL-IN-ONE 토익 보카! 이 책 한 권으로 Part 1~7 어휘 정복

RC 정답 표현을 출제 우선순위에 따라 정리하고, Part 5&6 문법/어휘 문제 및 Part 7 동의어 문제와 독해 문제 풀이에 가장 중요한 패러프레이징의 출제 포인트를 모두 정리한 코너를 따로 마련하였습니다. 또한, LC 빈출 단어를 짝꿍 표현과 함께 학습할 수 있어 이 책 한 권으로 토익의 모든 Part 어휘를 정복할 수 있습니다.

03 빅데이터 기반의 높은 적중률

토익은 함께 어울려 출제되는 표현이 비교적 정해져 있습니다. 예를 들어, conveniently는 conveniently located(편리한 곳에 위치한)로 자주 출제되는데, 본 교재에서는 이처럼 묶어서 기억해야 할 표현을 예문에서 볼드체로 표시하거나 '빅데이터 토익 빈출 표현' 코너에서 빈도수와 함께 정리하였습니다. 표제어는 물론 예문도 시험에 자주 등장하는 표현만으로 구성했으므로 시험장에서 매우 높은 적중률을 실감할 수 있을 것입니다.

04 차별화된 끊어 읽기 학습 (* '끊어 읽기'에 대한 자세한 내용은 p. 556~559 참조)

어휘력과 독해력을 한 번에 키울 수 있는 방안을 고민하고 예문에 끊어 읽기를 적용했습니다. 그리고 가장 효율적인 끊어 읽기 규칙을 적용하기 위해 syntax와 sentence processing을 연구하는 한국외국어대학교 영어학과 교수님들과 수많은 원어민들의 자문을 얻었습니다. 본 교재의 끊어 읽기를 차근차근 따라가다 보면 아무리 긴 문장이라도 문장 구조를 정확히 파악하고 효과적으로 끊어 해석할 수 있는 능력을 기를 수 있을 것입니다. 또한, 다양한 구문 학습을 통해 Part 7 독해력도 자연스레 갖추게 될 것입니다.

05 쉽고 효율적으로 암기할 수 있는 짝꿍 표현 수록

'토익 LC/RC 짝꿍 표현' 페이지는 단순히 영어 단어와 뜻만 나열하는 리스트 형식이 아니라 실제 시험에 빈번히 등장하는 단어를 선정하고, 이 단어가 어떤 표현과 습관적으로 함께 어울려 쓰이는지 예시를 보여 주는 구성이므로 더욱 쉽고 효율적으로 암기할 수 있습니다.

06 충분한 연습 문제 제공

Day마다 표제어를 제대로 암기했는지 간단하게 테스트해 볼 수 있는 Daily Test를 수록, 실제 토익 시험 형태의 문제를 풀어볼 수 있는 Actual Test를 총 6회분 수록하여 충분히 단어 암기 연습을 할 수 있습니다.

07 단어 암기를 도와주는 무료 제공 서비스

'1) 표제어/예문/짝꿍 표현 MP3, 2) 단어 암기 App, 3) 단어 시험지 자동 생성기, 4) 교재 인강'을 모두 무료로 제공합니다. MP3, 단어 시험지 자동 생성기, 교재 인강은 커넥츠 영단기 홈페이지(eng.conects.com)에서 이용할 수 있으며, MP3는 각 Day에 실린 QR코드를 통해서도 쉽고 빠르게 이용할 수 있습니다.

무료 학습 — (암기편) FULL 강의 & 앱

01 저자 직강 [암기편] FULL 강의

단어 암기를 돕기 위해 교재의 모든 어휘를 다루는 **정재현 선생님의 [암기편] FULL 강의**를 무료로 제공합니다.

강의 특징

재미있는 이미지와 쉬운 예시 표현으로 지루하지 않게 암기할 수 있습니다. 선생님과 함께 반복적으로 읽고 말하면서 자연스럽게 암기가 됩니다. 더 이상 손 아프게 써가면서 외울 필요가 없습니다. 하루에 딱 30분만 투자하세요!

강의 듣는 법

Step 1 커넥츠 영단기 홈페이지(eng.conects.com)에 접속 후, 로그인을 해주세요.

Step 2 회원정보〉활동내역의 쿠폰 등록 버튼을 클릭하여 교재에 동봉된 쿠폰 번호를 입력하세요.

Step 3 내 보관함에서 무료 강의를 확인하실 수 있습니다.

02 〈영단기 토익 기출 보카〉 앱

언제 어디서든 원할 때마다 복습할 수 있도록 〈영단기 토익 기출 보카〉 앱을 제공합니다.

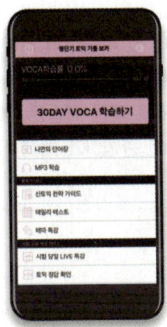  

📱 앱의 특징

30 DAY 어휘 학습   교재 내 모든 단어의 학습이 가능합니다. 학습을 원하는 DAY를 선택해서 학습하시면 됩니다.

나만의 단어장   1회 암기 학습 후 외우지 못한 단어는 단어장에 넣어주세요. 2회독부터 단어장을 활용하면 빠른 암기 마무리가 가능합니다.

MP3 학습   보카 암기는 듣기만 해도 효과적인 복습이 가능합니다. 또한 LC 대비를 위해 MP3 학습을 병행하시기를 권합니다.

앱 사용법

Step 1   플레이스토어/앱스토어에서 〈영단기 토익 기출 보카〉를 검색해주세요.
Step 2   앱 다운로드 후 학습을 진행하세요.
Step 3   쿠폰 인증 메시지가 나오면, 교재에 동봉된 쿠폰 번호를 입력하시면 됩니다.

목표 점수에 맞는 〈영단기 토익 기출 보카〉 활용법

◆ 자신의 목표 점수에 따라 교재를 다음과 같이 활용하세요. 빠른 목표 달성을 위해 교재를 두 번 학습할 것을 권장합니다. (시험 직전 빠르게 어휘를 확인하고 싶은 경우, 표제어와 예문의 볼드체 중심으로 살펴보세요.)

🚩 600점 목표 교재 활용법

각 DAY별 40개의 **표제어(파생어 포함)와 예문**을 학습합니다. 표제어 및 파생어의 의미와 품사를 암기하고, 예문과 함께 학습하면 단어가 기억에 오래 남기 때문에 예문을 꼭 해석하는 것이 좋습니다. 예문의 단어는 모두 시험에 출제되는 단어이므로 예문 학습은 앞으로 배울 어휘들의 예습이 됩니다. 만약 해석이 어려운 문장이 있다면 완벽하게 해석하려 하지 말고 볼드체 위주로 학습해 주세요.

🚩 750점 목표 교재 활용법

750점을 빠르게 받으려면 좀 더 높은 단어 수준과 문장 해석 수준이 필요합니다. 따라서 **표제어, 파생어, 예문**의 학습뿐만 아니라, 높은 적중률을 자랑하는 **토익 출제 포인트**와 **빅데이터 빈출 표현**도 반드시 확인해 주세요. 빅데이터 빈출 표현은 동그라미 표시 2개 이상만 학습해도 충분합니다. 예문의 볼드체로 된 부분은 암기하고, 예문 해석 시에는 끊어 읽기에 따라 덩어리로 해석하는 연습을 해 주세요.

🚩 900점 목표 교재 활용법

900점은 상당히 높은 수준의 어휘력이 필요한 단계입니다. 이 교재에 실린 어휘 중 토익에 출제되지 않는 어휘는 없으므로, **표제어, 파생어, 동의어, 반의어, 예문** 및 **토익 출제 포인트**와 **빅데이터 빈출 표현**을 모두 학습하는 것이 좋습니다. 예문을 모두 해석하고, 예문의 문장 구조가 한눈에 들어올 수 있도록 연습해 주세요. **짝꿍 표현**의 경우 해당 단어와 의미만 빠르게 체크하고 넘어갑니다. 교재 부록에 있는 **빈출 전치사 표현**까지 익힌다면 빠른 900점 달성이 가능합니다.

🚩 990점 목표 교재 활용법

990점을 받기 위해서는 시험에 등장하는 모든 단어를 알아야 합니다. **교재에 있는 모든 코너**를 학습하며 **짝꿍 표현**의 단어 및 **예문**까지도 모두 학습합니다. 교재에 등장하는 모든 어휘를 암기했다면 990점을 달성할 수 있는 어휘 실력을 분명히 갖추게 될 것입니다.

한눈으로 보는 목표 점수별 학습 범위

	600점 목표	750점 목표	900점 목표	990점 목표
표제어 및 예문	✓	✓	✓	✓
파생[동의/반의]어	파생어만	파생어만	✓	✓
토익 출제 포인트		✓	✓	✓
빅데이터 토익 빈출 표현		✓ (동그라미 2개 이상)	✓	✓
Daily Test	✓	✓	✓	✓
짝꿍 표현 단어			✓	✓
짝꿍 표현 예문				✓
빈출 전치사 표현[부록]			✓	✓

🎧 표제어와 예문 및 짝꿍 표현의 MP3 파일은 커넥츠 영단기 홈페이지(eng.connects.com)에서 무료로 다운 받을 수 있습니다.

Contents & Planner
목차 및 학습 플래너

- 저자의 말 ... 1
- 이 책의 구성 ... 2
- 이 책의 특징 ... 6
- 목표 점수에 맞는 교재 활용법 ... 10

DAY	주제	페이지	공부한 날		복습 1회	복습 2회	복습 3회
DAY 01	채용/경력/역량	14	월	일	√	√	√
DAY 02	직장 생활 (1)	30	월	일	√	√	√
DAY 03	직장 생활 (2)	46	월	일	√	√	√
DAY 04	수익/투자/성장	62	월	일	√	√	√
DAY 05	회계/비용/자금	78	월	일	√	√	√
Actual Test 1		94					
DAY 06	은행/거래/납부	96	월	일	√	√	√
DAY 07	경제	112	월	일	√	√	√
DAY 08	제품 개발	128	월	일	√	√	√
DAY 09	생산 기기	144	월	일	√	√	√
DAY 10	홍보	160	월	일	√	√	√
Actual Test 2		176					
DAY 11	쇼핑	178	월	일	√	√	√
DAY 12	상점/배송	194	월	일	√	√	√
DAY 13	결함/수리	210	월	일	√	√	√
DAY 14	고객 관리	226	월	일	√	√	√
DAY 15	회의	242	월	일	√	√	√
Actual Test 3		258					

- 정답 및 해석/해설　506
- 부록(빈출 전치사 표현)　526
- 인덱스　536
- 끊어 읽기, 왜 필요한가?　556

DAY	주제	페이지	공부한 날		복습 1회	복습 2회	복습 3회
DAY 16	경영	260	월	일	√	√	√
DAY 17	계약	276	월	일	√	√	√
DAY 18	행사	292	월	일	√	√	√
DAY 19	교육	308	월	일	√	√	√
DAY 20	규칙	324	월	일	√	√	√
Actual Test 4		340					
DAY 21	복지/보상	342	월	일	√	√	√
DAY 22	인사	358	월	일	√	√	√
DAY 23	건설/공사	374	월	일	√	√	√
DAY 24	건물	390	월	일	√	√	√
DAY 25	조사/연구/개발	406	월	일	√	√	√
Actual Test 5		422					
DAY 26	출판/구독	424	월	일	√	√	√
DAY 27	환경/날씨	440	월	일	√	√	√
DAY 28	건강/의료	456	월	일	√	√	√
DAY 29	교통/차량	472	월	일	√	√	√
DAY 30	여행	488	월	일	√	√	√
Actual Test 6		504					

DAY 01

채용/경력/역량

오늘의 단어 듣기

토익의 모든 Part에서 빠지지 않고 등장하는 주제가 채용입니다. 일자리 공고, 자격 요건, 제출 서류, 직종에 따른 업무 내용 등이 다뤄집니다.

📖 인재 양성

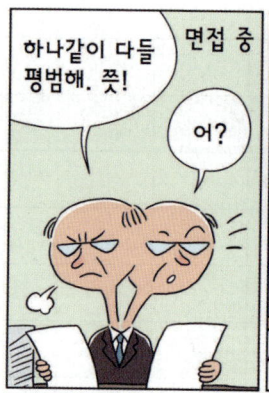

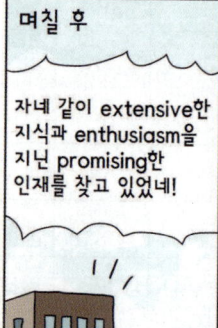

01 meet ★★★
[miːt]
⑧ fulfill, satisfy 충족시키다

ⓥ (필요·요구 등을) 충족시키다; 만나다
Most applicants / failed to **meet** the requirements.
대부분의 지원자들은 / 필수 요건을 충족시키지 못했다

> 🔍 빅데이터 토익 빈출 표현 ● 빈출도
> **meet**[fulfill/satisfy] the needs[expectations/requirements] 요구[기대/필수 요건]를 충족시키다 ●●
> **meet** with (논의를 위해) ~와 만나다 ●

02 facility ★★★
[fəsíləti]

ⓝ 시설
You will be working / at our manufacturing **facility** / in Hong Kong.
당신은 일하게 될 것입니다 / 우리의 제조 시설에서 / 홍콩에 있는

03 highly ★★★
[háili]
㉠ high adj 높은
    adv 높이

adv 매우, 대단히, 강(력)하게
The company / remains **highly** competitive / in a constantly changing environment.
그 회사는 / 매우 경쟁력 있는 상태를 유지하고 있다 / 끊임없이 변화하는 환경에서

> 🎯 토익 출제 포인트 (Part 5&6)
> a (**highly** / ~~high~~) regarded economist 매우 존경받는 경제학자
> → '(물리적으로) 높게'라는 의미는 high로 표현하며, 정도를 강조하는 '매우'라는 의미는 highly로 표현하므로 주의하자.

> 🔍 빅데이터 토익 빈출 표현 ● 빈출도
> **highly** qualified 매우 자질 있는 ●●●●●
> **highly** effective[successful/anticipated] 매우 효과적인[성공적인/기대되는] ●●●
> **highly** recommend 강력하게 추천하다 ●●
> speak **highly** of ~을 매우 칭찬하다 ●

04 recruit ★★★
[rikrúːt]
㉠ recruitment ⓝ 신규 모집, 채용

ⓥ 모집하다, 뽑다
Volunteers will be **recruited** / to help with cleaning up. 자원봉사자들이 모집될 것이다 / 청소하는 것을 돕기 위해서

05 applicant ★★★
[ǽplikənt]
㈜ apply ⓥ 지원하다, 신청하다; 적용하다[되다]
application ⓝ 지원(서), 신청(서); 적용
applicable adj 적용 가능한

ⓝ 지원자, 신청자
Applicants for the position / must have prior experience. 그 일자리의 지원자들은 / 경력이 있어야 한다

◆ 토익 출제 포인트 (Part 5&6)
interview some (**applicants** / ~~applications~~)
몇몇 지원자들을 면접하다
→ applicant(지원자)와 application(지원(서))의 의미 차이를 묻는 문제가 출제된다.

06 expertise ★★★
미 [èkspəːrtíːz]
영 [èkspəːtíːz]
㈜ expert ⓝ 전문가
expertly adv 전문적으로

ⓝ 전문 지식[기술]
Mr. Jolivet has relevant experience / and **technical expertise**. Jolivet 씨는 관련 경력을 가지고 있다 / 그리고 기술적인 전문 지식을

07 submit ★★★
[səbmít]
㈜ submission ⓝ 제출

ⓥ 제출하다 (A to B)
The form must be **submitted** / directly **to** our headquarters. 양식은 제출되어야 한다 / 바로 우리 본사로

◆ 토익 출제 포인트 (Part 5&6)
(~~advise~~ / **submit**) an application to the personnel office 인사과에 지원서를 제출하다
→ submit는 submit A to B(A를 B에(게) 제출하다)의 형태로 자주 출제된다. (advise 조언하다)

08 vacant ★★★
[véikənt]
㈜ vacancy ⓝ 공석; 빈방

adj 공석인, 비어 있는
The **position** / you applied for / is no longer **vacant**. 그 자리는 / 당신이 지원한 / 더 이상 공석이 아닙니다

09 eligible ★★★
[élidʒəbl]
派 eligibility n 자격, 적격함

adj 자격이 있는 (for/to V)
You should possess / a degree in marketing / to be eligible for the position.
당신은 소지해야 합니다 / 마케팅 분야의 학위를 / 그 자리에 자격을 갖추기 위해

> ◆ 토익 출제 포인트 (Part 5&6)
> Mr. Wang is eligible (**for** / ~~to~~) the benefits.
> Wang 씨는 그 혜택을 받을 자격이 있다.
> → eligible은 전치사 for나 to부정사와 함께 쓰인다. 비슷한 의미이지만 용법이 다른 'be entitled to + 명사/to V'와 헷갈리지 않도록 주의하자.

10 carefully ★★★
[kɛ́ərfəli]
派 careful adj 조심하는, 주의 깊은

adv 꼼꼼히, 조심스럽게
Please read / the enclosed contract / carefully.
읽으세요 / 동봉된 계약서를 / 꼼꼼히

11 impressive ★★★
[imprésiv]
派 impress v 깊은 인상을 주다
impression n 인상
impressed adj 깊은 인상을 받은

adj 인상적인, 깊은 인상을 주는
Mr. Smith's résumé / looks particularly impressive.
Smith 씨의 이력서는 / 특히 인상적으로 보인다

> ◆ 토익 출제 포인트 (Part 5&6)
> the restaurant's (~~impressed~~ / **impressive**) menu
> 그 식당의 인상적인 메뉴
> → impressed(깊은 인상을 받은)는 사람만 수식하는 형용사로, 사물을 수식할 수 있는 impressive(인상적인)와 구별하는 문제가 출제된다.

12 exceptional ★★★
[iksépʃənəl]
派 exceptionally adv 대단히; 예외적으로

adj 뛰어난; 예외적인
Mr. Crane is expected / to show exceptional performance / as the new sales director.
Crane 씨는 기대된다 / 뛰어난 성과를 보여 줄 것으로 / 새로운 영업 부장으로서

> 🔍 빅데이터 토익 빈출 표현 ● 빈출도
> exceptional service 뛰어난 서비스 ●
> exceptionally well[hard] 대단히 잘[열심히] ●●

13 position ★★★
[pəzíʃən]

n (일)자리, 직위; 입장; 위치

We are sorry to inform you / that the **position** has already been **filled**.
당신에게 통보하게 되어 유감입니다 / 그 일자리가 이미 충원되었다는 것을

14 requirement ★★★
미 [rikwáiərmənt]
영 [rikwáiəmənt]
파 require **v** 필요로 하다, 요구하다

n 필수 요건, 자격; 필요

An advanced degree / is one of the **requirements** / **for the job**.
대학원 이상의 학위가 / 필수 요건 중 하나이다 / 그 일에 대한

> 🔹 **토익 출제 포인트 (Part 7)**
> What is a **requirement** for the position?
> → Part 7의 구인 광고 지문에서 필수 요건(requirement)을 묻는 질문이 출제되는데, 이때는 선호(preferred) 사항과 구별해야 한다.

15 extensive ★★★
[iksténsiv]
파 extensively **adv** 광범위하게

adj 폭넓은, 광범위한

Mr. Fillmore has been selected / as a regional manager / for his **extensive experience**.
Fillmore 씨는 선택되었다 / 지역 관리자로 / 그의 폭넓은 경험 때문에

> 🔍 **빅데이터 토익 빈출 표현** ● 빈출도
> **extensive** experience 폭넓은 경험 ●●●
> **extensive** training[review] 광범위한 교육[검토] ●
> travel **extensively** 광범위하게 여행하다 ●●

16 enthusiasm ★★★
미 [inθúːziæzm]
영 [inθjúːziæzm]
파 enthusiast **n** …광(狂), 팬
enthusiastic **adj** 열렬한, 열광적인
enthusiastically **adv** 열광적으로, 열중하여

n 열정, 열광

Mr. Mason has volunteered / for the position / with **great enthusiasm**.
Mason 씨는 자원했다 / 그 자리에 / 엄청난 열정을 갖고

17 identification ★★★
[aidèntifəkéiʃən]
(파) identify v (신원 등을) 확인하다

n 신분 증명(서), 신원 확인

Please bring **a form of** identification / that includes your address.
신분증 한 가지를 가져오세요 / 당신의 주소가 나와 있는

> 빅데이터 토익 빈출 표현 ● 빈출도
>
> a valid form of identification 유효한 신분증 ●●●
> photo identification 사진이 부착된 신분증 ●●
> present identification 신분증을 제시하다 ●●

18 qualified ★★★
미 [kwάləfàid]
영 [kwɔ́ləfàid]
(파) qualify v 자격을 주다; 자격을 얻다
qualification n 자격, 자질

adj 자격이 있는, 적격의 (for)

Ms. Toomey **is well** qualified / **for** the managerial role. Toomey 씨는 충분한 자격을 갖추고 있다 / 관리자 역할에 대해

> 빅데이터 토익 빈출 표현 ● 빈출도
>
> be qualified for + 직책/직업 ~에 자격이 있다 ●●●

19 review ★★★
[rivjúː]
(파) reviewer n 검토자; 비평가

v 검토하다; 비평[논평]하다

All **applications** / must be reviewed / by next Thursday. 모든 지원서는 / 검토되어야 한다 / 다음 주 목요일까지

n 평가, 논평, 후기; 검토

Pay increases / are based on **performance** reviews. 급여 인상은 / 업무 평가에 기반한다

> 빅데이터 토익 빈출 표현 ● 빈출도
>
> customer review 고객 (사용) 후기 ●●

20 procedure ★★★
[prəsíːdʒər]
(동) process 절차, 과정

n 절차 (for)

The Web site / details the procedure / **for** submitting application documents.
그 웹사이트는 / 절차를 상세히 설명한다 / 지원 서류를 제출하는 것에 대한

21 successful ★★★
[səksésfəl]
⑪ successfully adv 성공적으로

adj 합격한; 성공한

Successful candidates / will be posted / to the Bangkok office. 합격자들은 / 배치될 것이다 / 방콕 지사로

The annual awards banquet / was extremely **successful**. 연례 시상식 연회는 / 매우 성공적이었다

22 professional ★★★
[prəféʃənl]
⑪ professionally adv 전문적으로
professionalism n 전문성, 뛰어난 기량
profession n (전문) 직업, 전문직

n 전문가, 숙련자

The team consists of / highly **qualified professionals**. 그 팀은 구성되어 있다 / 매우 자질 있는 전문가들로

adj 전문적인, 능숙한

You are advised to **seek** / **professional help** / with the computer viruses. 당신에게 구하는 것을 권합니다 / 전문적인 도움을 / 그 컴퓨터 바이러스에 대해
◉ 컴퓨터 바이러스에 대한 전문적인 도움을 받으십시오.

> ✦ 토익 출제 포인트 (Part 5&6)
>
> with great (~~profession~~ / ~~professional~~ / **professionalism**)
> 뛰어난 전문성으로
> → profession(직업)과 professional(전문가)은 가산 명사이고, professionalism(전문성)은 불가산 명사이다. 가산 명사는 앞에 관사나 소유격이 없으면 복수형으로 써야 한다는 것을 기억해 두자.

23 experience ★★★
[ikspíəriəns]
⑪ experienced adj 노련한, 경험이 풍부한

n 경력, 경험

Experience (of) **managing** staff / is a plus / but not required. 직원 관리 경력은 / 이점이다 / 하지만 필수 요건은 아니다

v 겪다, 경험하다

We have been **experiencing** / considerable **difficulties** / in finding a replacement. 우리는 겪어 왔다 / 상당한 어려움을 / 후임자를 찾는 데

24 promising ★★
미 [prá:misiŋ]
영 [prɔ́misiŋ]

adj (전도) 유망한, 장래성 있는

Queensville / is a very **promising location** / for real estate developers. 퀸스빌은 / 매우 유망한 장소이다 / 부동산 개발 업자들에게

25 achievement ★★
[ətʃíːvmənt]
ⓥ achieve ⓥ 달성하다, 성취하다
ⓢ accomplishment 성과, 업적; 완수

n 성과, 업적; 성취
The new employee has won an award / for his **outstanding** achievements.
그 신입 사원은 상을 받았다 / 그의 뛰어난 성과 때문에

> 🔍 빅데이터 토익 빈출 표현 ● 빈출도
> remarkable **achievement** 주목할 만한 성과[업적] ●●●
> **achieve** the objective[goal] 목적을 달성하다 ●●

26 industry ★★
[índəstri]

n 업계; 산업
The **healthcare** industry / is growing / at a rapid pace. 의료 업계는 / 성장하고 있다 / 빠른 속도로

27 candidate ★★
[kǽndidèit]
ⓢ applicant 지원자

n 지원자; 후보자
We are **seeking** candidates / with a background / in sales. 우리는 지원자들을 찾고 있다 / 경력을 가진 / 영업 분야에

28 reference ★★
[réfərəns]
ⓥ refer ⓥ 언급하다; 보내다; 조회하다

n 추천서; 추천인; 참조, 참고; 참고 문헌
Be sure to include / a **résumé** and three references. 꼭 넣어 주세요 / 이력서와 추천서 세 통을

For your reference, / here is a summary / of your order. 당신이 참조할 수 있도록 / 여기 요약본이 있습니다 / 당신 주문의

> 🔍 빅데이터 토익 빈출 표현 ● 빈출도
> for your **reference** 당신이 참조할 수 있도록 ●●
> for future[easy/quick] **reference**
> 추후에[쉽게/빠르게] 참조할 수 있도록 ●●
> a list of **references** 추천인[참고 문헌] 목록 ●

29 employment ★★
[implɔ́imənt]
ⓥ employ ⓥ 고용하다; 사용하다
employee **n** 직원, 종업원

n 채용, 취업
I am pleased / to accept your **offer** / of employment.
저는 기쁩니다 / 귀사의 제안을 수락하게 되어 / 채용에 대한

30 resume ★★
- n 미 [rézuməi]
  영 [rézjuməi]
- v 미 [rizú:m]
  영 [rizjú:m]

n <résumé> 이력서
Please send **a copy of your résumé** / to our personnel department.
이력서 한 부를 보내 주세요 / 저희 인사 부서로

v 재개하다[되다], 다시 시작하다[되다]
The **construction** of the factory / will **resume** soon. 공장의 건설은 / 곧 재개될 것이다

31 skilled ★
[skild]
⑪ skill n 기량, 기술
skillfully adv 능숙하게

adj 노련한, 숙련된 (in)
The chef **is skilled** / **in** creating pasta dishes.
그 요리사는 노련하다 / 파스타 요리를 만드는 것에

32 opening ★
- 미 [óupniŋ]
- 영 [ɔ́upniŋ]
- ⑪ open v 열다; 개업하다
  adj 열려 있는, 개방된; 영업을 하는
  openly adv 공공연히, 터놓고
  openness n 솔직함

n 공석, 일자리; 개장, 개업
Prime Systems / has some **job openings** / for students.
Prime Systems는 / 공석 몇 자리를 가지고 있다 / 학생들을 위한

The president / has announced the **opening** / of a new convention center.
그 회장은 / 개장을 발표했다 / 새로운 컨벤션 센터의

> ✚ 토익 출제 포인트 (Part 5&6)
> the **10th anniversary** of our (**opening** / ~~openness~~)
> 우리의 개업 10주년
> → opening(개업; 일자리)과 openness(솔직함)의 의미 차이를 묻는 문제가 출제된다.

33 hire ★
[háiər]

v 채용하다, 고용하다
The marketing department / is planning to **hire** / additional **employees**.
마케팅 부서는 / 채용할 계획이다 / 추가 직원들을

22 | 영단기 토익 기출 보카

34 training *
[tréiniŋ]
⊕ train v 교육[훈련]시키다

n 교육, 훈련
New employees / should attend the training session / this Friday.
신입 사원들은 / 교육에 참석해야 한다 / 이번 주 금요일에

🔍 **빅데이터 토익 빈출 표현** ● 빈출도
training session 교육, 연수 ●●●
undergo[receive] training 교육을 받다 ●●

35 degree *
[digríː]
(동) level 수준

n 학위 (in); 수준, 정도
Mathew holds a degree / in a related field.
Mathew는 학위를 보유하고 있다 / 관련 분야에서

➕ **토익 출제 포인트 (Part 7_동의어 찾기)**

Ms. Wells showed a high "**degree**" of professionalism.
(A) level   (B) qualification
Wells 씨는 높은 수준의 직업의식을 보여 주었다.
→ degree가 문맥상 '수준, 정도'라는 의미로 쓰이면 level(수준)과 동의어가 된다. (qualification 자격)

36 prospective *
[prəspéktiv]
⊕ prospect n 가망, 전망

adj 장래의, 유망한
Prospective employees / should send their résumés / by April 15.
채용 후보자들은 / 이력서를 보내야 한다 / 4월 15일까지

37 permanent *
미 [pə́ːrmənənt]
영 [pə́ːmənənt]
(반) temporary 일시적인, 임시의

adj 정규직의; 영구적인
Thank you for offering me / a permanent position / at Adachi Corp.
저에게 제의해 주셔서 감사합니다 / 정규직을 / Adachi 사의

38 certificate *

미 [sərtífikət]
영 [sətífikət]

⑪ certification ⓝ 증명(서)
certified adj 면허를 가진, 공인된

ⓝ 자격증; 증명서

You will **receive a** certificate / at the end of the course. 당신은 자격증을 받게 될 것입니다 / 강좌가 끝날 때

> 🎯 **토익 출제 포인트 (Part 5&6)**
>
> You should obtain appropriate (**certification** / ~~certificate~~) for the job.
> 당신은 그 일을 위해 적절한 자격증을 얻어야 합니다.
> → certificate는 가산 명사이므로 앞에 관사나 소유격이 없으면 복수형으로 써야 한다는 것을 기억해 두자.

39 interview *

미 [íntərvjùː]
영 [íntəvjùː]

ⓥ 면접하다

You will be interviewed / at the Melbourne branch.
당신은 면접을 볼 겁니다 / 멜버른 지사에서

ⓝ 면접

We would like you to come / to our headquarters / for a **job** interview.
저희는 당신이 오셨으면 합니다 / 저희 본사로 / 취업 면접을 보러
▶ 저희는 당신이 저희 본사로 오셔서 취업 면접을 보셨으면 합니다.

40 occupation *

미 [ὰkjupéiʃən]
영 [ɔ̀kjupéiʃən]

⑪ occupy ⓥ (공간·시간 등을) 차지하다; (지위·직책 등을) 맡다
⑧ job, profession 직업

ⓝ 직업, 일

Please state / your name, age, and occupation / in the space provided.
쓰세요 / 당신의 이름, 나이, 직업을 / 제공된 공간에

Day 01 **Daily Test**

A 각 영어 단어의 알맞은 의미를 찾아 연결하세요.

01 expertise •   • ⓐ 전문 지식[기술]
02 permanent •   • ⓑ 시설
03 facility •   • ⓒ 자격이 있는
04 eligible •   • ⓓ 정규직의; 영구적인

B 우리말과 일치하도록 다음 빈칸에 알맞은 단어를 찾아 넣으세요.

ⓐ qualified ⓑ training ⓒ highly ⓓ exceptional ⓔ reference

05 speak _____ of ~을 매우 칭찬하다
06 _____ for the managerial role 관리자 역할에 자격이 있는
07 for future _____ 추후에 참조할 수 있도록
08 undergo _____ 교육을 받다

C 다음 빈칸에 문맥상 적절한 단어를 찾아 넣으세요.

해석 p. 507

ⓐ prospective ⓑ procedures ⓒ impressive ⓓ identification ⓔ vacant

09 Visitors are required to present photo _____.
10 Of all the candidates, Mr. Boyer has the most _____ résumé.
11 This document outlines our _____ for addressing complaints.
12 All _____ employees should upload their résumés and cover letters.

정답 01 ⓐ 02 ⓓ 03 ⓑ 04 ⓒ 05 ⓒ 06 ⓐ 07 ⓔ 08 ⓑ 09 ⓓ 10 ⓒ 11 ⓑ 12 ⓐ

토익 LC/RC 짝꿍 표현

채용/경력/역량

☐ **department**	n 부서	customer service **department** 고객서비스부 human resources **department** 인사부
☐ **history**	n 이력	one's personal **history** 개인 이력 a medical **history** 병력
☐ **aid**	v 돕다 n 지원, 도움	a full-time assistant to **aid** our researcher 우리 연구원을 돕기 위한 전임 조수 financial **aid** 재정적인 지원
☐ **contact**	v 연락하다 n 연락, 접촉	**contact** every applicant 모든 지원자에게 연락하다 update the **contact** information 연락처 정보를 업데이트하다
☐ **fill out**	phr ~을 작성하다	**fill out** an application 지원서를 작성하다 **fill out** a survey 설문지를 작성하다
☐ **screening**	n 선발, (적격) 시험	a **screening** test 선발 시험 a **screening** committee 적격 심사 위원회
☐ **expert**	n 전문가 adj 전문적인, 전문가의	an **expert** on the issue 그 문제에 대한 전문가 provide **expert** service 전문적인 서비스를 제공하다
☐ **master's degree**	phr 석사 학위	hold a **master's degree** 석사 학위를 소지하다 a **master's degree** in Engineering 공학 석사 학위
☐ **energetic**	adj 활동적인	**energetic** candidates 활동적인 후보자들 exceptionally **energetic** team 매우 활동적인 팀
☐ **credential**	n 자격 (증명서)	possess good **credentials** 훌륭한 자격을 갖추고 있다 academic **credentials** 학업 증명서
☐ **tremendous**	adj 엄청난	a **tremendous** commitment 엄청난 헌신 the **tremendous** growth 엄청난 성장
☐ **expedite**	v 더 신속히 처리하다	**expedite** the registration process 등록 과정을 더 신속히 처리하다 **expedite** the order 주문을 더 신속히 처리하다

☐ **executive**	adj 중역[이사]의 n 임원, 간부	an **executive** board meeting 중역 회의, 이사회 a seasoned **executive** 경험 많은 임원	
☐ **in person**	phr 직접	apply **in person** 직접 지원하다 meet CEO **in person** 최고 경영자를 직접 만나다	
☐ **cover letter**	phr 자기소개서	enclose a **cover letter** 자기소개서를 동봉하다 a two-page **cover letter** 두 페이지 분량의 자기소개서	
☐ **adept**	adj 능숙한	**adept** at calculating 계산에 능숙한 socially **adept** 사교적으로 능숙한	
☐ **accustomed**	adj 익숙한	**accustomed** to working together 함께 일하는 것에 익숙한 **accustomed** to the new software 새 소프트웨어에 익숙한	
☐ **diploma**	n 졸업장; 수료증	a copy of a university **diploma** 대학 졸업장 사본 require a high school **diploma** 고등학교 졸업장을 요구하다	
☐ **in charge of**	phr ~을 맡고[담당하고] 있는	**in charge of** a project 프로젝트를 맡고 있는 **in charge of** developing online marketing 온라인 마케팅 개발을 맡고 있는	
☐ **entrepreneur**	n 사업가, 기업가	a small-business **entrepreneur** 소기업 사업가 the most respected **entrepreneur** 가장 존경받는 기업가	
☐ **set up**	phr ~을 마련하다	**set up** an interview 면접 약속을 잡다 **set up** workstations (사무실에) 자리를 마련하다	
☐ **corporate**	adj 기업의, 회사의	**corporate** headquarters 기업 본사 **corporate** policies 회사 규정	
☐ **duplicate**	adj 사본의; 중복의	submit **duplicate** forms 사본을 제출하다 **duplicate** orders 중복된 주문	
☐ **overview**	n 개관, 개요	an **overview** of the project management duties 프로젝트 관리 업무에 대한 개관 provide a basic **overview** 기본적 개요를 제공하다	
☐ **sign up for**	phr ~을 신청하다	**sign up for** the training course 연수 과정을 신청하다 **sign up for** the extra shifts 초과 근무를 신청하다	
☐ **interpersonal**	adj 대인간의	**interpersonal** skills 대인 관계 기술 **interpersonal** communication 대인 간 의사소통	

☐ **get to**	phr ~에 도착하다	**get to** the reception desk 접수처에 도착하다 **get to** work every day 매일 일하러 가다	
☐ **venue**	n 장소	an ideal **venue** for the event 그 행사에 이상적인 장소 a recently renovated **venue** 최근에 새로 단장한 장소	
☐ **understaffed**	adj 직원이 부족한	Call center is **understaffed**. 콜센터에 직원이 부족하다. currently **understaffed** 현재 직원이 부족한	
☐ **devoted**	adj 헌신적인	**devoted** to research 연구에 헌신적인 **devoted** to occupations 직업에 헌신적인	
☐ **multilingual**	adj 여러 언어를 사용하는	a **multilingual** translator 다국어 번역가 **multilingual** staff 다국어를 할 줄 아는 직원	
☐ **hand out**	phr ~을 나누어 주다	**hand out** name badges 명찰을 나누어 주다 **hand out** the manual 안내서를 나누어 주다	
☐ **insufficient**	adj 불충분한, 부족한	**insufficient** to meet the demand 수요에 부응하지 못하는 **insufficient** enrollment 부족한 참가 인원	
☐ **multinational**	adj 다국적의	a **multinational** corporation 다국적 기업 a **multinational** community 다민족 사회	
☐ **workplace**	n 직장, 일터	a pleasant **workplace** atmosphere 즐거운 직장 분위기 create the safe **workplace** 안전한 일터를 만들다	
☐ **simultaneously**	adv 동시에, 일제히	take on multiple projects **simultaneously** 동시에 여러 프로젝트를 맡다 broadcast **simultaneously** on TV and radio TV와 라디오에서 일제히 방송하다	
☐ **look forward to**	phr ~하기를 고대하다	**look forward to** seeing him again 그를 다시 보기를 고대하다 **look forward to** your reply 답신을 받기를 고대하다	
☐ **wage**	n 임금	competitive **wages** 경쟁력 있는(높은) 임금 minimum **wages** 최저 임금	
☐ **fluent**	adj 유창한	**fluent** in English 영어에 유창한 a **fluent** speaker 유창한 연설가	
☐ **look through**	phr ~을 검토하다	**look through** all the résumés 모든 이력서를 검토하다 **look through** reviews 비평을 검토하다	

단어	품사/뜻	예문
☐ outlook	n 전망	the **outlook** for jobs 일자리에 대한 전망 a positive **outlook** 긍정적인 전망
☐ aptitude	n 소질, 적성	show a remarkable **aptitude** for languages 언어에 놀랄 만한 소질을 보이다 take an **aptitude** test 적성 검사를 받다
☐ welcome reception	phr 환영회	give a warm **welcome reception** 따뜻한 환영회를 열어 주다 an official **welcome reception** 공식 환영회
☐ on time	phr 정시에	arrive **on time** 정시에 도착하다 complete work **on time** 정시에 일을 마치다
☐ native	adj 출생지의; 토종의	a **native** language 모국어 **native** to the region 그 지방 출신의
☐ eagerness	n 열의, 열망	show **eagerness** 열의를 보이다 **eagerness** to learn 배우고자 하는 열망
☐ prerequisite	n 필수 조건, 전제 조건	Relevant experience is a **prerequisite**. 관련 경력은 필수 조건이다. the minimum **prerequisites** 최소 필수 조건
☐ rely on	phr ~에 의존하다	**rely on** professionals 전문가들에게 의존하다 **rely** heavily **on** a contract 계약에 크게 의존하다
☐ pension	n 연금	take out a private **pension** 개인연금을 들다 receive a retirement **pension** 퇴직 연금을 받다
☐ part-time	adj 시간제의	numerous **part-time** employees 많은 시간제 근로자들 look for a **part-time** job 시간제 일자리를 찾다
☐ bachelor's degree	phr 학사 학위	earn a **bachelor's degree** 학사 학위를 받다 a **bachelor's degree** in Statistics 통계학 학사 학위
☐ in[with] regard to	phr ~에 관해서	**in regard to** your request 당신의 요구에 관해서 **with regard to** these regulations 이 규정에 관해서
☐ endeavor	n 노력; 시도 v 노력하다; 시도하다	make every **endeavor** 모든 노력을 다하다 **endeavor** to build trade relationships 무역 관계를 맺으려고 노력하다
☐ follow up on	phr ~을 끝까지 하다; ~에 대한 후속 조치를 취하다	**follow up on** the conversation 대화를 끝까지 하다 **follow up on** the information 그 정보에 대한 후속 조치를 취하다

DAY 02

직장 생활 (1)

토익에서는 회사와 직원의 관계, 상사와 부하 직원 사이의 업무 상황, 동료와의 협업 모두가 출제됩니다.

01 promptly ***
미 [prάmptli]
영 [prɔ́mptli]
㈜ prompt adj 지체 없는

adv 정시에; 신속하게
The weekly meeting / will **begin** / **promptly** at 2 P.M.
주간 회의는 / 시작될 것이다 / 오후 2시 정각에

빅데이터 토익 빈출 표현
● 빈출도
begin **promptly** at + 시각 ~시 정각에 시작되다 ●●●
react[respond] **promptly** to ~에 신속히 대응하다 ●●●
arrive **promptly** 정시에 도착하다 ●

02 accordingly ***
미 [əkɔ́:rdiŋli]
영 [əkɔ́:diŋli]

adv 그에 따라; 그래서
We should listen to customers / and **respond accordingly**.
우리는 고객들에게 귀를 기울여야 한다 / 그리고 그에 따라 대응해야 한다

빅데이터 토익 빈출 표현
● 빈출도
adjust[plan] **accordingly** 그에 따라 조정하다[계획하다] ●●

03 productivity ***
미 [pròudʌktívəti]
영 [prɔ̀dʌktívəti]
㈜ productive adj 생산적인
productively adv 생산적으로
producer n 생산자; 제작자

n 생산성
The renovation of the facility / will **increase** / employee **productivity**.
시설의 보수는 / 향상시킬 것이다 / 직원 생산성을

토익 출제 포인트 (Part 5&6)
increase employee (producer / **productivity**)
직원 생산성을 향상시키다
→ increase의 목적어로 productivity(생산성)를 선택하는 문제가 자주 출제된다. (producer 생산자; 제작자)

04 innovative ***
미 [ínəvèitiv]
영 [ínəvətiv]
㈜ innovatively adv 혁신적으로
innovation n 혁신

adj 혁신적인, 획기적인
The increase in profits / was the result / of our **innovative** marketing strategies.
이윤의 증가는 / 결과였다 / 우리의 혁신적인 마케팅 전략의

05 approval ***
- [əprúːvəl]
- ⓓ approve ⓥ 승인하다; 찬성하다

ⓝ 승인; 찬성

Alp Limited / must **obtain** approval / from the city council / to build the proposed park.
Alp Limited는 / 승인을 받아야 한다 / 시 의회로부터 / 제안된 공원을 짓기 위해

> 🔍 빅데이터 토익 빈출 표현　　　　　　　　　　　● 빈출도
>
> obtain[receive] final **approval**　최종 승인을 받다 ●●●
> require[need] **approval**　승인을 필요로 하다 ●●

06 outline ***
- [áutlàin]
- ⓢ summarize 요약하다, 간략하게 말하다

ⓥ 개요를 설명하다

The new office **procedures** / are outlined / in the employee handbook.
새로운 사무 절차는 / 설명되어 있다 / 직원 안내서에

ⓝ 개요; 윤곽

Enclosed is an outline / of the marketing proposal.
개요가 동봉되어 있다 / 마케팅 제안서의

> 🎯 토익 출제 포인트 (Part 5&6)
>
> This document (**outlines** / ~~accounts~~) the safety rules.
> 이 문서는 안전 규칙을 설명한다.
> → 토익에 자주 출제되는 '설명하다' 동사는 outline, account for, explain으로, 이때 account는 전치사 for와 함께 쓰여야 한다는 것을 기억해 두자.

07 performance ***
- 미 [pərfɔ́ːrməns]
- 영 [pəfɔ́ːməns]
- ⓓ perform ⓥ 수행하다; 공연하다
  performer ⓝ 연주자, 연기자

ⓝ 실적; 공연

The new marketer / received an award / for her **exceptional** performance.
새로운 마케팅 담당자는 / 상을 받았다 / 그녀의 뛰어난 실적 때문에

The **musical** performance / will begin at 7 P.M.
음악 공연은 / 저녁 7시에 시작될 것이다

08 efficiently ***
- [ifíʃəntli]
- ⓓ efficient ⓐⓓⓙ 효율적인
  efficiency ⓝ 효율(성)

ⓐⓓⓥ 효율적으로

A clean office environment / will help you / **work** more efficiently.
깨끗한 사무 환경은 / 당신에게 도움을 줄 것입니다 / 더 효율적으로 일할 수 있도록

09 operate ★★★
- 미 [ɑ́:pərèit]
- 영 [ɔ́pərèit]
- ⓜ operation n 사업, 영업; 작동
  operational adj 운영[운용]상의; 사용 가능한

v 운영[운행]하다[되다]; 작동하다[되다]

Our customer service department / operates 24 hours a day. 우리 고객 서비스 부서는 / 24시간 운영된다

This video will show you / how to operate / the recording equipment.
이 비디오는 당신에게 알려 줄 것입니다 / 어떻게 작동시킬 수 있는지 / 녹음 장비를
▶ 이 비디오는 녹음 장비의 작동법을 알려 줄 것입니다.

10 implement ★★★
- [ímplənt]
- ⓜ implementation n 실행

v 시행하다, 실행하다

Management will implement / a new quality control procedure / soon.
경영진은 시행할 것이다 / 새로운 품질 관리 절차를 / 곧

11 reputation ★★★
- [rèpjətéiʃən]

n 명성, 평판 (for)

The Spicy Fish / has built a reputation / for providing only the freshest seafood.
Spicy Fish는 / 명성을 쌓아 왔다 / 가장 신선한 해산물만을 제공한다는

🔍 **빅데이터 토익 빈출 표현**　　　　● 빈출도
a reputation for　~에 대한 명성 ●●●●●

12 responsibility ★★★
- 미 [rispɑ̀nsəbíləti]
- 영 [rispɔ̀nsəbíləti]
- ⓜ responsible adj 책임이 있는

n 책임, 담당 업무 (to V/for)

It is Ms. Lopez's responsibility / to purchase office supplies.
Lopez 씨의 담당 업무이다 / 사무 용품을 구매하는 것은

🔍 **빅데이터 토익 빈출 표현**　　　　● 빈출도
take responsibility for　~에 대한 책임을 지다 ●●●
be responsible for　~에 책임이 있다 ●●●●●

13 routine ***
[ruːtíːn]
㉠ routinely adv 일상적으로

adj 일상적인, 틀에 박힌
This program / will enable users / to perform **routine** tasks easily.
이 프로그램은 / 사용자들이 할 수 있게 할 것이다 / 일상적인 업무를 쉽게 수행하도록
▶ 이 프로그램은 사용자들이 일상적인 업무를 쉽게 수행할 수 있게 할 것이다.

14 competitive ***
[kəmpétətiv]
㉠ compete v 경쟁하다
competition n 경쟁; 경연 대회
competitor n 경쟁자
competitiveness n 경쟁력

adj 경쟁력 있는, 경쟁의
We offer a **competitive** salary / and excellent benefits. 우리는 경쟁력 있는 연봉을 제공한다 / 그리고 훌륭한 복지 혜택도

🔍 **빅데이터 토익 빈출 표현** ● 빈출도
increasing **competition** 증가하는 경쟁 ●
cooking **competition** 요리 경연 대회 ●
increase one's **competitiveness** 경쟁력을 높이다 ●

15 conduct ***
[kəndʌ́kt]

v 수행하다, 실시하다
A **survey** will be **conducted** / to determine the level / of customer satisfaction.
설문 조사가 수행될 것이다 / 수준을 알아내기 위해 / 고객 만족의

16 thoroughly ***
미 [θə́ːrouli]
영 [θʌ́rəuli]
㉠ thorough adj 철저한

adv 철저하게, 완전히
The proposal / has been **thoroughly** reviewed / by the design team. 그 제안은 / 철저하게 검토되었다 / 디자인팀에 의해

17 accessible ***
[əksésəbl]
㉠ access n 접근(권)
v 접근하다, 이용하다

adj 접근[이용] 가능한
The new database / is easily **accessible** online / to all employees.
새 데이터베이스는 / 온라인상으로 쉽게 접근 가능하다 / 모든 직원들에게

🔍 **빅데이터 토익 빈출 표현** ● 빈출도
easily[readily] **accessible** 쉽게 접근[이용] 가능한 ●
access to database 데이터베이스로의 접근 ●●●

18 variety ★★★
[vəráiəti]
⑲ various adj 여러 가지의, 다양한

n 여러 가지, 갖가지 (of); 다양(성)
A **variety** of departments / have collaborated on the project. 여러 부서가 / 그 프로젝트에 협력했다

> 🔍 빅데이터 토익 빈출 표현 • 빈출도
> a wide[great/large] **variety** of 매우 다양한 •••

19 limited ★★★
[límitid]
동 restricted 제한된, 한정된
반 unlimited 한없는, 무한한

adj 제한된, 한정된
The firm will be relocating / because of a **limited** amount of space for seating.
그 회사는 이전할 것이다 / 제한된 좌석 공간 때문에

> 🎯 토익 출제 포인트 (Part 7_동의어 찾기)
> Access to the building is "**limited**" to the approved visitors.
> (A) restricted   (B) reduced
> 그 건물 출입은 승인된 방문자들로 제한되어 있다.
> → limited는 '제한된'이라는 의미이므로 restricted(제한된)와 동의어가 된다. (reduced 감소된)

20 only ★★★
미 [óunli]
영 [ɔ́unli]

adv 오로지, 단지
Company vehicles / can be used / **only** for business purposes.
회사 차량은 / 사용될 수 있다 / 오로지 업무용으로만

> 🎯 토익 출제 포인트 (Part 5&6)
> (A̶l̶m̶o̶s̶t̶ / **Only**) candidates with extensive experience will be considered. 오로지 폭넓은 경험을 갖춘 후보들만 고려될 것이다.
> → 부사 only가 명사를 수식할 수도 있다는 점에 유의한다. (almost 거의)

> 🔍 빅데이터 토익 빈출 표현 • 빈출도
> **only** those who 오로지 ~한 사람들만 •••
> **only** the highest quality 오로지 최고의 품질만 ••

21 address ***
- v [ədrés]
- n [ǽdres]

v (문제 등을) 처리하다, 다루다; 연설하다

The store manager / **addressed** the complaint / adequately. 그 지점장은 / 불만 사항을 처리했다 / 적절하게

n 연설; 주소

The **keynote** address / was well received / by all the participants. 기조연설은 / 잘 받아들여졌다 / 모든 참가자들에 의해

22 forward ***
- 미 [fɔ́:rwərd]
- 영 [fɔ́:wəd]
- 통 send 보내다, 전하다

v (물건·정보를) 전달하다 (A to B)

Please **forward** the survey results / **to** me / at your earliest convenience. 설문 조사 결과를 전달해 주세요 / 저에게 / 가급적 빨리

adv 앞으로

I would like to **move** my flight **forward** / to July 12 instead of 14. 저는 비행기 시간을 앞당기고 싶습니다 / 7월 14일 대신에 12일로

> 🎯 **토익 출제 포인트 (Part 5&6)**
>
> All inquiries must be (**forwarded** / ~~located~~) to the manager. 모든 문의 사항은 관리자에게 전달되어야 한다.
> → 전치사 to와 어울리는 동사 어휘로 forward를 선택하는 문제가 출제된다.
> (locate ~의 정확한 위치를 알아내다; ~에 두다)

23 beneficial ***
- [bènəfíʃəl]
- 파 benefit n 혜택, 이점
     v 유익하다; 이득을 보다

adj 유익한, 이로운 (to/for)

Your expertise / will be highly **beneficial** / **to** our company. 당신의 전문 지식은 / 매우 유익할 것입니다 / 저희 회사에

> 🔍 **빅데이터 토익 빈출 표현**   ● 빈출도
>
> **beneficial** to[for] ~에[~에게] 유익한 ●●●
> mutually **beneficial** 상호 간에 이로운 ●●
> **beneficial** effect on ~에 미치는 이로운 효과 ●
> **benefit** from ~로부터 이득을 보다 ●●

24 monitor ★★
- 미 [mánətər]
- 영 [mɔ́nətər]
- ㈜ monitoring n 감시, 관찰

v 감시하다, 관찰하다

The production process / is **closely monitored** / by our experienced experts.
생산 과정은 / 면밀히 감시된다 / 우리의 노련한 전문가들에 의해

25 assign ★★
- [əsáin]
- ㈜ assignment n 배정; 과제, 임무

v (업무 등을) 할당하다

Mr. Martin / has **been assigned the task** / of completing the budget report.
Martin 씨는 / 업무를 할당받았다 / 예산 보고서를 작성하는

> 🔍 **빅데이터 토익 빈출 표현**　　　　　● 빈출도
> **assign** a task[project/duty] 업무[프로젝트/임무]를 할당하다 ★★

26 colleague ★★
- 미 [káli:g]
- 영 [kɔ́li:g]
- ㈜ co-worker, associate 동료

n 동료

Ms. Woods / **assisted** her **colleague** / in using new software.
Woods 씨는 / 동료를 도왔다 / 새로운 소프트웨어를 사용하는 데 있어

27 assist ★★
- [əsíst]
- ㈜ assistance n 도움
- assistant n 보조자

v 돕다 (A with/in B)

Our sales staff / is happy to **assist** customers / **with** product selection.
저희 판매 사원은 / 고객분들을 기꺼이 도와 드립니다 / 제품 선택에 있어

28 task ★★
- 미 [tæsk]
- 영 [tɑ:sk]
- ㈜ duty 업무, 임무
- assignment 과제, 임무

n 일, 과제, 업무

The new hire / is capable of **performing** / complex **tasks** / very efficiently.
그 신입 사원은 / 수행할 능력이 있다 / 복잡한 업무를 / 매우 효율적으로

> ⬆ **토익 출제 포인트 (Part 5&6)**
> **perform** important (task / **tasks**) 중요한 업무를 수행하다
> → task는 가산 명사이므로 앞에 관사나 소유격이 없는 경우 복수 형태를 써야 한다.

직장 생활 (1) | 37

29 compile *
[kəmpáil]
(파) compilation n 모음집; 편찬

v (자료 등을) 수집하다; 편집하다
The information was compiled / from a survey / of all department managers.
그 정보는 취합되었다 / 설문 조사에서 / 모든 부서장들의

30 mandatory *
미 [mǽndətɔ̀:ri]
영 [mǽndətəri]
(파) mandate v 명령하다; 권한을 주다
n 명령; 권한

adj 의무적인; 명령의
It is mandatory / that employees wear helmets / on the factory floor.
의무이다 / 직원들이 헬멧을 착용하는 것은 / 작업장에서

31 collect *
[kəlékt]
(파) collection n 모음; 상품군

v 모으다, 수집하다
Mr. Corwin / will perform the task / of collecting information / about consumer shopping habits.
Corwin 씨는 / 업무를 수행할 것이다 / 정보를 모으는 / 소비자의 쇼핑 습관에 관한

32 supervise *
미 [sú:pərvàiz]
영 [sú:pəvàiz]
(파) supervisor n 관리자, 감독(자)
supervision n 관리, 감독

v 관리하다, 감독하다
High Media / is seeking an individual / to supervise the research team.
High Media는 / 사람을 구하고 있다 / 연구팀을 관리할

> 🔍 빅데이터 토익 빈출 표현　　● 빈출도
> under the supervision of ~의 감독하에서 •••

33 deadline *
[dédlàin]

n 마감일, 최종 기한 (for)
Please note / that the deadline for submitting the proposal / is tomorrow.
유의하세요 / 제안서를 제출하는 마감일이 / 내일이라는 점을

> 🔍 빅데이터 토익 빈출 표현　　● 빈출도
> deadline for the project 프로젝트 마감일 •••••
> meet the deadline 마감일을 맞추다 •••••

34 reimburse *
미 [rìːimbə́ːrs]
영 [rìːimbə́ːs]
(파) reimbursement n 환급, 상환

v 상환하다, (비용을) 지급하다 (A for B)
The company will **reimburse** you / **for** all travel expenses. 회사는 당신에게 상환할 것입니다 / 모든 출장 경비를

🔍 **빅데이터 토익 빈출 표현** ● 빈출도
be **reimbursed** for ~에 대하여 환급받다 ●●●
receive[request] **reimbursement** 환급을 받다[신청하다] ●
turn in receipts for **reimbursement**
환급을 받기 위해 영수증을 제출하다 ●

35 aware *
[əwɛ́ər]
(파) awareness n 의식, 관심
(반) unaware ~을 알지 못하는

adj 알고 있는, 의식[자각]하고 있는 (of/that절)
All staff members / should **be** fully **aware of** / their role and responsibility.
모든 직원들은 / 완전히 알고 있어야 한다 / 자신의 역할과 책임을

🔍 **빅데이터 토익 빈출 표현** ● 빈출도
be **aware** of[that절] ~을 알고 있다 ●●●●
raise[promote] **awareness** 의식을 높이다[고취시키다] ●●

36 manage *
[mǽnidʒ]
(파) management n 관리, 경영
  manager n 관리자
  managerial adj 관리[경영]의

v 관리하다; (가까스로) 해내다 (to V)
The sales manager / is known for his exceptional ability / to **manage** and motivate **employees**.
그 영업 부장은 / 뛰어난 능력으로 유명하다 / 직원들을 관리하고 동기를 부여하는

Tyler / **managed to arrive** on time / for the meeting. Tyler는 / 가까스로 정시에 도착했다 / 회의에

37 form *
미 [fɔːrm]
영 [fɔːm]
(파) formal adj 형식적인; 정중한
  formation n 형성

v 조직하다, 구성하다
According to your suggestion, / we have recently **formed** / a safety **committee**.
당신의 제안에 따라 / 저희는 최근에 조직했습니다 / 안전 위원회를

n 서식; 종류
Please **complete** this **form** / to receive reimbursement / for business travel.
이 서식을 작성하세요 / 비용 상환을 받으려면 / 출장에 대해

직장 생활 (1) | 39

38 assume *
- 미 [əsúːm]
- 영 [əsjúːm]
- ㉭ assumption n (책임 등의) 인수; 추정
- ㉦ take on ~을 맡다
  suppose, presume 추정하다

v (책임 등을) 맡다; 추정하다 (that절)

Mark Kyser / will **assume the role** / of financial director / on May 15.
Mark Kyser는 / 역할을 맡을 것이다 / 재무 부장의 / 5월 15일에

We **assume** / **that** the product was damaged / in transit. 우리는 추정한다 / 제품이 파손되었다고 / 운송 중에

> ◆ 토익 출제 포인트 (Part 7_동의어 찾기)
>
> Ms. Green will "**assume**" a new position supervising the sales team.
> (A) suppose   (B) take on
> Green 씨는 영업팀을 관리하는 새로운 직책을 맡을 것이다.
> → assume이 문맥상 '(책임 등을) 맡다'라는 의미로 쓰이면 take on((일 등)~을 맡다)과 동의어가 된다. (suppose 추정하다)

39 oversee *
- 미 [òuvərsíː]
- 영 [ə̀uvəsíː]

v 감독하다

A new leader / will be appointed / to **oversee** the whole **project**.
새로운 지도자가 / 임명될 것이다 / 전체 프로젝트를 감독하기 위해

40 remove *
- [rimúːv]
- ㉭ removal n 제거

v 제거하다; 치우다 (A from B)

Any incorrect charges / will be **removed** / **from** your account immediately.
잘못된 비용 청구는 / 제거될 것입니다 / 당신의 계좌로부터 즉시

Day 02 **Daily Test**

A 각 영어 단어의 알맞은 의미를 찾아 연결하세요.

01 approval • • ⓐ 명성, 평판
02 reputation • • ⓑ 유익한, 이로운
03 beneficial • • ⓒ 제한된, 한정된
04 limited • • ⓓ 승인; 찬성

B 우리말과 일치하도록 다음 빈칸에 알맞은 단어를 찾아 넣으세요.

| ⓐ accessible   ⓑ address   ⓒ routine   ⓓ variety   ⓔ forward |

05 perform _____ tasks 일상적인 업무를 수행하다
06 _____ the complaint 불만 사항을 처리하다
07 easily _____ online 온라인상으로 쉽게 접근 가능한
08 a wide _____ of 매우 다양한

C 다음 빈칸에 문맥상 적절한 단어를 찾아 넣으세요. 해석 p. 507

| ⓐ accordingly   ⓑ operates   ⓒ compiles |
| ⓓ assumed   ⓔ assist |

09 Fire Corp. _____ several production plants in Asia.
10 We have recruited volunteers to _____ customers in setting up devices that they have purchased.
11 Ose Nikki _____ the position vacated by Ben Smith.
12 We suggest that you check the weather conditions and plan _____.

정답 01 ⓓ 02 ⓐ 03 ⓑ 04 ⓒ 05 ⓒ 06 ⓑ 07 ⓐ 08 ⓓ 09 ⓑ 10 ⓔ 11 ⓓ 12 ⓐ

토익 LC/RC 짝꿍 표현

직장 생활 (1)

- [ ] **coworker** — n 동료
  - ask a **coworker** for help 동료에게 도움을 요청하다
  - cooperation among **coworkers** 동료들 간의 협력

- [ ] **go through** — phr ~을 살펴보다, 검토하다
  - **go through** the accounts 장부를 살펴보다
  - **go through** clients' addresses 고객들의 주소를 검토하다

- [ ] **supplement** — v 보충하다, 추가하다 / n 보충[추가](물)
  - **supplement** new employee orientation 신입 사원 오리엔테이션을 보충하다
  - nutritional **supplements** 영양 보충제

- [ ] **outcome** — n 결과, 성과
  - an expected **outcome** 예상된 결과
  - one possible **outcome** of negotiations 협상에서 하나의 가능성 있는 결과

- [ ] **solid** — adj 확고한, 단단한
  - build a **solid** reputation 확고한 명성을 쌓다
  - a **solid** understanding 확고한 이해

- [ ] **come up with** — phr ~을 생각해 내다, 내놓다
  - **come up with** a solution 해결책을 생각해 내다
  - **come up with** new drinks 새로운 음료를 내놓다

- [ ] **remind** — v ~에게 상기시키다
  - **remind** her to use company phones 그녀에게 회사 전화를 사용하도록 상기시키다
  - **remind** employees to take short breaks 직원들에게 짧은 휴식을 가지도록 상기시키다

- [ ] **deal with** — phr ~을 처리하다, 다루다
  - how to **deal with** complaints 불만을 처리하는 방법
  - properly **deal with** several events 몇 가지 사건을 적절히 처리하다

- [ ] **compromise** — v 타협하다; 손상하다
  - **compromise** on the terms 조건에 타협하다
  - **compromise** the quality of services 서비스의 질을 손상하다

- [ ] **reproduction** — n 복사; 복제품
  - **reproduction** of critical business documents 중요한 회사 서류 복사
  - **reproductions** of paintings 그림 복제품

- [ ] **get in touch with** — phr ~와 연락을 하다
  - **get in touch with** our colleagues 우리 동료들과 연락을 하다
  - **get in touch with** Mr. Kim directly 김 씨와 직접 연락하다

- [ ] **virtual** — adj 사실상의; 가상의
  - a **virtual** impossibility 사실상 불가능한 일
  - a **virtual** world 가상 세계

doubt	v 의심하다, 의문을 갖다 n 의심, 의문	doubt the marketability 시장성을 의심하다 some doubts about the health of economy 경제 번영에 대한 약간의 의심
figure out	phr ~을 알아내다, 이해하다	figure out what the problem was 문제가 무엇이었는지 알아내다 figure out their merger policy 그들의 합병 정책을 알아내다
overlook	v 간과하다	overlook any small faults 작은 실수를 간과하다 overlook the safety regulations 안전 규칙을 간과하다
up-to-date	adj 최신식의	access to up-to-date information 최신 정보에 접근 up-to-date training methods 최신 교육 방법
inadvertently	adv 실수로, 부주의로	inadvertently select the wrong one 실수로 잘못된 것을 고르다 be inadvertently omitted 부주의로 누락되다
profile	v 개요를 알려 주다[작성하다] n 프로필, 신상 명세	profile the film director's career 영화감독의 경력을 알려 주다 update the personal profile 개인 프로필을 업데이트하다
office supplies	phr 사무 용품	place an order for office supplies 사무 용품을 주문하다 the expenditures for office supplies 사무 용품비
alert	v (위험 등을) 알리다	alert employees to a budget concern 예산 문제에 대해 직원들에게 알리다 alert tenants of a security issue 보안 문제에 관하여 세입자들에게 알리다
around the clock	phr 24시간 내내	accessible around the clock 24시간 내내 이용 가능한 operate around the clock 24시간 내내 운영하다
reveal	v (비밀 등을) 밝히다, 누설하다	reveal a change in the headquarters 본사에 변동 사항이 있음을 밝히다 reveal confidential information 기밀 정보를 누설하다
brilliant	adj 훌륭한, 뛰어난	achieve brilliant success 훌륭한 성공을 거두다 Some brilliant people have joined the team. 몇몇 뛰어난 사람들이 팀에 합류했다.
draft	n 초안, 원고 v 초안을 작성하다	the first draft of the quarterly report 분기별 보고서의 첫 번째 초안 draft a proposal 제안서의 초안을 작성하다
put off	phr (시간·날짜를) 미루다, 연기하다	put off the meeting 회의를 미루다 put off the ceremonial visit 공식 방문을 미루다
escape	v 벗어나다; 달아나다 n 벗어남; 탈출, 도피	escape from loads of paperwork 많은 문서 작업에서 벗어나다 the firm's escape from bankruptcy 회사가 파산에서 벗어남

☐ drastic	adj 급격한	a **drastic** sales increase 급격한 판매 증가 announce **drastic** changes 급격한 변화를 발표하다
☐ exposition	n 박람회, 전시회	hold an **exposition** 박람회를 개최하다 have a booth at the **exposition** 박람회에 부스를 가지다
☐ privilege	n 특전, 특권	the full-day parking **privilege** 전일 주차 특전 grant certain commercial **privileges** 특정한 상업적 특전을 부여하다
☐ explore	v 분석하다, 탐구하다	**explore** the application of new technologies 신기술의 적용을 분석하다 **explore** additional ways of ~의 추가적인 방법을 탐구하다
☐ obvious	adj 분명한, 명백한	the **obvious** answer to this problem 이 문제에 대한 분명한 답 the **obvious** reason for their behavior 그들의 행동에 대한 명백한 이유
☐ go over	phr ~을 검토하다	**go over** the details 세부 사항을 검토하다 **go over** our earnings 우리의 소득을 검토하다
☐ attentively	adv 신경 써서, 주의하여	handle customer suggestions **attentively** 고객의 제안 사항을 신경 써서 다루다 examine the data **attentively** 주의하여 자료를 검토하다
☐ morale	n 사기, 의욕	keep staff **morale** high 직원들의 사기를 북돋우다 in terms of employee **morale** 직원들의 사기 면에서
☐ make use of	phr ~을 이용하다, 활용하다	choose to **make use of** this payment option 이 지불 옵션을 이용하기로 선택하다 **make use of** one's vast experience 풍부한 경험을 활용하다
☐ mindful	adj ~을 염두에 두는, 주의하는	**mindful** of the considerable fee 상당한 비용을 염두에 두는 **mindful** of using too much paper 너무 많은 종이를 사용하는 것에 주의하는
☐ omit	v 누락[제외]시키다; 생략하다	**omit** several illustrations 몇 가지 삽화를 누락시키다 **omit** essential information 중요한 정보를 생략하다
☐ utmost	adj 극도의, 최고의 n 최대한도	with the **utmost** care 극도로 주의를 기울여 do one's **utmost** to keep all appointments 모든 약속을 지키기 위해 최선을 다하다
☐ after all	phr 결국	attend the board meeting **after all** 결국 이사회에 참석하다 turn out successful **after all** 결국 성공하게 되다
☐ diversify	v 다양화하다	**diversify** its product line 제품군을 다양화하다 **diversify** the assets 자산을 다양화하다

☐ **concise**	adj 간결한	keep the notes **concise** 메모 내용을 간결하게 유지하다 a **concise** description 간결한 묘사	
☐ **slot**	n 시간, 틈; (무엇을 집어넣도록 만든 가느다란) 구멍	change the time **slot** 시간대를 바꾸다 insert the coin into the **slot** 투입구에 동전을 넣다	
☐ **be used to V**	phr ~하는 데 사용되다	**be used to verify** one's identity 신분을 확인하는 데 사용되다 **be used to host** workshops 워크숍을 개최하는 데 사용되다	
☐ **intense**	adj 강렬한, 치열한; 열정적인	an **intense** advertising campaign 강렬한 광고 캠페인 **intense** competition 치열한 경쟁	
☐ **finding**	n 조사 결과	provide the key **findings** 주요한 조사 결과를 제공하다 about **findings** of our research 우리 연구 결과에 관하여	
☐ **clarify**	v 명확하게 하다	**clarify** a few details 몇 가지 세부 사항을 명확하게 하다 **clarify** schedule changes 일정 변동을 명확하게 하다	
☐ **terrific**	adj 아주 좋은, 멋진, 엄청난	**terrific** new products 아주 좋은 신상품 a **terrific** opportunity for employees 직원들에게 절호의 기회	
☐ **opinion**	n 의견	share one's **opinion** 의견을 공유하다 conduct **opinion** polls 여론 조사를 실시하다	
☐ **be supposed to V**	phr ~해야 한다, ~하기로 되어 있다	Everything is **supposed to be** set up. 모든 것이 준비되어 있어야 한다. **be supposed to use** the west parking area 서쪽 주차장을 이용하기로 되어 있다	
☐ **fulfill**	v 이행하다	**fulfill** a new initiative 새로운 계획을 이행하다 **fulfill** the promise 약속을 이행하다	
☐ **mainly**	adv 주로	**mainly** work with 주로 ~와 일하다 sell **mainly** in 주로 ~에서 팔리다	
☐ **merger**	n 합병	sign a **merger** agreement 합병 계약을 맺다 the **merger** with a large institution 큰 기관과의 합병	
☐ **crucial**	adj 중요한	copy all **crucial** files 모든 중요한 파일을 복사하다 one **crucial** element 하나의 중요한 요소	
☐ **method**	n 방법, 방식	team-building **methods** 팀 구축 방법 a new production **method** 새로운 생산 방식	

DAY 03

직장 생활 (2)

오늘의 단어 듣기

토익에서는 회사와 직원의 관계, 상사와 부하 직원 사이의 업무 상황, 동료와의 협업 모두가 출제됩니다.

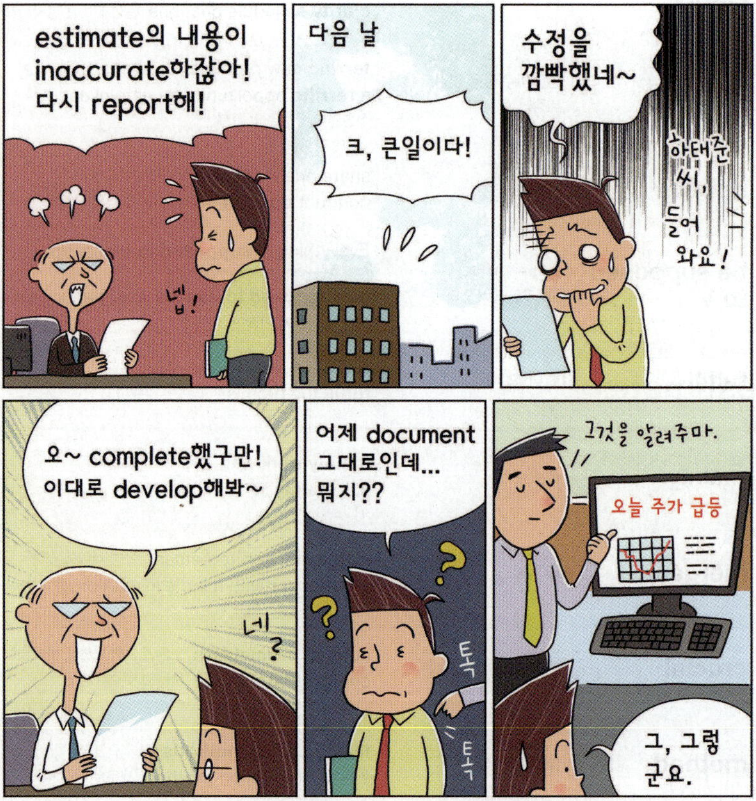

01 frequently ***
[frí:kwəntli]
(n) frequent [adj] 빈번한

adv 자주, 빈번히

Emily **frequently** **purchases** supplies / from an online store. Emily는 용품을 자주 구매한다 / 온라인 상점에서

> 🎯 **토익 출제 포인트 (Part 5&6)**
>
> Mr. Sturt (**frequently** / ~~mutually~~) <u>travels</u> to Osaka on business. Sturt 씨는 사업차 오사카에 자주 간다.
> → frequently는 '습관, 반복'을 나타내는 현재 시제 동사와 함께 정답으로 자주 출제된다. 참고로 normally, usually와 같은 부사도 현재 시제 동사와 함께 정답으로 자주 출제되므로 같이 알아 두자. (mutually 상호 간에)

02 attend ***
[əténd]
(n) attendance [n] 참석, 출석
attendee [n] 참석자
attendant [n] 안내원, 수행원
[adj] 수반되는

v 참석하다; 처리하다, 돌보다 (to)

Those / wishing to **attend** the seminar / should register in advance.
사람들은 / 세미나 참석을 희망하는 / 미리 등록해야 한다

> 🎯 **토익 출제 포인트 (Part 7_동의어 찾기)**
>
> Mr. Fisher might be late because he needs to "**attend to**" an urgent matter.
> (A) be present at   (B) take care of
> Fisher 씨는 시급한 문제를 처리해야 하므로 늦을지도 모른다.
> → attend to가 문맥상 '처리하다'라는 의미로 쓰이면 take care of(~을 처리하다, 돌보다)와 동의어가 된다. (be present at ~에 참석하다)

03 estimate ***
[n] [éstəmət]
[v] [éstəmèit]

n 견적(서), 추산, 추정

The accountant / will soon provide an **estimate** / **of the costs** involved.
그 회계사는 / 견적을 곧 제공할 것이다 / 관련 비용의

v 추산하다, 추정하다 (A to V)

The construction project / is **estimated** / **to cost** $1 billion. 그 건설 프로젝트는 / 추산된다 / 10억 달러의 비용이 들 것으로

04 policy ★★★
미 [pάləsi]
영 [pɔ́ləsi]

n 정책, 방침

It is our **policy** / to offer a full refund / if you are not satisfied / with your purchase.
저희의 정책입니다 / 전액 환불을 제공하는 것이 / 당신이 만족하지 않는다면 / 당신의 구매에
▶ 구매가 만족스럽지 않을 경우 전액 환불을 제공하는 것이 저희의 정책입니다.

05 complete ★★★
[kəmplíːt]

㉾ completed **adj** 완료된; 작성된
completely **adv** 완전히, 전적으로
completion **n** 완료, 완성
㉾ incomplete 불완전한, 미완성의

v 완료[완성]하다; (서류 등에 빠짐없이) 기입하다[작성하다]

It will be almost impossible / to **complete** the project / on time.
거의 불가능할 것이다 / 프로젝트를 완료하는 것은 / 제시간에

adj 완료된; 완전한

A message will appear / when the update is **complete**. 메시지가 나타날 것이다 / 업데이트가 완료될 때

> ◈ 토익 출제 포인트 (Part 5&6)
>
> build the (**complete** / ~~completed~~) trust 완전한 신뢰를 쌓다
> → 형용사 completed는 '완료된; 작성한'의 의미로만 쓰이지만, complete는 '완전한'의 의미로도 쓰인다는 것을 기억해 두자.

06 include ★★★
[inklúːd]

v 포함하다

Your **responsibilities** will **include** / supervising a staff of twenty.
당신의 담당 업무는 포함할 것입니다 / 20명의 직원을 감독하는 것을

07 cooperation ★★★
미 [kouὰpəréiʃən]
영 [kəuɔ̀pəréiʃən]

㉾ cooperate **v** 협동하다, 협력하다
cooperative **adj** 협동하는, 협력적인
cooperatively **adv** 협동하여, 협력하여
㉾ collaboration 협동, 협력

n 협동, 협력

The success of this project / depends on **cooperation** / **among** staff members.
이 프로젝트의 성공은 / 협동에 달려 있다 / 직원들 간의

> 🔍 빅데이터 토익 빈출 표현 ● 빈출도
>
> **cooperation** among ~간의 협동 ★★
> in **cooperation** with ~와 협동하여 ★★

08 distribution ★★★
[dìstrəbjúːʃən]
- distribute v 배포하다, 분배하다; 유통시키다
- distributor n 유통 업체, 판매자

n 배포, 분배; 유통

Mr. Peled is responsible / for the **distribution** of the materials / **to** the attendees.
Peled 씨는 담당하고 있다 / 자료 배포에 대해 / 참석자들에게

09 response ★★★
미 [rispɑ́ns]
영 [rispɔ́ns]
- respond v 응답하다, 대응하다
- responsive adj 응답하는; 반응을 보이는

n 응답, 대응 (to)

In response to customers' requests, / the center is now available / 24 hours a day.
고객들의 요청에 응하여 / 그 센터는 이제 이용 가능하다 / 하루 24시간

> 🔍 빅데이터 토익 빈출 표현 ● 빈출도
> in **response** to ~에 응하여, ~에 대한 회신으로 ●●●●●
> receive a **response** 응답을 받다 ●●

10 develop ★★★
[divéləp]
- development n 개발; 발달

v 개발하다; 발달시키다

The consultant will **develop** / online marketing **strategies** / with us.
그 컨설턴트는 개발할 것이다 / 온라인 마케팅 전략을 / 우리와 함께

11 finalize ★★★
[fáinəlàiz]
- final adj 마지막의
- finally adv 마지막으로; 마침내

v 마무리 짓다, 완결하다

The manager / reviewed all applications carefully / before **finalizing** the hiring **decision**.
그 관리자는 / 모든 지원서를 꼼꼼하게 검토했다 / 채용 결정을 마무리 짓기 전에

12 specialize ★★★
[spéʃəlaiz]
- specialized adj 전문적인, 전문화된

v 전문적으로 다루다; 전공하다 (in)

Turtle Sports / **specializes in** children's clothing.
Turtle Sports는 / 아동 의류를 전문적으로 다룬다

> ◈ 토익 출제 포인트 (Part 5&6)
> We (**specialize** / ~~process~~) in recycling construction materials. 우리는 건축 자재 재활용을 전문으로 한다.
> → specialize는 자동사로, 전치사 in과 함께 자주 출제된다. (process 처리하다)

직장 생활 (2)

13 strategically ***
[strətíːdʒikəli]
㉾ strategic adj 전략적인;
(전략상) 중요한

adv 전략적으로, 전략상으로
The Vanilla Night / is **strategically located** / in the heart of downtown Edinburgh.
Vanilla Night는 / 전략적으로 위치해 있다 / 에든버러 시내 중심부에

> 🔍 빅데이터 토익 빈출 표현 ● 빈출도
> **strategically** located[placed] 전략적으로 위치한 ●●

14 consult ***
[kənsʌ́lt]
㉾ consultation n 상의, 상담
consultant n 컨설턴트, 상담가

v 상의하다; (정보를 얻기 위해 무엇을) 참고하다
It is advisable / to **consult an expert** / before starting a business.
권장된다 / 전문가와 상의하는 것이 / 창업하기 전에

Please **consult the e-mail** / forwarded to you yesterday. 이메일을 참고하세요 / 어제 당신에게 전달된

15 fully ***
[fúli]
㉾ full adj 완전한; 가득한
❁ completely 완전히, 전적으로

adv 완전히, 충분히
The hotel offers / a **fully equipped** business center / with comprehensive services.
그 호텔은 제공한다 / 장비가 완비된 비즈니스 센터를 / 종합적인 서비스를 갖춘

> 🔍 빅데이터 토익 빈출 표현 ● 빈출도
> **fully** equipped 장비가 완비된 ●●●
> **fully** operational 완전히 가동되는 ●●

16 normally ***
미 [nɔ́ːrməli]
영 [nɔ́ːməli]
❁ usually 보통

adv 보통, 통상; 정상적으로
Our full-time workers / **normally work** / between 35 and 40 hours a week.
우리 정규 직원들은 / 보통 근무한다 / 주당 35시간에서 40시간을

17 hesitate ★★
[hézətèit]
파 hesitant adj 주저하는, 망설이는

v 주저하다, 망설이다 (to V)
Do not hesitate to contact us / if you have any questions.
주저하지 말고 저희에게 연락 주십시오 / 문의 사항이 있으시면

> ⊕ 토익 출제 포인트 (Part 5&6)
> Do not (**hesitate** / qualify) to hire Ms. Yoon.
> 주저하지 말고 Yoon 씨를 고용하세요.
> → hesitate는 주로 to부정사와 함께 쓰이며, 특히 do not hesitate to V(주저 말고 ~하다)의 형태로 자주 출제된다. (qualify 자격을 갖추게 하다)

18 organization ★★
미 [ɔ̀ːrɡənizéiʃən]
영 [ɔ̀ːrɡənaizéiʃən]
파 organizational adj 조직의, 단체의

n 조직, 단체
We are a **nonprofit organization** / dedicated to preserving the environment.
우리는 비영리 조직이다 / 환경 보호에 헌신하는

19 familiarize ★★
[fəmíljəràiz]
파 familiar adj 친숙한

v 익숙[친숙]하게 하다 (A with B)
Please **familiarize** yourself / **with** the manual / before installing the device.
익숙해지도록 하십시오 / 설명서에 / 장치를 설치하기 전에

> 🔍 빅데이터 토익 빈출 표현 ● 빈출도
> **familiarize** oneself with ~에 익숙해지다, ~을 숙지하다 ●●●
> be **familiar** with ~을 익히 알다 ●●

20 report ★★
미 [ripɔ́ːrt]
영 [ripɔ́ːt]
파 reportedly adv 보도에 따르면, 소문에 의하면

v 알리다, 발표하다; ~에게 업무 보고를 하다 (to)
A customer called this morning / to **report** a problem / with the product.
한 고객이 오늘 아침 전화했다 / 문제점을 알리기 위해 / 제품의

n 보고(서); 보도
All department managers / are asked / to **submit** the budget **report** / by Friday.
모든 부서장들은 / 요청된다 / 예산 보고서를 제출하도록 / 금요일까지

⊕ 토익 출제 포인트 (Part 5&6)

You should (**report** / ~~follow~~) to the supervisor immediately. 당신은 즉시 상사에게 보고해야 합니다.
→ 동사 report는 타동사 의미뿐만 아니라 전치사 to와 함께 '~에게 업무 보고를 하다'라는 자동사 의미로도 자주 출제된다. (follow (뒤)따르다; 따라가다)

---

21 **shift** ★★
[ʃift]

n 변화 (in); 교대 근무

I am writing / to inform you / of an important **shift** / in policy.
저는 글을 씁니다 / 여러분에게 알리기 위해 / 중요한 변화를 / 정책에 있어서

This position may require / working the **overnight shift**. 이 직책은 필요로 할 수도 있다 / 밤샘 근무하는 것을

---

22 **altogether** ★★
[ɔ̀ːltəgéðər]

adv 전적으로, 완전히; 모두 합쳐, 총

Management will forbid / the use of cell phones / during work hours / **altogether**.
경영진은 금지할 것이다 / 휴대 전화 사용을 / 근무 시간 동안에 / 전적으로

---

23 **encounter** ★★
[inkáuntər]

v (위험·곤란 등에) 직면하다, 부닥치다

If you **encounter** problems / with the equipment, / contact our service team.
당신이 문제에 직면하면 / 장비의 / 저희 서비스팀으로 연락하세요
▶ 장비에 문제가 발생할 경우 저희 서비스팀으로 연락하세요.

> 🔍 **빅데이터 토익 빈출 표현**　　　● 빈출도
> **encounter** a problem[challenge] 문제[도전]에 직면하다 ★★

---

24 **economical** ★★
미 [èkənámikəl]
영 [èkənɔ́mikəl]
ඖ economically **adv** 경제적으로, 알뜰하게

adj 경제적인, 실속 있는

A one-year subscription / is the most **economical** option. 일 년 정기 구독이 / 가장 경제적인 선택이다

25 error **
[érər]

n 오류, 실수

The training manual / contains several **serious errors**. 그 교육 설명서는 / 몇 가지 심각한 오류를 포함하고 있다

> 🔍 빅데이터 토익 빈출 표현 ● 빈출도
> in **error** 실수로, 잘못하여 ●

26 inaccurate **
[inǽkjərət]
(유) inaccurately adv 부정확하게
(반) accurate 정확한

adj 정확하지 않은; 틀린

Some **information** in this article / is **inaccurate**.
이 기사의 일부 정보는 / 정확하지 않다

27 install **
[instɔ́ːl]
(유) installation n 설치, 설비
installment n (연재물, 시리즈)
한 권; 분할 불입

v 설치하다, 설비하다

The workers will arrive soon / to **install** floor tiles.
작업자들이 곧 도착할 것이다 / 바닥 타일을 깔기 위해

28 job **
미 [dʒab]
영 [dʒɔb]

n 일, 작업; 일자리

Your **job** / is to collect information / about a recent market trend.
당신의 일은 / 정보를 수집하는 것입니다 / 최근 시장 동향에 관한

29 motivation **
[mòutəvéiʃən]
(유) motivated adj 동기 부여된, 의욕적인

n 동기 부여

Monetary rewards / can **improve** employee **motivation**. 금전적인 보상은 / 직원들의 의욕을 고취시킬 수 있다

30 numerous ★★
[njúːmərəs]
ⓓ numerously adv 수없이 많이

adj 많은

These robots can perform / **numerous** routine **tasks**. 이 로봇들은 수행할 수 있다 / 많은 일상 업무를

> 🎯 **토익 출제 포인트 (Part 5&6)**
>
> make numerous (**complaints** / ~~complaint~~) 많은 불평을 하다
> → numerous 뒤에는 반드시 복수 명사가 온다는 것을 기억해 두자.

31 proceed ★★
미 [prousíːd]
영 [prəsíːd]

v 진행되다, 계속하다 (with)

The renovation **project** / is **proceeding** / according to plan. 개조 프로젝트는 / 진행되고 있다 / 계획대로

> 🎯 **토익 출제 포인트 (Part 5&6)**
>
> (**proceed** / ~~develop~~) with the initial plan
> 당초 계획을 계속 진행하다
> → 전치사 with와 어울리는 자동사로 proceed를 고르는 문제가 출제된다.
> (develop 개발하다)

32 reception ★★
[risépʃən]

n 환영회, 연회; 프런트, 접수처

A **formal reception** / will be held tomorrow / to welcome Nella Forte.
공식 환영회가 / 내일 열릴 것이다 / Nella Forte를 맞이하기 위해

Hotel guests / may order dishes / by calling the **reception desk**.
호텔 투숙객들은 / 음식을 주문할 수 있다 / 프런트에 전화를 걸어

33 support ★★
미 [səpɔ́ːrt]
영 [səpɔ́ːt]
ⓓ supporter n 지원자, 옹호자

n 지원, 지지

Our **technical support** team / will respond / within two business days.
저희 기술 지원팀은 / 답변할 것입니다 / 영업일 기준으로 이틀 이내에

v 지원하다, 지지하다, 후원하다

This grant program / is designed / to **support** nonprofit **organizations** / in the province.
이 보조금 프로그램은 / 고안되었다 / 비영리 단체들을 지원하기 위해 / 그 지역의

> 🔍 **빅데이터 토익 빈출 표현**   • 빈출도
> technical[financial] **support**   기술[재정] 지원 •••••

34 document *
- n [dάkjumənt]
- v [dάkjument]

n 문서, 서류

Confidential documents / should be stored / in a safe place.   기밀 문서는 / 보관되어야 한다 / 안전한 곳에

v (상세한 내용을) 기록하다

All customer **complaints** / will be **documented** and addressed / within one week.
모든 고객 불만 사항은 / 기록되고 처리될 것이다 / 일주일 내로

> 🔍 **빅데이터 토익 빈출 표현**   • 빈출도
> confidential **document**   기밀 문서 •••
> keep **documents** secure   서류를 안전하게 보관하다 ••

35 absence *
- [ǽbsəns]
- (adj) absent 부재의; 결근한; 없는
- v 결근하다, 불참하다

n 부재; 결근; 없음, 결핍

One of my colleagues / will handle customer requests / **during my absence**.
제 동료 중 한 명이 / 고객의 요청을 처리할 것입니다 / 제가 없는 동안

> 🎯 **토익 출제 포인트 (Part 5&6)**
> (**during** / ~~on~~) your supervisor's **absence** 당신 상사가 없는 동안
> → '~가 없는 동안, 부재중에'라는 의미는 during[in] one's absence로 표현한다는 것을 기억해 두자.

36 administrative *
- 미 [ædmínəstrèitiv]
- 영 [ədmínəstrətiv]

adj 행정의, 관리상의

The **administrative assistant** / is responsible / for ordering office supplies.
그 행정 보조원은 / 담당하고 있다 / 사무 용품 주문을

37 anonymously *
[ənánəməsli]
⑱ anonymous adj 익명의

adv 익명으로

The questionnaire / contains only ten questions / and can be **filled out** anonymously.
그 설문지는 / 10개의 질문만을 담고 있다 / 그리고 익명으로 작성될 수 있다

38 handbook *
[hǽndbuk]
⑲ manual, guidebook 안내서

n 안내서

Please follow all company rules / as specified / in the **employee** handbook.
모든 회사 규칙을 따르십시오 / 명시된 대로 / 직원 안내서에

39 broaden *
[brɔ́:dn]
⑱ broad adj 넓은
  broadly adv 널리; 대체로; 대략적으로

v 넓히다; 넓어지다

The seminar / will be a good opportunity / to broaden your **knowledge** / about tax law.
그 세미나는 / 좋은 기회가 될 것입니다 / 당신의 지식을 넓힐 수 있는 / 세법에 관한

40 collaborate *
[kəlǽbərèit]
⑱ collaborative adj 공동의
  collaboratively adv 공동으로

v 협력하다 (with/on)

The interns / will collaborate **with** mentors / on a number of projects.
인턴들은 / 멘토들과 협력할 것이다 / 여러 프로젝트에서

> ◈ 토익 출제 포인트 (Part 5&6)
>
> (~~provide~~ / **collaborate**) **with** the company 그 회사와 협력하다
> → 전치사 with와 어울리는 자동사로 collaborate를 고르는 문제가 출제된다.
> (provide 제공하다)

> ◉ 빅데이터 토익 빈출 표현   ● 빈출도
>
> **collaborate** with[on] ~와[~에 대해] 협력하다 ●●
> **collaborative** effort 공동의 노력 ●●
> work **collaboratively** 공동으로 일하다 ●●

Day 03 **Daily Test**

A 각 영어 단어의 알맞은 의미를 찾아 연결하세요.

01 altogether •   • ⓐ 참석하다; 처리하다, 돌보다
02 inaccurate •   • ⓑ 전적으로, 완전히; 모두 합쳐, 총
03 strategically • • ⓒ 정확하지 않은; 틀린
04 attend •   • ⓓ 전략적으로, 전략상으로

B 우리말과 일치하도록 다음 빈칸에 알맞은 단어를 찾아 넣으세요.

ⓐ shift   ⓑ anonymously   ⓒ proceed   ⓓ fully   ⓔ report

05 _____ with the initial plan 당초 계획을 계속 진행하다
06 _____ equipped 장비가 완비된
07 an important _____ in policy 정책에 있어서 중요한 변화
08 _____ a problem 문제점을 알리다

C 다음 빈칸에 문맥상 적절한 단어를 찾아 넣으세요.   해석 p. 507

ⓐ familiarize   ⓑ numerous   ⓒ consult
ⓓ specialize   ⓔ finalize

09 We _____ in building restorations.
10 The team consists of _____ talented graphic designers.
11 Mr. Lee should _____ the travel itinerary before next Thursday.
12 Please _____ our catalog of products for more information.

정답 01 ⓑ 02 ⓒ 03 ⓓ 04 ⓐ 05 ⓒ 06 ⓓ 07 ⓐ 08 ⓔ 09 ⓓ 10 ⓑ 11 ⓔ 12 ⓒ

토익 **LC/RC** 짝꿍 표현

직장 생활 (2)

☐ **avoid**	v 피하다	**avoid** conflicts with scheduled meetings 예정된 회의와 일정 충돌을 피하다 **avoid** paying high prices 높은 가격을 지불하는 것을 피하다	
☐ **conventional**	adj 전통적인, 관습적인	**conventional** approaches to the strategy 전략에 대한 전통적인 접근법 **conventional** materials 전통적 재료	
☐ **turn out**	phr ~임이 밝혀지다[드러나다]	**turn out** to be helpful 도움이 되는 것으로 밝혀지다 **turn out** to be a good idea 좋은 아이디어임이 드러나다	
☐ **alliance**	n 제휴, 동맹	**alliance** with other airlines 다른 항공사와의 제휴 form an **alliance** 동맹을 맺다	
☐ **get rid of**	phr ~을 없애다, 처리하다	**get rid of** old electronic devices 구형 전자 장비를 없애다 **get rid of** all stock 재고를 모두 처분하다	
☐ **commerce**	n 상업, 무역	issues affecting **commerce** 상업에 영향을 주는 문제 promoting local **commerce** 지역 상업을 촉진하는	
☐ **disclose**	v 밝히다, 드러내다	**disclose** more information 더 많은 정보를 밝히다 statistics **disclose** that 통계에 의하면	
☐ **conference call**	phr (3인 이상이 하는) 전화 회의	reserve the room for the **conference call** 전화 회의를 위해 방을 예약하다 arrange a **conference call** 전화 회의를 준비하다	
☐ **namely**	adv 즉, 다시 말해	two issues, **namely** the safety and the pricing 두 가지 문제, 즉 안전성과 가격 our target customers, **namely** children 우리의 목표 고객, 즉 아이들	
☐ **adjourn**	v 연기하다, 중단하다	**adjourn** a meeting 회의를 연기하다 **adjourn** for a week 일주일 동안 중단하다	
☐ **leaflet**	n 전단, 소책자	the enclosed **leaflet** 동봉된 전단 information **leaflets** about our services 우리 서비스에 관한 정보 책자	
☐ **render**	v (어떤 상태가) 되게 만들다[하다]	**render** compromise impossible 합의를 불가능하게 만들다 **render** the system useless 시스템을 쓸모없게 만들다	

☐ **advocate**	n 지지자, 옹호자 v 지지하다, 옹호하다	**advocates** of working at home 재택근무 지지자들 **advocate** producing more cars 자동차를 추가 생산하는 것을 지지하다	
☐ **clerical**	adj 사무원의, 사무직의	apologize for a **clerical** mistake 사무원의 실수에 대해 사과하다 adept at **clerical** tasks 사무직 업무에 능숙한	
☐ **extraordinary**	adj 놀라운, 대단한	take **extraordinary** measures 놀라운 조치를 취하다 the **extraordinary** ability 대단한 능력	
☐ **cope with**	phr ~에 대처[대응]하다	**cope with** the stress 스트레스에 대처하다 **cope with** the financial difficulties 재정적 어려움에 대응하다	
☐ **strengthen**	v 강화하다	**strengthen** the market position 시장 지배력을 강화하다 **strengthen** our sales team 우리 영업팀을 강화하다	
☐ **continuously**	adv 계속해서, 연달아	operate almost **continuously** 거의 계속해서 운영하다 **continuously** for 10 years 10년 동안 연달아	
☐ **milestone**	n 중요한 단계	reach a **milestone** 중요한 단계에 도달하다 a **milestone** in the development 발전에 있어 중요한 단계	
☐ **hectic**	adj 빡빡한, 정신없이 바쁜	a **hectic** work schedule 빡빡한 업무 일정 spend **hectic** weeks 정신없이 바쁜 몇 주를 보내다	
☐ **optimize**	v 최대한 활용하다	**optimize** the given time 주어진 시간을 최대한 활용하다 **optimize** human resources 인적 자원을 최대한 활용하다	
☐ **struggle**	v 애쓰다, 분투하다 n 노력	**struggle** to make a profit 수익을 내기 위해 애쓰다 the **struggle** for a merger 합병을 위한 노력	
☐ **peer**	n 동료, 또래	**peer** reviews 동료 평가 relationships with **peers** 동료들과의 관계	
☐ **wrap up**	phr ~을 마무리하다	**wrap up** the negotiation 협상을 마무리하다 **wrap up** the work 일을 마무리하다	
☐ **firmly**	adv 확고히, 단호히	**firmly** believe 확고히 믿다 **firmly** oppose to the plan 그 계획을 단호히 반대하다	
☐ **alternate**	adj 번갈아 생기는[하는] v 계속 A와 B 사이를 오가다; 번갈아 하다	work **alternate** weekends 주말 격주 근무를 하다 **alternate** between Seoul and Tokyo 계속 서울과 도쿄 사이를 오가다	

직장 생활 (2) | 59

☐ disturbance	n 방해, 소동	create a **disturbance** 방해하다 a **disturbance** caused by the roadwork 도로 공사로 인한 소동	
☐ embark	v 시작하다, 착수하다	**embark** on the project 프로젝트를 시작하다 **embark** on the new program 새로운 일을 착수하다	
☐ in light of	phr ~을 고려하여	**in light of** new market data 새로운 시장 자료를 고려하여 **in light of** expansion 확장을 고려하여	
☐ bear	v 품다; (비용·책임 등을) 떠맡다, 지다	**bear** in mind 명심하다 **bear** half the costs 비용 절반을 떠맡다	
☐ trainee	n 수습생, 교육받는 사람	spend 3 months as a **trainee** 수습생으로 3개월을 보내다 guidelines for new **trainees** 새 교육생들을 위한 지침서	
☐ displace	v 대체하다, 대신하다	**displaced** by electronic payments 전자 결제로 대체된 Robots may **displace** workers. 로봇이 노동자들을 대신할 수도 있다.	
☐ take part in	phr ~에 참석[참여]하다	**take part in** the morning conference 아침 회의에 참석하다 **take part in** a contest 대회에 참여하다	
☐ chair	n 의장 v 의장을 맡다	appoint the **chair** of the committee 위원회의 의장을 임명하다 **chair** the board of education 교육 위원회의 의장을 맡다	
☐ interfere	v 방해하다, 개입하다	**interfere** with one's business 업무를 방해하다 **interfere** with the decision 결정에 개입하다	
☐ niche	n (시장의) 틈새	a **niche** market 틈새시장 a growing **niche** industry 성장하는 틈새 산업	
☐ foreign	adj 해외의	**foreign** investment 해외 투자 a **foreign** policy 해외 정책	
☐ streamline	v 간소화하다	**streamline** the procedures 절차를 간소화하다 **streamline** the whole business 전체 사업을 간소화하다	
☐ drawback	n 단점	**drawbacks** to this method 이 방법의 단점 **drawbacks** of this approach 이 접근법의 단점	
☐ overtime	n 초과 근무	involve **overtime** work 초과 근무가 수반되다 unpaid **overtime** 무보수 초과 근무	

☐ precise	adj 정확한	a **precise** review 정확한 검토 share **precise** figures 정확한 수치를 공유하다	
☐ proofread	v 교정을 보다	**proofread** the document carefully 신중히 서류를 교정 보다 **proofread** this editorial 이 사설을 교정 보다	
☐ handout	n 유인물, 인쇄물	presentation **handouts** 발표 유인물 additional **handouts** 추가 인쇄물	
☐ incoming	adj 들어오는; 새로 선출된	**incoming** calls 걸려오는 전화 an **incoming** supervisor 새로 선출된 관리자	
☐ poorly	adv 형편없이, 저조하게	**poorly** written 형편없이 쓰인 a **poorly** attended seminar 참석률이 저조한 세미나	
☐ trend	n 추세, 동향	analyze a new **trend** 새로운 추세를 분석하다 the latest **trends** 최신 동향	
☐ put forth	phr ~을 제출하다; ~을 발표하다	**put forth** a final list 최종 목록을 제출하다 **put forth** an exact figure 정확한 수치를 발표하다	
☐ insightful	adj 통찰력 있는	the **insightful** report 통찰력 있는 보고서 **insightful** comments 통찰력 있는 논평	
☐ convey	v 전달하다, 전하다	**convey** a message 메시지를 전달하다 **convey** one's apologies 사과의 뜻을 전하다	
☐ clerk	n 직원, 점원	an office **clerk** 사무원 hire two new **clerks** 두 명의 새로운 점원을 고용하다	
☐ novice	n 초보자	offer advice to the **novice** 초보자에게 조언을 하다 recommended for **novices** 초보자들에게 추천된	
☐ cite	v 인용하다	**cite** some examples 몇 가지 사례를 인용하다 **cite** statistics 통계 자료를 인용하다	
☐ detect	v 알아내다, 발견하다	**detect** a difference 차이점을 알아내다 impossible to **detect** 발견하는 것이 불가능한	
☐ evident	adj 분명한	an **evident** outcome 분명한 결과물 particularly **evident** 특히 분명한	

DAY 04

수익/투자/성장

오늘의 단어 듣기

토익에서는 회사의 수익 및 손실과 관련하여 투자, 비용, 판매, 이윤, 실적과 같은 상황이 모두 출제됩니다.

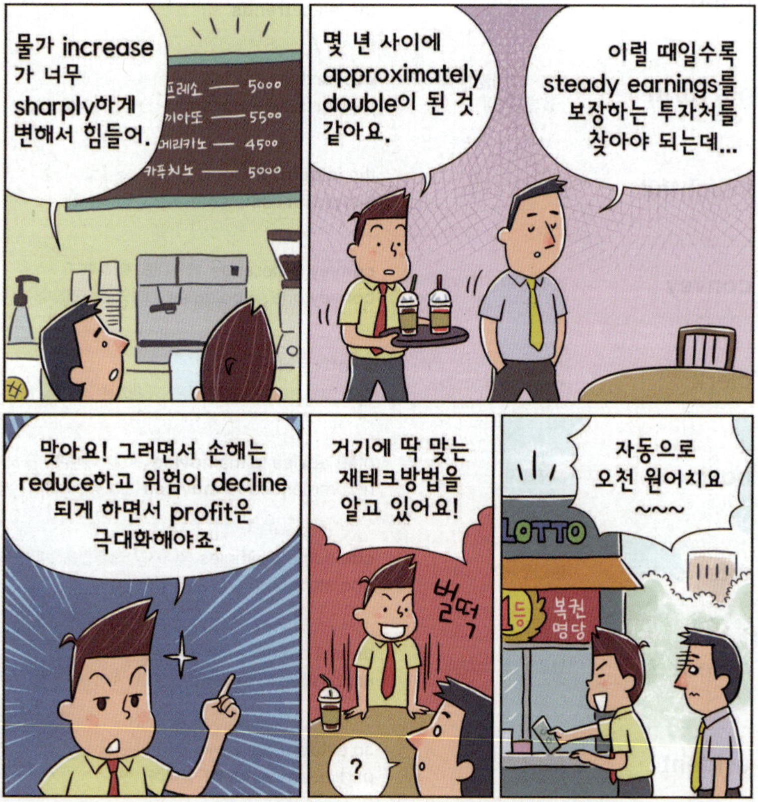

01 share ★★★

미 [ʃɛər]
영 [ʃeə]

(동) stock 주식

n 몫; 주식

By releasing its latest software, / Pixyworld, Inc., hopes to increase / its **market share**.
최신 소프트웨어를 출시함으로써 / Pixyworld 사는 높이기를 기대하고 있다 / 자사의 시장 점유율을

v 공유하다; 나누다 (A with B)

Do not miss an opportunity / to **share** your opinions / **with** business leaders.
기회를 놓치지 마세요 / 당신의 의견을 공유할 수 있는 / 업계 지도자들과

> ◆ 토익 출제 포인트 (Part 5&6)
>
> (**share** / sample) the results of a survey with other team members 다른 팀원들과 설문 조사 결과를 공유하다
> → 동사 share는 share A with B(A를 B와 공유하다)의 형태로 자주 출제된다.
> (sample ~의 견본을 만들다; 시험하다; 시식하다)

02 double ★★★

[dʌbl]

v 두 배로 되다[만들다]

Our sales revenue / has **almost doubled** / during the last quarter. 우리의 매출액은 / 거의 두 배가 되었다 / 지난 분기에

03 exceed ★★★

[iksíːd]

(파) excess n 초과(량), 과잉
excessive adj 지나친, 과도한

v 초과하다, 넘다

Only a few companies / in the region / were able to **exceed** / their sales **goals**.
몇몇 회사만이 / 그 지역에 있는 / 초과할 수 있었다 / 그들의 매출 목표를
▶ 그 지역에 있는 몇몇 회사만이 그들의 매출 목표를 초과할 수 있었다.

> 🔍 빅데이터 토익 빈출 표현   ● 빈출도
>
> **exceed** one's expectations 예상을 초과하다, 기대 이상이다 ●●●

04 growth ★★★

[grouθ]

(파) growing adj 성장하는, 증가하는

n 성장, 증가

No analysts could predict / JBE Industries' rapid **growth**.
어떤 분석가도 예상하지 못했다 / JBE Industries의 빠른 성장을

05 **increase** ★★★
- v [inkríːs]
- n [ínkriːs]
- ㈜ increased adj 증가한
- increasingly adv 점점 더

v 증가시키다[되다]

There is an urgent need / to **increase** our **productivity**. 시급한 필요가 있다 / 우리의 생산성을 증가시킬

n 증가, 인상 (in)

The company had to end / the production of monitors / due to **a sharp increase** / **in** costs.
그 회사는 중단해야 했다 / 모니터의 생산을 / 급격한 증가로 인해 / 비용의

➕ 토익 출제 포인트 (Part 5&6)

due to an (effort / **increase**) in the demand for our products 우리 제품에 대한 수요 증가로 인해
→ 명사 increase는 전치사 in과 함께 '~의 증가'라는 의미로 자주 출제된다. (effort 노력)

06 **sale** ★★★
- [seil]
- ㈜ salable adj 팔기에 알맞은, 수요가 있는

n <sales> 매출(량), 판매(량); 영업 업무; 판매; 세일

Improved customer relations / will likely **boost sales**. 개선된 고객 관계는 / 매출을 증가시켜 줄 것으로 보인다

➕ 토익 출제 포인트 (Part 5&6)

Pride Corp. will increase the size of its (salable / **sales**) force. Pride 사는 영업 인력 규모를 늘릴 것이다.
→ sale은 sales force(영업 인력), sales department(영업부), sales director(영업 이사) 등과 같이 주로 복합 명사를 이루어 '영업 업무'라는 의미로 쓰이며 이때 반드시 복수형으로 써야 한다.

07 **sharply** ★★★
- 미 [ʃáːrpli]
- 영 [ʃáːpli]
- ㈜ sharp adj 급격한; 날카로운
- adv 정각

adv 급격하게; 날카롭게

The profits have risen **sharply** / over the past few months. 이윤이 급격하게 상승했다 / 지난 몇 개월 동안

08 **representative** ★★★
- [rèprizéntətiv]
- ㈜ represent v 대표하다

n (판매) 대리인; 대표(자)

Stardust Corp. / rewards **sales representatives** / who meet their sales goals.
Stardust 사는 / 판매 대리인들에게 보상해 준다 / 그들의 매출 목표를 달성하는

adj 대표하는 (of)
The lightweight shoes / **are representative** / of our entire line of footwear.
그 경량 신발은 / 대표한다 / 우리의 신발 제품 전체를

🔍 빅데이터 토익 빈출 표현 ● 빈출도
a customer service **representative** 고객 서비스 담당자 ●●●
be **representative** of ~을 대표하다 ●

09 approximately ★★★
미 [əpráksəmətli]
영 [əprɔ́ksəmətli]
(파) approximate **adj** 대략의, 근사치인
v 가깝다, 비슷하다
(동) about 대략

adv 대략, 거의
Online sales fell / by **approximately** 10 percent / last month. 온라인 판매량이 떨어졌다 / 대략 10%만큼 / 지난달에

💡 토익 출제 포인트 (Part 5&6)
The trip will cost you (**approximately** / ~~approximate~~) $2,000. 그 여행은 대략 2,000달러의 비용이 들 것입니다.
→ 숫자 표현을 수식하는 것은 부사이다. 숫자 표현 앞에서 approximately가 자주 정답으로 출제된다.

10 reduce ★★★
[ridjú:s]
(파) reduction **n** 감소
(동) cut 줄이다

v (양·액수·정도 따위를) 줄이다
It is necessary / to **reduce** the usage of electricity / in the office. 필요하다 / 전기의 사용을 줄이는 것이 / 사무실에서

🔍 빅데이터 토익 빈출 표현 ● 빈출도
reduce[cut] expenses[costs/expenditures]
비용[지출]을 줄이다 ●●●

11 largely ★★★
미 [láːrdʒli]
영 [láːdʒli]
(동) mostly 주로

adv 주로, 대체로
The surge in tourism / is **largely** the result / of the opening of a new railway.
관광업의 급증은 / 주로 결과이다 / 새로운 철도 개통의

🔍 빅데이터 토익 빈출 표현 ● 빈출도
largely due to(= due **largely** to) 주로 ~때문에 ●●●

12 dramatically ★★★
[drəmǽtikəli]
㉴ dramatic adj 급격한, 극적인

adv 급격하게, 극적으로
Sales of the latest book / have **increased** Orco Press's profits / **dramatically**.
최신 도서의 판매가 / Orco Press의 이윤을 증가시켰다 / 급격하게

13 initial ★★★
[iníʃəl]
㉴ initially adv 처음에

adj 초기의, 처음의
The **initial response** from consumers / has been disappointing. 소비자들의 초기 반응은 / 실망스러웠다

14 moderately ★★★
미 [mάdərətli]
영 [mɔ́dərətli]
㉴ moderate adj 보통의, 중간의

adv 어느 정도, 적당히
The new advertising campaign / has been **moderately successful**.
새 광고 캠페인은 / 어느 정도 성공적이었다

🔍 빅데이터 토익 빈출 표현 ● 빈출도
moderately priced 적정 가격의 ●

15 decline ★★
[dikláin]
㉴ decrease 감소(하다)
reject, refuse 거절하다

n 감소, 하락
The added costs / resulted in **a sharp decline** / in profits. 늘어난 비용은 / 급격한 감소를 초래했다 / 이윤의

v 감소하다; 거절하다
The investment in real estate / has **declined steadily**. 부동산 투자는 / 꾸준히 감소했다

➕ 토익 출제 포인트 (Part 7_동의어 찾기)

Ron has "**declined**" the invitation to the reception.
(A) rejected   (B) descended
Ron은 연회 초대를 거절했다.
→ decline이 문맥상 '거절하다'라는 의미로 쓰이면 reject(거절하다)와 동의어가 된다. (descend 내려가다, 하강하다)

16 anticipate ★★
[æntísəpèit]
파 anticipation n 예상; 기대

v 예상하다; 기대하다
Annual sales figures / were much higher / than **anticipated**. 연간 매출 수치는 / 훨씬 더 높았다 / 예상보다

17 markedly ★★
[má:rkidli]
파 marked adj 현저한, 두드러진

adv 현저하게, 뚜렷하게
The new system / will **reduce** our operating costs / **markedly**. 새로운 시스템은 / 우리의 운영비를 줄여 줄 것이다 / 현저하게

🔍 **빅데이터 토익 빈출 표현** ● 빈출도
markedly different 현저하게 다른 ★★

18 profit ★★
미 [práfit]
영 [prɔ́fit]
파 profitable adj 수익성 있는; 유익한
동 earnings, gain, revenue 이익, 수익

n 이윤, 이익, 수익
The company hopes to increase capacity / to **generate** more **profits**.
그 회사는 생산 능력을 늘리기를 희망한다 / 더 많은 이윤을 창출하기 위해

19 significantly ★★
[signífikəntli]
파 significant adj 상당한, 중요한

adv 상당히, 크게
The Old Diner / had to **reduce** its prices **significantly** / to attract more customers.
Old Diner는 / 가격을 상당히 내려야만 했다 / 더 많은 고객들을 끌어들이기 위해

🎯 **토익 출제 포인트 (Part 5&6)**
Our prices are (s̶i̶g̶n̶i̶f̶i̶c̶a̶n̶t̶ / **significantly**) lower than those of the competitors.
우리 가격은 경쟁사들의 가격보다 상당히 낮다.
→ 비교급 형용사/부사 앞에서 이를 수식하는 부사로 significantly나 considerably(상당히)를 선택하는 문제가 자주 출제된다.

수익/투자/성장 | 67

20 slightly ★★
[sláitli]
⑪ slight adj 약간의, 조금

adv 약간; 가볍게
The third-quarter profits / were **slightly** lower / than we had expected.
3분기 수익은 / 약간 낮았다 / 우리가 예상했던 것보다

> 🎯 토익 출제 포인트 (Part 5&6)
>
> Our marketing budget will rise (**slightly** / ~~rarely~~) next year. 내년에는 우리 마케팅 예산이 약간 증가할 것이다.
> → slightly는 증감을 나타내는 동사(rise, increase, decrease 등)와 함께 자주 출제된다. (rarely 드물게)

21 steady ★★
[stédi]
⑪ steadily adv 꾸준히, 지속적으로

adj 안정된, 한결같은, 꾸준한
It often takes / more than two years / to build a **steady** customer base.
종종 걸린다 / 2년이 넘게 / 안정된 고객 기반을 구축하는 데는

> 🔍 빅데이터 토익 빈출 표현   • 빈출도
>
> **steady** sales[growth] 꾸준한 판매량[성장] ●●●
> rise **steadily** 꾸준히 증가하다 ●●

22 substantial ★★
[səbstǽnʃəl]
⑪ substantially adv 상당히; 대체로

adj 상당한; 본질적인
Kolby will invest / a **substantial** amount of money / in the stock market.
Kolby는 투자할 것이다 / 상당한 액수의 돈을 / 주식 시장에

> 🎯 토익 출제 포인트 (Part 5&6)
>
> suffered (**substantial** / ~~substantially~~) losses last month
> 지난달에 상당한 손실을 입었다
> → 명사(losses)를 수식하는 것은 형용사이므로 substantial이 정답이다.

23 sizable ★★
[sáizəbl]

adj 상당한, 꽤 큰
There will be a **sizable** market / for electric cars.
상당한 시장이 있을 것이다 / 전기 자동차에 대한

24 investment **

[invéstmənt]
ⓥ invest 투자하다
investor ⓝ 투자자

ⓝ 투자 (in)

An **investment in** solar energy / will usually break even / within ten years.
태양 에너지에 대한 투자는 / 보통 비용만큼 돈을 회수하게 될 것이다 / 10년 이내에

> 🔍 빅데이터 토익 빈출 표현
> **investment** in ~에의 투자 ●●●
> ● 빈출도

25 earnings **

미 [ə́ːrniŋz]
영 [ə́ːniŋz]

ⓝ 수익, 수입, 소득

The construction company / **recorded** the highest **earnings** ever / last year.
그 건설 회사는 / 사상 최고의 수익을 올렸다 / 작년에

> 🎯 토익 출제 포인트 (Part 5&6)
> an increase in quarterly (earning / **earnings**)
> 분기별 수익의 증가
> → '수익, 수입, 소득'이라는 의미의 earnings는 항상 복수 형태로 쓰인다는 것을 기억해 두자.

26 equivalent **

[ikwívələnt]

adj (가치·의미 등이) 상당하는, 동등한 (to)

The product is priced / at one thousand dollars, / which is **equivalent** / **to** about one million won.
그 제품은 가격이 책정되어 있다 / 1천 달러에 / 이는 상당한다 / 약 1백만 원에
▷ 그 제품의 가격은 1천 달러인데, 이는 약 1백만 원에 상당한다.

27 measure **

[méʒər]
ⓝ measurement ⓝ 측정, 측량

ⓝ 조치; 척도

Some extreme **measures** / will be **implemented** / to reduce overhead costs.
몇몇 극단적인 조치가 / 시행될 것이다 / 간접비를 줄이기 위해

ⓥ ~의 길이[폭, 높이]이다; 측정하다, 재다

The equipment **measures** / about one / by two / by three meters. 그 장비는 ~이다 / 가로 1미터 / 세로 2미터 / 높이 3미터

수익/투자/성장 | 69

> **빅데이터 토익 빈출 표현** ● 빈출도
> implement[take] a **measure** 조치를 시행하다[취하다] ●●●
> security[safety/protective] **measures** 보안[안전/보호] 조치 ●●

28 considerable ★★
[kənsídərəbl]
ⓐ considerably adv 상당히, 꽤

adj 상당한

Installing solar panels / could save us / a **considerable** amount of energy.
태양 전지판을 설치하는 것은 / 우리에게 절약시켜 줄 수 있다 / 상당한 양의 에너지를

29 bring ★★
[briŋ]

v 가져오다, 데려오다 (A to B) (A with you)

The new stadium / will **bring** extra revenue / **to** the city. 새로운 경기장은 / 추가 수익을 가져올 것이다 / 시에

> **토익 출제 포인트 (Part 5&6)**
> Please print the ticket and (reserve / **bring**) it with you to the concert. 표를 출력해서 콘서트에 가지고 오세요.
> → bring은 bring A to B(A를 B에(게) 가져오다[가져다주다]) 형태 외에도 bring A with 사람(사람이 A를 가져오다[지참하다]) 형태로도 출제되므로 기억해 두자. (reserve 예약하다)

30 gain ★★
[gein]

v (원하는 것·이익·혜택을) 얻다

The manufacturer / offers competitive prices / in an attempt to **gain** a larger market share.
그 제조 업체는 / 경쟁력 있는 가격을 제시한다 / 더 큰 시장 점유율을 얻기 위해

n 증가; 이익

The huge **gain** / in the output / was completely unexpected. 큰 증가는 / 생산량의 / 전혀 예상치 못한 것이었다

> **토익 출제 포인트 (Part 5&6)**
> Ansoft has reported significant (gained / **gains**) in profits. Ansoft는 상당한 수익 증가를 보고했다.
> → gain은 동사뿐만 아니라 명사로도 종종 출제된다.

31 figure *
미 [fígjər]
영 [fígə]
⑧ number 수, 숫자
person 사람

n 수치; 인물

The **sales figures** / show increases / for five consecutive years.
매출 수치는 / 증가세를 보이고 있다 / 5년 연속으로

> ◎ 토익 출제 포인트 (Part 7_동의어 찾기)
> Several leading "**figures**" in the industry will speak at the conference.
> (A) numbers (B) people
> 업계의 몇몇 주요 인물들이 회의에서 연설할 것이다.
> → figure가 문맥상 '인물'이라는 의미로 쓰이면 people(사람)과 동의어가 된다. (number 수, 숫자)

32 sustainable *
[səstéinəbl]
⑩ sustain v 유지하다; 떠받치다
sustained adj 지속된, 일관된

adj 지속 가능한

Constant innovations / will help ensure / **sustainable** growth.
끊임없는 혁신이 / 보장하는 데 도움이 될 것이다 / 지속 가능한 성장을

33 boost *
[buːst]

v 증가시키다; 북돋우다

The consultants have suggested / some effective ways / to **boost** productivity.
그 컨설턴트들은 제안했다 / 몇 가지 효과적인 방법을 / 생산성을 증가시키기 위한

> 🔍 빅데이터 토익 빈출 표현   ● 빈출도
> **boost** productivity[sales] 생산성[판매량]을 증가시키다 ●
> **boost** morale 사기를 북돋우다 ● ●

34 gradual *
[grǽdʒuəl]
⑩ gradually adv 서서히

adj 점진적인, 서서히 일어나는

Industry experts / predict **a gradual improvement** / **in** retail sales.
업계 전문가들은 / 점진적인 증가를 예상한다 / 소매 판매량에서

35 asset *
[ǽset]

n 자산 (to); 재산

We are confident / that Mr. Bravo will be a **valuable asset** / **to** our team.
우리는 확신한다 / Bravo 씨가 소중한 자산이 될 것이라고 / 우리 팀에

36 projected *
[prədʒéktid]

⑪ project ⓥ 예상하나; 계획하나 **n** 계획[기획](된 일)

adj 예상된

Alpire Corporation failed to meet / the **projected growth rate**. Alpire 사는 달성하는 데 실패했다 / 예상된 성장률을

37 noticeable *
미 [nóutisəbl]
영 [nə́utisəbl]
⑪ noticeably **adv** 두드러지게, 현저히

adj 두드러진, 눈에 띄는

Brisk Corp. has achieved / a **noticeable increase** / **in** yearly earnings.
Brisk 사는 이루었다 / 두드러진 증가를 / 연간 수익에서

38 incrementally *
[inkrəméntəli]
⑪ increment **n** 증가, 증대

adv 점차, 점진적으로

Domestic sales / will **increase incrementally** / despite fierce competition.
국내 판매량은 / 점차 늘어날 것이다 / 치열한 경쟁에도 불구하고

39 revenue *
[révənjù:]

n 수익, 수입

Void Motors has shown / sustained **revenue growth** / over the last decade.
Void Motors는 보여 주었다 / 지속적인 수익 성장을 / 지난 10년 동안

40 unprecedented *
[ənprésidentid]

adj 전례 없는, 유례없는

The sports event will attract / an **unprecedented number of** visitors.
그 스포츠 행사는 끌어들일 것이다 / 전례 없는 수의 방문객들을

Day 04 **Daily Test**

A 각 영어 단어의 알맞은 의미를 찾아 연결하세요.

01 steady •   • ⓐ 초기의, 처음의
02 initial •   • ⓑ 초과하다, 넘다
03 dramatically •   • ⓒ 급격하게, 극적으로
04 exceed •   • ⓓ 안정된, 한결같은, 꾸준한

B 우리말과 일치하도록 다음 빈칸에 알맞은 단어를 찾아 넣으세요.

| ⓐ sustainable   ⓑ sizable   ⓒ measure   ⓓ anticipated   ⓔ gain |

05 _____ a larger market share 더 큰 시장 점유율을 얻다
06 _____ growth 지속 가능한 성장
07 much higher than _____ 예상보다 훨씬 더 높은
08 a _____ market for electric cars 전기 자동차에 대한 상당한 시장

C 다음 빈칸에 문맥상 적절한 단어를 찾아 넣으세요.

해석 p. 507

| ⓐ approximately   ⓑ sharply   ⓒ anticipate
  ⓓ considerably   ⓔ boost |

09 The company will relocate to a _____ larger office.
10 The mayor is confident that the new bicycle path will _____ tourism.
11 Most analysts _____ that the investment will prove to be profitable.
12 It will take _____ two weeks for your item to be delivered.

정답 01 ⓓ 02 ⓐ 03 ⓒ 04 ⓑ 05 ⓔ 06 ⓐ 07 ⓓ 08 ⓑ 09 ⓓ 10 ⓔ 11 ⓒ 12 ⓐ

토익 LC/RC 짝꿍 표현

수익/투자/성장

☐ **offset**	v 상쇄하다, 벌충하다	**offset** the decrease 감소를 상쇄하다 **offset** the expense 비용을 벌충하다	
☐ **quote**	n 견적 v 견적을 내다	a price **quote** 가격 견적 **quote** a price for the repairs 수리값 견적을 내다	
☐ **surge**	n 급증, 급등 v 급증하다, 급등하다	a **surge** in consumer spending 소비자 지출의 급증 **surging** oil price 급증하는 유가	
☐ **fast-growing**	adj 급성장하는	a **fast-growing** business 급성장하는 사업 **fast-growing** jobs 급성장하는 일자리	
☐ **endure**	v 견디다, 참다	**endure** a great loss 큰 손실을 견디다 **endure** severe cold 혹한을 견디다	
☐ **recession**	n 불황, 침체	get out of **recession** 불황에서 벗어나다 economic **recession** 경기 침체	
☐ **due to**	phr ~때문에, ~로 인해	**due to** the unexpected decline 예상치 못한 감소 때문에 **due to** excessive supply 과도한 공급 때문에	
☐ **incredibly**	adv 엄청나게, 믿을 수 없을 정도로	at **incredibly** low prices 엄청나게 낮은 가격으로 **incredibly** successful 엄청나게 성공한	
☐ **sudden**	adj 갑작스러운	the **sudden** gain in stocks 주식의 급등 **sudden** changes 갑작스러운 변화	
☐ **capital**	n 자본금 adj 자본의	raise **capital** 자본금을 모으다[조달하다] **capital** investment 자본 투자	
☐ **primary**	adj 주요한, 주된	a **primary** financial institution 주요 금융 기관 a **primary** source of income 주요 수입원	
☐ **precisely**	adv 정확히	more **precisely** specified 더 정확히 명시된 **precisely** calculate 정확히 계산하다	

☐ biweekly	adj 격주의 adv 격주로	a **biweekly** newsletter 격주 소식지 paid **biweekly** 격주로 지불된	
☐ twofold	adj 두 배의	a **twofold** increase 두 배의 증가 a **twofold** effect 두 배의 효과	
☐ payable	adj 지불해야 하는	**payable** in advance 미리 지불해야 하는 be **payable** on completion 완성 시에 지불해야 하다	
☐ soar	v 급증하다, 치솟다	Profits have been **soaring**. 이익이 급증하고 있다. **soaring** unemployment 치솟는 실업률	
☐ tactic	n 전략, 작전	aggressive **tactics** 공격적인 전략 long-term **tactics** 장기적인 전략	
☐ conceal	v 숨기다, 감추다	**conceal** crucial facts 중요한 사실을 숨기다 cleverly **concealed** 교묘하게 숨긴	
☐ upswing	n 상승 (기세), 호전	a dramatic **upswing** 급격한 상승 predict an economic **upswing** 경제적 상승 기세를 예측하다	
☐ in favor of	phr ~을 지지[찬성]하여	**in favor of** the new contract 새로운 계약을 지지하여 **in favor of** the proposal 제안을 찬성하여	
☐ synergy	n 시너지 효과, 동반 상승 효과	the benefits of **synergy** 시너지 효과의 이점 **synergy** between the two firms 두 회사 간의 시너지 효과	
☐ dividend	n 배당금	raise the **dividend** 배당금을 올리다 a quarterly **dividend** 분기 배당금	
☐ evade	v 피하다, 모면하다	**evade** a tax 탈세하다 **evade** the issue 문제를 피하다	
☐ triple	v 3배로 만들다; 3배가 되다	**triple** the size 규모를 3배로 만들다 have **tripled** in the last ~ years 지난 ~년간 3배가 되었다	
☐ liquidate	v 청산하다, 정리하다	**liquidate** some subsidiaries 일부 자회사를 청산하다 **liquidate** excess inventory 초과 재고를 정리하다	
☐ lucrative	adj 수익성이 좋은	a **lucrative** contract 수익성이 좋은 계약 a **lucrative** business 수익성이 좋은 사업	

☐ income	n 수입, 소득	double the **income** 수입을 두 배로 늘리다 declare one's **income** 소득 신고를 하다	
☐ pass out	phr ~을 나누어 주다	**pass out** copies 복사본을 나누어 주다 **pass out** leaflets 전단을 나누어 주다	
☐ discrepancy	n 차이	a **discrepancy** in the prices 가격에서의 차이 eliminate **discrepancies** 차이를 없애다	
☐ debit card	phr 직불[현금] 카드	activate the **debit card** 직불 카드를 활성화하다 a valid **debit card** 유효한 직불 카드	
☐ mortgage	n 대출(금), 융자(금)	low-interest home **mortgages** 저금리의 주택 대출 **mortgage** applications 대출 신청서	
☐ nominal	adj 얼마 안 되는; 명목상의	a **nominal** fee 얼마 안 되는 수수료 a **nominal** leader 명목상의 지도자	
☐ embark on [upon]	phr ~을 시작하다, 착수하다	**embark on** a fiscal policy 재정 정책을 시작하다 **embark on** overseas investment 해외 투자를 시작하다	
☐ likelihood	n 가능성	little **likelihood** 가능성이 거의 없는 **likelihood** of discoloration 변색의 가능성	
☐ downfall	n 몰락	lead to the **downfall** 몰락을 이끌다 the **downfall** of the corporation 그 회사의 몰락	
☐ forthcoming	adj 곧 있을, 다가오는	the **forthcoming** evaluation 곧 있을 평가 the **forthcoming** local elections 다가오는 지방 선거	
☐ unduly	adv 지나치게, 과도하게	sound **unduly** negative 지나치게 부정적으로 들리다 **unduly** concerned 지나치게 걱정하는	
☐ deficient	adj 부족한	**deficient** in leadership skills 통솔력이 부족한 **deficient** basic skills 부족한 기본기	
☐ turnover	n 매출량	an annual **turnover** 연간 매출량 a fall in **turnover** 매출량 하락	
☐ unproductive	adj 비생산적인	an **unproductive** second quarter 비생산적인 2분기 **unproductive** workplaces 비생산적인 작업 공간	

☐ merchant	n 상인	a retail **merchant** 소매 상인 attract many **merchants** 많은 상인들을 끌어들이다
☐ affiliate	n 계열사 v 제휴하다, 연계하다	an **affiliate** in Maine 메인주에 있는 계열사 **affiliate** with one of the major clinics 주요 병원 중 한 곳과 제휴하다
☐ premium	adj 고급의	**premium** quality 고급 품질 **premium** services 고급 서비스
☐ prevail	v 만연하다; 압도하다	**prevail** among ~사이에서 만연하다 large chains **prevail** 거대 체인점이 압도하다
☐ notably	adv 현저히, 특히	**notably** successful 현저히 성공적인 **notably** in the financial sphere 특히 재정적 분야에서
☐ underway	adj 진행 중인	be currently **underway** 현재 진행 중이다 The construction is **underway**. 공사가 진행 중이다.
☐ prosperous	adj 번성하는, 번창하는	**prosperous** manufacturers 번성하는 제조 업체 a **prosperous** area 번창하는 지역
☐ real-estate	adj 부동산의	**real-estate** trends 부동산 추세 **real-estate** investment 부동산 투자
☐ verbal	adj 구두의, 말의	a **verbal** agreement 구두 계약 a **verbal** warning 구두상 경고
☐ advancement	n 발전, 진보	necessary for **advancement** 발전을 위해 필요한 professional **advancement** 직업상의 진보
☐ reliant	adj 의존하는	**reliant** on technology 기술에 의존하는 **reliant** on pensions 연금에 의존하는
☐ gross	adj 총계의	**gross** earnings 총수입 **gross** yields 총생산량
☐ out of business	phr 폐업한	go **out of business** 폐업하다 drive small shops **out of business** 작은 상점을 폐업시키다
☐ skyrocket	v 급등하다	**skyrocket** in value 가치가 급등하다 **skyrocketing** inflation 급등하는 물가 상승

회계/비용/자금

오늘의 단어 듣기

토익에서는 회사의 재정 상황을 분석하여 예산을 짜는 등의 회계 업무와 함께 비용 감소를 위한 노력, 업무별 자금 할당 상황이 상세히 다뤄집니다.

📖 부장님 파이팅!

01 accurately ★★★
[ǽkjurətli]
ⓟ accurate adj 정확한

adv 정확하게, 정밀하게
Be sure to enter / all the figures **accurately** / into the database. 꼭 입력하세요 / 모든 수치를 정확하게 / 데이터베이스에

> 🔍 빅데이터 토익 빈출 표현 • 빈출도
> **accurately** reflect[predict] 정확하게 반영하다[예측하다] ★★

02 amount ★★★
[əmáunt]

n 총액, 액수; 양 (of)
The **full amount** / must be received / by the end of the month. 전액이 / 수령되어야 한다 / 월말까지

v (합계가) ~에 달하다 (to)
The cost of relocation / will **amount to** 800,000 euros. 이전 비용은 / 80만 유로에 달할 것이다

> ⊕ 토익 출제 포인트 (Part 5&6)
> The event will generate a significant (**amount** / ~~number~~) of revenue. 그 행사는 상당한 액수의 수익을 창출할 것이다.
> → 명사 amount는 a significant[considerable/large] amount of(상당한 액수[양]의 ~)의 형태로 자주 출제된다. 'a ~ number of(많은)' 뒤에는 복수 명사가 와야 한다는 것을 기억해 두자.

03 confirm ★★★
미 [kənfə́:rm]
영 [kənfə́:m]
ⓟ confirmation n 확인, 확정

v 확인하다, 확정하다
We will contact you / by phone / to **confirm receipt of** payment. 저희는 당신에게 연락 드릴 것입니다 / 전화상으로 / 대금 수령을 확인하기 위해서

> 🔍 빅데이터 토익 빈출 표현 • 빈출도
> **confirm** receipt of ~의 수령을 확인하다 ★★★★
> **confirm** an appointment[order] 약속[주문]을 확인하다 ★★★
> **confirm** details 세부 사항을 확인하다 ★★

회계/비용/자금 | 79

04 consistently ★★★
[kənsístəntli]
⑨ consistent adj 일관된, 꾸준한
consistency n 일관성

adv 지속적으로, 일관하여
Joy Corporation / has consistently exceeded / projected sales goals.
Joy 사는 / 지속적으로 초과 달성해 왔다 / 예상 매출 목표를

> 🔍 빅데이터 토익 빈출 표현 ● 빈출도
> consistently positive 일관되게 긍정적인 ●●
> be consistent with ~와 일치하다 ●

05 expense ★★★
[ikspéns]
⑧ cost, spending, expenditure
비용, 지출

n 비용, 경비
Please note / that all business-related expenses / are reimbursable.
유의하세요 / 모든 업무 관련 비용은 / 변제 가능하다는 점에

> 🔍 빅데이터 토익 빈출 표현 ● 빈출도
> living[operating] expenses 생계[운영]비 ●●●
> outstanding expenses 미지불된 비용 ●●

06 nearly ★★★
[níərli]
⑧ almost 거의

adv 거의
The financial audit / will take nearly 30 hours / to complete. 재무 감사는 / 거의 30시간이 소요될 것이다 / 완료하는 데

> ➕ 토익 출제 포인트 (Part 5&6)
> The seminar was attended by (**nearly** / ~~closely~~) 500 participants. 세미나에는 거의 500명의 참가자들이 참석했다.
> → nearly는 숫자 표현 앞에서 자주 정답으로 출제된다. 참고로 almost(거의), at least(적어도), about(약)도 숫자를 수식하는 표현으로 자주 출제되므로 같이 알아 두자. (closely 면밀하게; 밀접하게)

> 🔍 빅데이터 토익 빈출 표현 ● 빈출도
> nearly[almost] complete 거의 끝난 ●●●●

07 previous ★★★
[príːviəs]
㉾ previously adv 이전에(는), 과거에

adj 이전의, 예전의
The previous balance / indicated on the invoice / is $350. 이전 잔액은 / 송장에 나타나 있는 / 350달러이다

08 separately ★★★
[sépərətli]
㉾ separate v 분리하다[되다]
adj 분리된; 별개의

adv 별도로, 각자, 따로 (from)
Rental costs / must be recorded / separately from other expenses. 임대료는 / 기록되어야 한다 / 다른 비용과 별도로

◎ 토익 출제 포인트 (Part 5&6)
deliver large items (jointly / separately) from kitchen appliances 커다란 물품은 주방용품과는 별도로 배달하다
→ separately는 '~와는 별도로'라는 의미로 전치사 from과 함께 자주 쓰인다는 것을 기억해 두자. (jointly 공동으로)

09 specific ★★★
[spisífik]
㉾ specifics n 세부 사항
specifically adv 구체적으로; 분명히

adj 특정한; 구체적인
The accountant has agreed / on a specific date / to submit the report.
그 회계사는 동의했다 / 특정한 날짜에 / 보고서를 제출할

🔍 빅데이터 토익 빈출 표현
● 빈출도
specific needs[details] 구체적인 요구[세부 사항] ★★★
specifically to V 구체적으로 ~하기 위해 ★★

10 sufficient ★★★
[səfíʃənt]
㉾ sufficiently adv 충분히
⑤ adequate, enough 충분한
⑪ insufficient 불충분한

adj 충분한 (for/to V)
The committee / will provide sufficient funds / for the project. 위원회는 / 충분한 자금을 제공할 것이다 / 그 프로젝트를 위한

◎ 토익 출제 포인트 (Part 5&6)
We do not have (sufficient / competent) time to prepare for the workshop. 우리는 워크숍을 준비할 시간이 충분치 않다.
→ sufficient는 sufficient A to V(~하기에 충분한 A)나 sufficient A for B(B를 위한 충분한 A, B하는 데 충분한 A) 이 두 가지 형태로 모두 출제된다. (competent 유능한)

11 cost ★★
미 [kɔːst]
영 [kɔst]
파 costly adj 값비싼

n 비용, 경비; 가격
The **estimated** costs / exceeded our budget / by about $1 million.
예상 비용이 / 우리의 예산을 초과했다 / 약 백만 달러만큼

v 비용이 들다; (금액을) 필요로 하다
A full-page ad / will cost / **more** than a classified ad. 전면 광고는 / 비용이 들 것이다 / 항목별 광고보다 더

12 financial ★★
[fainǽnʃəl]
파 financially adv 재정적으로

adj 재정의, 재무의; 회계의
A company's financial **condition** / will affect its credit rating.
한 회사의 재정 상태는 / 그 회사의 신용 등급에 영향을 미칠 것이다

13 at least ★★

phr 적어도, 최소한
All bank transactions / will be reviewed / at least **twice** / by the audit committee.
모든 은행 거래는 / 검토될 것이다 / 적어도 두 번 / 감사 위원회에 의해

14 example ★★
미 [igzǽmpl]
영 [igzáːmpl]

n 예, 본보기 (of)
The previous project, / which was completed / well under budget, / is a **good** example **of** efficiency.
이전 프로젝트는 / 완료되었던 / 예산을 많이 남긴 상태에서 / 효율성의 좋은 예이다
▶ 예산을 많이 남긴 상태로 완료된 이전 프로젝트는 효율성의 좋은 예이다.

15 allocate ★★
[ǽləkèit]
파 allocation n 할당(량), 배당(금)

v 할당하다, 배분하다 (to)
The increased budget / will allow us / to allocate more **funds** / **to** welfare programs.
늘어난 예산은 / 우리가 할 수 있도록 해 줄 것이다 / 더 많은 자금을 할당하는 것을 / 복지 프로그램에

🔍 **빅데이터 토익 빈출 표현**　　　　● 빈출도
allocate funds to　~에 자금을 할당하다 ●●●

16 ever **
[évər]

adv (비교급·최상급 강조) 여태껏, 역대

Our financial documents / are kept more secure / than **ever**. 우리의 재정 문서는 / 더 안전하게 보관된다 / 여느 때보다

> 🔍 **빅데이터 토익 빈출 표현** • 빈출도
>
> faster than **ever** 여느 때보다도 더 빨리 •••
> the best **ever** 역대 최고의 •••

17 budget **
[bʌ́dʒit]
(파) budgetary **adj** 예산의, 예산상의

n 예산(안)

All meal expenses / will be covered / by our sales **budget**. 모든 식비는 / 충당될 것이다 / 우리의 영업 예산으로

> 🔍 **빅데이터 토익 빈출 표현** • 빈출도
>
> **budget** surplus[deficit] 예산 흑자[적자] ••
> within (a) **budget** 예산에 맞게, 예산 한도 내에서 ••

18 analysis **
[ənǽləsis]
(파) analyst **n** 분석가
     analyze **v** 분석하다

n 분석

The report / provides a **detailed analysis** / of the company's financial status.
그 보고서는 / 상세한 분석을 제공한다 / 그 회사의 재정 상태에 대한

> 🔍 **빅데이터 토익 빈출 표현** • 빈출도
>
> perform[conduct] an **analysis** 분석을 수행하다 ••

19 funding **
[fʌ́ndiŋ]
(파) fund **n** 자금, 기금
        v 자금을 대다

n 자금 (제공)

Management has decided / to **provide** more **funding** / for the recycling program.
경영진은 결정했다 / 더 많은 자금을 제공하기로 / 재활용 프로그램에

> ⚡ **토익 출제 포인트 (Part 5&6)**
>
> approve a request for (fund / **funding**) 자금 요청을 승인하다
> → 명사 fund와 funding 둘 다 '자금'이란 의미가 있지만, fund는 가산 명사이므로 앞에 관사나 소유격이 없으면 복수형으로 써야 한다. 따라서 불가산 명사인 funding이 정답이다.

20 lower ★★
미 [lóuər]
영 [ləuə]

v 낮추다, 내리다
This new technology will lower / your company's production costs.
이 신기술은 낮춰 줄 것입니다 / 귀사의 생산 비용을

21 marginally ★★
미 [mɑ́ːrdʒinəli]
영 [mɑ́ːdʒinəli]

adv 약간, 근소하게
The cost-cutting measures / have been only marginally successful. 경비 절감책은 / 아주 약간 성공적이었다

> ◇ 빅데이터 토익 빈출 표현 ● 빈출도
> marginally higher[better] 근소하게 더 높은[나은] ●

22 optimal ★★
미 [áptəməl]
영 [ɔ́ptəməl]
⑭ optimize **v** 최적화하다

adj 최적의
The accounting software / should be regularly updated / for optimal performance.
그 회계 소프트웨어는 / 정기적으로 업데이트되어야 한다 / 최적의 성능을 위해

> ◇ 빅데이터 토익 빈출 표현 ● 빈출도
> optimal time[use] 최적의 시간[사용] ●●
> optimal conditions 최적의 조건, 최적의 상태 ●

23 outstanding ★★
[autstǽndiŋ]
ⓢ unpaid 미납의
  superior, excellent
  뛰어난, 훌륭한

adj 미지불의; 뛰어난, 두드러진
You have an outstanding balance / of $617 / on your account.
당신은 미지불 잔액이 있습니다 / 617달러의 / 당신의 계좌에

> ⊕ 토익 출제 포인트 (Part 7_동의어 찾기)
> Fisher was recognized for her "**outstanding**" customer service.
> (A) unresolved   (B) superior
> Fisher는 그녀의 뛰어난 고객 서비스로 인정받았다.
> → outstanding이 문맥상 '뛰어난'이라는 의미로 쓰이면 superior(뛰어난, 훌륭한)와 동의어가 된다. (unresolved 미해결의)

24 **profitable** ★★
[práfitəbl]
ⓟ profitability ⓝ 수익성

adj 수익성이 있는, 이익이 나는
Sun Limited has grown / into a **highly profitable** business. Sun Limited는 성장했다 / 매우 수익성이 높은 사업으로

25 **installment** ★★
[instɔ́:lmənt]
ⓟ install ⓥ 설치하다
installation ⓝ 설치

ⓝ 할부금, 분할 불입; (연재물·시리즈의) 한 권, 1회분
The remainder will be paid / in monthly **installments** / over the year.
나머지 금액은 지불될 것이다 / 월 할부로 / 1년에 걸쳐

> 🎯 **토익 출제 포인트 (Part 5&6)**
> This book is the latest (**installment** / ~~installation~~) in the popular adventure series.
> 이 책은 유명 어드벤처 시리즈물의 최신작이다.
> → installment(한 권, 1회분)는 installation(설치)과 형태가 비슷하여 혼동될 수 있으니 주의하자.

26 **stable** ★★
[stéibl]
ⓟ stability ⓝ 안정(성)
stabilize ⓥ 안정되다; 안정시키다

adj 안정적인, 안정된
Chad Motors / has seen a **stable** increase / in profits / over the last few years.
Chad Motors는 / 안정적인 증가를 경험했다 / 수익에서 / 지난 몇 년 동안

> 🔍 **빅데이터 토익 빈출 표현** ● 빈출도
> **stable** price[demand] 안정된 가격[수요] ★★

27 **proceeds** ★
미 [próusi:dz]
영 [prə́usi:dz]

ⓝ 수익(금) (from/of)
All **proceeds** / from the sale of donated books / will support the Clean Park project.
수익금 전액은 / 기부된 책 판매로부터의 / Clean Park 프로젝트를 지원하게 될 것이다
▶ 기부 도서 판매 수익금 전액은 Clean Park 프로젝트를 지원하게 될 것이다.

28 **surplus** ★
미 [sə́:rplʌs]
영 [sə́:pləs]
ⓢ extra 여분의

ⓝ 흑자; 여분
The **budget surplus** / will be used / to fund our expansion. 예산 흑자는 / 사용될 것이다 / 우리 확장 자금을 대는 데

adj 잉여의, 여분의
Karma Group / will donate **surplus funds** / to a local nonprofit organization.
Karma Group은 / 잉여 자금을 기부할 것이다 / 지역의 한 비영리 단체에

29 accounting*
[əkáuntiŋ]

n 회계 (업무); 회계학
Ms. Gund has been hired / to oversee all **accounting operations**.
Gund 씨는 고용되었다 / 모든 회계 업무를 감독하기 위해

30 credit*
[krédit]
⑧ trust 신뢰(하다)
praise 칭찬(하다)
recognition 인정

v 입금하다; 공로를 인정하다 (A to B) (B with A); 신용하다
The refund amount / will **be credited** / **to** the client's account.   환불 금액은 / 입금될 것이다 / 고객의 계좌로

n (공로에 대한) 칭찬, 인정 (for); 입금; 신용
The manager **deserves credit** / **for** reducing unnecessary expenses.
그 관리자는 칭찬받을 만하다 / 불필요한 지출을 줄인 것에 대해

고객님의 계좌로 50만원 입금 되었습니다.

> ✦ 토익 출제 포인트 (Part 7_동의어 찾기)
> The director has given Linda a lot of "**credit**" for her efforts.
> (A) recognition   (B) encouragement
> 그 부장은 Linda의 노력에 대해 많은 칭찬을 했다.
> → credit이 문맥상 '칭찬, 인정'이라는 의미로 쓰이면 recognition(인정)과 동의어가 된다. (encouragement 격려)

> ◉ 빅데이터 토익 빈출 표현   ● 빈출도
> be **credited** with   ~한 것으로 공로를 인정받다 •••
> deserve **credit**   칭찬받을 만하다 •

31 about*
[əbáut]
⑧ approximately 대략

adv 약, 거의
The company will invest / **about** $500 million / in new product development / over the next decade.
그 회사는 투자할 것이다 / 약 5억 달러를 / 신제품 개발에 / 향후 10년 동안

32. quarterly *
미 [kwɔ́ːrtərli]
영 [kwɔ́ːtəli]
④ quarter n 분기; 4분의 1

adv 분기별로
The interest rates / are subject to change **quarterly**. 금리는 / 분기별로 변동될 수 있다

adj 분기별의
A **quarterly** expense **report** / will be released / in three weeks. 분기별 비용 보고서는 / 발표될 것이다 / 3주 후에

33. audit *
[ɔ́ːdit]

n 회계 감사
An accountant will be hired / to **conduct the annual audit**. 회계사가 고용될 것이다 / 연례 회계 감사를 실시하기 위해

🔍 빅데이터 토익 빈출 표현 ● 빈출도
conduct[perform] a(n) annual[quarterly] **audit**
연례[분기별] 회계 감사를 실시하다 ●●

34. retrieve *
[ritríːv]

v 복구하다, 회수하다; (정보를) 검색하다 (from)
The new software / backs up and **retrieves** accounting **data** automatically.
새 소프트웨어는 / 회계 데이터를 자동으로 백업하고 복구한다

🔍 빅데이터 토익 빈출 표현 ● 빈출도
retrieve A from B B로부터[에서] A를 복구하다[검색하다] ●●●

35. shortage *
미 [ʃɔ́ːrtidʒ]
영 [ʃɔ́ːtidʒ]
⑧ deficiency 부족, 결핍

n 부족, 결핍 (of)
The project was successfully completed / despite **a shortage of** funds.
그 프로젝트는 성공적으로 완료되었다 / 자금 부족에도 불구하고

🎯 토익 출제 포인트 (Part 5&6)
face a (**shortage** / direction) of skilled workers
숙련된 직원들의 부족에 직면하다
→ shortage는 a shortage of(~의 부족)의 형태로 자주 출제된다. (direction 방향; 지시)

36. spending *
[spéndiŋ]

n 지출

We can **cut overall** spending / by promoting efficiency.
우리는 전반적인 지출을 줄일 수 있다 / 효율성을 증진시킴으로써

37. statistical *
[stətístikəl]
(파) statistically **adv** 통계적으로

adj 통계적인, 통계학상의

A **statistical analysis** shows / December is the most profitable month / for almost all companies.
통계 분석은 보여 준다 / 12월이 가장 수익성 있는 달이라고 / 거의 모든 기업에

> 🔍 빅데이터 토익 빈출 표현 ● 빈출도
> **statistical** evidence 통계적 증거 •••

38. expenditure *
[ikspénditʃər]

n 지출; 비용

The **expenditure** / on research and development / **rose** by over 100 percent.
지출이 / 연구 개발에 대한 / 100% 이상 올랐다

39. systematically *
[sìstəmǽtikəli]

adv 체계적으로, 조직적으로

The tool will help you / to **process** financial data systematically.
그 툴은 당신에게 도움을 줄 것입니다 / 재무 자료를 체계적으로 처리하는 데

40. total *
미 [tóutl]
영 [tə́utl]
(파) totally **adv** 완전히, 전부

adj 총, 전체의

The **total estimated cost** / includes labor and installation. 총 예상 비용은 / 인건비와 설치비를 포함한다

n 총액, 합계

The energy-efficient system / will save / **a total of** more than $100 / per month.
에너지 효율적인 그 시스템은 / 절약할 것이다 / 총 100달러가 넘게 / 매월

Day 05 **Daily Test**

A 각 영어 단어의 알맞은 의미를 찾아 연결하세요.

01 proceeds • • ⓐ 낮추다, 내리다
02 retrieve • • ⓑ 수익(금)
03 lower • • ⓒ 분석
04 analysis • • ⓓ 복구하다, 회수하다; (정보를) 검색하다

B 우리말과 일치하도록 다음 빈칸에 알맞은 단어를 찾아 넣으세요.

| ⓐ sufficient | ⓑ consistently | ⓒ specific | ⓓ accurately | ⓔ nearly |

05 _____ details 구체적인 세부 사항
06 _____ funds for the project 그 프로젝트를 위한 충분한 자금
07 _____ positive 일관되게 긍정적인
08 take _____ 30 hours 거의 30시간이 소요되다

C 다음 빈칸에 문맥상 적절한 단어를 찾아 넣으세요.

해석 p. 507

| ⓐ installment | ⓑ marginally | ⓒ confirm |
| ⓓ allocate | ⓔ credit | |

09 Mr. Harrison called this morning to _____ his appointment.
10 The actual cost was _____ higher than the estimate.
11 We will _____ the cost of shipping to your account.
12 Paula Moore has released the final _____ in her popular mystery series.

정답 01 ⓑ 02 ⓓ 03 ⓐ 04 ⓒ 05 ⓒ 06 ⓐ 07 ⓑ 08 ⓔ 09 ⓒ 10 ⓑ 11 ⓔ 12 ⓐ

토익 LC/RC 짝꿍 표현

회계/비용/자금

☐ **tax**	n 세금	**tax** deduction amount 세금 공제액 process **tax** payments 세금 납부를 처리하다
☐ **fiscal**	adj 회계의, 재정상의	the **fiscal** year 회계 연도 a **fiscal** matter 재정상 문제
☐ **legally**	adv 법적으로, 합법적으로	**legally** responsible 법적으로 책임 있는 **legally** use the photo 합법적으로 사진을 사용하다
☐ **final**	adj 최종의	a **final** assessed amount 최종 평가 금액 the **final** proposal 최종 제안
☐ **raise**	v 인상하다; 모으다	**raise** interest rates 금리를 인상하다 **raise** funds 자금을 모으다
☐ **monetary**	adj 통화의; 금전의	a tight **monetary** policy 통화 긴축 정책 a **monetary** reward 금전적 보상
☐ **modify**	v 수정하다	**modify** a contract 계약을 수정하다 **modify** an agenda 의제를 수정하다
☐ **ratio**	n 비율	the cash **ratio** 현금 비율 the **ratio** of foreign workers 외국인 근로자들의 비율
☐ **when it comes to**	phr ~에 관한 한	**when it comes to** auctions 경매에 관한 한 **when it comes to** fixing machines 기계를 고치는 것에 관한 한
☐ **overcome**	v 극복하다	**overcome** the crisis 위기를 극복하다 **overcome** the disadvantages 불리한 점을 극복하다
☐ **debt**	n 채무, 빚	long-term **debts** 장기적 채무 heavily in **debt** 빚이 많은
☐ **constraint**	n 제약	unforeseen **constraints** 예측하지 못한 제약 budget **constraints** 예산 제약

☐ spare	adj 여분의 v 할애하다	obtain **spare** parts 여분의 부품을 얻다 **spare** him some time 그에게 시간을 할애하다	
☐ hold off	phr ~을 미루다, 연기하다	**hold off** the decision 결정을 미루다 **hold off** submitting the report 보고서를 제출하는 것을 미루다	
☐ ambitious	adj 야심적인	**ambitious** sales goals 야심적인 판매 목표 an **ambitious** project 야심적인 프로젝트	
☐ appraise	v 감정하다, 평가하다	**appraise** the property 재산을 감정하다 **appraise** the extra costs 추가 비용을 감정하다	
☐ deficit	n 적자	a **deficit** of $ 5 million 5백만 달러의 적자 a trade **deficit** 무역 적자	
☐ scheme	n 계획, 제도	launch into a new business **scheme** 새로운 사업 계획을 착수하다 a low-interest loan **scheme** 저금리 대출 제도	
☐ edge	n 우위; 가장자리	the **edge** over its competitors 경쟁자에 대한 우위 at the water's **edge** 물가에	
☐ revision	n 수정	**revisions** to analysis sheets 분석표 수정 **revisions** of the procedures 절차 수정	
☐ as though	phr 마치 ~인 것처럼	look **as though** it fails 마치 실패한 것처럼 보이다 feel **as though** the growth continues 마치 성장이 계속되는 것처럼 느끼다	
☐ certified	adj 공인의; 보증된	a **certified** public accountant 공인 회계사 a **certified** check 지불 보증 수표	
☐ liable	adj 법적 책임이 있는; ~하기 쉬운	**liable** for any loss 손실에 대해 법적 책임이 있는 **liable** to happen 발생하기 쉬운	
☐ year-end	adj 연말의	a **year-end** allowance 연말 수당 a **year-end** report 연말 보고서	
☐ fake	adj 위조의, 가짜의	a **fake** 10 dollar bill 위조 10달러 지폐 **fake** artifacts 가짜 유물	
☐ industry-wide	adj 산업 전체의	an **industry-wide** effort 산업 전체의 노력 **industry-wide** standards 산업 전체의 기준	

☐ delinquent	adj 연체된	delinquent payments 연체금 delinquent loans 연체 대출금	
☐ tremendously	adv 엄청나게	grow tremendously 엄청나게 성장하다 tremendously successful 엄청나게 성공적인	
☐ incalculable	adj 막대한	cause incalculable damage 막대한 손해를 야기하다 an incalculable delay 막대한 지연	
☐ confer	v 상의하다; 수여하다	confer with lawyers 변호사와 상의하다 confer honorary degrees 명예 학위를 수여하다	
☐ in the middle of	phr ~도중에, ~하는 중인	in the middle of a workday 근무 도중에 in the middle of a meeting 회의하는 중인	
☐ integral	adj 필수적인	integral to market research 시장 조사에 필수적인 an integral part 필수적인 부분	
☐ frankly	adv 솔직히	frankly admit 솔직히 인정하다 answer the question frankly 질문에 솔직히 대답하다	
☐ intermittent	adj 간헐적인	intermittent changes 간헐적인 변화 intermittent rain 간헐적인 비	
☐ quicken	v 더 빠르게 하다; 자극하다, 활기 띠게 하다	quicken the pace 속도를 더 빠르게 하다 quicken one's interest 흥미를 자극하다	
☐ compel	v 강요하다	compel him to appear in the seminar 세미나에 나오도록 그에게 강요하다 compel one's attention 집중을 강요하다	
☐ intensive	adj 집약적인; 집중적인	labor-intensive 노동 집약적인 complete intensive training 집중 훈련을 마치다	
☐ autographed	adj 서명이 있는	an autographed copy 서명이 있는 복사본 autographed portraits 서명이 있는 초상화	
☐ attorney	n 변호사	an attorney dealing with financial problems 재정 문제를 처리하는 변호사 recruit the company's attorney 사내 변호사를 고용하다	
☐ unavoidable	adj 피할 수 없는	unavoidable circumstances 피할 수 없는 상황 some unavoidable noise 피할 수 없는 약간의 소음	

☐ call for	phr ~을 요청하다	call for an estimate 견적서를 요청하다 call for a complete list 완성된 목록을 요청하다	
☐ indicator	n 지표	an indicator of a growing economy 경제 성장의 지표 an important indicator 중요한 지표	
☐ validate	v 승인하다, 인증하다	validated by a manager 관리자에게 승인받은 validate the company's patent 회사 특허를 인증하다	
☐ no matter how	phr 아무리 ~할지라도	no matter how remote 아무리 멀지라도 no matter how carefully you handle it 당신이 아무리 신중히 이를 처리할지라도	
☐ unforeseen	adj 예측하지 못한	unforeseen adjustments 예측하지 못한 조정 unforeseen consequences 예측하지 못한 결과	
☐ sharpen	v 연마하다; 날카롭게 하다	sharpen the problem-solving skills 문제 해결 능력을 연마하다 sharpen the knives 칼을 날카롭게 하다	
☐ deviate	v 벗어나다	deviate slightly 다소 벗어나다 deviate from ~에서 벗어나다	
☐ definitely	adv 분명히	definitely relate to product quality 분명히 제품 품질과 관련되다 definitely interest the readers 분명히 독자들을 흥미롭게 하다	
☐ unauthorized	adj 승인받지 않은	unauthorized use of funds 승인받지 않은 자금 사용 unauthorized personnel 승인받지 않은 직원, 관계자 외	
☐ group rate	phr 단체 요금	a reasonable group rate 합리적인 단체 요금 offer group rates 단체 요금을 제공하다	
☐ amendment	n 수정, 개정	make an amendment 수정하다 the budget amendment 예산 수정	
☐ vivid	adj 생생한; 선명한	a vivid account 생생한 설명 strikingly vivid 눈에 띄게 선명한	
☐ infer	v 추론하다; 암시하다	infer a conclusion 결론을 추론하다 infer consent 동의를 암시하다	
☐ elementary	adj 기초의; 초등의	an elementary level 기초적 단계 elementary education 초등 교육	

회계/비용/자금 | 93

Actual Test 1

01 Mark Yates recommended that we contact the company that ------- the lighting in his office last year.

(A) installed
(B) entered
(C) hired
(D) called

02 Ms. Hart from Human Resources will be able to ------- any issues related to the new policy regarding overtime pay.

(A) recruit
(B) allow
(C) address
(D) write

03 Visitors who ------- attend exhibits at the Museum of Modern Art should sign up for our weekly newsletter to receive discounts.

(A) greatly
(B) moderately
(C) mutually
(D) frequently

04 Packages worth less than $200 are ------- from additional import taxes, but they may be subject to inspection.

(A) distinct
(B) ready
(C) delayed
(D) exempt

05 We have decided to offer Mr. Menard the position because all of his references spoke so ------- of him.

(A) highly
(B) higher
(C) high
(D) highest

06 ------- orders submitted and paid for by December 17 will be shipped before the end of the month.

(A) Only
(B) Until
(C) Unless
(D) Quite

07 Employees of Halton Financial must receive an annual evaluation in order to be ------- for promotion.

(A) eligible
(B) plausible
(C) flexible
(D) compatible

08 Before proceeding with production of the monitors, we must conduct a detailed ------- of manufacturing costs.

(A) provision
(B) revision
(C) technique
(D) analysis

Questions 09-12 refer to the following memo.

To: All Edison Employees
From: Jason Foyers, Human Resources Manager
Date: September 23
Re: Office Move

In preparation for tomorrow's move, packing materials will be distributed this afternoon. As the new office is ------- furnished, we will not be bringing any of
09.
our current office furniture, so please be sure to empty all drawers and cabinets.
-------. Please write your name, employee ID number, and department name
10.
clearly on each box.

To facilitate a ------- transition, all employees should arrive at the new office by 7:30
11.
A.M. tomorrow. Before unpacking, please visit the 10th floor to ------- your new
12.
security badge.

We appreciate your cooperation during this time.

09 (A) yet   (B) particularly
    (C) regularly   (D) fully

10 (A) Boxes will be provided so that you can pack up all personal items.
    (B) The new office is located in the Financial Center on West Elm Street.
    (C) In addition, employees will be required to attend an orientation.
    (D) Computers and monitors should be turned off and unplugged.

11 (A) successful (B) wealthy
    (C) projected   (D) mandatory

12 (A) implement   (B) collect
    (C) assist   (D) proceed

Question 13 refers to the following letter.

We would like to apologize for the late fee that was incorrectly charged to your account due to a processing error. The $15.00 fee has been removed from your online billing statement, and any resulting interest has also been deducted. After crediting your account, your current outstanding balance is $384.76.

13 The word "outstanding" in paragraph 1, line 4, is closest in meaning to
    (A) insufficient   (B) conspicuous   (C) unpaid   (D) excellent

DAY 06

은행/거래/납부

오늘의 단어 듣기

토익에서는 입금, 출금, 이체 등의 기본적인 은행 서비스 외에도 새로운 서비스의 도입, 서비스의 자동화, 은행의 합병 등으로 인한 변화가 다뤄집니다.

📖 월급은…

01 account ★★★
[əkáunt]
- ⑧ consideration 고려
- explain 설명하다

n 계좌; 계정; 설명; 고려

Mr. Huang / has recently **opened an** account / with Zenith Bank. Huang 씨는 / 최근 계좌를 개설했다 / Zenith 은행에

v (비율·부분을) 차지하다; 설명하다 (for)

Travel expenses / **account for** about 10% / of the budget. 여행 경비는 / 약 10%를 차지한다 / 예산의

🔍 빅데이터 토익 빈출 표현 ● 빈출도

take A into **account**[consideration] A를 고려하다 ★★★

02 transaction ★★★
[trænzǽkʃən]
- ㈜ transact **v** 거래하다

n 거래, 매매; 처리 (과정)

You can view / details of your **transaction** history / by clicking the "My Account" button. 당신은 볼 수 있습니다 / 거래 내역의 세부 정보를 / 'My Account' 버튼을 클릭하면

🔍 빅데이터 토익 빈출 표현 ● 빈출도

make a **transaction** 거래하다 ★★

03 balance ★★★
[bǽləns]
- ⑧ remainder 나머지, 잔여 부분
- stability 안정(성)

n 잔금, 잔액; 균형, 평형

The invoice shows / that there is a **balance** / you still **owe**. 송장은 보여 줍니다 / 잔금이 있다는 것을 / 당신이 아직 갚아야 할

It is important / to **keep a balance** / between work and life. 중요하다 / 균형을 유지하는 것이 / 일과 삶의

🎯 토익 출제 포인트 (Part 7_동의어 찾기)

The "**balance**" is due upon completion of the project.
(A) remainder   (B) stability
잔금은 프로젝트가 끝나는 대로 지불해야 한다.
→ balance가 문맥상 '잔금'이라는 의미로 쓰이면 remainder(나머지)와 동의어가 된다. (stability 안정(성))

04 interest ★★★
[íntərəst]

n 이자 (on); 관심, 흥미 (in)

The bank / is charging 5% **interest** / **on the loan**.
그 은행은 / 5%의 이자를 부과하고 있다 / 대출에

The investor / has **expressed great interest** / in opening a restaurant chain.
그 투자가는 / 큰 관심을 보였다 / 레스토랑 체인점을 여는 데

v ~의 관심[흥미]을 끌다

Geynor Bank / has recently launched a new service / that will **interest** you.
Geynor 은행은 / 최근에 신규 서비스를 출시했습니다 / 당신의 관심을 끌 만한

🔍 **빅데이터 토익 빈출 표현** · 빈출도
interest rates 금리
express[show] **interest** in ~에 관심을 보이다 ●●●

05 mistakenly ★★★
[mistéikənli]
⊕ mistaken **adj** 잘못된, 틀린

adv 실수로, 잘못하여

The customer / was **mistakenly billed** / for a transaction / he did not make.
그 고객은 / 실수로 요금을 청구받았다 / 거래에 대해 / 그가 하지 않은
▶ 그 고객은 자신이 하지 않은 거래에 대해 실수로 요금을 청구받았다.

06 currently ★★★
미 [kə́ːrəntli]
영 [kʌ́rəntli]
⊕ current **adj** 현재의, 지금의

adv 현재, 지금

Your account / **currently** has a balance / of $2,700.
당신의 계좌는 / 현재 잔고가 있습니다 / 2,700달러의

⊕ **토익 출제 포인트 (Part 5&6)**

We are (**currently** / ~~completely~~) offering a 50% discount.
우리는 현재 50% 할인을 제공하고 있다.
→ 동사의 시제가 현재 진행형(are offering)이므로 '현재, 지금'의 의미인 currently가 잘 어울린다. 이처럼 currently는 현재 진행 시제나 현재 시제와 함께 잘 출제된다는 것을 기억해 두자. (completely 완전히)

07 demand ***
- 미 [dimǽnd]
- 영 [dimá:nd]
- (파) demanding adj 요구가 지나친; 부담이 큰

n 수요; 요구 (for)

The **demand** for small business loans / has been increasing steadily.
소기업 대출에 대한 수요는 / 꾸준히 증가하고 있다

v 요구하다 (that절)

The customer **demanded** / **that** the error be corrected immediately.
그 고객은 요구했다 / 오류가 즉시 해결될 것을

◎ 토익 출제 포인트 (Part 5&6)

predict a strong (**demand** / ~~benefit~~) **for** the tickets
표에 대한 막대한 수요를(표가 잘 팔릴 것으로) 예측하다
→ 명사 demand는 전치사 for와 함께 '~에 대한 수요'라는 의미로 자주 출제된다. (benefit 혜택)

08 saving **
[séiviŋ]

n <savings> 저축(한 돈), 저금; 절약

Opening a **savings** account / requires two forms of identification.
저축 예금 계좌를 개설하는 것은 / 두 가지 종류의 신분증을 필요로 한다

◎ 토익 출제 포인트 (Part 5&6)

personal (**savings** / ~~saved~~) **plan** 개인 저축 상품
→ saving은 명사이며, '저축, 저금'이란 의미일 경우에는 복수형(savings)으로만 쓰므로 주의하자.

09 direction **
[dirékʃən]
- (파) direct v 지휘하다, 감독하다; (길을) 안내하다
  adj 직행의; 직접의

n 지휘, 감독; 길 (안내); 방향

Mr. Anderson is working at a bank / **under the direction** of the district manager.
Anderson 씨는 은행에서 일하고 있다 / 지역 관리자의 지휘하에

Be sure to check our Web site / **for directions** / **to** your local branch.
저희 웹사이트를 꼭 확인하세요 / 길 안내를 위해 / 당신 지역의 지점으로 가는

🔍 빅데이터 토익 빈출 표현   ● 빈출도

under the **direction** of   ~의 지휘하에   ●●●●
give[obtain] **directions** to   ~로 가는 길을 알려 주다[알아내다]   ●

10. ready ★★
[rédi]
㉾ readily adv 손쉽게; 기꺼이

adj 준비가 된 (to V/for)
Please **have** all necessary documents **ready / to present** to your loan officer.
모든 필요한 서류를 준비해 주세요 / 당신의 대출 담당자에게 제출할

> 🎯 토익 출제 포인트 (Part 5&6)
>
> be ready (**to vacate** / ~~vacating~~) the office
> 사무실을 비울 준비가 되어 있다
> → '~할 준비가 되어 있다'는 be ready to V로 표현한다. 'be ready for + 명사' 형태로도 출제되므로 같이 기억해 두자.

11. automatically ★★
[ɔ̀:təmǽtikəli]
㉾ automatic adj 자동의; 기계적인

adv 자동으로; 기계적으로
Your monthly telephone bill / will be **debited automatically** / from your account.
당신의 월 전화 요금은 / 자동으로 인출될 것입니다 / 당신의 계좌에서

> 🔍 빅데이터 토익 빈출 표현 • 빈출도
>
> be activated **automatically** 자동으로 작동되다 •••

12. flexibility ★★
[flèksəbíləti]
㉾ flexible adj 융통성 있는; 유연한

n 유연성, 융통성
The bank / offers increased **flexibility**, / allowing you / to vary the amount of payment / each month.
그 은행은 / 높은 유연성을 제공합니다 / 그래서 당신이 가능하도록 합니다 / 지불 금액을 다양하게 하는 것을 / 매달
▶ 그 은행은 높은 유연성을 제공하여 매달 지불 금액을 변경할 수 있도록 한다.

13. following ★★
미 [fálouiŋ]
영 [fɔ́louiŋ]
⑧ next, subsequent 다음의

adj (the ~) 다음의; 다음에[아래] 나오는
Payments may not be processed / until the **following** business day.
대금은 처리되지 않을 수 있다 / 다음 영업일까지

> 🎯 토익 출제 포인트 (Part 5&6)
>
> at a (**later** / ~~following~~) time 나중에
> → following은 the following year(다음 연도)와 같이 반드시 정관사 the와 함께 쓰여야 한다. (later 나중의)

14 quite ★★
[kwait]

adv 꽤, 상당히

Corporate profits / are expected to increase / since interest rates are **quite low**.
회사 이윤이 / 증가할 것으로 예상된다 / 금리가 꽤 낮기 때문에

> ◆ 토익 출제 포인트 (Part 5&6)
>
> The results are (~~much~~ / **quite**) good. 결과는 꽤 좋다.
> → quite는 원급 형용사/부사를 수식하는 형태로 자주 출제된다. much는 비교급 형용사/부사를 수식한다. (much 훨씬)

15 reject ★★
[ridʒékt]

ⓟ rejection ⓝ 거절

v 거절하다, 거부하다

Mr. Maddox's loan **application** / was **rejected** / due to a low credit rating.
Maddox 씨의 대출 신청은 / 거절되었다 / 낮은 신용 등급 때문에

16 vary ★★
미 [véri]
영 [véəri]

ⓟ variation ⓝ 변화, 차이
various adj 다양한, 여러 가지의

v 다르다, 다양하다

The maximum loan amount / will **vary greatly** / **from** bank **to** bank.
최대 대출 금액은 / 상당히 다를 것이다 / 은행마다

> 🔍 빅데이터 토익 빈출 표현 　●빈도도
>
> **vary** greatly[widely] 상당히 다르다 ★★★
> **vary** from A to A A마다 다르다 ★★

17 post ★★★
미 [poust]
영 [pəust]

v 게시하다; (우편물을) 발송하다

The information / about housing loan programs / is **posted** / **on the Web site**.
정보는 / 주택 대출 프로그램에 관한 / 게시되어 있다 / 웹사이트에

n 우편

We will no longer provide a bill / **by post**.
우리는 더 이상 고지서를 제공하지 않는다 / 우편으로

18 status ★★
[stéitəs]

n 현황, 상태; 지위, 신분
You can **check** / **the** status of your credit card application / online.
당신은 확인할 수 있습니다 / 신용 카드 신청 현황을 / 온라인으로

19 due ★★
[dju:]

adj 납부해야 하는, 지불[반납] 기일이 되는
The **rent** is due / on the first day of each month.
집세는 납부되어야 한다 / 매달 1일에

> ⊕ 토익 출제 포인트 (Part 5&6)
> We will remind you when the book is (**due** / ~~mature~~) back to the library. 도서관에 책을 반납해야 할 때 알려 드리겠습니다.
> → due는 '(책 등의) 반납 기일이 되는'의 의미로 자주 출제되므로 기억해 두자. (mature 성숙한)

20 deposit ★
미 [dipázit]
영 [dipózit]

v 예금하다 (A in B)
Mr. O'dell **deposited** $200 / **in** his savings account.
O'dell 씨는 200달러를 예금했다 / 그의 저축 예금 계좌에

n 보증금, 담보; 예금
We will not **refund** your deposit / if you cancel your reservation / within five days of the arrival date.
저희는 보증금을 환불해 드리지 않습니다 / 당신이 예약을 취소한다면 / 도착일 5일 이내에

21 loan ★
미 [loun]
영 [ləun]

n 대출(금)
Please make your loan **payment** immediately / to avoid late charges. 즉시 대출금을 지불하세요 / 연체료를 피하려면

22 electronically *
미 [ilektrάnikəli]
영 [ilektrɔ́nikəli]
ⓐ electronic adj 전자의; 전자 장비와 관련된

adv 전자적으로, 인터넷으로
The new mobile app / provides the easiest way / to transfer money electronically.
새로운 모바일 앱은 / 가장 쉬운 방법을 제공한다 / 전자적으로 송금하는

23 finance *
[fináens]
ⓐ financial adj 재정의
financially adv 재정적으로

n 재정, 재무; 자금
One of our finance specialists / will help you out / with planning an effective budget.
저희 재정 전문가들 중 한 명이 / 도와 드리겠습니다 / 효율적인 예산 계획을 세우는 것을

v (~에) 자금을 대다
The construction of the bridge / will be financed / by the city of Auckland.
그 교량 공사는 / 자금이 조달될 것이다 / 오클랜드 시에 의해서

> ◆ 토익 출제 포인트 (Part 5&6)
>
> Brooke is looking for ways to (finance / invest) her studies abroad.
> Brooke는 그녀의 해외 유학 자금을 조달할 방법을 찾고 있다.
> → 동사 finance가 바로 뒤에 목적어를 취할 때는 '~에 자금을 대다'라는 의미이지만, invest가 바로 뒤에 목적어를 취할 때는 '~을 투자하다'라는 의미이므로 목적어 자리에 돈이나 자본 등이 와야 한다.

24 withdraw *
[wiðdrɔ́]
ⓐ withdrawal n 인출; 철회

v 인출하다 (A from B); 철회하다, 취소하다
Your membership fee / will be withdrawn automatically / from your account.
당신의 회비는 / 자동으로 인출될 것입니다 / 당신의 계좌에서

25 discretion *
[diskréʃən]

n 재량, 결정(권); 신중함
The interest rates / are subject to change / at the discretion of the bank.
금리는 / 변동될 수 있다 / 은행의 재량에 따라

26 institution *

미 [ìnstətúːʃən]
영 [ìnstətjúːʃən]

(파) institute ⓥ (제도·정책 등을) 도입하다
ⓝ (교육·전문직종과 관련된) 기관, 협회

ⓝ 기관, 협회

Tanson Bank / serves as the primary **financial institution** / in the region.
Tanson 은행은 / 주요 금융 기관으로서의 역할을 한다 / 그 지역에서

> ◆ 토익 출제 포인트 (Part 7)
>
> Q. What type of the company is Tanson?
>   Tanson은 어떤 종류의 회사인가?
> 지문: Tanson, a leading **bank** in the Middle East, ~
>   중동에서 선도 은행인 Tanson ~
> 정답: A **financial institution** 금융 기관
> → 지문의 bank를 같은 의미의 financial institution으로 패러프레이징한 보기가 정답으로 출제된다.

27 advanced *

미 [ædvǽnst]
영 [ədváːnst]

(파) advance ⓥ 발전하다; 다가가다
advancement ⓝ 발전, 진보

adj 발전한, 진보한; (학습 과정이) 고급의

We now provide / faster and more **advanced** banking **services**.
우리는 이제 제공한다 / 더 빠르고 더 발전한 은행 서비스를

> ◉ 빅데이터 토익 빈출 표현 ● 빈출도
>
> **advanced** technology 선진[첨단] 기술 **

28 risky *

[ríski]

(파) risk ⓝ 위험 (요소)

adj 위험한

Putting all your money / in one stock / is **too risky**.
모든 돈을 투자하는 것은 / 한 주식에 / 지나치게 위험하다

29 somewhat *

미 [sʌ́mwàt]
영 [sʌ́mwɔ̀t]

adv 다소, 어느 정도

Loyal clients / are eligible / for **somewhat** low interest rates.
충성도 높은 고객들은 / 자격이 있다 / 다소 낮은 금리에 대해

> ◉ 빅데이터 토익 빈출 표현 ● 빈출도
>
> **somewhat** limited[different/higher] 다소 제한된[다른/더 높은] **

30 statement *
[stéitmənt]
ⓥ state ⓥ 진술하다, 언급하다
ⓝ 상태; 국가

n 명세서; 성명, 진술

Sign up / to receive your **credit card statements** online. 가입하세요 / 온라인으로 신용 카드 명세서를 받기 위해서

The president / **issued** a brief **statement** / about his retirement. 그 회장은 / 간단한 성명을 발표했다 / 그의 은퇴에 관해

31 speculation *
[spèkjuléiʃən]
ⓥ speculate ⓥ 추측하다; 투기하다

n 추측 (that절/on/about); 투기

There is widespread **speculation** / **that** the nation's two largest banks / will merge.
추측이 난무하다 / 국내에서 가장 큰 두 은행이 / 합병할 것이라는

32 transparent *
[trænspǽrənt]

adj 투명한, 명백한

East Bank in Sydney / is well-known / for its **transparent** banking system.
시드니의 East 은행은 / 잘 알려져 있다 / 투명한 은행 업무 시스템으로

33 vigilantly *
[vídʒələntli]

adv 주의해서, 방심하지 않고

When a budget is tight, / keep records of all expenses **vigilantly**.
예산이 빠듯할 때는 / 모든 비용을 주의해서 기록하세요

34 deduct *
[didʌ́kt]
ⓝ deduction ⓝ 공제(액)

v 공제하다, 빼다 (A from B)

The tax payment / will be **deducted** / **from** your salary. 세금 납부는 / 공제될 것입니다 / 당신의 급여에서

35 switch *
[switʃ]

v 전환하다, 바꾸다 (to)

Many customers of Franz Bank / **switched** to ST Bank / for better services.
Franz 은행의 많은 고객들이 / ST 은행으로 옮겨갔다 / 더 나은 서비스를 위해

36 billing *
[bíliŋ]

n 청구액; 청구서 발송
I'm writing / to dispute an error / in my **billing statement**.
저는 글을 씁니다 / 착오에 이의를 제기하기 위해 / 제 청구서에 있는

37 merge *
미 [məːrdʒ]
영 [məːdʒ]
(파) merger **n** 합병

v 합병하다 (with)
After Broad Bank **merged with** MK Bank, / its normal business hours / were extended.
Broad 은행이 MK 은행과 합병한 후에 / 정상 업무 시간이 / 연장되었다

> 🎯 **토익 출제 포인트 (Part 5&6)**
> TNT Capital recently (**acquired** / ~~merged~~) Marine Funds.
> TNT Capital은 최근에 Marine Funds를 인수했다.
> → A, B 두 회사의 인수/합병은 A acquire B 혹은 A merge with B[merge A with B], A and B merge로 표현한다. (acquire 인수하다; 얻다)

38 deny *
[dinái]

v 거부하다; 부인하다
Our **request** / for additional funding / has been **denied**. 우리의 요청은 / 추가 자금에 대한 / 거부되었다

39 duration *
미 [duréiʃən]
영 [djùəréiʃən]

n 지속 (기간)
The rental fee is payable / at the end of each month / **for the duration** of the contract.
임대료는 납부해야 한다 / 매달 말에 / 계약 지속 기간 동안

40 alike *
[əláik]
(동) similarly 유사하게
(반) differently 다르게

adv 둘 다, 똑같이
Corporate users **and** individual users **alike** / prefer the bank's new credit card.
기업 사용자들과 개인 사용자들 둘 다 / 그 은행의 새로운 신용 카드를 선호한다

> 🔍 **빅데이터 토익 빈출 표현**   ● 빈출도
> A and B **alike**   A와 B 둘 다 ••

Day 06 **Daily Test**

A 각 영어 단어의 알맞은 의미를 찾아 연결하세요.

01 withdraw • • ⓐ 예금하다; 보증금, 담보; 예금
02 deposit • • ⓑ 명세서; 성명, 진술
03 deduct • • ⓒ 인출하다; 철회하다, 취소하다
04 statement • • ⓓ 공제하다, 빼다

B 우리말과 일치하도록 다음 빈칸에 알맞은 단어를 찾아 넣으세요.

ⓐ speculation　ⓑ direction　ⓒ due　ⓓ vary　ⓔ account

05 _____ from bank to bank 은행마다 다르다
06 under the _____ of ~의 지휘하에
07 take A into _____ A를 고려하다
08 The rent is _____ on the first day of each month. 집세는 매달 1일에 납부되어야 한다.

C 다음 빈칸에 문맥상 적절한 단어를 찾아 넣으세요.

해석 p. 507

ⓐ savings　ⓑ currently　ⓒ duration
ⓓ automatically　ⓔ transaction

09 Your subscription will be renewed _____ unless it is canceled.
10 Switching to a new supplier will result in significant _____.
11 An error occurred while processing your _____.
12 We are _____ evaluating your eligibility for the credit card.

정답　01 ⓒ　02 ⓐ　03 ⓓ　04 ⓑ　05 ⓓ　06 ⓑ　07 ⓔ　08 ⓒ　09 ⓓ　10 ⓐ　11 ⓔ　12 ⓑ

토익 LC/RC 짝꿍 표현

은행/거래/납부

☐ **accrue**	ⓥ (이자·이익이) 붙다; 생기다	Interest will **accrue**. 이자가 붙을 것이다. advantages **accruing** from the new policy 새 정책으로부터 생겨나는 이득	
☐ **wire transfer**	phr 온라인 송금	pay by **wire transfer** 온라인 송금으로 지불하다 the source of **wire transfer** 온라인 송금의 출처	
☐ **currency**	ⓝ 통화, 화폐	the foreign **currency** 해외 통화 the local **currency** 국내 통화	
☐ **tentatively**	adv 잠정적으로	**tentatively** agreed 잠정적으로 합의된 **tentatively** scheduled 잠정적으로 계획된	
☐ **remit**	ⓥ 송금하다	**remit** the monthly income 월수입을 송금하다 **remit** the tax to the government agency 정부 기관에 세금을 송금하다	
☐ **arise**	ⓥ 생기다, 발생하다	new business opportunities **arise** 새로운 사업 기회가 생기다 problems **arise** 문제가 발생하다	
☐ **PIN(personal identification number)**	ⓝ 비밀번호, 개인 식별 번호	forget his **PIN** number 그의 비밀번호를 잊어버리다 the **PIN** number of the account 계좌 비밀번호	
☐ **accumulate**	ⓥ 축적하다, 모으다	**accumulate** wealth 부를 축적하다 **accumulate** enough evidence 충분한 증거를 모으다	
☐ **bank teller**	phr 은행 직원	one of the main **bank tellers** 주요 은행 직원 중 한 명 work as a **bank teller** 은행 직원으로 일하다	
☐ **put in**	phr ~을 쏟다; ~을 설치하다	**put in** so much labor 많은 노력을 쏟다 have new furniture **put in** 새 가구를 설치하게 하다	
☐ **password**	ⓝ 비밀번호	enter one's four-digit **password** 4자리 비밀번호를 입력하다 a temporary **password** 임시 비밀번호	
☐ **credible**	adj 믿을 수 있는	a **credible** explanation 믿을 수 있는 설명 seem more **credible** 더욱 믿을 만한 것 같다	

☐	**impending**	adj 임박한, 곧 닥칠	**impending** changes 임박한 변화 **impending** bad weather 곧 닥칠 악천후
☐	**bond**	n 채권, 유대 관계	the global **bond** markets 세계 채권 시장 a strong **bond** 긴밀한 유대 관계
☐	**spread out**	phr ~을 나누다, 분산하다; ~을 펼치다	be **spread out** for twelve months 12개월 동안 나누어 내다 Some books are **spread out**. 책 몇 권이 펼쳐져 있다.
☐	**portfolio**	n (개인·기관의) 유가 증권 보유 일람표; 작품집	an investment **portfolio** 자산 운용 투자 review the design **portfolio** 디자인 작품집을 검토하다
☐	**insecure**	adj 불안정한	low-paid **insecure** jobs 저임금의 불안정한 직업 **insecure** oil supplies 불안정한 석유 공급
☐	**run**	v 운영하다; 경영하다	**run** multiple programs 다수의 프로그램을 운영하다 **run** marketing agencies 마케팅 대행사를 경영하다
☐	**interest rate**	phr 이자율, 금리	high **interest** rates on loans 높은 대출 이자율 the monthly **interest** rate 월별 금리
☐	**take effect**	phr 발효되다, 시행되다	Additional measures will **take effect**. 추가 조치가 발효될 것이다. This law will **take effect** next month. 이 법은 다음 달에 시행될 것이다.
☐	**take care of**	phr ~을 처리하다	**take care of** technical issues 기술적인 문제를 처리하다 **take care of** the details 세부 사항을 처리하다
☐	**entrust**	v 맡기다	**entrust** the task to one's assistant 그 일을 보조원에게 맡기다 **entrust** A with the project A에게 프로젝트를 맡기다
☐	**depreciation**	n 가치 하락	the **depreciation** of the Euro 유로의 평가 절하 property **depreciation** 재산의 가치 하락
☐	**concentrate on**	phr ~에 집중하다	**concentrate on** one's work 일에 집중하다 **concentrate on** building a reputation 명성을 쌓는 데 집중하다
☐	**regrettably**	adv 유감스럽게	**regrettably** widespread 유감스럽게 널리 퍼진 **regrettably** in certain fields 유감스럽게 특정 분야에만
☐	**confidentiality**	n 기밀성, 비밀 유지	**confidentiality** of e-mail messages 이메일 메시지의 기밀성 guarantee **confidentiality** 비밀 유지를 보장하다

☐	business card	phr 명함	along with one's **business card** 명함과 함께 customized **business cards** 고객 맞춤형 명함
☐	partition	n 칸막이 v 나누다, 분할하다	behind the **partition** wall 칸막이 벽 뒤에 **partition** an estate 토지를 나누다
☐	comply with	phr ~을 따르다	**comply with** the provision 규정을 따르다 **comply with** the instructions 지침을 따르다
☐	brisk	adj 활발한; 빠른	do a **brisk** trade 활발한 거래를 하다 a **brisk** pace 빠른 속도로
☐	give out	phr ~을 나누어 주다	**give out** materials for meeting 회의 자료를 나누어 주다 **give out** the drinks 마실 것을 나누어 주다
☐	trustee	n 피신탁인; 이사	a **trustee** in bankruptcy 파산 관재인 the board of **trustees** 이사회
☐	enclosure	n 동봉(물); 울타리 친 장소	the **enclosure** referred to in one's letter 편지에 언급된 동봉물 a fenced **enclosure** 울타리가 쳐진 장소
☐	disapprove	v 반대하다, 못마땅해하다	strongly **disapprove** of one's opinion 의견을 강하게 반대하다 **disapprove** of the whole project 전체 프로젝트를 못마땅해하다
☐	neutrality	n 중립	pursue **neutrality** 중립을 추구하다 maintain political **neutrality** 정치적 중립을 유지하다
☐	remark	n 발언, 언급	give introductory **remarks** 소개말을 하다 deliver the closing **remarks** 폐회사를 하다
☐	against the law	phr 법에 어긋나는	be **against the law** 법률 위반이다 **against the** copyright **law** 저작권 법에 어긋나는
☐	encompass	v 포함하다	**encompass** personal budget planning 개인 예산 계획을 포함하다 **encompass** different viewpoints 다른 관점을 포함하다
☐	directory	n 안내 책자, 인명부	update a **directory** listing 안내 책자 목록을 업데이트하다 in the telephone **directory** 전화번호부에서
☐	conversion	n 전환	the **conversion** of goods into money 상품을 현금으로 전환 full **conversion** to solar energy 태양 에너지로의 완전 전환

☐ be used to -ing/명사	phr ~하는 데 익숙하다	be used to working late 늦게까지 일하는 것에 익숙하다 be used to a busy schedule 바쁜 일정에 익숙하다	
☐ heavily	adv 심하게, 크게	concentrate heavily on ~에 심하게 집중하다 be heavily congested with traffics 교통이 심하게 혼잡하다	
☐ collateral	n 담보물 adj 부수적인	collateral for loans 대출을 위한 담보물 collateral damage 부수적인 손해	
☐ in addition to	phr ~에 더하여	in addition to paying travel expenses 여행 경비를 지불하는 것에 더하여 in addition to an annual bonus 연례 보너스에 더하여	
☐ lend	v 빌려주다; (도움 등을) 주다	lend money to small businesses 소기업에 돈을 빌려주다 lend a hand 도움을 주다	
☐ envelope	n 봉투	seal the envelope 봉투를 봉하다 the postage-paid envelope 우편 요금이 지불된 봉투	
☐ entail	v 수반하다, 포함하다	Frequent overseas business trips are entailed. 빈번한 해외 출장이 수반된다. entail changing buses 버스를 갈아타는 것을 포함하다	
☐ tailored	adj 맞춤의	tailored financial advice 맞춤 재성 조언 tailored to every homeowner's taste 모든 집주인의 취향에 맞춘	
☐ in conjunction with	phr ~와 함께	be used in conjunction with any other voucher 다른 상품권과 함께 사용되다 work in conjunction with an advertising firm 광고 회사와 함께 일하다	
☐ aggravate	v 악화시키다	aggravate the situation 상황을 악화시키다 aggravate global warming 지구 온난화를 악화시키다	
☐ fixed-rate	adj 고정 금리의	a fixed-rate mortgage 고정 금리 대출 a 2-year fixed-rate deal 2년 고정 금리 계약	
☐ in the coming year	phr 내년에, 다가오는 해에	be expected to rise in the coming year 내년에 오를 것으로 예상되다 devote to research in the coming year 내년에 연구에 헌신하다	
☐ diminish	v 감소하다; 줄이다	diminish steadily 꾸준히 감소하다 diminish the risk 위험성을 줄이다	
☐ by check	phr 수표로	pay by check 수표로 지불하다 by cash rather than by check 수표보다는 현금으로	

DAY 07

경제

오늘의 단어 듣기

토익에서는 경기 상승과 하락, 수입과 수출, 고용률과 실업률 등의 경제 동향과 함께 다양한 산업의 특징과 고용 창출 상황이 다뤄집니다.

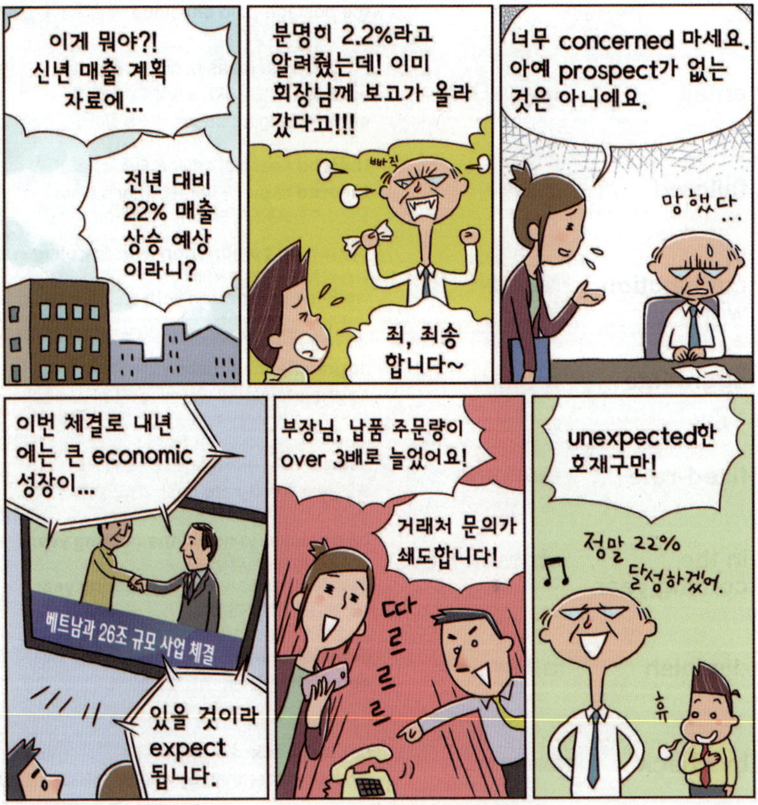

01 expect ***
[ikspékt]
expectation n 기대

v 기대하다, 예상하다 (A to V)
The growth of the solar power industry / **is expected** / **to create** a lot of jobs.
태양열 산업의 발전은 / 기대된다 / 많은 일자리를 창출할 것으로

02 significant ***
[signífikənt]
significantly adv 상당히
significance n 중요성

adj 상당한, 중요한
Amid increasing competition, / we anticipate **a significant drop** / **in** revenues.
경쟁이 증가하고 있는 가운데 / 우리는 상당한 감소를 예상한다 / 매출에서

03 otherwise ***
미 [ʌ́ðərwàiz]
영 [ʌ́ðəwàiz]

adv 다르게; <접속부사> 그렇지 않으면; 그 외에는
Some claim / that the economy is improving, / but a recent report / **suggests** otherwise.
일부는 주장한다 / 경제가 개선되고 있다고 / 하지만 최근의 한 보고서는 / 다르게 시사한다

The merger / must be approved immediately. // **Otherwise,** / the company will suffer / a huge loss.
합병은 / 즉시 승인되어야 한다 // 그렇지 않으면 / 그 회사는 입을 것이다 / 큰 손실을

> 🔍 **빅데이터 토익 빈출 표현** ● 빈출도
> indicate[think/prove] **otherwise**
> 다르게 보여 주다[생각하다/판명되다] ●●
> unless **otherwise** indicated[noted/instructed]
> 별도의 명시[언급/지시]가 없는 한 ●●

04 cautiously ***
[kɔ́ːʃəsli]
cautious adj 조심스러운, 신중한
caution n 조심, 주의

adv 조심스럽게, 신중하게
Corporate leaders / are **cautiously** optimistic / that the economy will turn around / next year.
기업의 지도자들은 / 조심스럽게 낙관한다 / 경기가 호전될 것이라고 / 내년에

> 🔍 **빅데이터 토익 빈출 표현** ● 빈출도
> proceed **cautiously** with ~을 조심스럽게 진행하다 ●●●
> **cautiously** predict 조심스럽게 예측하다 ●

경제 | 113

05 indicate ★★★
[índəkèit]
㈜ indication n 징후, 조짐
  indicative adj 나타내는, 시사하는
동 show 보여 주다

v 보여 주다, 나타내다 (that절); (간단히) 명시하다, 표현하다
The annual report **indicates** / **that** the import of vehicles / has grown by 6% / from the previous year.
연간 보고서는 보여 준다 / 자동차 수입이 / 6% 증가했음을 / 전년도로부터

Please **indicate** your meal **preference** / on the form below. 당신이 선호하는 식사를 명시해 주세요 / 하단의 양식에

> 🎯 **토익 출제 포인트 (Part 5&6)**
> Our research (**indicates** / ~~withdraws~~) that overall client satisfaction remains high.
> 우리의 조사는 전반적인 고객 만족도가 여전히 높음을 보여 준다.
> → indicate는 that절 앞에서 자주 정답으로 출제된다. (withdraw 인출하다)

> 🔍 **빅데이터 토익 빈출 표현** ● 빈출도
> be **indicative** of ~을 나타내다, 시사하다 •

06 strong ★★★
미 [strɔːŋ]
영 [strɔŋ]
㈜ strongly adv 강하게

adj (경제·기반·사업이) 튼튼한; (의견·신념 등이) 강(력)한
The **economy** has grown **stronger** / despite a major crisis. 경제는 더욱 튼튼해졌다 / 큰 위기에도 불구하고

> 🔍 **빅데이터 토익 빈출 표현** ● 빈출도
> **strong** preference for ~에 대한 강한 선호 ••

07 almost ★★★
미 [ɔ́ːlmoust]
영 [ɔ́ːlməust]
동 nearly 거의

adv 거의
The unemployment rate / has risen / by **almost** 20%. 실업률이 / 올랐다 / 거의 20%만큼

08 change ★★★
[tʃéindʒ]

v 바뀌다, 변하다; 바꾸다, 변화시키다
The terms of employment / may **change** / after the merger. 고용 조건이 / 바뀔 수도 있다 / 합병 후에

n 변화 (to); 잔돈, 거스름돈

The committee / will **make** some **changes** / **to** the budget proposals.
위원회는 / 약간의 수정을 할 것이다 / 예산안에 대해

> 🎯 **토익 출제 포인트 (Part 5&6)**
>
> Passengers are asked to prepare small (~~coin~~ / **change**) beforehand when boarding the bus.
> 승객들은 버스 승차 시에 잔돈을 미리 준비해야 한다.
> → '동전'이라는 의미의 coin은 가산 명사이므로 앞에 관사나 소유격이 없으면 복수형으로 써야 한다. 명사 change가 '잔돈'을 의미할 때는 불가산 명사임을 기억해 두자.

09 probably ★★★

미 [prábəbli]
영 [prɔ́bəbli]

파 probable **adj** 있음 직한
동 perhaps, maybe, possibly 아마

adv 아마도

The current economic upturn / will **probably** continue / for some time.
현재의 경기 상승세는 / 아마도 계속될 것이다 / 한동안

> 🔍 **빅데이터 토익 빈출 표현** • 빈출도
>
> **probably** due to 아마도 ~때문에 ●●●

10 over ★★★

미 [óuvər]
영 [ɔ́uvə]

adv (시간·양·비용 등이) ~이상, ~이 넘는

We have been helping / small business owners / for **over** a decade. 우리는 돕고 있다 / 소기업 소유주들을 / 10년 이상

> 🎯 **토익 출제 포인트 (Part 5&6)**
>
> for (**over** / ~~more~~) 10 months 10개월이 넘는 동안
> → over는 '~이상'이라는 의미로 숫자 앞에서 자주 정답으로 출제된다. more가 숫자 앞에서 '~보다 많이, ~이 넘는'을 의미하려면 more than의 형태가 되어야 한다.

11 predict ★★

[pridíkt]

파 predictable **adj** 예측할 수 있는

v 예측하다 (that절)

Economists **predict** / **that** the housing market / will continue / its moderate growth.
경제학자들은 예측한다 / 주택 시장이 / 지속할 것이라고 / 완만한 성장을

경제 | 115

12 rather ★★
- 미 [rǽðər]
- 영 [rά:ðə]

adv 다소, 꽤; 오히려, 차라리

The pace of economic recovery / is **rather** slow.
경제 회복 속도가 / 다소 느리다

> ⊕ 토익 출제 포인트 (Part 5&6)
>
> I have decided to walk (**rather than** / ~~so that~~) take a taxi.
> 나는 택시를 타기보다는 걷기로 결정했다.
> → rather는 rather than(~라기보다는 (오히려))의 형태로 자주 출제된다.
> rather than 뒤에는 동사원형, -ing, 명사 형태가 모두 올 수 있으며, 앞의 구조와 병렬을 이루어야 한다.

13 exactly ★★
- [igzǽktli]
- ⓟ exact **adj** 정확한

adv 정확히

Exports / accounted for **exactly** 45% / of our sales last year. 수출은 / 정확히 45%를 차지했다 / 우리 작년 매출의

14 reach ★★
- [ri:tʃ]

v 도달하다, 이르다; 연락하다

Investors are certain / that the firm will **reach** its **sales goal** / for the year / in a month.
투자자들은 확신한다 / 회사가 매출 목표에 도달할 것이라고 / 그 해의 / 한 달 내로

> ⊕ 토익 출제 포인트 (Part 5&6)
>
> (~~arrive~~ / **reach**) a wider audience
> 더 많은[폭넓은] 청중[관객]에게 이르다(전달되다)
> → arrive와 reach 둘 다 '이르다'라는 의미가 있지만, arrive는 자동사이므로 전치사 없이 바로 목적어를 취할 수 없다.

15 remarkable ★★
- 미 [rimά:rkəbl]
- 영 [rimά:kəbl]
- ⓟ remarkably **adv** 눈에 띄게

adj 놀랄 만한, 놀라운, 주목할 만한

The company achieved / a **remarkable** 80 percent **increase** / in sales.
그 회사는 달성했다 / 놀랄 만한 80%의 신장을 / 매출에서

> ◎ 빅데이터 토익 빈출 표현 ● 빈출도
>
> **remarkable** achievement[accomplishment] 놀라운 성과 ●

16 unexpected **

[ʌnikspéktid]
⑪ unexpectedly adv 예상외로, 돌연

adj 예기치 못한, 예상 밖의

Due to **an unexpected rise** / **in** fuel prices, / Sky Airlines has decided / to increase its fares.
예기치 못한 상승 때문에 / 연료 가격의 / Sky Airlines는 결정했다 / 요금을 인상하기로

🔍 **빅데이터 토익 빈출 표현** ● 빈출도
unexpected bonus 예기치 못한 보너스 **

17 adversely **

미 [ædvə́ːrsli]
영 [ædvə́ːsli]
⑪ adverse adj 불리한, 부정적인

adv 불리하게, 반대로

The closure of the factory / will **adversely affect** / the local economy.
그 공장 폐쇄는 / 악영향을 미칠 것이다 / 지역 경제에

🔍 **빅데이터 토익 빈출 표현** ● 빈출도
adversely affect 악영향을 미치다 ****

18 influence **

[ínfluəns]
⑧ affect 영향을 미치다
impact, effect 영향

v 영향을 미치다[주다]

The opening of an airport / will **positively influence** / the city's tourism industry.
공항 개항은 / 긍정적인 영향을 미칠 것이다 / 도시의 관광 산업에

n 영향(력) (on)

The new policy / will **have a great influence** / **on** the national economy.
그 새 정책은 / 큰 영향을 미칠 것이다 / 국가 경제에

🔍 **빅데이터 토익 빈출 표현** ● 빈출도
have a great[positive] **influence**[impact/effect] on
~에 큰[긍정적인] 영향을 미치다 ***

19 facilitate **

[fəsílətèit]
⑪ facility n (생활 편의를 위한) 시설, 기관

v 촉진하다; 용이하게 하다

Generous tax incentives / will **facilitate** / the use of electric cars.
관대한 세금 우대 조치는 / 촉진할 것이다 / 전기 자동차의 사용을

경제 | 117

20 discourage ★★

미 [diskə́:ridʒ]
영 [diskʌ́ridʒ]
(반) encourage 격려하다

v 단념시키다, 막다, 말리다 (A from -ing)
Higher prices / will **discourage** consumers / **from purchasing** our products.
가격 인상은 / 소비자들을 단념시킬 것이다 / 우리 제품을 구매하는 것을

> **토익 출제 포인트 (Part 5&6)**
>
> The heavy traffic (**discourages** / ~~persuades~~) tourists from visiting the city.
> 교통 체증은 관광객들이 도시를 방문하는 것을 단념시킨다.
> → discourage는 'discourage + 목적어 + from + -ing(목적어가 ~하는 것을 단념시키다)'의 형태로 자주 출제된다. (persuade 설득하다)

21 inevitably ★★

[inévitəbli]
(파) inevitable **adj** 필연적인, 불가피한

adv 필연적으로, 불가피하게
Printing too much money / will **inevitably** lead to inflation.
너무 많은 돈을 발행하는 것은 / 필연적으로 인플레이션으로 이어질 것이다

22 affect ★★

[əfékt]

v 영향을 미치다
Extremely high temperatures / are negatively **affecting** tourism.
극도로 높은 기온이 / 관광업에 부정적인 영향을 미치고 있다

23 necessarily ★★

미 [nèsəsérəli]
영 [nésəsərəli]
(파) necessary **adj** 필요한

adv (not과 함께) 반드시 ~은 아닌; 어쩔 수 없이, 필연적으로
A pleasant work environment / does **not necessarily** result in / higher productivity.
즐거운 업무 환경이 / 반드시 가져오는 것은 아니다 / 생산성 향상을

> **토익 출제 포인트 (Part 5&6)**
>
> Higher income does not (~~importantly~~ / **necessarily**) lead to happiness. 더 높은 소득이 반드시 행복에 이르는 것은 아니다.
> → necessarily는 주로 not과 같은 부정어와 함께 출제된다. (importantly 중요하게)

24 challenging *
[tʃǽlindʒiŋ]

adj 힘든, 도전적인, 까다로운
Keeping existing customers / is more challenging / than attracting new ones.
기존 고객들을 유지하는 것이 / 더 힘들다 / 신규 고객들을 유치하는 것보다

25 thrive *
[θraiv]
동 flourish, boom, prosper
번창하다

v 번창하다
Some companies / continued to thrive / despite financial difficulties.
일부 기업은 / 계속 번창했다 / 재정적인 어려움에도 불구하고

26 overall *
[òuvərɔ́ːl]

adj 전체의, 종합적인
The cost of labor / represents / almost half of the overall expenses. 인건비는 / 차지한다 / 전체 비용의 거의 절반을

adv 종합적으로, 전반적으로
Hewett Electronics / ranked fifth overall / for customer satisfaction.
Hewett Electronics는 / 종합 5위를 차지했다 / 고객 만족도에서

27 reform *
미 [rifɔ́ːrm]
영 [rifɔ́ːm]

n 개혁, 개선
The President announced / that the government / will proceed with economic reforms.
대통령은 발표했다 / 정부가 / 경제 개혁을 속행할 것이라고

28 fluctuation *
[flʌ̀ktʃuéiʃən]
파 fluctuate **v** 변동하다, 오르내리다

n 변동, 오르내림; 동요
The value of gold / is subject to fluctuation / on a daily basis. 금의 가치는 / 변동될 수 있다 / 일별로

29 downturn *
미 [dáuntəːrn]
영 [dáuntəːn]

n (경기의) 침체; (매출 등의) 감소

In times of an **economic downturn**, / consumers spend less / on dining out.
경기 침체 시기에 / 소비자들은 소비를 덜 한다 / 외식에

30 optimistic *
미 [àptəmístik]
영 [ɔ̀ptəmístik]
(반) pessimistic 비관적인

adj 낙관적인, 낙관하는 (about/that절)

Many entrepreneurs / are **optimistic** / **about** the future success / of their companies.
많은 기업가들은 / 낙관적이다 / 미래 성공에 대해 / 그들 회사의

◎ 토익 출제 포인트 (Part 5&6)

We are (**optimistic** / impressive) that sales will grow next year. 우리는 내년에 판매가 증가할 것으로 낙관하고 있다.
→ optimistic은 주로 전치사 about 또는 that절과 함께 쓰인다는 것을 기억해 두자. (impressive 인상적인)

31 flourish *
미 [fləˊːriʃ]
영 [flʌˊriʃ]

v 번창하다, 번성하다

The health industry / **is expected to flourish** / amid an aging population.
건강 산업은 / 번창할 것으로 예상된다 / 고령화 추세에서

32 reflect *
[riflékt]
(파) reflective **adj** 반영하는; 반사하는
(동) indicate, show 나타내다, 보여 주다
consider 고려하다

v 반영하다, 나타내다; 곰곰이 생각하다 (on)

The rise in spending / seems to **reflect** optimism / about the economy.
지출의 증가는 / 낙관적인 전망을 반영하는 듯하다 / 경제에 대한

◎ 토익 출제 포인트 (Part 7_동의어 찾기)

Please adjust your time sheet to "**reflect**" overtime hours.
(A) consider   (B) indicate
초과 근무 시간을 반영하도록 근무 시간 기록표를 조정하세요.
→ reflect가 문맥상 '반영하다, 나타내다'라는 의미로 쓰이면 indicate(나타내다, 보여 주다)와 동의어가 된다. (consider 고려하다)

33. characteristic*
[kæriktərístik]

n 특성, 특징 (of)

The ability / to adapt to change / is an important **characteristic** / **of** a successful company.
능력은 / 변화에 적응하는 / 중요한 특성이다 / 성공적인 회사의
▶ 변화에 적응하는 능력은 성공적인 회사의 중요한 특성이다.

34. concerned*
미 [kənsə́:rnd]
영 [kənsə́:nd]

adj 걱정하는, 염려하는 (about)

People are still **concerned** / **about** sluggish economic recovery.
사람들은 여전히 걱정하고 있다 / 부진한 경제 회복에 대해

토익 출제 포인트 (Part 5&6)

be **concerned** (**about** / **of**) traffic congestion
교통 체증에 대해 걱정하다
→ concerned는 전치사 about과 함께 쓰여 '~에 대해[~을] 걱정하는'이라는 의미를 나타낸다.

35. consequence*
미 [kánsəkwəns]
영 [kɔ́nsikwəns]
(파) consequently **adv** 그 결과, 따라서

n 결과; 중요성

The town expects more tourists / as a **consequence of** the construction / of the new bicycle path.
그 마을은 더 많은 관광객들을 기대하고 있다 / 건설 결과로 / 새 자전거 도로의

빅데이터 토익 빈출 표현 ● 빈출도

have serious[adverse] **consequences**
심각한[불리한] 결과를 가져오다

36. economic*
미 [èkənámik]
영 [èkənɔ́mik]
(파) economy **n** 경제, 경기

adj 경제의; 경제적인

Tax reforms / need to be implemented / to sustain **economic** growth.
세제 개혁이 / 시행될 필요가 있다 / 경제 성장을 지속하기 위해

빅데이터 토익 빈출 표현 ● 빈출도

sustain[maintain] **economic** growth[progress]
경제 성장을 지속하다

37 foreseeable *
- 미 [fɔːrsíːəbl]
- 영 [fɔːsíːəbl]
- ⓘ foresee ⓥ 예측하다, 내다보다

adj 예측이 가능한, 예측할 수 있는
The rapid growth of RM Corporation / is likely to continue / for the **foreseeable** future.
RM 사의 급속한 성장은 / 계속될 것으로 보인다 / 당분간

🔍 빅데이터 토익 빈출 표현 • 빈출도
for[in] the **foreseeable** future 예측 가능한 미래에, 당분간 ••

38 incur *
- [inkə́ːr]

ⓥ (손실·손해를) 입다[초래하다]; (빚 등을) 지다
If this campaign fails, / the company will **incur** / a significant **loss** of revenue.
이 캠페인이 실패한다면 / 회사는 입게 될 것이다 / 상당한 수익 손실을

🔍 빅데이터 토익 빈출 표현 • 빈출도
incur costs[expenses] 비용 발생을 초래하다, 비용이 들다 ••

39 preceding *
- [prisíːdiŋ]
- ⓘ precede ⓥ ~에 앞서다, 선행하다

adj (the ~) 이전의, 선행하는
The number of visitors / to Durban City's new park / rose by 10% / from the **preceding** year.
방문객들의 수는 / 더반 시의 새로운 공원의 / 10% 증가했다 / 작년으로부터

40 prospect *
- [práspekt]
- ⓘ prospective **adj** 장래의, 유망한

n 전망, 가망 (of/for)
Local farmers / are excited about the **prospect** / of increased demand / for their fruits.
지역 농민들은 / 전망에 흥분하고 있다 / 증가된 수요의 / 그들의 과일에 대한
▶ 지역 농민들은 과일에 대한 수요가 증가할 것이라는 전망에 흥분하고 있다.

🎯 토익 출제 포인트 (Part 7_동의어 찾기)
Young people are concerned about the lack of job "**prospects**".
(A) fairs　　　　　　(B) opportunities
젊은 사람들은 취업 전망이 좋지 않다고 걱정하고 있다.
→ prospect가 문맥상 '전망, 가망'이라는 의미로 쓰이면 opportunity(기회)와 동의어가 된다. (fair 박람회)

Day 07 **Daily Test**

A 각 영어 단어의 알맞은 의미를 찾아 연결하세요.

01 flourish ・　　・ ⓐ 결과; 중요성
02 affect ・　　・ ⓑ 개혁, 개선
03 reform ・　　・ ⓒ 번창하다, 번성하다
04 consequence ・　　・ ⓓ 영향을 미치다

B 우리말과 일치하도록 다음 빈칸에 알맞은 단어를 찾아 넣으세요.

ⓐ influence ⓑ cautiously ⓒ otherwise ⓓ indicate ⓔ remarkable

05 _____ achievement 놀라운 성과
06 unless _____ instructed 별도의 지시가 없는 한
07 have a positive _____ on ~에 긍정적인 영향을 미치다
08 Please _____ your meal preference. 당신이 선호하는 식사를 명시해 주세요.

C 다음 빈칸에 문맥상 적절한 단어를 찾아 넣으세요.

해석 p. 507

ⓐ concerned ⓑ reached ⓒ stronger ⓓ change ⓔ over

09 Both sides have finally _____ an agreement.
10 The cost of quality control represents _____ 20% of the total cost.
11 Large crowds are expected, so have exact _____ ready for the tickets.
12 Increased consumer spending has contributed to the country's _____ economy.

정답 01 ⓒ 02 ⓓ 03 ⓑ 04 ⓐ 05 ⓔ 06 ⓑ 07 ⓐ 08 ⓓ 09 ⓑ 10 ⓔ 11 ⓓ 12 ⓒ

토익 LC/RC 짝꿍 표현

경제

☐ **stagnant**	adj 침체된	a **stagnant** economy 침체된 경제 the **stagnant** housing market 침체된 주택 시장
☐ **reassure**	v 안심시키다	**reassure** shareholders 주주들을 안심시키다 **reassure** voters 투표자들을 안심시키다
☐ **spot**	v 찾아내다 n 장소, 지점	**spot** unforeseen problems 예상치 못한 문제를 찾아내다 a parking **spot** 주차장
☐ **in terms of**	phr ~면에서	**in terms of** cost 비용 면에서 **in terms of** sales growth 매출 성장 면에서
☐ **booming**	adj 경기가 좋은	a **booming** domestic economy 경기가 좋은 국내 경제 Apartment construction is **booming**. 아파트 건설 경기가 좋다.
☐ **ponder**	v 심사숙고하다	**ponder** over the matter 문제에 대해 심사숙고하다 **ponder** this alternative 이 대안을 심사숙고하다
☐ **impede**	v 지연시키다; 방해하다	**impede** the recovery 회복을 지연시키다 **impede** the progress 발전을 방해하다
☐ **stock**	n 주식	trading of **stock** 주식 거래 the recent **stock** market 최근 주식 시장
☐ **vicious cycle**	phr 악순환	a **vicious cycle** of economic stagnation 경기 침체의 악순환 a **vicious cycle** of mismanagement 경영 부실의 악순환
☐ **assuredly**	adv 확실히, 틀림없이	**assuredly** in favor 확실히 찬성하는 **assuredly** know 틀림없이 알고 있다
☐ **query**	n 질문, 문의	respond to one's **query** 질문에 대답하다 **queries** about the contract 계약에 관한 문의
☐ **sanction**	n 제재; 허가 v 허가하다, 승인하다	new economic **sanctions** 새로운 경제 제재 **sanction** the operation 운영을 허가하다

☐ injection	n 자금 투입; 주사	an **injection** of public funds 공공 자금 투입 have an **injection** 주사를 맞다	
☐ theory	n 이론	a new economic **theory** 새로운 경제 이론 disprove a **theory** 이론이 틀렸음을 입증하다	
☐ predominant	adj 우세한	**predominant** social issues 우세한 사회적 문제 the **predominant** group 우세한 집단	
☐ breakthrough	n 돌파구	**breakthroughs** in manufacturing technologies 제조 기술의 돌파구 make a **breakthrough** 돌파구를 찾아내다	
☐ neglect	v 등한시하다, 방치하다	**neglect** financial worries 재정적인 걱정을 등한시하다 **neglect** one's duty 임무를 등한시하다	
☐ situation	n 상황	resolve the **situation** 상황을 해결하다 assess the current **situation** 현 상황을 평가하다	
☐ devaluation	n 평가 절하	currency **devaluation** 통화 가치 하락 the sudden peso **devaluation** 갑작스러운 페소 평가 절하	
☐ lay off	phr ~를 해고하다	**lay off** 300 workers 300명의 직원을 해고하다 Many labors were **laid off**. 많은 노동자들이 해고되었다.	
☐ biannually	adv 연 2회, 일 년에 두 번	report **biannually** to ~에 연 2회 보고하다 usually meet **biannually** 보통 연 2회 만나다	
☐ deteriorate	v 악화되다	a **deteriorating** economy 악화되는 경제 **deteriorate** rapidly 급속도로 악화되다	
☐ slowdown	n 둔화	the **slowdown** in the steel industry 철강 산업의 둔화 temporary **slowdowns** 일시적 둔화	
☐ crisis	n 위기	face the energy **crisis** 에너지 위기에 직면하다 a major political **crisis** 주요 정치적 위기	
☐ basically	adv 기본적으로	designed **basically** for the young 기본적으로 청년들을 위해 디자인된 **basically** the same way 기본적으로 같은 방식	
☐ mining	n 채굴; 광산	advanced **mining** equipment 최신 채굴 장비 an isolated **mining** community 고립된 광산 지역	

경제 | 125

☐ **depression**	n 경기 침체, 불황; 우울증	the worldwide **depression** 전 세계적인 경기 침체 the symptoms of **depression** 우울증 증상	
☐ **background**	n 배경, 이력	a range of cultural **backgrounds** 다양한 문화적 배경 a solid **background** in budgeting 예산 집행에 탄탄한 이력	
☐ **collapse**	v 실패하다; 무너지다	The whole project **collapsed**. 전체 프로젝트가 실패했다. The bridge has **collapsed**. 다리가 무너졌다.	
☐ **infrastructure**	n 사회 기반 시설	maintain the **infrastructure** investment 사회 기반 시설의 투자를 유지하다 a suitable **infrastructure** 적합한 사회 기반 시설	
☐ **make sense**	phr 이치에 맞다	It **makes sense** to do research. 조사하는 것이 이치에 맞다. It doesn't **make sense**. 말이 안 된다.	
☐ **textile**	n 섬유, 옷감	top **textile** designers 최고의 섬유 디자이너들 declining **textile** exports 감소하는 섬유 수출	
☐ **secondary**	adj 부수적인, 이차적인	**secondary** effects 부수적인 영향 a **secondary** cause 이차적인 원인	
☐ **curtail**	v 삭감하다, 줄이다	**curtail** wage rises 임금 인상을 삭감하다 **curtail** expenses 비용을 삭감하다	
☐ **ascend**	v 오르다, 올라가다	**ascend** more steeply 더 가파르게 오르다 **ascend** the stairs 계단을 오르다	
☐ **outsource**	v 외부에 위탁하다	**outsource** some jobs 일부 작업을 외부에 위탁하다 **outsource** all work 모든 작업을 외부에 위탁하다	
☐ **dominate**	v 지배하다	**dominate** the international trade 국제 무역을 지배하다 **dominate** the area 그 지역을 지배하다	
☐ **conspicuously**	adv 눈에 띄게	go down **conspicuously** 눈에 띄게 줄다 stand out **conspicuously** 눈에 띄게 두드러지다	
☐ **privatization**	n 민영화, 사유화	radical **privatization** plans 급진적인 민영화 계획 health care **privatization** 의료 민영화	
☐ **intently**	adv 열중하여, 집중하여	listen to this discussion **intently** 이 토론을 열중하여 듣다 look at the speaker **intently** 연설자를 집중하여 보다	

☐ **skeptical**	adj 회의적인	**skeptical** of the reforms 개혁에 회의적인 look deeply **skeptical** 매우 회의적으로 보이다	
☐ **wane**	v 약해지다, 줄어들다	The enthusiasm is **waning**. 열정이 약해지고 있다. begin to **wane** 줄어들기 시작하다	
☐ **sluggish**	adj 불경기의; 부진한	a **sluggish** market 불황 Regional sales were **sluggish**. 지역 판매는 부진했다.	
☐ **assert**	v 주장하다	**assert** that one's statement is true 진술이 사실이라고 주장하다 **assert** one's right 권리를 주장하다	
☐ **be composed of**	phr ~으로 구성되다	**be composed of** members from different departments 다른 부서에서 온 사람들로 구성되다 **be composed of** three new employees 세 명의 신입 직원으로 구성되다	
☐ **intensify**	v 강화하다	**intensify** the efforts 노력을 강화하다 **intensify** the competition 경쟁을 강화하다	
☐ **costly**	adj 비용이 많이 드는, 비싼	a **costly** procedure 비용이 많이 드는 절차 **costly** for area taxpayers 지역 납세자들에게 비싼	
☐ **respectively**	adv 각각	save 10% and 15% **respectively** 각각 10%와 15% 절약하다 Prices are £5 and £15, **respectively**. 가격은 각각 5파운드와 15파운드이다.	
☐ **according to**	phr ~에 따르면	**according to** one's specifications 명세서에 따르면 **according to** feedback from one's director 팀장의 피드백에 따르면	
☐ **ailing**	adj 약화된, 병든	an **ailing** private bank 약화된 민간 은행 an **ailing** economy 약화된 경제	
☐ **make up for**	phr ~을 만회하다	**make up for** the deficits 적자를 만회하다 **make up for** one's inconvenience 불편을 만회하다	
☐ **neither A nor B**	phr A, B 둘 다 아닌	**neither** exciting **nor** rewarding 흥미도 보람도 없는 **neither** safe **nor** accurate 안전하지도 정확하지도 않은	
☐ **stipulation**	n 조항, 조건	The contract includes certain **stipulations**. 그 계약은 특정 조항을 포함한다. the legal **stipulation** 법적 조항	
☐ **economist**	n 경제학자	according to **economists** 경제학자들에 따르면 **economists** say that 경제학자들은 ~라고 말하다	

경제 | 127

DAY 08

제품 개발

오늘의 단어 듣기

토익에서는 대상에 맞는 다양한 상품을 기획하여 개발하는 과정과 상품의 구체적인 용도와 세부 특징을 설명하는 내용이 출제됩니다.

📖 다다익선

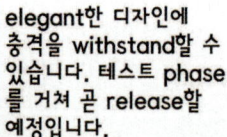

01 reliable ★★★
[riláiəbl]
ⓐ reliability ⓝ 신뢰성

adj 믿을 만한, 신뢰할 수 있는

The company is known / for providing **reliable products** / at competitive prices.
그 회사는 유명하다 / 믿을 만한 제품을 제공하는 것으로 / 경쟁력 있는 가격에

> 🔍 **빅데이터 토익 빈출 표현** ● 빈출도
>
> **reliable** transportation 믿을 만한 운송 수단 ●●

02 comparable ★★★
미 [kámpərəbl]
영 [kómpərəbl]
ⓐ comparatively **adv** 비교적
comparison ⓝ 비교

adj 견줄 만한, 비교할 만한 (to)

The two projects / are **comparable** / in terms of importance. 그 두 프로젝트는 / 견줄 만하다 / 중요도 면에서

> 🎯 **토익 출제 포인트 (Part 5&6)**
>
> Mirth Resort is (**comparable** / ~~variable~~) in all aspects to other top-rated hotels.
> Mirth Resort는 다른 최고급 호텔과 모든 면에서 견줄 만하다.
> → comparable은 특히 전치사 to와 함께 be comparable to(~와 견줄 만하다)의 형태로 자주 출제된다. (variable 가변적인)

> 🔍 **빅데이터 토익 빈출 표현** ● 빈출도
>
> be **comparable** in quality[size/price] to
> 질[크기/가격] 면에서 ~와 견줄 만하다 ●●●●●

03 selection ★★★
[silékʃən]
ⓐ select ⓥ 선택하다, 선발하다

ⓝ (같은 종류의) 구비, 구색; 선택 가능한 것들(의 집합)

We are committed / to offering our customers / a wider **selection** of sportswear.
우리는 헌신하고 있다 / 고객들에게 제공하는 것에 / 더욱 다양한 스포츠 의류를

> 🔍 **빅데이터 토익 빈출 표현** ● 빈출도
>
> a wide[great/large] **selection** of
> 다양한, 선택의 폭이 넓은 ●●●●

제품 개발 | 129

04 instruction ★★★
[instrʌ́kʃən]
㉺ instruct v 지시하다; 알려 주다
instructional adj 교육용의, 교육상의

n 설명(서) (on); 지시
Ms. Hill / will **provide detailed instructions** / **on** how to use the new equipment.
Hill 씨는 / 자세한 설명을 제공할 것이다 / 새로운 장비를 사용하는 방법에 관한

🔍 빅데이터 토익 빈출 표현 ● 빈출도
safety **instructions** 안전 작업 수칙 ●●●●●

05 success ★★★
[səksés]
㉺ succeed v 성공하다; 계승하다, 뒤를 잇다
successful adj 성공적인

n 성공, 성과
Venus Corporation's commitment to research / is a critical factor / for its **success**.
Venus 사의 연구에 대한 헌신은 / 주요 요인이다 / 성공의

06 distinct ★★★
[distíŋkt]
㉺ distinction n 차이; 명성, 뛰어남

adj 뚜렷이 다른; 분명한, 뚜렷한
Two **distinct** kinds of walking shoes / are being developed. 뚜렷이 다른 두 종류의 보행용 신발이 / 개발되고 있다

➕ 토익 출제 포인트 (Part 7_동의어 찾기)
Mr. Barry has achieved a high level of "**distinction**" in the field of advertising.
(A) reputation   (B) difference
Barry 씨는 광고 분야에서 높은 수준의 명성을 얻었다.
→ distinction이 문맥상 '명성, 뛰어남'이라는 의미로 쓰이면 reputation(명성)과 동의어가 된다. (difference 차이)

07 latest ★★★
[léitist]

adj 최신의, 최근의
Many customers / express satisfaction / with our **latest** line of products.
많은 고객들이 / 만족감을 표한다 / 우리의 최신 제품에 대해

➕ 토익 출제 포인트 (Part 5&6)
order **the** (late / **latest**) book 최신 서적을 주문하다
→ 명사를 수식하는 형용사 자리에서 late(늦은)와 latest(최신의)의 의미 차이를 묻는 문제가 출제된다. latest 앞에는 반드시 정관사나 소유격이 온다는 것을 기억해 두자.

08 perfectly ***
미 [pə́ːrfiktli]
영 [pə́ːfiktli]
(파) perfect adj 완벽한

adv 완벽하게
This coffeemaker / is **perfectly suited** for use / in cafés. 이 커피메이커는 / 사용하기에 완벽하게 어울린다 / 카페에서

09 release **
[rilíːs]

v 출시하다, 공개하다
Sara Cosmetics / will **release** several **new items** / this year. Sara Cosmetics는 / 몇 개의 신제품을 출시할 것이다 / 올해

n 출시, 공개
The **release of** a new computer game / has been delayed / due to technical issues.
새로운 컴퓨터 게임의 출시가 / 연기되었다 / 기술적인 문제로 인해

10 adequate **
[ǽdikwət]
(파) adequately adv 충분히, 적절히

adj 알맞은, 충분한 (for)
Our multivitamins / are perfectly **adequate** / for the needs of athletes.
우리의 종합 비타민제는 / 완벽하게 알맞다 / 운동선수들의 필요에

> **◆ 토익 출제 포인트 (Part 5&6)**
> The size of the room is (**adequate** / ~~complete~~) for a couple. 그 방의 크기는 두 사람이 들어가기에 알맞다.
> → adequate는 '~에 알맞은'이라는 의미로 전치사 for와 함께 출제된다.
> (complete 완벽한; 완전한)

11 complicated **
미 [kámplikèitid]
영 [kɔ́mplikèitid]

adj 복잡한
The company will simplify / the **complicated** manufacturing **process**.
그 회사는 간소화할 것이다 / 복잡한 제조 공정을

12 product ★★

미 [prάdʌkt]
영 [prɔ́dʌkt]

㈜ productive **adj** 생산적인
produce **v** 생산하다

n 제품; 산물, 결과(물) (of)

The committee / recommends investing more / in new **product** development.
위원회는 / 더 많이 투자하는 것을 제안한다 / 신제품 개발에

> ### 🎯 토익 출제 포인트 (Part 5&6)
>
> This innovative technology is the (**product** / ~~producer~~) of years of hard work and dedication.
> 이 혁신적인 기술은 수년간의 근면과 헌신의 산물이다.
> → product(산물; 제품)와 producer(생산자)의 의미 차이를 묻는 문제가 출제된다. product는 '제품'이라는 의미 외에 '산물, 결과(물)'라는 의미로도 출제되며, 전치사 of와 함께 쓰임을 기억해 두자.

13 diverse ★★

미 [divə́ːrs]
영 [daivə́ːs]

㈜ diversity **n** 다양성
㈐ varied, various 다양한

adj 다양한

We will introduce / a **diverse** range of products / to target different types of customers.
우리는 내놓을 것이다 / 다양한 범위의 제품을 / 여러 종류의 고객들을 대상으로 하기 위해

> ### 🎯 토익 출제 포인트 (Part 5&6)
>
> a (~~diversity~~ / **diverse**) range of styles 다양한 종류의 스타일
> → 명사 앞 자리에서 명사 diversity(다양성)와 형용사 diverse(다양한)를 구별하는 문제가 종종 출제된다. a diverse range[group] of(다양한 범위[집단]의 ~)는 빈출 표현이므로 한 덩어리로 기억해 두자.

> ### 🔍 빅데이터 토익 빈출 표현 ● 빈도도
>
> recruit **diverse** staff 다양한 직원을 채용하다 ●

14 launch ★★

[lɔːntʃ]

㈐ introduce (신제품을) 내놓다; 시작하다

v 출시하다; (사업·계획 등을) 시작하다

The organization / will **launch** a new version / of its Web site / soon.
그 기관은 / 새로운 버전을 출시할 것이다 / 그 웹사이트의 / 곧
▶ 그 기관은 곧 새로운 버전의 웹사이트를 출시할 것이다.

n 출시; 시작

The **launch** of the new mobile app / has been cancelled / due to serious security concerns.
새로운 모바일 앱의 출시가 / 취소되었다 / 심각한 보안상의 문제 때문에

> 🔍 **빅데이터 토익 빈출 표현** • 빈출도
> **launch** a campaign 캠페인을 시작하다 •••
> product **launch** 제품 출시 •••

15 phase ★★
[feiz]

n 단계

The video game is **entering** / the final **phase** of development. 그 비디오 게임은 진입하고 있다 / 개발 마지막 단계에

16 practical ★★
[prǽktikəl]
㈜ practically **adv** 실제로; 사실상

adj 실용적인; 실제적인

The team is designing a bag / that is both **practical** and aesthetic.
그 팀은 가방을 디자인하고 있다 / 실용적이며 보기에도 좋은

> 🔍 **빅데이터 토익 빈출 표현** • 빈출도
> **practical** experience 실지 경험 ••

17 skillfully ★★
[skílfəli]
㈜ skillful **adj** 솜씨 좋은, 숙련된
skill **n** 솜씨, 기술
skilled **adj** 숙련된, 노련한

adv 솜씨 있게, 능숙하게

Samuel takes pride / in **skillfully** producing clothing accessories.
Samuel은 자부심이 있다 / 의류 액세서리를 솜씨 있게 만드는 것에

18 array ★★
[əréi]

n 집합체, 모음 (of)

The store offers / **a wide array** of sporting goods / from footwear to clothing.
그 상점은 제공한다 / 다양한 스포츠 상품을 / 신발에서 의류까지

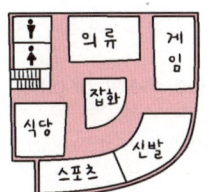

> ✔ **토익 출제 포인트 (Part 5&6)**
>
> offer **a wide** (**array** / ~~agreement~~) of services
> 다양한 서비스를 제공하다
> → a wide array of는 '다양한'이라는 의미로 자주 출제되는 표현이므로 한 덩어리로 기억해 두자. (agreement 협정; 합의)

제품 개발 | 133

19 sample ★★
[sǽmpl]

n 샘플, 견본
The sales representative / will send some **free samples** / to the client.
그 판매 직원은 / 몇 가지 무료 샘플을 보낼 것이다 / 고객에게

v 시식[시음]하다; 시도해 보다
A restaurant reviewer / will visit us / to **sample** new **menu items**.
한 레스토랑 평론가가 / 우리를 방문할 것이다 / 새로운 메뉴를 시식하기 위해

> 🔍 **빅데이터 토익 빈출 표현** ● 빈출도
> **sample** the menu 메뉴를 시식하다 ★★

20 demonstrate ★★
[démənstrèit]
ⓝ demonstration **n** 설명; 입증

v (모형·실험 등으로) 보여 주다, 설명하다; 입증하다
The general manager / will **demonstrate** the **capabilities** / of the new navigation system.
그 총괄 관리자는 / 성능을 보여 줄 것이다 / 새로운 내비게이션 시스템의

21 description ★★
[diskrípʃən]
ⓝ describe **v** 묘사하다

n 설명, 묘사 (of)
This report **provides** / a detailed **description** / of the software problems.
이 보고서는 제공한다 / 상세한 설명을 / 소프트웨어 문제에 대한

> 🔍 **빅데이터 토익 빈출 표현** ● 빈출도
> detailed[brief/lengthy] **description** of
> ~의 상세한[짧은/긴] 설명 ●●●●●
> job **description** 직무 기술서 ★★

22 durable ★★
[djúərəbl]
ⓝ durability **n** 내구성, 내구력

adj 내구성이 있는
The handle is made / of wood, metal, or other **durable** material.
그 손잡이는 만들어져 있다 / 나무, 금속, 혹은 다른 내구성 있는 재료로

23 quality ★★
미 [kwɑ́ləti]
영 [kwɔ́ləti]

n 품질
Most users are impressed / with the **outstanding quality** / of the product.
대부분의 사용자들은 감명받았다 / 뛰어난 품질에 대해 / 그 제품의

adj 양질의, 고급의
Developing **quality** products / is our first priority.
양질의 제품을 개발하는 것이 / 우리의 최우선 사항이다

24 various ★★
미 [vériəs]
영 [véəriəs]
㈜ variable **adj** 가변적인
variety **n** 여러 가지, 갖가지
vary **v** 각기 다르다, 다양하다

adj 다양한
Our suitcases / come in **various** sizes and colors.
우리 여행 가방은 / 다양한 크기와 색상으로 나온다

> 🎯 토익 출제 포인트 (Part 5&6)
>
> the collaboration of the (**various** / ~~variable~~) universities
> 다양한 대학의 협력
> → various(다양한)와 variable(가변적인)의 의미 차이를 묻는 문제가 출제된다. 둘의 형태가 비슷하여 혼동될 수 있으나, 의미가 다르므로 주의하자.

25 sturdy ★
미 [stə́:rdi]
영 [stə́:di]

adj 튼튼한, 견고한
The wooden **furniture** / built by Adrian Smith / looks very **sturdy**.
그 목재 가구는 / Adrian Smith에 의해 제작된 / 매우 튼튼해 보인다

26 experimental ★
[ikspèrəméntl]
㈜ experiment **n** 실험

adj 실험적인; 실험의
Please share your comments / on our **experimental** Web site **design**.
당신의 의견을 공유해 주세요 / 저희의 실험적인 웹사이트 디자인에 대해

27 assortment ★
미 [əsɔ́:rtmənt]
영 [əsɔ́:tmənt]

n 모음, 종합, 여러 가지를 한데 넣은[갖춘] 것 (of)
The newly developed seafood platter / is served / with an **assortment** of fresh vegetables and fruits.
새롭게 개발된 해산물 요리는 / 제공된다 / 신선한 야채와 과일 모듬과 함께

28 genuine *
[dʒénjuin]
- 동 authentic 진품의
- 반 counterfeit 위조의, 모조의

adj (물건이) 진품의, 진짜의; (감정이) 진실한

To ensure / that the **product** is **genuine**, / you should make a purchase / from an authorized dealer.
확실히 하기 위해서 / 제품이 진품인 것을 / 당신은 구입해야 합니다 / 인증된 구매처에서

▶ 제품이 진품인 것을 확실히 하려면 인증된 구매처에서 구입해야 합니다.

29 specially *
[spéʃəli]
- 형 special **adj** 특별한

adv 특별히

Tava's UV protection cream / is **specially formulated** for children / under the age of three.
Tava의 자외선 차단 크림은 / 특별히 아이들을 위해 만들어졌다 / 3세 미만의

30 engrave *
[ingréiv]

v 새기다 (A with B) (B on A)

You can purchase customized pens / **engraved with your name** / at any of our retail locations.
당신은 맞춤형 펜을 구입할 수 있습니다 / 당신의 이름이 새겨져 있는 / 저희 소매점 어느 곳이든

> **토익 출제 포인트 (Part 5&6)**
>
> have the name (**engrave**d / registered) on a plaque
> 명판에 이름을 새기다
> → engrave는 보통 액세서리, 명판, 돌 등의 위에 이름 따위를 새기는 경우에 쓰며 '~위에'라는 의미를 가진 전치사 on과 잘 어울린다는 점을 기억해 두자. (register 등록하다)

> **빅데이터 토익 빈출 표현**   ● 빈출도
>
> **engrave** A with B[B on A]
> A(액세서리, 명판, 돌 등)에 B(이름, 문구 등)를 새기다 *

31 personalized *
[pə́ːrsənəlàizd]
- 형 personalize **v** 맞춤화하다
- 동 customized 맞춤형의

adj 맞춤형의

Sun Photo is noted / for its unique and **personalized** photography **service**.
Sun Photo는 유명하다 / 독특한 맞춤형 사진 서비스로

32 accompany*
[əkʌ́mpəni]

v (일·사물이) 동반되다; (사람이) 동반[동행]하다

Customers are encouraged / to read the user's manual / which **accompanies** the TX printer.
고객들은 장려된다 / 사용자 설명서를 읽도록 / TX 프린터에 동봉되는

Children under the age of 10 / must **be accompanied by** a parent.
10세 미만의 아이들은 / 부모를 동반해야 한다

> 🔍 **빅데이터 토익 빈출 표현** ● 빈출도
> be **accompanied** by ~을 동반하다, ~와 동행하다 ●●●●●

33 elegant*
[éligənt]

adj 세련된, 품격 있는

Light Furnishing's new office chair / features an **elegant** and comfortable seat.
Light Furnishing의 새 사무실 의자는 / 세련되며 편안한 좌석을 가지고 있다

34 superbly*
[supə́:rbli]
ⓟ superb **adj** 아주 훌륭한, 최고의

adv 아주 훌륭하게, 뛰어나게, 최고로

K Gems / has **superbly** crafted / a broad variety of jewelry.
K Gems는 / 아주 훌륭하게 만들었다 / 다양한 보석류를

35 withstand*
[wiðstǽnd]

v 견디다, 이겨 내다

This electronic equipment / is designed / to **withstand** rough treatment.
이 전자 장비는 / 고안되었다 / 거칠게 다뤄도 견디도록

36 individually*
[ìndəvídʒuəli]
ⓟ individual **adj** 개개의; 개인의 **n** 개인

adv 개별적으로, 각각 따로

All our natural soaps / are **individually** wrapped / to prevent the loss / of moisturizing elements.
우리의 모든 천연 비누는 / 개별적으로 포장된다 / 손실을 막기 위해 / 보습 요소의

제품 개발 | 137

37 authentic *
[ɔːθéntik]
ⓝ authenticity ⓝ 진짜임, 진품임

adj 진품의; 정통의

The store sells / a wide selection of **authentic artworks** / by various artists.
그 상점은 판매한다 / 다양한 예술 진품을 / 여러 예술가들에 의한

◆ 토익 출제 포인트 (Part 5&6)

a variety of (**authentic** / authenticity) dishes 다양한 정통 요리
→ 명사 앞 자리에서 형용사 authentic(정통의)과 명사 authenticity(진짜임)를 구별하는 문제가 종종 출제된다.

38 obsolete *
미 [ὰbsəlíːt]
영 [ɔ́bsəliːt]
ⓥ outdated 구식의

adj 쓸모없게 된, 구식의

As technology evolves / at a rapid pace, / floppy disks / have become **obsolete**.
기술이 진화함에 따라 / 빠른 속도로 / 플로피 디스크는 / 쓸모없게 되었다

39 outfit *
[áutfit]
ⓥ clothes, dress, apparel 옷, 의복

ⓥ 갖추어 주다 (A with B)

Pen Industries' new mobile phone / is **outfitted** / with a high-tech recording device.
Pen Industries의 새 휴대 전화는 / 갖추고 있다 / 최신식 녹음 장치를

ⓝ 의상, 복장

We offer a new line of accessories / that will match any of your **outfits**.
저희는 새로운 액세서리 제품을 제공합니다 / 당신의 어떤 의상과도 어울릴

◆ 토익 출제 포인트 (Part 5&6)

be (**outfitted** / accustomed) with safety equipment
안전 장비를 갖추다
→ 전치사 with와 어울리는 동사를 골라야 하는 문제로, accustom은 be accustomed to(~에 익숙하다)의 형태로 쓰인다. (accustom 익숙하게 하다)

40 distracting *
[distrǽktiŋ]

adj 산만하게 하는, 방해하는

The illustrations / from the presentation / about the new appliance / were too **distracting**.
삽화는 / 프레젠테이션에 있는 / 새 가전 기기에 대한 / 너무 산만했다
▶ 새 가전 기기에 대한 프레젠테이션 삽화는 너무 산만했다.

Day 08 **Daily Test**

A 각 영어 단어의 알맞은 의미를 찾아 연결하세요.

01 practical • • ⓐ 실용적인; 실제적인
02 obsolete • • ⓑ 최신의, 최근의
03 latest • • ⓒ 단계
04 phase • • ⓓ 쓸모없게 된, 구식의

B 우리말과 일치하도록 다음 빈칸에 알맞은 단어를 찾아 넣으세요.

| ⓐ selection ⓑ instructions ⓒ demonstrate |
| ⓓ release   ⓔ accompanied |

05 be _____ by ~을 동반[동행]하다
06 a wide _____ of 다양한, 선택의 폭이 넓은
07 provide detailed _____ 자세한 설명을 제공하다
08 _____ several new items 몇 개의 신제품을 출시하다

C 다음 빈칸에 문맥상 적절한 단어를 찾아 넣으세요.

해석 p. 507

| ⓐ diverse   ⓑ outfitted   ⓒ comparable |
| ⓓ genuine   ⓔ durable |

09 We actively recruit a _____ staff with a variety of backgrounds.
10 This watch is _____ enough to withstand extreme weather.
11 Each guest room is _____ with the latest audio and visual amenities.
12 This battery is _____ in quality to any other popular brands.

정답 01 ⓐ 02 ⓓ 03 ⓑ 04 ⓒ 05 ⓔ 06 ⓐ 07 ⓑ 08 ⓓ 09 ⓐ 10 ⓔ 11 ⓑ 12 ⓒ

토익 LC/RC 짝꿍 표현

제품 개발

☐ **portable**	adj 휴대용의, 이동식의	the latest **portable** computer 최신 휴대용 컴퓨터 release **portable** water filters 이동식 물 필터를 출시하다	
☐ **flavor**	n 맛, 풍미	unique **flavors** are added 독특한 맛이 추가되다 **flavors** like peanut butter 땅콩 버터 같은 맛	
☐ **nutritional**	adj 영양상의	focus on **nutritional** value 영양가에 초점을 맞추다 provide **nutritional** assessment 영양 평가를 제공하다	
☐ **catalog**	n 카탈로그, 목록	the wholesale **catalog** 도매 상품 카탈로그 order from the seasonal **catalogs** 계절 상품 목록에서 주문하다	
☐ **thermostat**	n 온도 조절기	a remote programmable **thermostat** 원격 프로그래밍이 가능한 온도 조절기 automatically regulate **thermostats** 자동적으로 온도 조절기를 조정하다	
☐ **degrade**	v 저하시키다	be **degraded** by overuse 과도한 사용으로 저하되다 **degrade** image quality 이미지 품질을 저하시키다	
☐ **detergent**	n 세제	introduce a new dishwashing **detergent** 새로운 주방 세제를 소개하다 wash with a mild **detergent** 순한 세제로 빨래하다	
☐ **outdated**	adj 낡은, 오래된	**outdated** electronic equipment 낡은 전자 장비 an **outdated** rule 오래된 규정	
☐ **throw away**	phr ~을 버리다, 없애다	**throw away** food waste separately 음식물 쓰레기를 분리해서 버리다 **throw away** the receipt 영수증을 버리다	
☐ **zealous**	adj 열성적인	a **zealous** supporter 열성적인 지지자 **zealous** in doing one's work 일을 하는 데 열성적인	
☐ **scrutinize**	v 면밀히 검토하다, 조사하다	**scrutinize** the document 서류를 면밀히 검토하다 **scrutinize** the proposed merger 제안된 합병을 면밀히 검토하다	
☐ **feasible**	adj 실행 가능한	technologically **feasible** 기술적으로 실행 가능한 a **feasible** solution 실행 가능한 해결책	

☐	**envision**	v 계획하다, 마음속에 그리다	**envision** the field research 현장 연구를 계획하다 **envision** the career path 진로를 마음속에 그리다
☐	**merit**	n 장점; 공적	**merits** of mentoring programs 멘토링 프로그램의 장점 based on **merits** 공적을 토대로
☐	**revolutionary**	adj 획기적인, 혁명적인	a **revolutionary** new fiber 획기적인 신 섬유 develop a **revolutionary** printing system 획기적인 인쇄 시스템을 개발하다
☐	**commodity**	n 상품, 물품	a scarce **commodity** 희소 상품 demand for agricultural **commodities** 농산품에 대한 수요
☐	**principal**	adj 주요한 n 교장	the **principal** source of income 주요 수입원 the school **principal** 학교 교장
☐	**creative**	adj 창의적인	**creative** ways to market a product 제품을 마케팅하는 데 창의적인 방법 get **creative** advice 창의적인 조언을 얻다
☐	**in reference to**	phr ~와 관련하여	**in reference to** the launch event 출시 행사와 관련하여 **in reference to** one's last order 지난 주문과 관련하여
☐	**a range of**	phr 여러, 다양한	**a range of** useful features 여러 유용한 특징 **a range of** high-quality products 다양한 고급 제품
☐	**waterproof**	adj 방수의	**waterproof** adhesive 방수 접착제 a warm and **waterproof** jacket 따뜻하고 방수되는 재킷
☐	**composition**	n 구성; 작품	the **composition** of the group 집단의 구성 send a **composition** 작품을 보내다
☐	**state-of-the-art**	adj 최신식의	**state-of-the-art** equipment 최신식 장비 **state-of-the-art** design 최신식 디자인
☐	**imaginable**	adj 상상할 수 있는	every means **imaginable** 상상할 수 있는 온갖 수단 hardly **imaginable** 거의 상상할 수 없는
☐	**pertinent**	adj ~에 관련 있는	**pertinent** to the field of public relations 홍보 분야에 관련 있는 **pertinent** questions 관련 있는 질문
☐	**demonstration**	n (시범) 설명	do a product **demonstration** 제품 시범 설명을 하다 a cooking **demonstration** 요리 시범

제품 개발 | 141

☐	double-sided	adj 양면의	produce **double-sided** tapes 양면 테이프를 생산하다 make **double-sided** copies 양면 복사를 하다
☐	pragmatic	adj 실용적인	take a **pragmatic** approach 실용적으로 접근하다 a **pragmatic** choice 실용적인 선택
☐	remnant	n 남은 부분, 나머지	clean up any **remnants** 남은 부분을 제거하다 the **remnant** of a meal 식사 후 남은 음식
☐	copyright	n 저작권	protected by **copyright** 저작권에 의해 보호되는 own the **copyright** 저작권을 소유하다
☐	synthetic	adj 합성의	made of **synthetic** materials 합성 물질로 만들어진 **synthetic** chemicals 합성 화학 물질
☐	customized	adj 주문 제작한, 맞춤의	sell **customized** chairs 주문 제작한 의자를 팔다 **customized** travel arrangements 맞춤 여행 준비
☐	prototype	n 원형	the **prototype** of ~의 원형 make the **prototype** 원형을 만들다
☐	cutting-edge	adj 최첨단의	**cutting-edge** innovation 최첨단 혁신 **cutting-edge** discoveries 최첨단 발견
☐	sturdily	adv 견고하게; 확고하게	**sturdily** constructed 견고하게 만들어진 carry on **sturdily** 확고하게 계속하다
☐	configuration	n 배치; 구성	restaurant **configuration** 식당 배치 **configuration** of the assembly line 조립 라인의 구성
☐	seemingly	adv 겉보기에는	a **seemingly** endless task 겉보기에는 끝이 없는 업무 **seemingly** unrelated 겉보기에는 관련 없는
☐	be likely to V	phr ~할 것 같다	**be likely to be** applauded 박수 갈채를 받을 것 같다 **be likely to renew** the subscription 구독을 갱신할 것 같다
☐	indecisive	adj 우유부단한	notably **indecisive** 눈에 띄게 우유부단한 an **indecisive** leader 우유부단한 지도자
☐	unbeatable	adj 타의 추종을 불허하는; 무적의	at an **unbeatable** price 타의 추종을 불허하는 가격으로 seem nearly **unbeatable** 거의 무적인 것으로 보인다

☐ scarcity	n 부족, 결핍	the **scarcity** of medical supplies 의약품의 부족 the **scarcity** of new positions 새 일자리의 부족	
☐ for ages	phr 오랫동안	wonder **for ages** 오랫동안 궁금해하다 wait **for ages** 오랫동안 기다리다	
☐ boycott	v 구매[참여, 사용]를 거부하다	**boycott** all imported meat 모든 수입 고기 구매를 거부하다 **boycott** the investigation 조사를 거부하다	
☐ specimen	n 샘플, 견본	catalog plant **specimens** 식물 샘플의 목록을 작성하다 submit a **specimen** 견본을 제출하다	
☐ multilateral	adj 다자간의, 다각적인	**multilateral** trading system 다자간의 무역 시스템 **multilateral** contracts 다각적인 계약	
☐ try out	phr ~을 (시험적으로) 사용해 보다	**try out** a new software program 새 소프트웨어 프로그램을 사용해 보다 **try out** upgraded features 업그레이드된 기능을 사용해 보다	
☐ wearable	adj 착용하기에 적합한; 착용 가능한	**wearable** for the cold climate 추운 기후에 착용하기 적합한 the **wearable** cellular phone 착용 가능한 휴대 전화	
☐ exception	n 예외	make an **exception** 예외로 하다 two notable **exceptions** 두 가지 눈에 띄는 예외 사항	
☐ outlast	v ~보다 오래가다	This item will **outlast** any other products. 이 제품이 다른 어떤 제품보다 오래갈 것이다. **outlast** one's opponents 상대팀보다 오래 견디다	
☐ broadly	adv 대략적으로, 대체로	too **broadly** defined 너무 대략적으로 정의된 **broadly** similar conclusions 대체로 비슷한 결론	
☐ owing to	phr ~때문에	**owing to** rising electricity fees 전기료 인상으로 인하여 close **owing to** the earthquake 지진 때문에 폐쇄하다	
☐ steel	n 철강	leading **steel**-making firms 주요 철강 제조 회사 monitor **steel**-production standards 철강 생산 기준을 감시하다	
☐ raw material	phr 원자재	a shortage of **raw materials** 원자재 부족 **raw material** costs 원자재 가격	
☐ accidentally	adv 실수로, 잘못하여	**accidentally** delete 실수로 삭제하다 **accidentally** damage the copy machine 잘못하여 복사기를 고장 내다	

DAY 09

생산 기기

토익에서는 공장 기기나 조립 라인을 정비하고 최신화하며, 공장을 추가로 건설하고 이전하는 등의 생산/제조 상황이 출제됩니다.

오늘의 단어 듣기

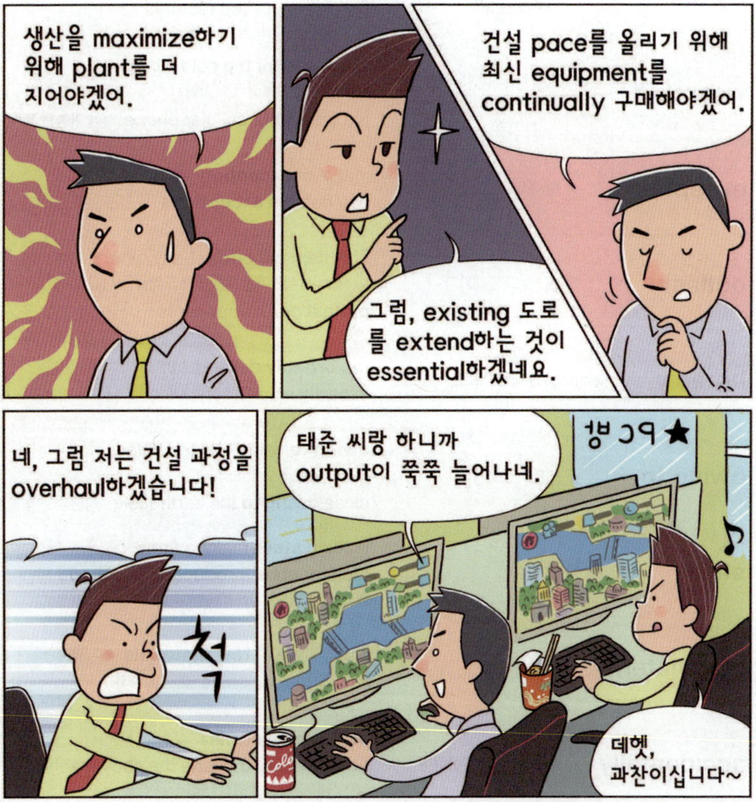

01 shortly ★★★
미 [ʃɔ́:rtli]
영 [ʃɔ́:tli]
(튀) soon 곧

adv 곧

The manufacturing facility / in Hong Kong / **will start** operating shortly.
제조 공장은 / 홍콩에 있는 / 곧 가동을 시작할 것이다

> ⊕ 토익 출제 포인트 (Part 5&6)
>
> The delivery is expected to arrive (**shortly** / ~~urgently~~).
> 배송이 곧 도착할 것으로 예상된다.
> → shortly는 미래 시점을 나타내므로 주로 미래 시제 혹은 be expected to V 표현과 함께 출제된다는 것을 기억해 두자. (urgently 급하게)

02 delay ★★★
[diléi]

n 지연, 지체

We apologize / for the **unexpected** delay / in the production process.
사과드립니다 / 예기치 못한 지연에 대해 / 생산 과정에서

v 지연시키다, 연기하다

The **product launch** / was delayed / due to design flaws. 제품 출시가 / 지연되었다 / 설계 결함으로 인해

03 extend ★★★
[iksténd]
(파) extended **adj** 연장된
extension **n** 확장

v 연장하다; (감정 등을) 전하다; (초대장을) 보내다

The **deadline** for submitting a proposal / to upgrade Manila plant / has been extended.
제안서 제출에 대한 마감일이 / 마닐라 공장을 개선하기 위한 / 연장되었다
▶ 마닐라 공장 개선 제안서 제출 마감일이 연장되었다.

> 🔍 빅데이터 토익 빈출 표현   ● 빈출도
>
> extend the deadline 마감일을 연장하다 ★★★
> extend one's sincere appreciation 깊은 감사를 전하다 ★★
> extend an invitation 초대장을 전하다, 초대하다 ★★
> extend beyond ~의 범위를 넘어서다 ★

04 additional ★★★
[ədíʃənəl]
(파) additionally **adv** 추가적으로
addition **n** 추가; 덧셈
add **v** 추가하다

adj 추가의, 추가적인

Upon the construction of a factory / in Mali, / the company will employ / 300 additional workers.
공장을 건설한 직후 / 말리에 / 그 회사는 고용할 것이다 / 300명의 추가 인력을

생산 기기 | 145

> **빅데이터 토익 빈출 표현** ● 빈출도
> additional information 추가 정보 ●
> valuable[welcome] addition to ~에 귀중한[환영할 만한] 보탬 ●●●

05 manufacturer ★★★
[mænjufǽktʃərər]
㉩ manufacture ⓥ 제조하다
ⓝ 제조

ⓝ 제조 업체
After the merger, / Safe Motors has become / the largest car manufacturer / in Asia.
합병 이후 / Safe Motors는 되었다 / 가장 큰 자동차 제조 업체가 / 아시아에서

> **토익 출제 포인트 (Part 5&6)**
> Please contact the (manufacture / **manufacturer**) of the product for additional information.
> 추가 정보를 얻으시려면 제품 제조 업체에 연락하세요.
> → contact(연락하다)의 목적어 자리에는 '연락을 받는 대상'이 와야 하므로 manufacturer(제조 업체)가 어울린다.

06 update ★★★
[ʌpdéit]
㉩ updated adj 최신의

ⓥ 업데이트하다, 갱신하다
Ward, Inc., / periodically inspects and updates / its laboratory equipment.
Ward 사는 / 정기적으로 점검하고 업데이트한다 / 자사의 실험실 장비를

ⓝ 업데이트, 최신판, 갱신
Regular equipment updates / will ensure the best quality products.
정기적인 장비 업데이트는 / 최고 품질의 제품을 보장할 것이다

07 safety ★★★
[séifti]
㉩ safe adj 안전한

ⓝ 안전(성)
For safety reasons, / access to the facility / is strictly limited / to only authorized staff.
안전상의 이유로 / 그 시설 출입은 / 엄격히 제한된다 / 허가받은 직원들에게만

> **빅데이터 토익 빈출 표현** ● 빈출도
> safety regulations[instructions/standards/procedures]
> 안전 규칙[수칙/기준/절차] ●●●
> safety equipment 안전 장비 ●●

08 appropriate ***
[əpróupriət]
ⓘ appropriately adv 적당하게

adj 적절한, 적합한 (for)

Assembly workers / should wear / **appropriate protection devices**.
조립 작업자들은 / 착용해야 한다 / 적절한 보호 장치를

> ⊕ 토익 출제 포인트 (Part 5&6)
>
> This attire is not considered (**appropriate** / ~~extensive~~) for our work environment.
> 이 복장은 우리의 근무 환경에 적합한 것으로 간주되지 않는다.
> → appropriate는 전치사 for와 함께 '~에 적합한'이라는 의미로 자주 출제된다. (extensive 폭넓은)

09 continually ***
[kəntínjuəli]

adv 지속적으로, 계속해서

Dan Automotives / **continually improves** / its safety standards.
Dan Automotives는 / 지속적으로 개선한다 / 안전 기준을

10 preparation ***
[prèpəréiʃən]
ⓘ prepare v 준비하다
prepared adj 준비된

n 대비, 준비 (for/to V)

In **preparation** for an inspection, / the plant workers / checked the production process.
점검에 대비하여 / 공장 근로자들은 / 생산 공정을 확인했다

> ⊕ 토익 출제 포인트 (Part 5&6)
>
> Participants should be (**prepared** / ~~divided~~) to take notes. 참가자들은 메모할 준비가 되어 있어야 한다.
> → 동사 prepare는 주로 be prepared to V(~할 준비가 되어 있다) 또는 be prepared for(~에 대비하다, 각오하고 있다)의 형태로 출제된다. (divide 나누다)

11 suspend ***
[səspénd]
ⓘ suspension n 연기; 정직, 정학

v (일시적으로) 중단하다

Tas, Inc., **suspended** / **production** of its computer monitors / owing to a sharp increase / in costs.
Tas 사는 중단했다 / 컴퓨터 모니터 생산을 / 급격한 증가로 인해 / 비용에서의

> 🔍 빅데이터 토익 빈출 표현   ● 빈출도
>
> **suspend** production[operation] 생산[운영]을 중단하다 ••

12 upgrade ★★★
[ʌpgréid]

v 개선하다; 승급시키다

Eastern Electronics / accepted SNT Co.'s bid / to **upgrade** its Beijing **factory**.
Eastern Electronics는 / SNT 사의 입찰을 받아들였다 / 베이징 공장을 개선하기 위한

13 disruptive ★★
[disrʌ́ptiv]

adj 지장을 주는, 방해하는 (to)

Irregular break times / can be very **disruptive** / to automobile assembly work.
불규칙적인 휴식 시간은 / 매우 지장을 줄 수 있다 / 자동차 조립 업무에

14 equipment ★★
[ikwípmənt]
(ii) equipped **adj** (장비가) 구비된

n 장비, 용품

Mr. Zhou is responsible / for replacing **outdated equipment**. Zhou 씨는 책임을 맡고 있다 / 구식 장비를 교체하는

15 essential ★★
[isénʃəl]

adj 필수적인 (to V/that절/for)

It is **essential** / **to modernize** the assembly line / to increase productivity.
필수적이다 / 조립 라인을 현대화하는 것이 / 생산성을 높이기 위해

> ◆ 토익 출제 포인트 (Part 5&6)
>
> A good communication skill is (**essential** / ~~partial~~) for this position. 훌륭한 의사 소통 기술은 이 직책에 필수적이다.
> → essential은 It is essential to V[that절](~하는 것이 필수적이다) 또는 essential for(~에 필수적인)의 형태로 출제된다. (partial 부분적인)

16 process ★★
미 [práses]
영 [próuses]

n 과정, 공정, 절차

To **expedite** the installation **process**, / the form should be filled in completely.
설치 과정을 신속히 처리하기 위해 / 양식은 완전히 작성되어야 한다

> 🔍 빅데이터 토익 빈출 표현　　　　　　● 빈출도
>
> manufacturing[assembly] **process** 제조[조립] 공정 ★★
> hiring[enrollment] **process** 채용[등록] 절차 ★

17 remain ★★
[riméin]
(파) remaining [adj] 남아 있는, 남은

v 여전히[계속] ~이다; 남다
The factory / **remains** fully **operational** / despite substantial damage / caused by the snowfall.
그 공장은 / 여전히 완전 가동 상태이다 / 상당한 피해에도 불구하고 / 폭설로 인한

> 🔹 토익 출제 포인트 (Part 5&6)
>
> The hotel still (receives / **remains**) a pleasant place to stay. 그 호텔은 여전히 머물기에 쾌적한 장소이다.
> → remain 뒤에 명사 보어가 올 수 있는데, 이 경우 주어와 동격이 된다는 점 (The hotel=a pleasant place)에 유의하자. (receive 받다)

18 capacity ★★
[kəpǽsəti]

n (공장 등의) 생산 능력; 용량; 수용력
The new equipment / will increase / the plant's **manufacturing** capacity.
새로운 장비는 / 높일 것이다 / 그 공장의 생산 능력을

> 🔍 빅데이터 토익 빈출 표현   ● 빈출도
>
> at full **capacity** 전면 가동으로 ★★
> be filled to **capacity** 꽉 차다, 만원이다 ★

19 clear ★★
[klíər]
(파) clearly [adv] 명확하게, 분명히
(동) obvious 분명한
    bright 밝은, 빛나는

adj 명확한, 분명한; 밝은, 맑은
The manual / gives **clear** instructions / about how to operate the XT machine.
그 설명서는 / 명확한 지침을 제공한다 / XT기기를 작동하는 방법에 관한

v (장소를) 정리하다, 치우다; 명확히 하다
The **space** will be **cleared** / before the new machine arrives. 그 공간은 정리될 것이다 / 새 기계가 도착하기 전에

> 🔹 토익 출제 포인트 (Part 7_동의어 찾기)
>
> It is "**clear**" that we must reduce office expenses.
> (A) bright   (B) obvious
> 우리가 사무실 경비를 줄여야 한다는 것은 분명하다.
> → clear가 문맥상 '분명한'이라는 의미로 쓰이면 obvious(분명한)와 동의어가 된다. (bright 밝은, 빛나는)

생산 기기 | 149

20 component **
미 [kəmpóunənt]
영 [kəmpóunənt]
동 part 부품

n 부품, (구성) 요소
Nakion Electronics / **replaces** its product **components** / at no charge.
Nakion Electronics는 / 자사 제품 부품을 교체해 준다 / 무상으로

21 output **
[áutput]

n 생산(량), 산출량
Chen Co. has experienced / **a rapid acceleration in output** / over the last two years.
Chen 사는 겪었다 / 생산량의 급격한 증가를 / 지난 2년 동안

22 pace **
[péis]
동 speed, rate 속도

n 속도
Navi Textile has **increased** / **the pace** of production / to meet customer demand.
Navi Textile은 올렸다 / 생산 속도를 / 소비자 수요에 맞추기 위해

🔍 빅데이터 토익 빈출 표현 ● 빈출도
at a slow[steady] **pace** 느린[꾸준한] 속도로 **
quicken the **pace** 속도를 빠르게 하다 •

23 past **
미 [pæst]
영 [pa:st]
동 last 지난

adj 지난, 과거의
The factory has conducted / a quality-control inspection / **in the past year**.
그 공장은 실시했다 / 품질 검사를 / 지난 한 해 동안

🔍 빅데이터 토익 빈출 표현 ● 빈출도
in[for/during] the **past**[last] 10 years 지난 10년 동안 ••••

24 assemble **
[əsémbl]
파 assembly n 조립; 집회
동 build (조립하여) 만들어 내다; 짓다, 세우다

v 조립하다; 모으다, 집합시키다
Ten **aircraft** / will be **assembled** / in Brazil / next year. 열 대의 비행기가 / 조립될 것이다 / 브라질에서 / 내년에

> **토익 출제 포인트 (Part 7_동의어 찾기)**
> The furniture is very easy to "**assemble**".
> (A) build (B) meet
> 그 가구는 조립하기 매우 쉽다.
> → assemble이 문맥상 '조립하다'라는 의미로 쓰이면 build((조립하여) 만들어 내다)와 동의어가 된다. (meet 만나다)

25 wasteful **
[wéistfəl]

adj 낭비하는, 낭비적인
Tan Auto tries to make / factory **operations less wasteful** / by hiring outside consultants.
Tan Auto는 만들기 위해 노력한다 / 공장 운영이 덜 낭비되도록 / 외부 자문 위원들을 고용함으로써
▶ Tan Auto는 외부 자문 위원들을 고용함으로써 공장 운영을 덜 낭비하게 하려고 한다.

26 eliminate *
[ilímənèit]
동 remove 제거하다

v 제거하다, 없애다 (A from B)
The new system helps us / recognize and **eliminate** product **defects** / more efficiently.
이 새로운 시스템은 우리를 도와준다 / 제품 결함을 인지하고 제거할 수 있도록 / 더 효율적으로

> **빅데이터 토익 빈출 표현** ● 빈출도
> **eliminate** A from B B로부터 A를 제거하다 **
> **eliminate** the need for ~의 필요성을 없애다 **

27 customize *
[kʌ́stəmàiz]
파 customized **adj** 주문 제작된, 맞춤형의

v 맞춤[주문] 제작하다
Our **curtains** / can be **customized** / to reflect your preferences.
저희 커튼은 / 맞춤 제작될 수 있습니다 / 당신의 기호를 반영하도록

28 discontinue *
[dìskəntínju:]

v (생산·운행 등을) 중단하다
Tex Cycling has decided / to **discontinue** its MA bicycle **line**.
Tex Cycling은 결정했다 / MA 자전거 라인의 생산을 중단하기로

생산 기기 | **151**

29 duty *
[djúːti]

n 임무, 직무; 의무

Mr. Leung's **duties include** / identifying and addressing the problems / on the factory floor.
Leung 씨의 임무는 포함한다 / 문제를 파악하고 해결하는 것을 / 생산 현장에서의

> 🔍 빅데이터 토익 빈출 표현 ● 빈출도
>
> while on **duty** 근무 중에 ●●●
> primary[main] **duty** 주된 임무 ●●

30 electrically *
[iléktrikəli]

adv 전기(작동으)로

Wolks Motor / is the biggest manufacturer / of **electrically powered** vehicles / in Europe.
Wolks Motor는 / 가장 큰 제조 업체이다 / 전기 구동 자동차의 / 유럽에서

31 existing *
[igzístiŋ]
(파) exist **v** 존재하다

adj 현재 사용되는, 기존의

Sanyo Beverage / plans to expand / its **existing** manufacturing **facility** / in Milano.
Sanyo Beverage는 / 확장할 계획이다 / 현재의 제조 시설을 / 밀라노에 있는

> ⊕ 토익 출제 포인트 (Part 5&6)
>
> try to keep (**existing** / ~~existed~~) customers
> 기존 고객들을 유지하려고 하다
> → exist는 자동사이므로 분사형 형용사는 오직 -ing 형태의 현재 분사형으로만 쓸 수 있다.

32 gently *
[dʒéntli]
(파) gentle **adj** 부드러운, 온화한

adv 조심히, 부드럽게

Please be reminded / that our OX ink cartridge / should be **handled** gently.
명심하세요 / 저희 OX 잉크 카트리지는 / 조심히 다뤄져야 한다는 점을

33 **hazardous** *
[hǽzərdəs]
⑧ dangerous 위험한

adj 유해한, 위험한
Mr. Wang will distribute / a list of **hazardous materials** / to the factory workers.
Wang 씨는 배포할 것이다 / 유해 물질 목록을 / 공장 노동자들에게

34 **idle** *
[áidl]

adj (기계·공장 등이) 가동을 멈춘; (사람이 할 일이 없어서) 놀고 있는
If the **equipment** remains **idle** / for a long time, / it may not operate properly.
장비가 방치되면 / 오랫동안 / 제대로 작동하지 않을 수 있다

> ◎ 토익 출제 포인트 (Part 5&6)
>
> Many of the employees have been (**idle** / ~~additional~~) lately. 많은 직원들이 최근 할 일이 없어서 놀고 있었다.
> → idle은 사물 주어뿐만 아니라 사람 주어의 보어 자리에도 올 수 있음을 기억해 두자. (additional 추가의)

35 **material** *
[mətíəriəl]

n 재료, 자재; 자료
Yan Food uses / only **packaging material** / certified by the FDA.
Yan Food는 사용한다 / 포장 재료만을 / FDA에 의해 인증받은

> ◎ 빅데이터 토익 빈출 표현 • 빈출도
>
> building[construction] **materials** 건축 자재 •••
> raw **material** 원자재, 원료 ••

36 **maximize** *
[mǽksəmàiz]

v 극대화하다
The firm **maximized** / its commercial **potential** / by manufacturing diverse products.
그 회사는 극대화했다 / 상업적 잠재력을 / 다양한 제품을 생산함으로써

> ◎ 빅데이터 토익 빈출 표현 • 빈출도
>
> **maximize** profit[capacity] 이윤[생산 능력]을 극대화하다 ••

37 plant *
미 [plænt]
영 [plɑːnt]
(동) factory 공장

n 공장, 시설; 식물

The **expansion of the** plant / in Shanghai / is expected / to enhance productivity.
공장의 확장은 / 상하이에 있는 / 예상된다 / 생산성을 향상시킬 것으로

These beautiful plants / **grow** quickly / during the summer. 이 아름다운 식물들은 / 빨리 자란다 / 여름에

> 🎯 **토익 출제 포인트 (Part 7_동의어 찾기)**
> The company will build a production "**plant**" in Europe.
> (A) bush   (B) factory
> 그 회사는 유럽에 생산 공장을 지을 것이다.
> → plant가 문맥상 '공장'이라는 의미로 쓰이면 factory(공장)와 동의어가 된다. (bush 덤불)

38 momentarily *
미 [mòuməntérəli]
영 [móuməntərəli]
(동) briefly 잠시

adv 잠시, 잠깐

The guided tour of the factory / was **halted** momentarily / during the winter season.
가이드가 안내하는 공장 견학은 / 잠시 중단되었다 / 겨울 기간 동안

39 overhaul *
n 미 [óuvərhɔːl]
    영 [əuvəhɔːl]
v 미 [ouvərhɔ́ːl]
    영 [əuvəhɔ́ːl]

n (전체적인) 점검, 분해 검사[수리]

Keil Industries recently conducted / a **complete overhaul** / of the manufacturing process.
Keil Industries는 최근 실시했다 / 완전한 점검을 / 제조 공정에 대한

v (전면적으로) 점검하다

Mr. Crowe is **thoroughly overhauling** / the engine room. Crowe 씨는 철저히 점검하고 있다 / 그 기관실을

40 prolong *
미 [prəlɔ́ːŋ]
영 [prəlɔ́ŋ]

v 연장하다

We regularly perform maintenance / to **prolong the life** of the machinery.
우리는 정기적으로 유지 관리를 한다 / 기계의 수명을 연장하기 위해

Day 09 Daily Test

A 각 영어 단어의 알맞은 의미를 찾아 연결하세요.

01 disruptive ・　　　　・ ⓐ 제거하다, 없애다
02 suspend ・　　　　・ ⓑ 지장을 주는, 방해하는
03 eliminate ・　　　　・ ⓒ 필수적인
04 essential ・　　　　・ ⓓ (일시적으로) 중단하다

B 우리말과 일치하도록 다음 빈칸에 알맞은 단어를 찾아 넣으세요.

| ⓐ duty | ⓑ additional | ⓒ existing | ⓓ appropriate | ⓔ overhaul |

05 while on _____ 근무 중에
06 keep _____ customers 기존 고객들을 유지하다
07 _____ protection devices 적절한 보호 장치
08 conduct a complete _____ 안전한 점검을 실시하다

C 다음 빈칸에 문맥상 적절한 단어를 찾아 넣으세요.

해석 p. 507

| ⓐ capacity | ⓑ material | ⓒ prolong |
| ⓓ delay | ⓔ discontinued | |

09 We plan to increase our café's seating _____.
10 The service will be _____ due to low demand.
11 I will e-mail the customer to notify him of a _____ in shipment.
12 Please follow our simple maintenance tips to _____ the life of your car.

정답 01 ⓑ 02 ⓓ 03 ⓐ 04 ⓒ 05 ⓐ 06 ⓒ 07 ⓓ 08 ⓔ 09 ⓐ 10 ⓔ 11 ⓓ 12 ⓒ

토익 LC/RC 짝꿍 표현

생산 기기

☐ **weave**	ⓥ 짜다; 엮다	**weave** a blue carpet 파란색 카펫을 짜다 **weave** a narrative 이야기를 엮다	
☐ **introduction**	ⓝ 소개; 도입	a brief **introduction** 짧은 소개 the **introduction** of new principles 새로운 원칙의 도입	
☐ **manually**	adv 수동으로, 손으로	be assembled **manually** 수동으로 조립되다 **manually** uninstall 수동으로 제거하다	
☐ **grain**	ⓝ 곡물	this year's **grain** harvest 올해 곡물 수확량 the surplus **grain** 여분의 곡물	
☐ **supplier**	ⓝ 공급 업체	one of the **suppliers** 공급 업체 중 한 곳 an office furniture **supplier** 사무 가구 공급 업체	
☐ **turn on**	phr ~을 켜다	**Turn on** a fan in the factory. 공장 내 선풍기를 켜세요. The light bulb does not **turn on**. 전구가 켜지지 않는다.	
☐ **chemical**	adj 화학의 ⓝ 화학 물질	a tour of the **chemical** plant 화학 공장 견학 remove toxic **chemicals** 독성 화학 물질을 제거하다	
☐ **massive**	adj 심각한, 엄청난	**massive** financial setback 심각한 재정난 **massive** investment 엄청난 투자	
☐ **factory**	ⓝ 공장	malfunctioning **factory** equipment 고장 난 공장 장비 consider building another **factory** 다른 공장을 짓는 것을 고려하다	
☐ **electronics**	ⓝ 전자 제품	replace the office **electronics** 사무실 전자 제품을 교체하다 the consumer **electronics** industry 가전제품 산업	
☐ **crude oil**	phr 원유	100,000 tons of **crude oil** 십만 톤의 원유 control the price of **crude oil** 원유 가격을 통제하다	
☐ **combustible**	adj 가연성인	No **combustible** items are allowed. 가연성 품목은 허용되지 않는다. around **combustible** materials 가연성 물질 주변에	

☐ arable	adj 경작 가능한	the **arable** land 경작 가능한 토지 These crops are mainly **arable**. 이 농작물은 대부분 경작 가능하다.	
☐ fabricate	v 제작하다; 조작하다	**fabricate** parts for automobiles 자동차 부품을 제작하다 **fabricate** evidence 증거를 조작하다	
☐ upon[on] -ing/명사	phr ~하자마자	**upon launching** the application 응용 프로그램을 시작하자마자 **upon completion** of renovation 보수 공사가 완료되자마자	
☐ resemble	v 비슷하다, 닮다	**resemble** an earlier model 초기 모델과 비슷하다 closely **resemble** 아주 닮다	
☐ semiconductor	n 반도체	advances in **semiconductor** technology 반도체 기술의 진보 **Semiconductor** prices have skyrocketed. 반도체 가격이 급상승했다.	
☐ propel	v 추진하다, 나아가게 하다	**propelled** by a motor 모터로 추진되는 **propel** our company forward 우리 회사를 발전하도록 하다	
☐ automobile	n 자동차	a renowned **automobile** designer 유명한 자동차 디자이너 an **automobile** insurance policy 자동차 보험 증서	
☐ cease	v 중지하다, 그만두다	**cease** operation 운영을 중지하다 **cease** using plastic bags 비닐 봉투 사용을 그만두다	
☐ disassemble	v 해체하다, 분해하다	**disassemble** the charger 충전기를 해체하다 from the **disassembled** parts 분해된 부품에서	
☐ workflow	n 일의 흐름	greatly improve **workflow** 일의 흐름을 크게 개선시키다 all issues on **workflow** 일의 흐름에 관한 모든 문제	
☐ pick up	phr ~을 찾아오다; ~를 차에 태우러 가다	**pick up** the parcel 소포를 찾아오다 **pick up** passengers 승객들을 태우러 가다	
☐ generate	v 창출하다, 만들어 내다	ways to **generate** more sales 더 많은 판매를 창출하는 방법 **generate** substantial profits 상당한 수익을 창출하다	
☐ steer	v 조종하다	The vacuum is easy to **steer**. 그 진공청소기는 조종하기 쉽다. **steer** the boat 보트를 조종하다	
☐ proportion	n 부분; 비, 비율	a large **proportion** of ~의 대부분 in **proportion** to ~에 비례하여	

☐ outlay	n 경비, 지출	the initial **outlay** 초기 경비 a relatively modest **outlay** 상대적으로 적은 지출	
☐ have difficulty -ing	phr ~하는 데 어려움을 겪다	**have difficulty accessing** the Internet 인터넷 접속하는 데 어려움을 겪다 **have difficulty finding** a replacement 대체자[품]를 찾는 데 어려움을 겪다	
☐ technically	adv 엄밀히 따지면; 기술적으로	**technically** precise 엄밀히 따지면 정확한 **technically** accomplished 기술적으로 능숙한	
☐ aside from	phr ~을 제외하고; ~뿐만 아니라	**aside from** one's failure 실패를 제외하고 **aside from** the salary 월급뿐만 아니라	
☐ opt	v 선택하다	**opt** to produce in large quantities 대량 생산을 선택하다 **opt** for a premium service 프리미엄 서비스를 선택하다	
☐ put together	phr ~을 조립하다; ~을 종합하다, 모으다	complicated to **put together** 조립하기에 복잡한 **put together** some useful information 몇 가지 유용한 정보를 종합하다	
☐ shallow	adj 피상적인; 얕은	a **shallow** argument 피상적인 주장 a **shallow** lake 얕은 호수	
☐ by hand	phr (기계가 아닌) 사람 손으로	dyed **by hand** 손으로 직접 염색된 craft furniture **by hand** 수공으로 가구를 만들다	
☐ capitalize on	phr ~을 활용하다	**capitalize on** current economic conditions 현 경제 상황을 활용하다 **capitalize on** the innovative ways 혁신적인 방법을 활용하다	
☐ apparatus	n 기구, 장치	the laboratory **apparatus** 실험 기구 the heating **apparatus** 난방 장치	
☐ bulky	adj 부피가 큰	carry **bulky** packages 부피가 큰 짐을 운반하다 accommodate **bulky** machines 부피가 큰 기계를 수용하다	
☐ flawless	adj 완벽한; 흠 없는	a **flawless** service 완벽한 서비스 The pottery is **flawless**. 도자기에 흠이 없다.	
☐ shrink	v 줄어들다	a steadily **shrinking** demand 지속으로 줄어드는 수요 The domestic shares **shrink**. 국내 주가가 하락하다.	
☐ safety inspection	phr 안전 점검	pass the **safety inspection** 안전 점검을 통과하다 the routine **safety inspection** 통상적인 안전 점검	

☐ **pile up**	phr 쌓이다, 많아지다	before the debts **pile up** 빚이 쌓이기 전에 The traffic starts **piling up**. 교통량이 많아지기 시작하다.	
☐ **unit**	n (상품의) 한 개; 부서	a shipping cost per **unit** 한 개당 배송료 a business research **unit** 사업 연구부	
☐ **tool**	n 도구; 수단	quality gardening **tools** 품질 좋은 원예 도구 a beneficial **tool** for the project 프로젝트를 위한 유익한 수단	
☐ **out of order**	phr 고장 난	The elevator is **out of order**. 엘리베이터가 고장 났다. temporarily **out of order** 일시적으로 고장 난	
☐ **be filled with**	phr ~으로 가득 차다, ~으로 채워지다	**be filled with** amenities 편의 시설이 가득하다 **be filled with** unique ideas 독특한 아이디어로 채워지다	
☐ **workbench**	n 작업대	a problem with the **workbench** 작업대의 문제 reassemble the **workbench** 작업대를 다시 조립하다	
☐ **on the edge of**	phr ~의 가장자리에; 막 ~하려는 참에	**on the edge of** the desk 책상 가장 자리에 **on the edge of** collapse 막 붕괴하려는 참에	
☐ **work a shift**	phr 교대 근무하다	**work a** 24-hour **shift** 24시간 교대 근무하다 **work a** night **shift** 야간 교대 근무하다	
☐ **utensil**	n 기구, 도구	durable **utensils** 내구성 있는 기구 a variety of cooking **utensils** 다양한 조리 도구	
☐ **mechanism**	n 기계 장치; 방법	damage the internal **mechanisms** 내부 기계 장치를 손상시키다 provide **mechanisms** for decision-making 의사 결정에 방법을 제시하다	
☐ **craft**	n 수공예	a traditional **craft** 전통적인 수공예 interest in learning the **craft** 수공예를 배우는 데 대한 흥미	
☐ **plenty of**	phr 많은	**plenty of** storage space 많은 저장 공간 **plenty of** opportunities 많은 기회	
☐ **devise**	v 고안하다	**devise** a series of experiments 일련의 실험을 고안하다 **devise** an efficient method 효율적인 방법을 고안하다	
☐ **manner**	n 방식; 태도	in a timely **manner** 시기적절하게 one's perfect **manners** 완벽한 태도	

생산 기기 | 159

홍보

오늘의 단어 듣기

토익에서는 효과적인 상품 및 서비스 홍보를 위해 고객 선호도를 파악하고 정보를 통합하여 TV나 홍보용 소책자 등의 다양한 매체를 이용하는 상황이 출제됩니다.

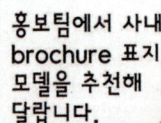
미남

01 promote ★★★
- 미 [prəmóut]
- 영 [prəmə́ut]
- ㈜ promotion n 승진; 홍보
- ㈜ advertise 광고하다
  advance 승진시키다; 개선하다, 촉진하다

v 홍보하다; 승진시키다 (A to B); 증진시키다

Wave Sports / will hold an event / to **promote** its **new line of products**.
Wave Sports는 / 행사를 개최할 것이다 / 신제품 라인을 홍보하기 위해

Ms. Porter has been **promoted** / **to** the manager of human resources. Porter 씨는 승진되었다 / 인사부 관리자로

> **◆ 토익 출제 포인트 (Part 7_동의어 찾기)**
>
> The center seeks to "**promote**" physical health among residents.
> (A) advance   (B) advertise
> 그 센터는 주민들의 신체 건강을 증진시키기 위해 노력하고 있다.
> → promote가 문맥상 '증진시키다'라는 의미로 쓰이면 advance(개선하다, 촉진하다)와 동의어가 된다. (advertise 광고하다)

02 attract ★★★
- [ətrǽkt]
- ㈜ attractive adj 매력적인
  attraction n (사람을 끄는) 명소, 명물

v 끌어들이다, (마음을) 끌다 (A to B)

Honey Gardens / **attracts** more customers / to its store / by offering various incentives.
Honey Gardens는 / 더 많은 고객들을 끌어들이고 있다 / 매장으로 / 다양한 혜택을 제공함으로써

03 effective ★★★
- [iféktiv]
- ㈜ effectively adv 효과적으로
  effect n (~에 미치는) 영향
       v (결과를) 초래하다
  effectiveness n 효과, 유효성

adj 효과적인

Mobile marketing / is one of the most **effective ways** / of attracting customers.
모바일 마케팅은 / 가장 효과적인 방법 중 하나이다 / 고객들을 끌어들이는

> **◎ 빅데이터 토익 빈출 표현**   ● 빈출도
> particularly **effective** 특히 효과적인 ●●●
> **effectiveness** of the advertising 광고 효과 ●●

04 preference ★★★
- [préfərəns]
- ㈜ prefer v 선호하다
  preferred adj 우선의; 발탁된

n 선호, 애호

A marketing plan / should be developed / based on local consumers' **preferences**.
마케팅 계획은 / 개발되어야 한다 / 지역 소비자들의 선호에 근거하여

> 🔍 **빅데이터 토익 빈출 표현**
> express[show] a **preference** 선호도를 표현하다[보이다] ● ●

● 빈출도

05 approach ★★★
미 [əpróutʃ]
영 [əpréutʃ]

n 접근(법) (to)
The company has **adopted** / a completely different **approach** / **to** marketing to women.
그 회사는 채택했다 / 완전히 다른 접근법을 / 여성을 대상으로 하는 마케팅에 대한

v (교섭할 목적으로) 접근[접촉]하다; 다가가다[오다]
Ms. Garibay has been **approached** / by several recruiting firms. Garibay 씨는 접촉을 받았다 / 여러 채용 회사로부터

> ⊕ **토익 출제 포인트 (Part 5&6)**
> take innovative (approach / **approaches**)
> 혁신적인 접근법을 택하다
> → 명사 approach는 가산 명사이므로 앞에 관사나 소유격이 없는 경우 복수형으로 써야 한다.

06 entertaining ★★
미 [èntərtéiniŋ]
영 [èntətéiniŋ]
(파) entertainment **n** 오락; 환대

adj 흥미로운, 재미있는
Mellon Agency is known / for producing creative and **entertaining** advertisements.
Mellon Agency는 유명하다 / 창의적이고 흥미로운 광고를 만드는 것으로

07 persuasive ★★
미 [pərswéisiv]
영 [pəswéisiv]
(파) persuade **v** 설득하다

adj 설득력 있는
The director's **presentation** / about a new marketing campaign / was so **persuasive**.
그 부장의 발표는 / 새로운 마케팅 캠페인에 관한 / 매우 설득력이 있었다

08 publicity ★★
[pʌblísəti]

n 홍보; 언론의 관심
Due to the hotel's recent **publicity** campaign, / the number of guests / has greatly increased.
그 호텔의 최근 홍보 캠페인 때문에 / 투숙객들의 수가 / 크게 증가했다

09 solely ★★

미 [sóulli]
영 [sə́ulli]

- sole adj 유일한, 단 하나의
- only, exclusively 오직

adv 오로지

Marketers should not **rely** / **solely on** social media platforms.
마케팅 담당자들은 의존해서는 안 된다 / 오로지 소셜 미디어 플랫폼에만

> **⊕ 토익 출제 포인트 (Part 5&6)**
>
> advertise (**solely** / ~~closely~~) **in** the magazine
> 오로지 그 잡지에만 광고하다
> → solely는 'solely + 전치사구'의 형태로 자주 출제된다. 참고로 solely의 동의어인 only와 exclusively도 전치사구 앞에서 자주 출제된다는 것을 기억해 두자. (closely 면밀하게)

> **◯ 빅데이터 토익 빈출 표현** ● 빈출도
>
> **solely** responsible for ~에 단독 책임이 있는 ●●●

10 subsequent ★★

[sʌ́bsikwənt]

- subsequently adv 그 뒤에

adj 그 후의

Sales of the copier / were low / in the first year, / but rose significantly / **in subsequent** years.
복사기 판매량은 / 낮았다 / 첫해에는 / 하지만 상당히 증가했다 / 그 후 몇 년간
▶ 복사기 판매량은 첫해에는 낮았지만, 그 후 몇 년간 상당히 증가했다.

> **⊕ 토익 출제 포인트 (Part 5&6)**
>
> (**Subsequent to** / ~~Provided that~~) **the event**, a musical performance will take place. 행사 후에, 음악 공연이 열릴 것이다.
> → 명사 앞 자리이므로 전치사인 subsequent to(~후에)가 정답이고, 접속사인 provided that(~한다면)은 오답이다.

11 inspiration ★★

[ìnspəréiʃən]

- inspire v 영감을 주다; 고무하다

n 영감 (for); 고무

Caron's paintings / are an excellent **source of inspiration** / **for** our advertising concepts.
Caron의 그림은 / 훌륭한 영감의 원천이다 / 우리의 광고 콘셉트를 위한

12 coordinate ★★

[kouɔ́ːrdənèit]

- coordination n 조정; 조직(화)
- coordinator n 조정하는 사람[것]; 진행자

v 조정하다; 조직하다, 편성하다

Representatives from two companies / will work together / to **coordinate the advertising activities**.
두 회사에서 온 대표자들이 / 협력할 것이다 / 광고 활동을 조정하기 위해

홍보 | 163

13 associate ★★
[əsóuʃièit]
⑧ connect 연결하다

ⓥ 연관[연결]시키다 (A with B)
The costs / **associated with** online advertising / have increased steadily.
비용은 / 온라인 광고와 연관된 / 꾸준히 증가해 왔다

> ⊕ 토익 출제 포인트 (Part 7_동의어 찾기)
>
> It is easy to **"associate"** a debit card to your bank account.
> (A) connect   (B) protect
> 직불 카드를 은행 계좌에 연결하는 것은 쉽다.
> → associate가 문맥상 '연결시키다'라는 의미로 쓰이면 connect(연결하다)와 동의어가 된다. (protect 보호하다)

---

14 campaign ★
[kæmpéin]

ⓝ 캠페인, (사회적·정치적) 운동[활동]
Rivera Ltd. plans to **launch** / a nationwide **advertising** campaign.
Rivera 사는 시작할 계획이다 / 전국적인 광고 캠페인을

---

15 exposure ★
미 [ikspóuʒər]
영 [ikspóuʒə]

ⓝ 노출 (to)
Your banner / will receive maximum exposure / in your target market.
당신의 배너는 / 최대한 노출될 것입니다 / 당신의 목표 시장에서

> 🔍 빅데이터 토익 빈출 표현 • 빈출도
>
> prolonged **exposure** to ~에 장시간 노출 ★★
> wide[great] **exposure** 광범위한[대대적인] 노출 ★

---

16 stimulate ★
[stímjulèit]

ⓥ 자극하다, 촉진하다
Unique packaging / can **stimulate** customer **interest** / in a product.
독특한 포장은 / 고객의 관심을 자극할 수 있다 / 제품에 대한

> 🔍 빅데이터 토익 빈출 표현 • 빈출도
>
> **stimulate** growth[demand] 성장[수요]을 촉진하다 ★★★

17 appealing *
[əpíːliŋ]
⑧ attractive 매력적인

adj 매력적인; 호소하는

We need to design a package / that is more **appealing** to customers.
우리는 포장을 디자인할 필요가 있다 / 고객들에게 더 매력적인

18 coverage *
[kʌ́vəridʒ]

n 보도, 취재; (보험) 보상 범위

Victoria Monthly / provides **comprehensive coverage** / of the most important industry issues.
<Victoria Monthly>는 / 포괄적인 보도를 제공한다 / 가장 중요한 산업 이슈에 대한

The compensation package / provides **extensive medical coverage**. 보수는 / 광범위한 의료 혜택을 제공한다

🔍 빅데이터 토익 빈출 표현 ● 빈도도

complete[extensive/full/wide] **coverage**
전면[광범위한] 보도[취재] ● ● ●

19 focus *
미 [fóukəs]
영 [fə́ukəs]

v (관심·노력 등을) 집중시키다[하다] (A on B)

The new marketing plan / will be **focused** / **on** the sale of women's boots.
새 마케팅 계획은 / 집중될 것이다 / 여성용 부츠 판매에

🎯 토익 출제 포인트 (Part 5&6)

The seminar will (operate / **focus**) **on** different social-media tools. 그 세미나는 다양한 소셜 미디어 도구에 집중할 것이다.
→ focus는 focus on(~에 집중하다)이나 be focused on(~에 집중되다)의 자/타동사 형태로 모두 출제된다. (operate 작동시키다; 운영되다)

20 implication *
[ìmplikéiʃən]

n (향후에 미칠) 영향 (of/for); 암시

The board of directors will meet / to discuss the **implications of** reducing advertising budgets.
이사회는 만날 것이다 / 영향을 논의하기 위해 / 광고 예산을 삭감하는 것의

🔍 빅데이터 토익 빈출 표현 ● 빈도도

have **implications** for ~에 영향을 미치다 ● ●

홍보 | 165

21 inquisitive *
[inkwízətiv]

adj 알고 싶어 하는 (about); 꼬치꼬치 캐묻는

People are inquisitive / about the reason / the actress has declined / to appear in the ad.
사람들은 알고 싶어 한다 / 그 이유에 관해 / 그 여배우가 거절했던 / 광고에 출연하기를
▶ 사람들은 그 여배우가 광고 출연을 거절했던 이유에 관해 알고 싶어 한다.

22 justification *
[dʒʌstəfikéiʃən]

n 근거, 정당한 이유 (for)

A good advertisement / offers sufficient justification / for selecting a product.
좋은 광고는 / 근거를 충분히 제공한다 / 제품을 선택하는

23 lack *
[læk]
ⓢ shortage, deficiency 부족, 결핍

n 부족, 결핍 (of)

The proposal / to sponsor the concert / was rejected / for lack of funding.
제안은 / 콘서트를 후원하자는 / 거절되었다 / 자금 부족으로

v 부족하다

This television advertisement / seems to lack originality. 이 텔레비전 광고는 / 독창성이 부족한 것 같다

> ⊕ 토익 출제 포인트 (Part 5&6)
>
> the applicant's (**lack of** / ~~so few~~) related underline{experience}
> 그 지원자의 관련 경험 부족
> → 명사 lack은 주로 전치사 of와 함께 쓰고, 형용사 few 뒤에는 복수 명사가 와야 한다는 것을 기억해 두자. (so few 극소수의)

24 inviting *
[inváitiŋ]

adj 매력적인, 느낌이 좋은

The aim is to create / a visually inviting Web site / to engage shoppers' attention.
목적은 만드는 것이다 / 시각적으로 매력적인 웹사이트를 / 소비자들의 관심을 사로잡기 위해서

> ⊕ 토익 출제 포인트 (Part 5&6)
>
> an elegant and (**inviting** / ~~invited~~) underline{property}
> 멋지고 매력적인 건물
> → inviting(매력적인)과 invited(초대받은)의 의미 차이를 묻는 문제가 출제된다.

25 gauge *
[geidʒ]

v (남의 기분·태도를) 알아내다, 판단하다; 측정하다

We use / diverse communication platforms / to gauge customer reaction.
우리는 사용한다 / 다양한 커뮤니케이션 플랫폼을 / 고객의 반응을 알아내기 위해

26 display *
[displéi]

v ~을 눈에 잘 띄게 하다; 진열하다, 전시하다

Our company logo / was prominently displayed / at the event. 우리 회사의 로고가 / 눈에 잘 띄게 보였다 / 그 행사에서

n 진열, 전시

An attractive display / of the products / will draw shoppers' attention.
매력적인 진열은 / 제품의 / 쇼핑객들의 관심을 끌 것이다

> 🔍 **빅데이터 토익 빈출 표현**　　　　　　　　● 빈출도
> on display 진열된, 전시된 *

27 amusing *
[əmjúːziŋ]
(동) interesting, entertaining
재미있는

adj 재미있는, 즐거운

Eye-catching and amusing commercials / are often memorable.
눈길을 사로잡는 재미있는 광고는 / 종종 기억에 남는다

28 favorably *
[féivərəbli]
(파) favorable adj 호의적인

adv 호의적으로

Most consumers reacted favorably / to our newspaper advertisement.
대부분 소비자들은 호의적인 반응을 보였다 / 우리 신문 광고에

> 🔍 **빅데이터 토익 빈출 표현**　　　　　　　　● 빈출도
> be favorably received[reviewed] 호평을 받다 •••
> favorable weather conditions 좋은 기상 여건 •

29 market *
[máːrkit]
ⓐ marketability ⓝ 시장성

ⓥ (상품을) 팔다, 내놓다, 광고하다
Management is exploring new ways / to market the latest book.
경영진은 새로운 방법을 모색 중이다 / 신간을 팔기 위한

ⓝ 시장, 수요(층) (for)
There is a growing market / for high-tech electronics. 시장이 커지고 있다 / 첨단 전자 제품에 대한

⊕ 토익 출제 포인트 (Part 7_동의어 찾기)

The intended "**market**" for the new line of shoes is experienced hikers.
(A) stores　　　　(B) buyers
새로운 신발 제품의 겨냥 수요층은 노련한 등산객이다.
→ market이 문맥상 '수요층'이라는 의미로 쓰이면 buyer(구매자)와 동의어가 된다. (store 상점)

🔍 빅데이터 토익 빈출 표현

on the **market** (제품이) 시장에 나와 있는, 판매 중인　●●●　● 빈출도

---

30 means *
[miːnz]

ⓝ 수단, 방법 (of)
Buses are one of the most preferred means / of outdoor advertising.
버스는 가장 선호되는 수단 중 하나이다 / 야외 광고의

---

31 refute *
[rifjúːt]

ⓥ 반박하다, 부정하다
We will refute the argument / that our advertisement is false.
우리는 주장을 반박할 것이다 / 우리의 광고가 허위라는

---

32 aggressive *
[əgrésiv]
ⓐ aggressively ⓐⓓ 공격적으로

ⓐⓓⓙ 공격적인, 적극적인
The sharp increase in sales / is attributed / to the aggressive marketing campaign.
매출이 급증한 것은 / 덕분으로 돌려진다 / 공격적인 마케팅 캠페인의
◉ 매출이 급증한 것은 공격적인 마케팅 캠페인 덕분이다.

33 invigorating *
[invígərèitiŋ]

adj 활력을 주는, 기운을 솟게 하는

The marketing presentation / was full of new and **invigorating** ideas.
그 마케팅 프레젠테이션은 / 새롭고 활기찬 아이디어로 가득했다

34 optional *
미 [ápʃənl]
영 [ɔ́pʃənl]
(반) obligatory, compulsory 의무적인, 필수의

adj 선택적인

The new vacation package / includes some **optional** activities, / such as one-hour cruises.
새로운 휴가 패키지는 / 몇 개의 선택적인 활동을 포함한다 / 한 시간 유람선 여행과 같은

> ◆ 토익 출제 포인트 (Part 5&6)
>
> Participation is recommended but entirely (available / **optional**). 참석이 권장되긴 하지만 전적으로 선택 사항이다.
> → '권장, 의무, 필수' 상황과 대조적인 상황을 표현할 때 optional이 자주 등장한다. (available 이용 가능한)

35 incorporate *
미 [inkɔ́:rpərèit]
영 [inkɔ́:pərèit]

v 포함하다 (A into/in B)

Comprehensive research / should be **incorporated** / **into** the marketing strategy.
포괄적인 조사는 / 포함되어야 한다 / 마케팅 전략에

36 brochure *
미 [brouʃúər]
영 [bróuʃə]

n (안내 및 광고용) 책자

The **brochure** shows / a variety of recreational activities / available at Mountain Springs.
그 책자는 보여 준다 / 다양한 여가 활동을 / Mountain Springs에서 이용할 수 있는

37 fascinated *
[fǽsənèitid]

adj 매료된, 마음을 빼앗긴 (by)

Young people are **fascinated** / **by** the colorful billboard / featuring a pop star.
젊은 사람들은 매료되었다 / 화려한 광고판에 / 팝스타가 등장하는

38 solicit *
[səlísit]

v 요청[간청]하다, 구하다 (A from B)
The marketing team / is **soliciting suggestions** / for ways to attract more customers.
마케팅팀은 / 의견을 요청하고 있다 / 더 많은 고객들을 끌어들일 방법에 대한

> 🔍 **빅데이터 토익 빈출 표현** ● 빈출도
> **solicit** A **from** B B로부터 A를 요청하다 ●●●

39 enthusiast *
미 [inθúːziæst]
영 [inθjúːziæst]
ⓤ enthusiastic **adj** 열광적인, 열렬한
enthusiastically **adv** 열광적으로
enthusiasm **n** 열광; 열정, 열

n 열광적인 사람, 애호가
The advertisement is designed / to target fitness **enthusiasts**.
그 광고는 만들어졌다 / 피트니스를 열광적으로 하는 사람들을 겨냥하여

> ⊕ **토익 출제 포인트 (Part 5&6)**
> This blog is run by Joe Scali, a travel (**enthusiasm** / **enthusiast**). 이 블로그는 여행 애호가인 Joe Scali가 운영하고 있다.
> → enthusiast(애호가)와 enthusiasm(열광)의 의미 차이를 묻는 문제가 출제된다. 사람(Joe Scali)을 동격으로 설명하는 자리이므로 사람 명사 enthusiast가 알맞다.

40 circumstances *
미 [sə́ːrkəmstænsis]
영 [sə́ːkəmstənsis]

n 상황, 환경
The marketing plan was canceled / as a result of **unforeseen circumstances**.
마케팅 계획은 취소되었다 / 예기치 못한 상황의 결과로

> 🔍 **빅데이터 토익 빈출 표현** ● 빈출도
> **unforeseen circumstances** 예기치 못한 상황 ●●
> **in[under]** ~ **circumstances** ~한 상황에서 ●●●

Day 10 Daily Test

A 각 영어 단어의 알맞은 의미를 찾아 연결하세요.

01 refute ・　　・ ⓐ 반박하다, 부정하다
02 solicit ・　　・ ⓑ 활력을 주는, 기운을 솟게 하는
03 invigorating ・　　・ ⓒ 요청[간청]하다, 구하다
04 aggressive ・　　・ ⓓ 공격적인, 적극적인

B 우리말과 일치하도록 다음 빈칸에 알맞은 단어를 찾아 넣으세요.

| ⓐ publicity | ⓑ solely | ⓒ subsequent | ⓓ inviting | ⓔ entertaining |

05 _____ advertisements 흥미로운 광고
06 advertise _____ in the magazine 오로지 그 잡지에만 광고하다
07 _____ campaign 홍보 캠페인
08 a visually _____ Web site 시각적으로 매력적인 웹사이트

C 다음 빈칸에 문맥상 적절한 단어를 찾아 넣으세요.

| ⓐ coverage | ⓑ lacks | ⓒ appealing |
| ⓓ exposure | ⓔ inquisitive | |

09 We need to redesign the bicycle because it _____ important safety features.
10 Our Web site provides extensive _____ of world events.
11 Many consumers are _____ about the long-term benefits of our supplements.
12 If you want maximum _____, you should consider placing your ad in a premium spot.

정답 01 ⓐ 02 ⓒ 03 ⓑ 04 ⓓ 05 ⓔ 06 ⓑ 07 ⓐ 08 ⓓ 09 ⓑ 10 ⓐ 11 ⓔ 12 ⓓ

토익 LC/RC 짝꿍 표현

홍보

☐ **broadcast**	ⓥ 방송하다 ⓝ 방송	be **broadcast** internationally 국제적으로 방송되다 a satellite **broadcast** 위성 방송
☐ **preach**	ⓥ 전하다, 설교하다	**preach** the merits 장점에 대해 전하다 **preach** to large crowds 많은 사람들에게 설교하다
☐ **columnist**	ⓝ 칼럼니스트, 정기 기고가	**columnists** from the local papers 지역 신문의 칼럼니스트 an influential **columnist** 영향력 있는 칼럼니스트
☐ **focus on**	phr ~에 집중하다	**focus on** promoting cosmetic products 화장품 홍보에 집중하다 **focus on** beverage sales 음료 판매에 집중하다
☐ **sales trend**	phr 판매 추세	a **sales trend** in bicycles 자전거 판매 추세 a growing **sales trend** 점점 늘고 있는 판매 추세
☐ **describe**	ⓥ 서술하다, 묘사하다	**describe** an available service 이용 가능한 서비스를 서술하다 **describe** an upcoming sale 곧 있을 할인 판매를 서술하다
☐ **celebrity**	ⓝ 유명 인사	interview a **celebrity** chef 유명 요리사를 인터뷰하다 Some **celebrities** joined the charity. 몇몇 유명 인사들이 그 자선 행사에 참여했다.
☐ **testimonial**	ⓝ 추천의 글	**testimonials** from customers 고객들의 추천 글 use **testimonials** in our advertisement 추천 글을 우리 광고에 이용하다
☐ **exhibit**	ⓥ 보이다, 전시하다 ⓝ 전시회	**exhibit** one's portfolio 포트폴리오를 보여 주다 tickets to special **exhibits** 특별 전시회 입장권
☐ **graciously**	adv 고맙게도, 자비롭게	**graciously** donate one's time 고맙게도 시간을 바치다 **graciously** accept 자비롭게 받아들이다
☐ **show off**	phr ~을 자랑하다, 과시하다	**show off** the collections 수집물을 자랑하다 **show off** one's talent 재능을 과시하다
☐ **off-season**	adj 비수기의	during the **off-season** period 비수기 동안 **off-season** fares 비수기 요금

☐ **proudly**	adv 자랑스럽게	**proudly** promote one's new novel 신간 소설을 자랑스럽게 홍보하다 **proudly** unveil the plan 계획을 자랑스럽게 드러내다	
☐ **stellar**	adj 뛰어난	have a **stellar** reputation 뛰어난 명성을 가지고 있다 **stellar** economic gains 뛰어난 경제적 이득	
☐ **at the moment**	phr 현재, 바로 지금	out of control **at the moment** 현재 통제 불가능한 overstaffed **at the moment** 지금 직원이 너무 많은	
☐ **pose**	v (문제·위협 등을) 제기하다	**pose** several questions 여러 의문을 제기하다 **pose** a challenge 어려움을 제기하다	
☐ **agency**	n 대행사, 대리점	at an advertising **agency** 광고 대행사에서 through a real estate **agency** 부동산 중개소를 통하여	
☐ **rational**	adj 이성적인, 합리적인	a **rational** approach 이성적인 접근 방식 a **rational** explanation 합리적인 설명	
☐ **run into**	phr ~를 우연히 마주치다; (곤란 등을) 겪다	**run into** one's old colleague 예전 동료를 우연히 마주치다 **run into** a minor issue 사소한 문제를 겪다	
☐ **advertise**	v 광고하다	**advertise** a computer monitor 컴퓨터 모니터를 광고하다 **advertise** a business seminar 비즈니스 세미나를 광고하다	
☐ **appeal**	v 관심을 끌다; 호소하다	**appeal** to users under the age of twenty 20세 이하 사용자들의 관심을 끌다 **appeal** to local merchants 지역 상인들에게 호소하다	
☐ **exaggerate**	v 과장하다	**exaggerate** the significance 중요성을 과장하다 **exaggerate** some risks 일부 위험성을 과장하다	
☐ **target**	n 목표 v 목표로 삼다	the quarterly sales **targets** 분기별 판매 목표 **target** diverse customers 다양한 고객들을 목표로 삼다	
☐ **flyer**	n (광고·안내용) 전단	give out **flyers** 전단을 배포하다 attach a **flyer** for a workshop 워크숍 안내 전단을 첨부하다	
☐ **gather**	v 모으다	Hundreds of people **gathered**. 수백 명의 사람들이 모였다. **gather** employee's opinions 직원들의 의견을 모으다	
☐ **banner**	n 현수막, 플래카드	the **banner** of the minimum wages 최저 임금제에 관한 현수막 wave the **banner** 플래카드를 흔들다	

□ salesperson	n 영업 사원	a skillful **salesperson** 능숙한 영업 사원 The **salesperson** earned a 5 percent commission. 그 영업 사원은 5% 수수료를 벌었다.
□ boldly	adv 대담하게, 당당히	speak out **boldly** 대담하게 말하다 face the difficulties **boldly** 당당히 어려운 상황에 맞서다
□ impeccable	adj 흠잡을 데 없는	thanks to **impeccable** service 흠잡을 데 없는 서비스 덕분에 teach **impeccable** manners 흠잡을 데 없는 매너를 가르치다
□ trademark	n 상표; 트레이드마크	register a **trademark** 상표를 등록하다 The blue cap became his **trademark**. 파란색 모자가 그의 트레이드마크가 되었다.
□ compare	v 비교하다	**compare** two advertising campaigns 두 광고 캠페인을 비교하다 **compare** airline fares 항공 요금을 비교하다
□ hype	n 과대 광고, 선전	the media **hype** 언론의 과대 광고 succeed without the marketing **hype** 마케팅 과대 광고 없이 성공하다
□ captivate	v 사로잡다	**captivate** the audience 청중을 사로잡다 be **captivated** by the beautiful scenery 아름다운 풍경에 사로잡히다
□ imposing	adj 인상적인, 남의 눈을 끄는	an **imposing** gallery building 인상적인 미술관 건물 have an **imposing** impression 남의 눈을 끄는 인상을 가지다
□ obsess about	phr ~에 집착하다	**obsess about** details 세부 사항에 집착하다 **obsess about** avoiding taxes 세금을 피하는 것에 집착하다
□ improvement	n 개선, 향상	a noticeable **improvement** 눈에 띄는 개선 make recommendations for **improvement** 향상을 위한 권고를 하다
□ retard	v 지연시키다	**retard** the progress 발전을 지연시키다 **retard** crop growth 농작물 성장을 지연시키다
□ invite	v 초대하다	**invite** Mr. Baker to a special event Baker 씨를 특별 행사에 초대하다 **invite** an expert to speak at the event 전문가를 행사에 강연 초빙하다
□ similar	adj 유사한	introduce a **similar** system 유사한 시스템을 소개하다 undertake **similar** projects 유사한 프로젝트를 맡다
□ paramount	adj 가장 중요한; 최고의	a **paramount** issue 가장 중요한 쟁점 the **paramount** concern 최고의 관심

☐ **behavior**	n 행동	reward good **behavior** 선행을 보상하다 appropriate **behavior** for employees 직원들에게 알맞은 행동	
☐ **notification**	n 통지, 알림	receive early **notification** 조기 통지를 받다 **notification** of cancellation 취소 통지	
☐ **membership**	n 회원 (자격)	renew one's **membership** 회원 자격을 갱신하다 **membership** in the association 협회의 회원 (자격)	
☐ **famous**	adj 유명한	a world **famous** athlete 세계에서 유명한 운동선수 the town's **famous** dish 그 마을의 유명한 요리	
☐ **take down**	phr ~을 기록하다, 적다	**take down** every word 모든 말을 기록하다 **take down** some tips 몇 가지 팁을 적다	
☐ **kindly**	adv 흔쾌히, 친절하게	**kindly** complete the survey 흔쾌히 설문 조사를 작성하다 speak **kindly** 친절하게 말하다	
☐ **bright**	adj 밝은	The ambience is **bright**. 분위기가 밝다. the **bright** wall paper 밝은 색 벽지	
☐ **praise**	v 칭찬하다	**praise** one's contribution 공헌을 칭찬하다 **praise** the performance 그 공연을 칭찬하다	
☐ **sell**	v 팔다	**sell** advertising space of a magazine 잡지의 광고 공간을 팔다 **sell** illustrated books 삽화집을 팔다	
☐ **win**	v 얻다, 획득하다	**win** the opportunity 기회를 얻다 **win** a prize 상을 타다	
☐ **groundbreaking**	adj 획기적인	a **groundbreaking** discovery 획기적인 발견 **groundbreaking** dental devices 획기적인 치과 기기	
☐ **dispense**	v 베풀다, 나누어 주다	**dispense** valuable advice 귀중한 조언을 베풀다 **dispense** coffee to visitors 커피를 방문객들에게 나누어 주다	
☐ **distribute**	v 나누어 주다; 유통시키다	**distribute** the meeting agenda 회의 안건을 나누어 주다 Organic vegetables are **distributed**. 유기농 채소가 유통된다.	
☐ **continent**	n 대륙	spread to the **continent** 대륙에 퍼지다 cross the African **continent** 아프리카 대륙을 횡단하다	

홍보 | 175

Actual Test 2

01. To ------- the life of your DusterPro 800, regularly clean the filter and water tank according to the manufacturer's instructions.

    (A) insist
    (B) prolong
    (C) enlarge
    (D) endure

02. The new system was ------- designed to monitor the number of color copies made by each department.

    (A) quite
    (B) specially
    (C) seldom
    (D) necessarily

03. Sales ------- slightly from week to week, but flights to and from New York City are consistently in high demand.

    (A) consider
    (B) spread
    (C) reflect
    (D) vary

04. Parking at the venue is ------- limited, so a valet will be on hand to park cars at a nearby lot.

    (A) abruptly
    (B) somewhat
    (C) skillfully
    (D) exactly

05. Ursten Cosmetics' poor sales last quarter are sure to ------- affect its merger negotiations with Bridger Industries.

    (A) invitingly
    (B) adversely
    (C) valuably
    (D) variously

06. CEO Gary Filton announced that workers at the Vancouver factory will ------- the latest line of cell phones starting this summer.

    (A) assemble
    (B) cooperate
    (C) withstand
    (D) reject

07. The Jackson Police Department ------- residents from leaving valuables, such as cell phones and wallets, in their cars.

    (A) conducts
    (B) discourages
    (C) encounters
    (D) detects

08. Though attendance to the company picnic is -------, the director hopes that all employees will join the festivities.

    (A) competitive
    (B) optional
    (C) available
    (D) individual

Questions 09-12 refer to the following article.

DURHAM—On March 21, the Durham City Council announced the ------- of its
09.
new initiative, A Better Tomorrow. The ------- is an effort to revitalize the city by
10.
turning abandoned facilities into public spaces. Over the next ten years, the city plans to spend close to a million dollars constructing parks, museums, and art installations. -------. Barry Murphy, a Durham resident and local business owner,
11.
said, "All of us are ------- about the changes. We expect them to greatly improve
12.
the quality of life here." The city will begin by converting the unused railroad tracks along the Madison Avenue Bridge into an elevated park.

09 (A) reflection   (B) phase
    (C) launch   (D) delay

10 (A) status   (B) campaign
    (C) quality   (D) permission

11 (A) These museums will be open for extended hours next Thursday.
    (B) The city also discussed a plan to introduce healthier school lunches.
    (C) News of the plan has been received positively by residents.
    (D) Due to construction, no parking will be allowed from 3 P.M. to 4 P.M.

12 (A) idle   (B) impressive
    (C) inquisitive (D) optimistic

Question 13 refers to the following letter.

Prairie Books would like to extend an invitation to our loyal customers to attend our 10th annual Doorbuster Sale. All visitors will receive a 25% discount from April 2 to April 9, and store members will be given an additional 10% off.

13 The word "extend" in paragraph 1, line 1, is closest in meaning to
    (A) increase   (B) confirm   (C) prolong   (D) offer

쇼핑

오늘의 단어 듣기

토익에서는 상품 가격과 할인, 구매와 주문, 교환과 환불에 대한 내용이 출제됩니다.

📖 패셔니스타

01 regularly ★★★
- 미 [régjələrli]
- 영 [régjələli]
- 파 regular adj 정기적인

adv 정기적으로, 규칙적으로

Ms. Morton **regularly orders** / food and beverages / from The Green Day.
Morton 씨는 정기적으로 주문한다 / 음식과 음료수를 / The Green Day로부터

> ⊕ 토익 출제 포인트 (Part 5&6)
>
> Mr. Kwon meets (**regularly** / ~~lately~~) with the board of directors. Kwon 씨는 이사회와 정기적으로 만난다.
> → regularly는 '습관, 반복'을 나타내는 현재 시제 동사와 함께 정답으로 자주 출제된다. lately(최근에)는 보통 현재 완료 시제와 함께 쓰인다.

02 purchase ★★★
- 미 [pə́ːrtʃəs]
- 영 [pə́ːtʃəs]

v 구매하다 (A from B)

I recently **purchased** / a computer desk / **from** a local store. 나는 최근에 구매했다 / 컴퓨터 책상을 / 한 지역 상점에서

n 구매(품)

You are entitled / to a 20 percent discount / on a **future purchase**.
당신은 받을 자격이 있습니다 / 20% 할인을 / 향후의 구매에 대해

03 offer ★★★
- 미 [ɔ́ːfər]
- 영 [ɔ́fə]
- 동 provide 제공하다

n 할인; 제공, 제안

This **special offer** is valid / until December 21.
이 특별 할인은 유효하다 / 12월 21일까지

v 제공하다, 제의하다 (A to B)

The Sweet Roast / **offers** a 30 percent discount / **to** groups of more than 5 people.
Sweet Roast는 / 30% 할인을 제공한다 / 5인이 넘는 단체에

> ⊕ 토익 출제 포인트 (Part 5&6)
>
> The company (**offers** / ~~recommends~~) its employees financial assistance. 그 회사는 직원들에게 재정적인 지원을 제공한다.
> → 두 개의 목적어를 취할 수 있는 4형식 동사 offer가 정답이다. recommend(추천하다)는 3형식 동사로서 목적어를 한 개만 취할 수 있다.

> 🔍 빅데이터 토익 빈출 표현
>
> ● 빈출도
> job **offer** 채용 제안 ●●●●
> **offer** a business course 비즈니스 강좌를 제공하다 ●●

쇼핑 | 179

04 directly ★★★
- [diréktli]
- 파 direct adj 직접적인, 직통의

adv 직접, 곧장
The department / will purchase office supplies / directly from the manufacturer.
그 부서는 / 사무 용품을 구매할 것이다 / 제조 업체로부터 직접

🔍 빅데이터 토익 빈출 표현 ● 빈출도
directly from[to] ~로부터[~에게로] 직접 ●●●●●
directly after ~직후에 ●●●

05 affordable ★★★
- [əfɔ́ːrdəbl]
- 파 affordably adv 저렴하게
  afford v ~할 능력이 되다

adj 저렴한
The shop / offers excellent services / at affordable prices. 그 상점은 / 훌륭한 서비스를 제공한다 / 저렴한 가격에

🔍 빅데이터 토익 빈출 표현 ● 빈출도
at an affordable price 저렴한 가격에 ●●●
affordably priced 저렴한 가격의 ●●●

06 notify ★★★
- 미 [nóutəfài]
- 영 [nə́utəfài]
- 동 inform, report 알리다

v 알리다, 통보하다 (A that절/of B)
Please notify the customer / that his order has been processed. 고객에게 알려 주세요 / 그의 주문이 처리되었음을

🧭 토익 출제 포인트 (Part 5&6)
Thank you for (reporting / notifying) us of your interest in the cooking competition.
당신이 요리 경연 대회에 관심이 있음을 알려 주셔서 감사합니다.
→ 목적어로 '사람 + of' 구조를 취할 수 있는 동사는 notify이다. 'notify + 사람 + of 명사/that절'의 형태를 기억해 두자. (report 알리다)

07 expensive ★★★
- [ikspénsiv]
- 파 expense n 비용, 경비
- 동 costly, high-priced 값비싼
- 반 inexpensive, low-priced 저렴한

adj 비싼, 고가의
We need a refrigerator / that is not too expensive.
우리는 냉장고가 필요하다 / 너무 비싸지 않은

🔍 빅데이터 토익 빈출 표현 ● 빈출도
expensive[costly] repair 고가의 수리 ●●●
less expensive 덜 비싼 ●●

08 payment ★★★
[péimənt]
⊞ pay ⓥ 지불하다

ⓝ 지불(금)

Payment for your **order** / can be made / by either cash or credit card.
당신이 주문한 것에 대한 지불은 / 이루어질 수 있습니다 / 현금이나 신용 카드로

> ⊕ 토익 출제 포인트 (Part 5&6)
>
> make (paying / **payments**) for the service
> 서비스 비용을 지불하다
> → 동사 make의 목적어를 고르는 문제로, make a payment(지불하다) 표현을 기억해 두면 쉽게 풀 수 있다.

09 early ★★★
미 [ə́:rli]
영 [ə́:li]

adv 일찍; 이미

The shipment of cleaning supplies / will be delivered / **early** in the morning.
청소 용품의 선적물이 / 배달될 것이다 / 아침 일찍

adj 조기의, 이른

The shopping club members / will receive **early notification** / of an upcoming sale.
쇼핑 클럽 회원들은 / 조기 통지를 받을 것이다 / 곧 있을 세일에 대한

> 🔍 빅데이터 토익 빈출 표현 · 빈출도
>
> **early** registration 조기 등록 •

10 make ★★★
[meik]

ⓥ (추상 명사와 함께) ~하다; ~하게 만들다, ~을 만들다

If you **make** a purchase / during the month of July, / you will receive a discount.
당신이 구매한다면 / 7월 중에 / 당신은 할인을 받을 것입니다

We have updated our Web site / to **make** it easier / to navigate.
우리는 웹사이트를 업데이트했다 / 더 쉽게 만들기 위해 / 검색하는 것을

> 🔍 빅데이터 토익 빈출 표현 · 빈출도
>
> **make** a(n) purchase[arrangement/payment/phone call/decision] 구매[준비/지불/전화/결정]하다 ••••

쇼핑 | 181

11 original ★★★
[ərídʒənl]
- originally adv 원래, 본래
- origin n 기원, 근원

adj 원본의; 원래의; 독창적인

All returns / must be accompanied / by your **original** receipt.
모든 반품은 / 반드시 동반되어야 한다 / 영수증 원본과 함께

> 🔍 빅데이터 토익 빈출 표현 ● 빈출도
>
> in the **original** condition 원래 상태 그대로 ★★★

12 apply ★★★
[əplái]
- applicable adj 해당되는
- application n 지원; 적용
- applicant n 지원자, 신청자

v 적용되다[하다] (to); 지원[신청]하다 (for/to)

This offer / will not **apply** to products / purchased before March 1.
이 할인은 / 제품에는 적용되지 않을 것이다 / 3월 1일 이전에 구매된

> ⊕ 토익 출제 포인트 (Part 7_동의어 찾기)
>
> Ms. Haas wanted to "**apply**" her own expertise to the project.
> (A) put to use   (B) agree
> Haas 씨는 그 프로젝트에 자신의 전문 지식을 적용하길 원했다.
> → apply가 문맥상 '적용하다'라는 의미로 쓰이면 put to use(사용하다, 이용하다)와 동의어가 된다. (agree 동의하다)

> 🔍 빅데이터 토익 빈출 표현 ● 빈출도
>
> **apply** for a job 일자리에 지원하다 ★★★★
> **apply** for a loan 대출을 신청하다 ★★

13 relatively ★★★
[rélətivli]
- relative adj 상대적인, 비교상의

adv 상대적으로, 비교적

Our carpet prices / are **relatively** low / compared to those of other stores.
우리 카펫 가격은 / 상대적으로 저렴하다 / 다른 매장의 가격들에 비해

14 return ★★★
미 [ritə́ːrn]
영 [ritə́ːn]

v 반품[반납]하다, 돌려주다 (A to B); 돌아오다 (to)

Mr. Castillo / **returned** the defective product / to the store. Castillo 씨는 / 불량품을 반품했다 / 그 매장에

After shopping, / Ms. Briggs **returned** / to the hotel lobby. 쇼핑 후에 / Briggs 씨는 돌아왔다 / 호텔 로비로

15 discount ***
[dískaunt]

n 할인 (on)
The shop / **offers a special discount** / to the customers / who spend more than $1,000 a year.
그 상점은 / 특별 할인을 제공한다 / 고객들에게 / 1년에 1,000달러를 넘게 쓰는

> 🎯 **토익 출제 포인트 (Part 5&6)**
> The hotel is currently offering seasonal (~~discount~~ / **discounts**). 그 호텔은 현재 계절 할인을 제공하고 있다.
> → discount는 가산 명사이므로 앞에 관사나 소유격이 없는 경우 복수형으로 써야 한다.

> 🔍 **빅데이터 토익 빈출 표현** ● 빈출도
> offer[receive] a **discount** on ~에 대한 할인을 제공하다[받다] ***
> at a **discount** 할인된 가격으로, 할인하여 **

16 refund ***
n [rífʌnd]
v [rifʌnd]
ⓐ refundable **adj** 환불 가능한, 변제할 수 있는

n 환불(금)
Any item can be returned / **for a full refund** / within 30 days of purchase.
어떤 물건도 반품될 수 있다 / 전액 환불을 위해 / 구입 후 30일 이내에

v 환불하다
I would like to **have** / the return shipping costs / **refunded**. 저는 하고 싶습니다 / 반송 비용이 / 환불되도록
➡ 저는 반송 비용을 환불받고 싶습니다.

17 order ***
미 [ɔ́ːrdər]
영 [ɔ́ːdə]
ⓐ orderly **adj** 정돈된, 질서 정연한

n 주문(품)
We will charge your credit card / when your **order** is complete.
저희는 당신의 신용 카드에 청구할 것입니다 / 주문이 완료되면

v 주문하다
Unfortunately, / the tools / you **ordered** / are currently out of stock.
안타깝게도 / 공구는 / 당신이 주문한 / 현재 품절입니다

> 🔍 **빅데이터 토익 빈출 표현** ● 빈출도
> place an **order** 주문하다 ****
> in an **orderly** manner[fashion] 질서 정연하게 *

쇼핑 | 183

18 promotional ★★
미 [prəmóuʃənl]
영 [prəmóuʃənl]
㈜ promotion n 홍보, 판촉

adj 홍보의, 판촉의
Mr. Smith will make a purchase / **during the promotional period**. Smith 씨는 구매할 것이다 / 홍보 기간 동안

> 🎯 **토익 출제 포인트 (Part 5&6)**
>
> create (~~promotion~~ / **promotional**) products
> 판촉용 제품을 만들다
> → '판촉용 제품'은 promotion products가 아니라 promotional products로 표현한다.

🔍 **빅데이터 토익 빈출 표현** ● 빈출도

promotional material 홍보물, 홍보 자료 ●●●

19 collection ★★
[kəlékʃən]

n 컬렉션, 소장품, 수집(품)
The Clean Velvet / has **an extensive collection** of shoes / in different styles.
The Clean Velvet은 / 폭넓은 종류의 신발을 가지고 있다 / 다양한 스타일의

20 reasonable ★★
[ríːzənəbl]
㈜ reasonably adv 합리적으로; 상당히, 꽤

adj (가격이) 합리적인, 타당한
The café / offers a variety of assorted cookies / **at reasonable prices**.
그 카페는 / 다양한 종류의 쿠키를 제공한다 / 합리적인 가격에

21 unique ★★
[juːníːk]

adj 특별한, 독특한
Shop at Clever Gull / this month / and receive / a **unique** eco bag.
Clever Gull에서 쇼핑하세요 / 이번 달에 / 그리고 받으세요 / 특별한 에코백을

22 merchandise ★★
[mɚ́ːrtʃəndàiz]

n 상품

The Dancing Pond / has recently expanded / **its selection of** merchandise.
Dancing Pond는 / 최근에 확장했다 / 상품 종류를

> 🔍 빅데이터 토익 빈출 표현 ● 빈출도
>
> defective[damaged] **merchandise**
> 결함 있는[파손된] 상품 ●●●●

23 temporary ★★
미 [témpərèri]
영 [témpərəri]

(파) temporarily adv 임시로, 일시적으로
(반) permanent 영구적인

adj 임시의, 일시적인

Stoneberg Supplies / offers a temporary **discount** / **on** online purchases.
Stoneberg Supplies는 / 임시 할인을 제공한다 / 온라인 구매에 대해

> 🔍 빅데이터 토익 빈출 표현 ● 빈출도
>
> a **temporary** replacement 임시 후임자 ●●

24 dependent ★★
[dipéndənt]

(파) dependable adj 신뢰할 수 있는, 믿을 만한
depend v ~에 달려 있다; 의존하다

adj ~에 달려 있는; 의존하는 (on)

Estimated delivery time / **is** dependent **on** your location. 배송 예상 시간은 / 당신의 위치에 달려 있습니다

> ⊕ 토익 출제 포인트 (Part 5&6)
>
> Salary is (~~dependable~~ / **dependent**) **on** your experience.
> 급여는 당신의 경력에 달려 있습니다.
> → dependable(신뢰할 수 있는)과 dependent(~에 달려 있는)의 의미 차이를 묻는 문제가 출제된다. dependent는 전치사 on과 함께 쓰이므로 be dependent on(~에 달려 있다)을 묶어서 암기해 두자.

25 customarily ★★
미 [kʌ́stəmèrəli]
영 [kʌ́stəmərəli]

(파) customary adj 관례적인, 습관적인

adv 관례적으로, 습관적으로

We customarily **hold a sale** / during the month of December. 우리는 관례적으로 세일을 한다 / 12월 동안에

쇼핑 | 185

26 valid ★★
[vǽlid]

adj 유효한

The **voucher is valid** / **for** 12 months / from the date of issue. 그 상품권은 유효하다 / 12개월간 / 발행일로부터

> 🔍 **빅데이터 토익 빈출 표현** ● 빈출도
> be **valid** for+기간 ~동안 유효하다 ●
> **valid** identification card 유효한 신분증 ●

27 enter ★★
[éntər]

v (정보 등을) 입력하다; 들어가다, 입장하다

To take advantage of our offer, / simply **enter** the discount code. 저희 할인을 이용하기 위해서는 / 할인 코드를 입력하기만 하면 됩니다

Customers must show / their membership cards / to **enter** the parking area. 고객들은 제시해야 한다 / 그들의 회원증을 / 주차 공간에 들어가기 위해

28 place ★★
[pleis]
ⓢ put 놓다, 두다
location 장소, 위치

v (주문을) 하다; 놓다, 두다

The equipment arrived / three days after **the order was placed**. 그 장비는 도착했다 / 주문하고 3일 후에

n 장소

The farmers' market / is an **excellent place** / to purchase fresh fruits. 농산물 시장은 / 훌륭한 장소이다 / 신선한 과일을 살 수 있는

29 traditional ★★
[trədíʃənl]
ⓘ traditionally **adv** 전통적으로
tradition **n** 전통

adj 전통적인

Consumers make purchases / more online / than in **traditional** stores. 소비자들은 구매를 한다 / 온라인상에서 더 많이 / 전통적인 상점에서보다

30 apparel ★
[əpǽrəl]

n 의류

Comet Clothing / sells **a full range of** women's **apparel**. Comet Clothing은 / 모든 종류의 여성 의류를 판매한다

31 booklet *
[búklit]

n (홍보용) 소책자

You will receive / a **booklet** of coupons / to be used / at any of our locations.
당신은 받을 것입니다 / 쿠폰 소책자를 / 사용되는 / 저희의 모든 지점에서
▶ 당신은 저희 모든 지점에서 사용되는 쿠폰의 소책자를 받을 것입니다.

32 inventory *
미 [ínvəntɔ̀ːri]
영 [ínvəntəri]

n 재고(품), (물품) 목록

Herlon Toy / is having a clearance sale / to **reduce inventory**. Herlon Toy는 / 정리 세일을 하고 있다 / 재고를 줄이기 위해

33 shop *
미 [ʃɑːp]
영 [ʃɔp]

v 쇼핑하다

We hope / you will continue to **shop** / at Kwant Supplies / for many years to come.
저희는 바랍니다 / 당신이 계속해서 쇼핑하기를 / Kwant Supplies에서 / 앞으로도 오랫동안

> **토익 출제 포인트 (Part 5&6)**
>
> Women tend to shop more (frequency / **frequently**) than men. 여성이 남성보다 더 자주 쇼핑을 하는 경향이 있다.
> → '쇼핑하다'라는 의미의 동사 shop은 자동사이므로 전치사 없이 바로 목적어를 취할 수 없다. (frequency 빈도)

34 item *
[áitəm]

n 물건, 물품

We will notify you / when the **item** becomes **available**. 알려 드리겠습니다 / 그 물건이 재고가 생기면

35 listing *
[lístiŋ]
ⓘ list **v** 열거하다

n 목록, 명단

This catalog shows / a full **listing** of the products / that we are selling online.
이 카탈로그는 보여 준다 / 제품의 전체 목록을 / 우리가 온라인으로 판매하는

36 up to *

phr (숫자 앞에서) ~까지

Some special orders / may take **up to** two weeks / to arrive.   일부 특별 주문은 / 2주까지 걸릴 수 있다 / 도착하는 데

37 discard *
[diskɑ́:rd]

v 버리다

Please **discard** trash and food / in appropriate bins.   쓰레기와 음식물을 버려 주세요 / 적절한 통에

38 exchange *
[ikstʃéindʒ]

v 교환하다 (A for B)

Defective merchandise / can be **exchanged** / **for** a product of equal value.
불량품은 / 교환될 수 있다 / 같은 값의 제품으로

> **토익 출제 포인트 (Part 5&6)**
>
> **exchange** this blue sweater (**for**/ ~~to~~) a black one
> 이 파란색 스웨터를 검정색으로 교환하다
> → exchange는 'A를 B로 교환하다'라는 의미일 때 전치사 for와 함께 쓰인다.

39 likewise *
[láikwàiz]

adv 마찬가지로, 비슷하게

Andrea Department Store / makes every effort / to protect the environment / and encourages its customers / to do **likewise**.
Andrea 백화점은 / 모든 노력을 다한다 / 환경을 보호하기 위해 / 그리고 고객들에게 장려한다 / 마찬가지로 하도록

40 measurement *
미 [méʒərmənt]
영 [méʒəmənt]
파 measure **v** 측정하다
   n 조치, 대책

n (크기·길이 등의) 치수; 측정

You should take **measurements** / of the living room / before shopping for a sofa.
치수를 재야 합니다 / 거실의 / 소파를 사기 전에

Day 11 **Daily Test**

A 각 영어 단어의 알맞은 의미를 찾아 연결하세요.

01 expensive   •   • ⓐ 저렴한
02 affordable   •   • ⓑ 홍보의, 판촉의
03 promotional •   • ⓒ 특별한, 독특한
04 unique   •   • ⓓ 비싼, 고가의

B 우리말과 일치하도록 다음 빈칸에 알맞은 단어를 찾아 넣으세요.

| ⓐ original | ⓑ order | ⓒ temporary | ⓓ measurements | ⓔ valid |

05 place an _____ 주문하다
06 your _____ receipt 당신의 영수증 원본
07 take _____ of the living room 거실의 치수를 재다
08 _____ for 12 months 12개월간 유효한

C 다음 빈칸에 문맥상 적절한 단어를 찾아 넣으세요.

해석 p. 508

| ⓐ place | ⓑ relatively | ⓒ customarily |
| ⓓ merchandise | ⓔ return |

09 Please _____ recyclable materials on a moving conveyor belt.
10 The customer wanted to _____ an item without a receipt.
11 We offer a wide selection of _____ to choose from.
12 Participants in our survey _____ receive a discount coupon.

정답 01 ⓓ 02 ⓐ 03 ⓑ 04 ⓒ 05 ⓑ 06 ⓐ 07 ⓓ 08 ⓔ 09 ⓐ 10 ⓔ 11 ⓓ 12 ⓒ

토익 LC/RC 짝꿍 표현

쇼핑

☐ **tend to V**	phr ~하는 경향이 있다	**tend to prefer** new products 신제품을 선호하는 경향이 있다 **tend to work** alone 혼자 일하는 경향이 있다
☐ **wholesale**	adj 도매의	the **wholesale** price 도매 가격 the latest **wholesale** catalog 최신 도매품 목록
☐ **sold out**	phr 품절된, 매진된	The article is temporarily **sold out**. 그 품목은 일시적으로 품절된 상태이다. be **sold out** in a week 일주일 만에 품절되다
☐ **stationery**	n 문구류	design corporate **stationery** 회사 문구류를 디자인하다 go to the **stationery** store 문구점에 가다
☐ **generic**	adj 총칭의; 일반 명칭으로 판매되는	a **generic** term 총칭 **generic** drugs 일반 약품, 상표 미등록 약품
☐ **subscriber**	n (서비스 등의) 가입자, 구독자, 이용자	a **subscriber** to the phone service 전화 서비스 가입자 notify **subscribers** of changes 구독자들에게 변경 사항을 알리다
☐ **get a discount**	phr 할인받다	**get a** 30% **discount** 30% 할인을 받다 **get a discount** on books 책을 할인받다
☐ **costume**	n 의상, 복장	a hand-embroidered **costume** 손으로 수를 놓은 의상 browse many **costumes** 많은 의상을 둘러보다
☐ **fabric**	n 직물, 천	lightweight nylon **fabrics** 경량 나일론 천 dark-colored **fabrics** 어두운 색상의 천
☐ **put on**	phr ~을 입다, 착용하다	**put on** a shirt and a skirt 셔츠와 스커트를 입다 **put on** one's sunglasses 선글라스를 착용하다
☐ **out of stock**	phr 품절된, 재고가 없는	currently **out of stock** 현재 품절된 go **out of stock** 품절되다
☐ **jovial**	adj 유쾌한, 명랑한	The atmosphere is **jovial**. 분위기가 유쾌하다. in a **jovial** manner 농담조로

☐ extravagant	adj 낭비하는, 사치스러운	notably **extravagant** 상당히 낭비하는 a bit **extravagant** gift 약간 사치스러운 선물	
☐ window-shopping	n 윈도쇼핑(사지 않고 구경만 하기)	**window-shopping** in Main Street Main가에서 윈도쇼핑 go **window-shopping** after work 퇴근 후에 윈도쇼핑하러 가다	
☐ bewildering	adj 놀라울 정도의	a **bewildering** range of choices 놀라울 정도로 다양한 선택권 a **bewildering** assortment 놀라울 정도의 종류	
☐ bargain	n 염가 판매 (제품)	**bargains** on demonstration products 시연용 제품에 대한 염가 판매 pick up a **bargain** 염가 판매 제품을 구입하다	
☐ run out of	phr ~을 다 써버리다, 다 떨어지다	**run out of** money 돈을 다 써버리다 **run out of** fresh potatoes 신선한 감자가 다 떨어지다	
☐ brand-new	adj 완전히 새로운	a **brand-new** motorcycle 신형 오토바이 boast a **brand-new** watch 새 시계를 자랑하다	
☐ splendid	adj 정말 멋진, 훌륭한	purchase a **splendid** dress 정말 멋진 드레스를 구입하다 a **splendid** mountain setting 훌륭한 산속 배경	
☐ manual	n 설명서	an instruction **manual** 취급 설명서 translate the user's **manual** 사용자 설명서를 번역하다	
☐ stare	v 쳐다보다, 응시하다	**stare** with surprise 놀란 눈으로 쳐다보다 **stare** at the bag for hours 몇 시간 동안 가방을 응시하다	
☐ embrace	v 받아들이다; 껴안다	**embrace** the need for further research 추가 연구 필요성을 받아들이다 **embrace** each other 서로 껴안다	
☐ exquisite	adj 예리한; 더없이 훌륭한	have **exquisite** taste 예리한 감각을 보유하다 an **exquisite** dining experience 더없이 훌륭한 식사 경험	
☐ redeemable	adj 교환 가능한	**redeemable** in any store 어느 매장에서도 교환 가능한 The tickets are **redeemable** for cash. 그 티켓은 현금으로 교환 가능하다.	
☐ auction	n 경매	attend **auctions** 경매에 참석하다 proceeds from the **auction** 경매에서 얻은 수익금	
☐ fit	v 맞다; 어울리게 하다	The swimsuit doesn't **fit**. 수영복이 맞지 않는다. **fit** one's work-style preference 선호하는 업무 스타일에 어울리게 하다	

☐ price	n 가격	an incorrectly marked **price** 부정확하게 표기된 가격 at a half **price** 절반 가격으로	
☐ cashier	n 계산원	a grocery store **cashier** 식료품점 계산원 pay the **cashier** at the front 앞쪽 계산원에게 지불하다	
☐ clothing	n 의류, 옷	present the latest **clothing** lines 최신 의류 제품 라인을 보여 주다 the high-end **clothing** market 고급 의류 시장	
☐ staple	adj 주된, 주요한	a **staple** part of daily lives 일상생활의 주된 부분 a **staple** crop 주요 작물	
☐ stand in line	phr 줄을 서다	**stand in line** for an hour 한 시간 동안 줄 서 있다 **stand in line** at the box office 매표소에서 줄 서 있다	
☐ tag	n 꼬리표	a price **tag** 가격표 a name **tag** 이름표	
☐ try on	phr (한번) ~을 착용해 보다	**try on** a pair of red shoes 빨간 신발 한 켤레를 착용해 보다 **try on** a nice blouse 예쁜 블라우스를 착용해 보다	
☐ sleeve	n (옷)소매	wear short **sleeves** 반팔 옷을 입다 push up the long **sleeves** 긴 소매를 걷어 올리다	
☐ afford to V	phr ~할 여유가 있다	**afford to buy** a new house 새집을 구입할 여유가 있다 **afford to hire** only one 오직 한 사람만 채용할 여유가 있다	
☐ gift certificate	phr 상품권	a $100 **gift certificate** 100달러짜리 상품권 a valid **gift certificate** 유효한 상품권	
☐ a selection of	phr 다양한	**a selection of** high quality saucepans 다양한 고품질 냄비 a wide **selection of** ethnic cuisines 매우 다양한 전통 요리	
☐ absolutely	adv 완전히, 전적으로	**absolutely** no experience 완전히 경험이 없는 **absolutely** essential 전적으로 필요한	
☐ at no extra charge	phr 추가 요금 없이	be provided **at no extra charge** 추가 요금 없이 제공되다 door to door delivery **at no extra charge** 추가 요금 없는 택배	
☐ label	v 라벨을 붙이다 n 라벨, 상표	All boxes are clearly **labeled**. 모든 상자에 명확히 라벨이 부착되어 있다. with the brand **labels** 상표 라벨이 붙어 있는	

☐ antique	adj 골동품의	display **antique** furniture 골동품 가구를 진열하다 collect **antique** desks 골동품 책상을 수집하다	
☐ marketplace	n 시장	in the retail **marketplace** 소매 시장에서 the increasingly competitive **marketplace** 점점 더 경쟁적인 시장	
☐ masterpiece	n 걸작, 명작	The performance was a **masterpiece**. 그 공연은 걸작이었다. one of the great **masterpieces** 훌륭한 걸작 중의 하나	
☐ get a refund	phr 환불을 받다	get a full **refund** within a week 일주일 내에 전액 환불을 받다 get a **refund** for the cancelled concert 취소된 콘서트에 대해 환불을 받다	
☐ flavored	adj ~한 맛이 나는	strawberry-**flavored** tea 딸기 맛이 나는 차 tasty Mediterranean-**flavored** dishes 맛있는 지중해식 요리	
☐ garment	n 옷, 의복	a defective **garment** 결함이 있는 옷 lay a cotton **garment** on a flat surface 평평한 표면에 면 의복을 내려놓다	
☐ mural	n 벽화	a huge **mural** 거대한 벽화 paint a **mural** 벽화를 그리다	
☐ choose	v 선택하다	**choose** from ~에서 선택하다 **choose** the express shipping 특급 배송을 선택하다	
☐ supreme	adj 최고의, 최대의	the **supreme** achievement 최고의 성과 a **supreme** effort 최대의 노력	
☐ slight	adj 약간의	a **slight** increase in sales 매출의 소폭 증가 a **slight** change 약간의 변화	
☐ organic	adj 유기질의, 유기농의	order **organic** fertilizer 유기질 비료를 주문하다 demand for **organic** rice 유기농 쌀에 대한 수요	
☐ comparison	n 비교	a **comparison** of two brands 두 브랜드의 비교 a **comparison** between frozen and fresh fruits 냉동 과일과 신선 과일 사이의 비교	
☐ in cash	phr 현금으로	pay **in cash** 현금으로 지불하다 accept fines **in cash** 벌금을 현금으로 받다	
☐ casual	adj 평상시의, 격식을 차리지 않는	**casual** attire 평상복 a **casual** atmosphere 자유로운 분위기	

상점/배송

오늘의 단어 듣기

토익에서는 농산물을 수확하고, 유제품 등의 식료품을 판매하며, 물품을 창고에 보관하고 배송하는 상황이 출제됩니다.

📖 동기 부여

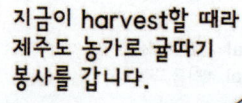
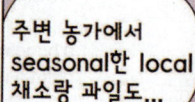

01 charge ★★★
미 [tʃɑːrdʒ]
영 [tʃɑːdʒ]
⑧ rate, fee 요금
demand 청구하다, 요구하다

n 요금; 담당, 책임
Please note / that **shipping charges** / cannot be refunded. 유념하세요 / 배송비는 / 환불되지 않는다는 점을

v (요금을) 청구[부과]하다 (A for B)
The hotel does not **charge** guests / **an extra fee** / **for** the use of shuttle buses.
그 호텔은 투숙객들에게 청구하지 않는다 / 추가 요금을 / 셔틀버스 이용에 대해

> 🎯 **토익 출제 포인트 (Part 7_동의어 찾기)**
> You will be "**charged**" a cancellation fee of $20.
> (A) demanded   (B) appointed
> 당신에게 20달러의 취소 수수료가 청구될 것입니다.
> → charge가 문맥상 '청구하다'라는 의미로 쓰이면 demand(청구하다, 요구하다)와 동의어가 된다. (appoint 임명하다)

> 🔍 **빅데이터 토익 빈출 표현** ● 빈도도
> at no extra[additional] **charge** 추가 비용 없이 ●●●●
> free of **charge** 무료로 ●●●
> be in **charge** of ~담당이다 ●●
> **charge** 요금[금액] for ~에 대해 요금[금액]을 부과하다 ●●

02 receipt ★★★
[risíːt]
⑪ receive **v** 받다, 받아들이다

n 수령 (of); 영수증
Please **confirm** / **receipt** of the shipment / and leave your feedback.
확인해 주세요 / 배송의 수령을 / 그리고 피드백을 남겨 주세요

Be sure to **keep** / this **receipt** / for returns and refunds. 꼭 보관하세요 / 이 영수증을 / 반품 및 환불을 위해

> 🔍 **빅데이터 토익 빈출 표현** ● 빈도도
> upon[on] **receipt** of ~을 수령하자마자 ●●

03 delivery ★★★
[dilívəri]
⑪ deliver **v** 배달하다, 보내다

n 배달, 전달
The remaining balance of $100 / is due / upon **delivery**. 잔여 금액 100달러는 / 지불되어야 한다 / 배달 즉시

04 supply ★★★
[səplái]
파 supplier n 공급자, 공급업체

n <supplies> 용품; 공급(량)
A shipment of **office supplies** / will be delivered / to the front desk. 사무 용품 화물이 / 배달될 것이다 / 프런트로

v 공급하다, 제공하다
We **supply** a wide range of products / at competitive prices.
우리는 다양한 제품을 공급한다 / 경쟁력 있는 가격에

> 🎯 **토익 출제 포인트 (Part 5&6)**
>
> You will receive a discount on paper, pens, and other (supply / **supplies**).
> 당신은 종이, 펜, 기타 용품에 대해 할인을 받을 것입니다.
> → 명사 supply가 '용품'이라는 의미일 때는 복수형(supplies)으로 표현한다는 것을 기억해 두자.

05 note ★★★
미 [nout]
영 [nəut]
파 notable adj 주목할 만한; 중요한
통 notice 주목하다
   mention, state 언급하다

v 주의하다 (that절); 언급하다
Please **note** / **that** the order cannot be canceled / after it is shipped.
주의하세요 / 주문은 취소될 수 없다는 것에 / 배송된 후에는

The item is non-refundable / **as noted** / in the invoice. 이 품목은 환불이 불가능하다 / 언급된 바와 같이 / 송장에

06 already ★★★
[ɔːlrédi]

adv 이미, 벌써
We are sorry / that the table **has already** been **shipped** / to your previous address.
죄송합니다 / 테이블이 이미 배송되어서 / 당신의 이전 주소로

> 🎯 **토익 출제 포인트 (Part 5&6)**
>
> The machine parts I ordered yesterday have (**already** / soon) arrived. 내가 어제 주문한 기계 부품이 벌써 도착했다.
> → 현재 완료 시제 have arrived는 이미 '완료'된 행위를 의미하므로 already가 정답이다. soon(곧)은 '미래'를 나타내므로 현재 완료 시제와 함께 쓰일 수 없다.

07 perishable ★★
[périʃəbl]

adj 부패하기 쉬운, 잘 상하는

Steel, lumber, and **perishable** goods / moved through the port.
강철, 목재, 부패하기 쉬운 제품이 / 항구를 통해 옮겨졌다

08 authorized ★★
[ɔ́:θəràizd]

㉠ authorize **v** 허가하다, 승인하다
authorization **n** 허가, 인증

adj 공인된, 허가받은, 인증된

Please ship the defective product / to one of our **authorized** service centers.
결함 있는 제품을 보내 주세요 / 저희 공인 서비스 센터 중 한 곳으로

🔍 **빅데이터 토익 빈출 표현**   ● 빈출도

authorized dealer 공인 대리점 ★★
authorize A to V A가 ~하도록 허가하다 ★★
written **authorization** 서면 허가[결재] ★★

09 divide ★★
[diváid]

v 나누다, 가르다 (A into B)

The store will be **divided** / **into** five different themed zones.
그 상점은 나뉠 것이다 / 다섯 개의 서로 다른 테마 구역으로

10 local ★★
[lóukəl]

㉠ locally **adv** 지역적으로, 위치상으로
locate **v** ~의 정확한 위치를 찾아내다

adj 지역의, 현지의

The grocery store / has fresh fruits and vegetables / supplied from **local** farms.
그 식료품점에는 / 신선한 과일과 채소가 있다 / 지역 농장에서 공급되는

상점/배송 | 197

11 rate ★★

[reit]

ⓢ pace 속도
evaluate 평가하다
rank, grade 등급을 매기다

n 속도; 요금

The furniture retailer / is expanding / **at a rapid rate**.
그 가구 소매점은 / 확장 중이다 / 빠른 속도로

For a limited time, / we are offering a **discounted rate** / for new members.
제한된 시간 동안 / 우리는 할인 요금을 제공한다 / 신규 회원들을 위해

v 평가하다, 등급을 매기다

The restaurant / has been **rated** "Excellent" / by a local food critic.
그 식당은 / '훌륭함' 등급의 평가를 받았다 / 한 현지 음식 비평가에 의해

> 🔍 토익 출제 포인트 (Part 5&6)
>
> A number of rooms are available at special (rate / **rates**).
> 많은 방이 특별 요금으로 이용 가능하다.
> → 명사 rate는 가산 명사이므로 앞에 관사나 소유격이 없는 경우 복수형으로 써야 한다.

12 concentration ★★

미 [kὰːnsəntréiʃən]
영 [kɔ̀nsəntréiʃən]

㈜ concentrate **v** 집중하다
concentrated **adj** 집중된

n 집중(력), 집결 (of)

The city / has **the highest concentration** / **of** clothing stores / in the country.
그 도시는 / 가장 집중되어[밀집되어] 있다 / 옷 가게가 / 전국에서
▶ 그 도시는 전국에서 옷 가게가 가장 많이 집중되어[밀집되어] 있다.

> 🔍 빅데이터 토익 빈출 표현 ● 빈출도
>
> high[large] **concentration** of ~의 밀집 ●

13 majority ★★

미 [mədʒɔ́ːrəti]
영 [mədʒɔ́rəti]

n 대다수 (of)

The **majority of** retailers / offer free delivery / above a certain amount.
대다수의 소매점은 / 무료 배송을 제공한다 / 특정 금액 이상에는

14 arrive **
[əráiv]
㈜ arrival n 도착
㉺ depart 출발하다

v 도착하다 (in/at)

A large shipment of items / will **arrive in** London tomorrow. 대량의 화물이 / 내일 런던에 도착할 것이다

> 🎯 **토익 출제 포인트 (Part 5&6)**
> The new products have arrived (of / **at**) the warehouse.
> 신제품이 창고에 도착했다.
> → '~에 도착하다'는 arrive at[in]으로 표현한다.

15 especially **
[ispéʃəli]

adv 특히, 특별히

Monroe Icecream is very popular, / **especially during** the summer.
Monroe Icecream은 매우 인기가 많다 / 특히 여름 동안

16 shipment *
[ʃípmənt]
㈜ ship v 배송하다

n 배송; 화물

A piece of equipment / has been damaged / **during shipment**. 장비가 / 손상되었다 / 배송 중에

17 package *
[pǽkidʒ]
㈜ parcel 소포; 꾸러미

n 소포; 상자, 포장 상품

The **package** should be **delivered** / to you / within 48 hours. 그 소포는 배달될 것입니다 / 당신에게 / 48시간 안에

A complimentary **package of** donuts / will be offered to those / who complete a survey.
무료 도넛 상자가 / 사람들에게 제공될 것이다 / 설문 조사를 완료한

18 warehouse *
미 [wérhaus]
영 [wéəhaus]

n 창고

Your order / has just been **shipped** / **from** our **warehouse**. 당신의 주문품은 / 방금 발송되었습니다 / 저희 창고에서

상점/배송 | 199

19 storage *
[stɔ́:ridʒ]
⒤ store Ⓥ 보관하다, 저장하다

ⓝ 저장(소), 보관(함)
Our warehouse boasts / a cost-effective **storage system**. 우리의 창고는 자랑한다 / 비용 효율적인 저장 시스템을

20 courier *
[kə́:riər]

ⓝ 배달원, 택배 회사
We will **arrange for a** courier / to pick up your shipment today.
저희가 배달원을 준비해 놓겠습니다 / 오늘 당신의 화물을 수거해 가도록

21 farming *
미 [fá:rmiŋ]
영 [fá:miŋ]

ⓝ 농업, 농사, 영농
The restaurant / uses only those ingredients / produced by **organic** farming.
그 레스토랑은 / 오직 그 재료들만 사용한다 / 유기 농업으로 만들어진

> ◈ 토익 출제 포인트 (Part 5&6)
> Mr. Paulson's impressive achievements in (farm / **farming**) 농업에서의 Paulson 씨의 인상적인 업적
> → 가산 명사 farm(농장)과 불가산 명사 farming(농업)을 구별하는 묻는 문제가 출제된다.

22 cash *
[kæʃ]

ⓝ 현금
Some stores / charge you less / if you **pay in** cash.
일부 상점은 / 당신에게 요금을 덜 부과합니다 / 현금으로 지불할 경우

> ◎ 빅데이터 토익 빈출 표현 ● 빈출도
> **accept only cash** 오로지 현금만 받다

23 extra *
[ékstrə]
⊜ additional 추가의

ⓐⓓⓙ 추가의
You can pay an **extra cost** / for delivery / or pick up the item / in person.
당신은 추가 비용을 지불할 수 있습니다 / 배송을 위해 / 아니면 물건을 찾아갈 수 있습니다 / 직접
▶ 당신은 배송비를 추가로 지불하거나 직접 물건을 찾아갈 수 있습니다.

24 entirely *
미 [intáiərli]
영 [intáiəli]
派 entire adj 전체의
   entirety n 전체

adv 완전히, 적적으로, 전부

The restaurant features / **entirely different** menu items / every day. 그 식당은 제공한다 / 완전히 다른 메뉴를 / 매일

> 💡 **토익 출제 포인트 (Part 5&6)**
>
> The customer was not (**entirely** / ~~justly~~) satisfied with the service. 그 고객은 서비스에 완전히 만족하지는 않았다.
> → entirely는 종종 '완전히 ~인 것은 아닌'이라는 의미로 부정어 not과 함께 출제된다. (justly 정당하게)

🔍 **빅데이터 토익 빈출 표현** ● 빈출도

entirely different[new] 완전히 다른[새로운] ● ●
in its[their] **entirety** 전부, 완전히 ● ●

25 harvest *
미 [hɑ́:rvist]
영 [hɑ́:vist]

v 수확하다, 추수하다

The shop / sells a variety of berries / that have **just** been **harvested**. 그 가게는 / 다양한 베리를 판매한다 / 방금 수확된

26 seasonal *
[síːzənl]
派 seasonally adv 계절따라; 정기적으로

adj 계절에 따라 다른, 계절적인

The café / serves a wide range of **seasonal desserts**, / including apple pie and strawberry juice.
그 카페는 / 계절에 따라 다양한 디저트를 제공한다 / 사과 파이와 딸기 주스를 포함한

🔍 **빅데이터 토익 빈출 표현** ● 빈출도

seasonal fruit[food] 제철 과일[음식] ● ●

27 distinguish *
[distíŋgwiʃ]
⑧ differentiate 구별하다

v 구별하다, 구분하다 (A from B)

The delicious food / and excellent delivery services / are what **distinguish** us / **from** others.
맛있는 음식 / 그리고 훌륭한 배달 서비스는 / 우리를 구별 짓는 것이다 / 다른 곳들과

28 hardware *
- 미 [háːrdwer]
- 영 [háːdweə]

n 철물

Tommy will visit the **hardware store** / to buy / some plumbing supplies and tools.
Tommy는 철물점을 방문할 것이다 / 구입하기 위해 / 몇 개의 배관 용품과 공구를

> ◉ 토익 출제 포인트 (Part 7)
> Q. What kind of store most likely is OOO?
>   OOO는 어떤 가게일 것 같은가?
> → 지문에 nail(못), hammer(망치), screwdriver(드라이버) 등이 언급되어 있으면 hardware store(철물점)가 정답이다.

29 grocery *
- 미 [gróusəri]
- 영 [gróusəri]
- 파 grocer **n** 식료 잡화점[잡화상]

n <groceries> 식료품; 식료 잡화점

About half of our customers / buy their **groceries** / through our app.
우리 고객의 약 절반이 / 식료품을 산다 / 우리 앱을 통해

30 dairy *
- 미 [déri]
- 영 [déəri]

n 유제품

Sweet Beat / offers various ice creams / that do not contain **dairy**.
Sweet Beat는 / 다양한 아이스크림을 제공한다 / 유제품이 들어 있지 않은

31 fragrance *
- [fréigrəns]

n 향기; 향수

The dining area / is filled with the **sweet fragrance** / from flowers.
그 식당은 / 달콤한 향기로 가득 차 있다 / 꽃에서 나는

32 apparent *
- [əpǽrənt]
- 파 apparently **adv** 분명히; 보기에
- 동 obvious, distinct, clear 분명한

adj 분명한, 명백한 (that절)

It is **apparent** / that online stores / are replacing / traditional retail shops.
분명하다 / 온라인 상점이 / 대체하고 있다는 것은 / 전통적인 소매 상점을

33 load *
미 [loud]
영 [ləud]

v 싣다; (기계에) 넣다 (A with B) (B into/onto A)
Ms. Carroll will **load** the truck / **with** boxes of office supplies. Carroll 씨는 트럭에 실을 것이다 / 사무 용품 상자를

> 🔍 빅데이터 토익 빈출 표현 · 빈출도
>
> **load** paper into a printer[a printer with paper]
> 프린터에 종이를 넣다 ● ●

34 randomly *
[rǽndəmli]
(파) random adj 무작위의

adv 무작위로, 아무렇게나
To celebrate our anniversary, / we will give away gift vouchers / to 10 **randomly** selected customers.
기념일을 축하하기 위해 / 우리는 상품권을 나눠 줄 것이다 / 무작위로 선정된 10명의 고객들에게

> 🎯 토익 출제 포인트 (Part 7_동의어 찾기)
>
> It seems that this computer problem occurs "**randomly**".
> (A) carelessly   (B) irregularly
> 이 컴퓨터 문제는 무작위로 발생하는 것 같다.
> → randomly는 '무작위로'라는 의미이므로 irregularly(불규칙하게)와 동의어가 된다. (carelessly 부주의하게)

35 overseas *
미 [ouvərsíːz]
영 [əuvəsíːz]

adv 해외로, 해외에
It will be very costly / to **send** this heavy item **overseas**. 비용이 많이 들 것이다 / 이 무거운 물건을 해외로 보내는 것은

adj 해외의
It may take / up to 4 weeks / for your **overseas** order / to arrive.
걸릴 수 있습니다 / 최대 4주가 / 당신의 해외 주문이 / 도착하는 데

36 vendor *
[véndər]

n 판매 업체[업자], 상점
Ms. Barnhart / is gathering price information / from different **vendors**.
Barnhart 씨는 / 가격 정보를 수집하고 있다 / 여러 판매 업체로부터

> **토익 출제 포인트 (Part 5&6)**
>
> purchase the software from a reliable (**vendor** / ~~consumer~~) 믿을 만한 판매 업체로부터 소프트웨어를 구매하다
> → purchase(구매하다)는 purchase A(물건) from B(판매자) 형태로 자주 사용되는데, from 뒤에는 '판매자'가 와야 하므로 vendor가 정답이다. (consumer 소비자)

37 outgoing *
미 [autgóuiŋ]
영 [autgóuiŋ]

adj (외부로) 나가는; 외향적인, 활발한

Our engineers / carefully check / all **outgoing shipments** / for damage.
우리 엔지니어들은 / 꼼꼼히 점검한다 / 외부로 나가는 모든 화물을 / 파손 여부에 대해

We are seeking / a gift shop manager / with an **outgoing personality**.
우리는 찾고 있다 / 선물 가게 점장을 / 외향적인 성격을 갖춘

38 partial *
미 [pá:rʃəl]
영 [pá:ʃəl]
ⓟ partially **adv** 부분적으로

adj 부분적인, 일부의

You may receive / only a **partial refund** / for opened merchandise.
당신은 받을 수도 있습니다 / 부분 환불만을 / 개봉한 상품에 대해서는

39 retailer *
[rí:teilər]

n 소매점, 소매상

Web-based **retailers** / are experiencing / considerable sales growth.
웹 기반의 소매점은 / 경험하고 있다 / 상당한 매출 성장을

40 timely *
[táimli]

adj 적시의, 시기적절한, 때맞춘

Roy Shipping ensures / safe and **timely delivery** / of your products.
Roy Shipping은 보장합니다 / 안전한 적시 배송을 / 당신 제품의

> 🔍 **빅데이터 토익 빈출 표현** ● 빈도도
>
> in a **timely** manner[fashion] 시기적절하게 ●●●●

Day 12 **Daily Test**

A 각 영어 단어의 알맞은 의미를 찾아 연결하세요.

01 rate •   ⓐ 대다수
02 warehouse •   ⓑ 배송; 화물
03 majority •   ⓒ 속도; 요금; 평가하다, 등급을 매기다
04 shipment •   ⓓ 창고

B 우리말과 일치하도록 다음 빈칸에 알맞은 단어를 찾아 넣으세요.

ⓐ noted   ⓑ entirely   ⓒ courier   ⓓ charge   ⓔ receipt

05 confirm _____ of   ~의 수령을 확인하다
06 at no extra _____   추가 비용 없이
07 _____ different   완전히 다른
08 as _____ in the invoice   송장에 언급된 바와 같이

C 다음 빈칸에 문맥상 적절한 단어를 찾아 넣으세요.

해석 p. 508

ⓐ divide   ⓑ perishable   ⓒ apparent
ⓓ extra   ⓔ authorized

09 Refrigerated vehicles are used to transport _____ goods.
10 We allow customers to _____ their purchases into six equal payments.
11 This order will require an _____ signature at the time of delivery.
12 When shipping a fragile item, protect it with _____ packing material.

정답   01 ⓒ   02 ⓓ   03 ⓐ   04 ⓑ   05 ⓔ   06 ⓓ   07 ⓑ   08 ⓐ   09 ⓑ   10 ⓐ   11 ⓔ   12 ⓓ

토익 LC/RC 짝꿍 표현

상점/배송

☐ **shipping**	n 배송	the **shipping** address 배송 주소 offer free **shipping** 무료 배송을 제공하다
☐ **canal**	n 운하, 수로	transported by **canal** 운하를 통해 운송된 tours along the **canals** 운하를 따라 가는 투어
☐ **invoice**	n (거래용) 송장	attach a copy of the **invoice** 송장 사본을 첨부하다 present an **invoice** for moving services 이사 서비스에 대한 송장을 제공하다
☐ **turnaround**	n 주문 처리 (시간); (상황의) 호전	shorten **turnaround** times 주문 처리 시간을 줄이다 the remarkable **turnaround** 놀랄 만한 호전
☐ **stockroom**	n 물품 보관실	go into the **stockroom** 물품 보관실에 들어가다 a machine in the **stockroom** 물품 보관실에 있는 기계
☐ **business day**	phr 영업일	within three **business days** 영업일로 3일 이내에 shipped the next **business day** 다음 영업일에 배송된
☐ **parcel**	n 소포, 꾸러미	deliver a **parcel** to a customer 고객에게 소포를 전달하다 track one's **parcel**'s progress 소포 (배송) 진행 상황을 추적하다
☐ **pottery**	n 도자기	authentic **pottery** 진품 도자기 a **pottery** bowl 도자기 그릇
☐ **refrigerator**	n 냉장고	install a **refrigerator** 냉장고를 설치하다 the energy-efficient **refrigerator** 에너지 효율이 좋은 냉장고
☐ **thickly**	adv 두껍게; 밀집하여	**thickly** sliced cheese 두껍게 썰린 치즈 **thickly** populated 인구가 밀집된
☐ **clientele**	n 고객(들)	build a steady **clientele** 단골 고객층을 형성하다 the hotel's **clientele** 그 호텔의 고객들
☐ **logistics**	n 물류 관리; 실행 계획	coordinate the global **logistics** 전 세계적인 물류 관리를 조직화하다 review the project's **logistics** 프로젝트의 실행 계획을 검토하다

haul	v 운반하다, 끌다	haul freight 화물을 운반하다 haul piles of stone 돌 더미를 끌다
dispatch	v 발송하다; 파견하다 n 속달, 급송; 파견	Goods are dispatched within a day. 상품은 하루 내에 발송된다. send the letter by dispatch 속달로 편지를 보내다
freight	n 화물	by air freight or by sea freight 항공 화물로 또는 해상 화물로 a freight elevator in the building 건물 내의 화물 전용 엘리베이터
department store	phr 백화점	the largest department store chain 가장 큰 백화점 체인 a sale in a department store 백화점의 세일 행사
outlet	n 직판점	the growing number of outlet stores 점점 증가하는 수의 직판 매장 the impact of the big outlet 대형 직판점의 영향
consignment	n 배송(물), 탁송(물)	a large consignment of bags 가방의 대량 배송 include consignments from others 다른 사람들의 배송물을 포함하다
domestic	adj 국내의	domestic flights 국내 항공편 domestic operations 국내 영업
carton	n 갑, 통, 상자	a carton of cigarettes 담배 한 갑 the empty milk carton 비어 있는 우유통
quantity	n 수량, 양, 분량	double the quantity of one's original order 최초 주문 수량을 두 배로 하다 a mistake in determining the quantity 수량을 결정하는 데 있어서의 실수
affix	v 부착하다; (서명 등을) 써넣다	affix the mailing label 주소 라벨을 부착하다 affix one's signature 서명을 써넣다
postage	n 우편 요금	No postage is necessary. 우편 요금이 필요 없다. the postage for postcard 엽서 우편 요금
fill	v 충원하다, 채우다	fill a vacancy 빈자리를 충원하다 fill the limited space 제한된 공간을 채우다
platform	n (소프트웨어) 플랫폼; 승강장	the customer service platform 고객 서비스 플랫폼 closed for platform repairs 승강장 수리로 폐쇄된
stylish	adj 멋진	a stylish restaurant 멋진 레스토랑 a stylish suit 멋진 양복

상점/배송 | 207

☐ glassware	n 유리 제품	a wide variety of **glassware** 다양한 유리 제품 crystal **glassware** 크리스털 유리 제품	
☐ carry	v 취급하다	**carry** lots of brand-name appliances 많은 브랜드 기기를 취급하다 **carry** the merchandise 상품을 취급하다	
☐ bulk	n 대규모, 대량 adj 대량의	receive a **bulk** of shipment 대규모 선적 물품을 받다 special rates on **bulk** orders 대량 주문에 대한 특별 요금	
☐ in place	phr 준비된; 제자리에 (있는)	have clear marketing strategies **in place** 명확한 마케팅 전략을 준비시키다 The welfare policy remains **in place**. 복지 정책이 그대로 유지되다.	
☐ spend	v (돈을) 소비하다; (시간을) 쓰다	**spend** more than $1,000 1,000달러를 넘게 소비하다 **spend** more time making revisions 수정하는 데 더 많은 시간을 쓰다	
☐ on sale	phr 할인 중인; 구입 가능한	All products in the store are **on sale**. 매장의 모든 제품은 할인 중이다. go **on sale** next week 다음 주에 판매에 돌입하다	
☐ shut down	phr ~을 폐쇄하다; ~을 정지시키다	be **shut down** for the entire day 하루 종일 폐쇄되다 **shut down** a computer 컴퓨터를 정지시키다	
☐ redirect	v 전용하다(돌려 쓰다), 다시 돌리다	redistributed and **redirected** resources 재분배되고 전용되는 자원 **redirect** one's attention 주의를 돌리다	
☐ nationwide	adv 전국적으로 adj 전국적인	It is being advertised **nationwide**. 그것은 전국적으로 광고되고 있다. **nationwide** network of supermarkets 전국적인 슈퍼마켓 네트워크	
☐ trace	v 추적하다; 밝혀내다	**trace** one's belongings 소지품을 추적하다 **trace** the development of labor unions 노동조합의 발전 과정을 밝혀내다	
☐ belong to	phr ~에 속하다	**belong to** a new line of products 새로운 제품 라인에 속하다 **belong to** the tennis club 테니스 동호회에 속해 있다	
☐ switch off	phr ~을 끄다	**switch off** the light before leaving 나가기 전에 전등을 끄다 The alarm clock was **switched off**. 알람 시계가 꺼져 있었다.	
☐ eye-catching	adj 시선을 사로잡는	The earrings are simple but **eye-catching**. 그 귀걸이는 단순하지만 시선을 사로잡는다. an **eye-catching** advertisement 시선을 사로잡는 광고	
☐ at your earliest convenience	phr 조속히, 가급적 빨리	make arrangements **at your earliest convenience** 조속히 조치하다 renew your membership **at your earliest convenience** 가급적 빨리 회원 자격을 갱신하다	

☐ mailing	n 우편물 발송	a new **mailing** address 새로운 우편물 발송 주소 send a prepaid **mailing** label 선납 우편물 발송 라벨을 보내다	
☐ look over	phr ~을 살펴보다	**look over** the contract 계약서를 살펴보다 eager to **look over** the house 집을 빨리 살펴보고 싶어 하는	
☐ store	v 저장하다, 보관하다 n 매장, 상점	conscientiously **stored** 정성껏 보관된 a hardware **store** 철물점	
☐ visitor	n 방문객	a frequent **visitor** 단골 방문객 The number of **visitors** will grow. 방문객들의 수가 증가할 것이다.	
☐ guest	n 손님, 고객	accommodate enough **guests** 충분한 손님들을 수용하다 complete the **guest** survey 고객 설문 조사를 완료하다	
☐ rebate	n 환급, 환불	a corporate tax **rebate** 법인세 환급 a **rebate** on shipping charges 배송료 환불	
☐ goods	n 용품, 상품	sporting **goods** 스포츠 용품 a gardening **goods** store 원예 용품 매장	
☐ butcher	n 정육점 주인	own the **butcher**'s 정육점을 소유하다 the best bacon at the **butcher** shop 그 정육점 최고의 베이컨	
☐ orchard	n 과수원	near the pear **orchard** 배 과수원 근처에 purchase three additional **orchards** 세 곳의 추가 과수원을 매입하다	
☐ crop	n 작물	the region's largest cash **crop** 그 지역 최대의 환금 작물 improve this year's **crop** yield 올해의 작물 수확량을 개선하다	
☐ margin	n 수익, 이익; 여백	a wide **margin** 큰 폭의 수익 set the **margins** for printing 인쇄를 위한 여백을 설정하다	
☐ precious	adj 귀중한, 비싼	with **precious** jewels 귀중한 보석이 들어 있는 ruin one's **precious** camera 귀중한 카메라를 망가뜨리다	
☐ just in time	phr 때맞춰, 마침 제때	arrive **just in time** 때맞춰 도착하다 **just in time** for luncheon 오찬 시간에 딱 맞춰서	
☐ categorize	v 분류하다	strictly **categorized** into five groups 다섯 가지 그룹으로 엄격히 분류된 be **categorized** according to age 연령에 따라 분류되다	

DAY 13

결함/수리

토익에서는 고객이 구매한 물건의 오작동, 결함이나 하자에 대한 수리와 보증 상황이 출제됩니다.

오늘의 단어 듣기

간단한 해결

01 inspect ***
[inspékt]
파 inspection n 점검, 검사
inspector n 조사관, 감독관

v 점검하다, 검사하다

The heating **system** / will be **inspected** / by our qualified professionals.
난방 시스템은 / 점검될 것이다 / 우리 자격 있는 전문가들에 의해

빅데이터 토익 빈출 표현 ● 빈출도

closely[thoroughly] **inspect** 면밀히[철저히] 점검하다 •
routine **inspection** 정기 점검 •••
conduct an **inspection** 점검을 수행하다 ••

02 replace ***
[ripléis]
파 replacement n 교체, 대체; 후임자

v 교체하다, 대신[대체]하다 (A with B)

If we are not able / to repair the item, / we will **replace** it / **with** a comparable model.
우리가 할 수 없다면 / 그 물건을 고치는 것을 / 교체해 줄 것이다 / 유사한 모델로

03 resolve ***
미 [rizálv]
영 [rizɔ́lv]
파 resolution n 해결; 결심; 해상도
동 decide 결심하다

v 해결하다; 결심[다짐]하다 (to V)

The company / has **resolved** the **problem** / to my satisfaction. 그 회사는 / 문제를 해결했습니다 / 제가 만족할 수 있게

토익 출제 포인트 (Part 7_동의어 찾기)

The company has "**resolved**" to implement a series of cost-saving measures.
(A) needed   (B) decided
그 회사는 일련의 경비 절감책을 시행하기로 결심했다.
→ resolve가 문맥상 '결심하다'라는 의미로 쓰이면 decide(결정하다)와 동의어가 된다. (need 필요로 하다)

빅데이터 토익 빈출 표현 ● 빈출도

resolve a problem[complaint] 문제[불만]를 해결하다 •••

04 location ***
미 [loukéiʃən]
영 [ləukéiʃən]
파 locate v 위치를 찾아내다

n 지점, 위치, 장소

You can receive / our professional repair service / at any **location** / near you.
당신은 받을 수 있습니다 / 저희 전문 수리 서비스를 / 모든 지점에서 / 당신 가까이 있는

결함/수리 | 211

05 readily ★★★
[rédəli]

adv 손쉽게, 순조롭게

Information about our repair service / should be made **readily accessible** / **to** customers.
우리의 수리 서비스에 관한 정보는 / 손쉽게 접근할 수 있게 되어야 한다 / 고객들에게

🔍 **빅데이터 토익 빈출 표현** ● 빈출도
readily available 쉽게 이용할 수 있는 ●●

06 repair ★★★
미 [ripέər]
영 [ripέə]
⑧ fix 수리하다

n 수리, 보수, 수선
Much of the equipment / is **in need of** extensive **repair**. 많은 장비는 / 대대적인 수리가 필요하다

v 수리하다, 보수하다, 수선하다
The **cracks** in the surface / have been successfully **repaired**. 표면의 균열이 / 성공적으로 수리되었다

07 maintain ★★★
[meintéin]
⑱ maintenance **n** 유지 보수; 유지
⑧ keep 유지하다

v 유지 관리하다; (수준 등을) 유지하다, 지속하다
Bell Enterprises / **maintains** all the **equipment** / in top condition / to ensure optimal service.
Bell Enterprises는 / 모든 장비를 유지 관리한다 / 최상의 상태로 / 최적의 서비스를 보장하기 위해

We are committed / to **maintaining** good **relationships** / with our customers.
우리는 최선을 다하고 있다 / 좋은 관계를 유지하는 것에 / 고객들과의

⊕ **토익 출제 포인트 (Part 7_동의어 찾기)**

The company will "**maintain**" a constant temperature in the office during the summer months.
(A) keep   (B) repair
그 회사는 여름철 동안 사무실의 온도를 일정하게 유지할 것이다.
→ maintain이 문맥상 '유지하다, 지속하다'라는 의미로 쓰이면 keep(유지하다)과 동의어가 된다. (repair 수리하다)

08 adjust ***
[ədʒʌ́st]
⑩ adjustable adj 조정[조절]할 수 있는
adjustment n 조정; 적응

v 조정[조절]하다; 적응하다 (to)

The total fee / will be adjusted / if any parts / need to be replaced.
총비용은 / 조정될 것이다 / 혹시 어떤 부품이라도 / 교체될 필요가 있다면

Ms. Haley is adjusting well / to her new surroundings. Haley 씨는 잘 적응하고 있다 / 그녀의 새로운 환경에

> 토익 출제 포인트 (Part 5&6)
>
> (adjust / ~~instruct~~) to a new schedule 새로운 일정에 적응하다
> → 전치사 to와 함께 쓰이는 자동사는 adjust이다. adjust는 자/타동사 둘 다로 쓰인다는 것을 기억해 두자. (instruct 지시하다)

> 빅데이터 토익 빈출 표현 ● 빈출도
>
> adjust the deadline 마감일을 조정하다 *****
> make an adjustment 조정하다 **

09 technician **
[tekníʃən]

n 기술자, 기사

An experienced technician / will regularly check / our air-conditioning system.
숙련된 기술자가 / 정기적으로 점검할 것이다 / 우리 에어컨 시스템을

> 빅데이터 토익 빈출 표현 ● 빈출도
>
> call in a technician 기술자를 부르다 **

10 severely **
[sivíərli]
⑩ severe adj 심한, 심각한

adv 심하게, 극심하게

The furniture / has been severely damaged / during assembly. 가구가 / 심하게 파손되었다 / 조립 중에

> 토익 출제 포인트 (Part 5&6)
>
> many (~~severely~~ / highly) qualified applicants
> 매우 자질 있는 많은 지원자들
> → severely는 주로 severely damaged[injured](심하게 파손된[부상당한])와 같이 부정적인 뉘앙스로 사용되므로 qualified(자질 있는)와 어울리지 않는다. (highly 매우)

11 technical ★★
[téknikəl]
㉾ technically adv 엄밀히 말하자면

adj 기술적인, 전문적인

Mr. Adams helped me / solve **technical** problems / with the security system.
Adams 씨가 저를 도와주었습니다 / 기술적인 문제를 해결하도록 / 보안 시스템의

🔍 빅데이터 토익 빈출 표현 • 빈출도
technical assistance[requirements/expertise]
기술적 지원[요구 사항/전문 지식] ★★

12 defective ★★
[diféktiv]
㉾ defect n 결함
㉿ faulty 결함이 있는

adj 결함이 있는

A replacement voucher / will be issued / for the **defective** component.
교환권이 / 발급될 것이다 / 결함이 있는 부품에 대해서

13 equipped ★★
[ikwípt]

adj (장비를) 갖춘 (with)

The device / is **equipped with** a light / that blinks / when it breaks down.
그 기기는 / 전등을 장착하고 있다 / 깜박이는 / 고장이 났을 때
➡ 그 기기는 고장 나면 깜박이는 전등을 장착하고 있다.

🔍 빅데이터 토익 빈출 표현 • 빈출도
fully **equipped** 장비를 완전히 갖춘, (시설이나 장비가) 완비된 ★★

14 appliance ★★
[əpláiəns]

n (가전) 기기

We provide repairs / on a wide range of **appliances** / from leading manufacturers.
우리는 수리해 준다 / 다양한 가전 기기를 / 일류 제조 업체에서 만들어진

15 failure ★★
[féiljər]
㉾ fail v 실패하다

n (시스템 등의) 고장; ~하지 않음 (to V)

Trains were delayed / on Thursday morning / due to a **power failure**. 열차가 연착되었다 / 목요일 아침에 / 정전 때문에

Failure to follow the safety instructions / may result in serious damage / to the equipment.
안전 지침을 준수하지 않는 것은 / 심각한 손상을 초래할 수 있다 / 장비에

> 🔍 빅데이터 토익 빈출 표현 ● 빈출도
> power **failure** 정전 ●●
> system **failure** 시스템 장애 ●●

16 expire ●●
[ikspáiər]

v (기한이) 만료되다, 만기가 되다
The maintenance **agreement** / with Abney Systems / **expires** on March 31.
유지 보수 계약은 / Abney Systems와의 / 3월 31일에 만료된다

17 damaged ●●
[dǽmidʒd]
ⓥ damage v 손상을 입히다
n 손상, 피해

adj 손상된, 하자가 생긴
The picture frame / I ordered from your company / arrived **damaged**.
액자가 / 제가 귀사에서 주문한 / 손상된 상태로 도착했습니다

18 basis *
[béisis]

n 기준 (단위); 기초, 기반
You will be charged / maintenance costs / on a monthly **basis**. 당신은 청구받을 것입니다 / 유지비를 / 월 단위로

> 🔍 빅데이터 토익 빈출 표현 ● 빈출도
> on a first-come, first-served **basis** 선착순으로 ●●
> on a regular **basis** 정기적으로 ●

19 investigation *
[invèstigéiʃən]
ⓥ investigate v 조사하다

n 조사, 수사 (into); 연구
The committee / will **conduct an investigation** / **into** the cause of the engine failure.
위원회는 / 조사할 것이다 / 엔진 결함의 원인을

> 🔍 빅데이터 토익 빈출 표현 ● 빈출도
> thorough **investigation** 철저한 조사 ●●

결함/수리 | 215

20 faulty *
[fɔ́:lti]

adj 결함이 있는; 잘못된

The service center / will provide complimentary repair service / for the faulty parts.
그 서비스 센터는 / 무료 수리 서비스를 제공할 것이다 / 결함 부품에 대해

21 frustrate *
미 [frʌ́streit]
영 [frʌstréit]

v 불만스럽게 만들다, 좌절시키다

Customer service delays / have been frustrating customers / waiting for repairs.
고객 서비스 지연은 / 고객들을 불만스럽게 만들었다 / 수리를 기다리는
▶ 고객 서비스 지연은 수리를 기다리는 고객들을 불만스럽게 만들었다.

22 handle *
[hǽndl]
(파) handling **n** 처리, 조작
(동) deal with ~을 다루다, 처리하다
manage (문제 등을) 감당하다, 처리하다

v (업무 등을) 처리하다; (기구 등을) 다루다; (문제 등에) 대처하다

Mr. Lee will handle / the warranty application / after the vehicle is purchased.
Lee 씨는 처리할 것이다 / 보증 적용을 / 차량이 구매된 후

These fragile items / should be handled / with care. 이 깨지기 쉬운 물건은 / 다뤄져야 한다 / 조심해서

> **◆ 토익 출제 포인트 (Part 7_동의어 찾기)**
>
> Mr. Sterner spoke highly of your ability to **"handle"** a stressful situation.
> (A) manage   (B) examine
> Sterner 씨는 스트레스가 많은 상황에 대처하는 당신의 능력을 높이 평가했습니다.
> → handle이 문맥상 '대처하다'라는 의미로 쓰이면 manage(감당하다)와 동의어가 된다. (examine 검토하다)

23 identify *
[aidéntəfài]
(파) identifiable **adj** 인식 가능한; 알아볼 수 있는

v (문제 따위를) 파악하다; (신원을) 확인하다

A technician will be sent / to identify the problem / and fix it.
기술자가 보내질 것이다 / 문제를 파악하기 위해 / 그리고 그것을 해결하기 위해

24 lapse *
[læps]

n (기억·말 등의 사소한) 실수, 착오; (시간의) 경과
Any **lapse in** maintenance / may result in product failure. 유지 보수를 조금이라도 소홀히 하면 / 제품 고장을 초래할 수 있다

25 emerge *
미 [imə́:rdʒ]
영 [imə́:dʒ]

v 드러나다, 떠오르다, 나타나다
Major **flaws emerged** / days after the Steamer Deluxe was released.
큰 결함이 드러났다 / Steamer Deluxe가 출시되고 며칠이 지나서

> ⊕ 토익 출제 포인트 (Part 5&6)
>
> Technological advances have (**enabled** / ~~emerged~~) us to communicate with our customers more effectively.
> 기술의 발전은 우리가 고객들과 더욱 효과적으로 소통하는 것을 가능케 했다.
> → emerge는 자동사이므로 전치사 없이 바로 목적어를 취할 수 없다. 타동사 enable은 'enable + 목적어 + to V(목적어가 ~하는 것을 가능케 하다)'의 형태로 자주 쓰인다는 것을 기억해 두자.

26 further *
미 [fə́:rðər]
영 [fə́:ðə]

adj 추가의, 더 이상의
Due to a mechanical error, / testing will be postponed / until **further** notice.
기계적 결함으로 인해 / 테스트가 연기될 것이다 / 추가 공지가 있을 때까지

adv 추가로, 더
Let's discuss the problem / with the system / **further**. 문제를 논의해 봅시다 / 그 시스템의 / 더

27 minor *
[máinər]
⑧ trivial 사소한

adj 사소한, 작은
A **minor bug** was discovered / in the latest software update.
사소한 버그가 발견되었다 / 최신 소프트웨어 업데이트에서

28 then *
[ðen]

adv 그러고 나서, 그다음에; 그때

Enter your product registration number / **and then** submit your request.
제품 등록 번호를 입력하세요 / 그러고 나서 당신의 요청서를 제출하세요

> ◆ 토익 출제 포인트 (Part 5&6)
>
> All our products are thoroughly checked and (**then** / much) delivered to customers.
> 우리 모든 상품은 철저히 점검된 후에 고객들에게 배송된다.
> → then은 '그러고 나서, 그다음에'라는 의미로 and와 함께 자주 쓰인다. 이외에 and also(또한), and therefore(그러므로) 표현도 출제되므로 같이 기억해 두자. (much 매우)

29 oversight *
미 [óuvərsait]
영 [óuvəsait]

n 실수, 간과; 감독

The company's **oversight** / led to some minor injuries / among its cell phone users.
그 회사의 실수는 / 약간 경미한 부상을 초래했다 / 그 휴대 전화 사용자들 중에서

Mr. James is responsible / for providing **oversight** / **of** all company operations.
James 씨는 책임이 있다 / 감독하는 데 / 모든 회사 업무를

30 swiftly *
[swíftli]

adv 신속하게, 빨리

All warranty requests / will be **swiftly** forwarded / to our service department.
모든 보증 서비스 요청은 / 신속히 전달될 것이다 / 우리 서비스 부서에

31 settle *
[sétl]
⑪ settlement **n** (논쟁 등의) 해결, 합의

v (논쟁 등을) 해결하다, 합의를 보다

A manager was called / to **settle a dispute** / regarding the cost of labor.
관리자가 호출되었다 / 분쟁을 해결하기 위해 / 인건비에 관한

> ◆ 토익 출제 포인트 (Part 5&6)
>
> (**settle** / defeat) an argument over the contract
> 계약에 관한 논쟁을 해결하다
> → 목적어인 argument(논쟁)과 어울리는 동사는 settle(해결하다)이다.
> defeat(물리치다)는 목적어로 '경쟁 상대'가 와야 한다.

32 warranty *
미 [wɔ́ːrənti]
영 [wɔ́rənti]
⑧ guarantee 품질 보증(서)

n 품질 보증(서)

Customers may **extend** their **warranty** / to three years / for an additional $50.
고객들은 품질 보증 기간을 연장할 수 있다 / 3년으로 / 추가 50달러에

> 빅데이터 토익 빈출 표현 ● 빈출도
> extend the **warranty** 품질 보증 기간을 연장하다 •
> under **warranty** 품질 보증 기간 중인 •••

33 properly *
미 [prɑ́ːpərli]
영 [prɔ́pəli]
⑪ proper adj. 제대로 된, 적절한

adv 제대로, 적절하게

The copier on the fifth floor / has not been working **properly**. 5층 복사기가 / 제대로 작동하지 않고 있다

> 토익 출제 포인트 (Part 5&6)
> The boat is (**properly** / ~~moderately~~) secured to the trailer. 배가 트레일러에 제대로 고정되었다.
> → 동사 secure(고정하다)를 의미상 자연스럽게 수식하는 부사는 properly(제대로)이다. (moderately 중간 정도로, 적당히)

> 빅데이터 토익 빈출 표현 ● 빈출도
> work[operate/function] **properly** 제대로 작동하다 •••

34 malfunction *
[mælfʌ́ŋkʃən]

v 오작동하다, 제대로 작동하지 않다

If the program / continues to **malfunction**, / turn the device off immediately.
만약 프로그램이 / 계속 오작동한다면 / 즉시 장치를 끄세요

n 오작동, 고장

When a **malfunction** occurs, / the system will stop automatically. 오작동이 발생하면 / 시스템은 자동으로 중지될 것이다

35 claim *
[kleim]

n 청구, 요구, 주장

Submit a completed **claim** form / when requesting repairs. 작성된 청구서를 제출하세요 / 수리를 요청할 때

ⓥ 청구하다, 요구하다, 주장하다
To **claim** this guarantee, / fill out / the online form.
이 품질 보증을 청구하려면 / 작성하세요 / 온라인 양식을

36 dealership *
미 [díːlərʃìp]
영 [díːləʃìp]

ⓝ 대리점
Please contact / a licensed Aero **dealership** / for any inspections or repairs.
문의하십시오 / 인가된 Aero 대리점에 / 검사나 수리를 하려면

37 mechanic *
[məkǽnik]

ⓝ 정비공
One of the **mechanics** / found a faulty wire / in the engine. 정비공 중 한 명이 / 배선 결함을 발견했다 / 엔진에서

38 suffer *
[sʌ́fər]

ⓥ (고통·손해 따위를) 겪다
The company **suffered** massive **losses** / following the product recall. 그 회사는 큰 손실을 겪었다 / 제품 리콜 이후

39 stain *
[stein]

ⓝ 얼룩, 오염, 자국
It was impossible / to remove the wine **stains** / from the carpet. 불가능했다 / 포도주 얼룩을 지우는 것은 / 카펫에서

40 part *
미 [paːrt]
영 [paːt]
ⓢ component 부품

ⓝ 부품; 부분
A **replacement part** / is being mailed to you / by express delivery. 교체 부품이 / 당신에게 보내지는 중입니다 / 속달로

> **⊕ 토익 출제 포인트 (Part 6)**
>
> Thank you for your order of side-view mirrors and wipers. However, these (reservations / **parts**) are not currently available in our shop.
> 사이드 미러와 와이퍼를 주문해 주셔서 감사합니다. 하지만 현재 저희 매장에는 이 부품의 재고가 없습니다.
>   → 앞 문장에 언급된 side-view mirrors와 wipers는 차량 부품이므로 이를 parts로 표현하는 것이 적절하다. (reservation 예약)

Day 13 **Daily Test**

A 각 영어 단어의 알맞은 의미를 찾아 연결하세요.

01 replace • • ⓐ (문제 따위를) 파악하다; (신원을) 확인하다
02 frustrate • • ⓑ 교체하다, 대신[대체]하다
03 identify • • ⓒ (기한이) 만료되다, 만기가 되다
04 expire • • ⓓ 불만스럽게 만들다, 좌절시키다

B 우리말과 일치하도록 다음 빈칸에 알맞은 단어를 찾아 넣으세요.

ⓐ readily ⓑ adjust ⓒ technician ⓓ appliance ⓔ resolve

05 _____ a complaint 불만을 해결하다
06 an experienced _____ 숙련된 기술자
07 _____ accessible 손쉽게 접근할 수 있는
08 _____ the deadline 마감일을 조정하다

C 다음 빈칸에 문맥상 적절한 단어를 찾아 넣으세요. 해석 p. 508

| ⓐ equipped ⓑ inspected ⓒ damaged |
ⓓ emerged ⓔ technical

09 The resort has a fully _____ business center.
10 If you require _____ assistance, please contact our Help Desk.
11 Unfortunately, the product has been delivered in _____ condition.
12 The malfunctioning equipment will be _____ by certified engineers.

정답 01 ⓑ 02 ⓓ 03 ⓐ 04 ⓒ 05 ⓔ 06 ⓒ 07 ⓐ 08 ⓑ 09 ⓐ 10 ⓔ 11 ⓒ 12 ⓑ

토익 LC/RC 짝꿍 표현

결함/수리

☐ **abandon**	v 버리다; 포기하다	**abandon** the car 그 차를 버리다 **abandon** the real estate business 부동산 중개 사업을 포기하다	
☐ **device**	n 기기, 장치	an energy-efficient **device** 에너지 효율이 좋은 기기 an internet-connected **device** 인터넷 연결이 되는 장치	
☐ **embarrass**	v 당황시키다	**embarrass** the engineer 그 엔지니어를 당황시키다 **embarrass** the administration 운영진을 당황시키다	
☐ **missing**	adj 빠진, 사라진, 없는	request **missing** equipment 빠진 장비를 요청하다 Some parts were **missing**. 일부 부품이 빠져 있었다.	
☐ **occur**	v 발생하다, 일어나다	Problems **occur** with frequency in this system. 이 시스템에 문제가 빈번하게 발생한다. Meetings **occur** once a week. 회의는 일주일에 한 번 열린다.	
☐ **break down**	phr 고장 나다; ~을 부수다	The elevator always **breaks down**. 그 엘리베이터는 항상 고장이 난다. **break down** the door 문을 부수다	
☐ **fragile**	adj 손상되기 쉬운; 취약한	special packing for **fragile** items 손상되기 쉬운 물품을 위한 특별 포장 handle **fragile** documents 취약한 문서를 다루다	
☐ **alter**	v 변경하다, 바꾸다	**alter** the size of the image 이미지 크기를 변경하다 **alter** the format 형식을 바꾸다	
☐ **mend**	v 수리하다, 고치다	**mend** the light in the hall 홀 내의 조명을 수리하다 **mend** the clothes 옷을 수선하다	
☐ **carelessly**	adv 부주의하게	be dealt with **carelessly** 부주의하게 처리되다 drive **carelessly** 부주의하게 운전하다	
☐ **welding**	n 용접	Smoke from **welding** fills the air. 용접으로 인한 연기가 공기를 가득 채운다. borrow a new **welding** machine 새로운 용접기를 빌리다	
☐ **spoil**	v 상하다; 망치다	Most of the food has **spoiled**. 대부분의 음식이 상했다. **spoil** our relationship 우리의 관계를 망치다	

☐ **wear**	n 마모, 닳아 해짐 v 닳다, 낡아지다	reduce **wear** and tear (사용에 의한) 마모 손상을 줄이다 start to **wear** a little 조금 닳기 시작하다	
☐ **on purpose**	phr 고의로, 일부러	break the window **on purpose** 고의로 창문을 부수다 miss the document **on purpose** 일부러 해당 문서를 빠뜨리다	
☐ **retrieval**	n 회수; 검색	automate the **retrieval** process 회수 과정을 자동화하다 information **retrieval** 정보 검색	
☐ **gadget**	n 기구, 장치	the latest **gadget** 최신 기구 several kitchen **gadgets** 여러 주방 기구	
☐ **segment**	n 부분, 일부	be divided into two **segments** 두 부분으로 나뉘다 the practical **segment** of the lecture 강의의 실용적인 부분	
☐ **fix**	v 고치다, 바로잡다	**fix** the brake on the bus 버스 브레이크를 고치다 **fix** the system correctly 시스템을 제대로 바로잡다	
☐ **corrosion**	n 부식	prevent pipe **corrosion** 파이프 부식을 예방하다 free from **corrosion** 부식의 염려가 없는	
☐ **scratch**	v 긁다; 새기다 n 긁힘, 긁힌 자국	**scratch** one's car 차를 긁다 be protected from **scratches** 긁힘으로부터 보호되다	
☐ **leakage**	n 누수, 누출	a sign of water **leakage** 누수의 징조 check the bottle for **leakage** 병이 새는지 확인하다	
☐ **proliferation**	n 확산, 급증	irresponsible **proliferation** 무책임한 확산 rapid product **proliferation** 급속한 제품 확산	
☐ **damage**	v 손상시키다, 피해를 주다 n 손상, 피해	badly **damage** one's health 건강을 심하게 손상시키다 notice slight **damage** 약간의 손상을 알아차리다	
☐ **recall**	v 리콜하다, 회수하다; 기억해 내다	**recall** the defective ovens 결함이 있는 오븐을 리콜하다 **recall** an incident 사건을 기억해 내다	
☐ **gap**	n 틈, 간격; 결함, 부족; 차이	a **gap** under the door 문 아래쪽의 틈 fill the **gap** 틈을 메우다; 결함을 보완하다	
☐ **accuracy**	n 정확(도)	check the **accuracy** of descriptions 설명의 정확도를 확인하다 review the **accuracy** 정확도를 검토하다	

결함/수리 | 223

□ scant	adj 거의 없는, 부족한	**scant** regard for quality 품질에 대한 관심이 거의 없는 give **scant** attention 신경을 거의 쓰지 않다
□ durability	n 내구성	complain about the **durability** 내구성에 대해 불평하다 known for its **durability** 내구성으로 잘 알려진
□ turn up	phr ~을 찾아내다; 나타나다	**turn up** new evidence 새로운 증거를 찾아내다 **turn up** early as usual 평소와 같이 일찍 나타나다
□ perturbed	adj 혼란된, 동요한	**perturbed** by the noises 소음으로 인해 혼란된 **perturbed** over one's attitude 태도에 동요한
□ scarce	adj 부족한, 드문	Battery power is **scarce**. 배터리 전원이 부족하다. the **scarce** resources 부족한 자원
□ inadequate	adj 불충분한; 부적절한	**inadequate** equipment 불충분한 설비 prove wholly **inadequate** 완전히 부적절한 것으로 판명되다
□ apprehension	n 우려, 불안	**apprehension** about the safety 안전에 대한 우려 filled with **apprehension** 불안감으로 가득한
□ trouble	n 어려움, 문제	have **trouble** downloading the software 소프트웨어를 다운로드하는 데 어려움을 겪다 serious **trouble** develops 심각한 문제가 발생하다
□ crack	v 깨지다, 부수다, 갈라지다 n 깨짐, 금, 갈라짐	with a **cracked** screen 깨진 화면으로 **cracks** found in the surface 표면에 발견된 깨진 자국
□ upset	adj 화난, 속상한 v 잘못되게 만들다; 화나게 만들다	deeply **upset** about the damage 손상에 대해 크게 화난 **upset** the balance of the economy 경제 균형을 깨다
□ external	adj 외부의, 바깥의	the **external** part of the building 건물의 외부 changing **external** factors 변화하는 외부 요인
□ unbearably	adv 참을 수 없을 정도로	suffer **unbearably** 참을 수 없을 정도로 고통받다 an **unbearably** freezing day 참을 수 없을 정도로 추운 날
□ empty	n 비우다 adj 빈, 공허한	**empty** one's pockets 주머니를 비우다 the **empty** lot 공터
□ flair	n 재능, 솜씨	have a **flair** for fixing computers 컴퓨터 수리에 대한 재능이 있다 show a **flair** and creativity 재능과 창의성을 보이다

☐ immerse	v 몰두하다; 담그다	be **immersed** in making things 무언가를 만드는 데 몰두해 있다 **immerse** one's foot in warm water 따뜻한 물에 발을 담그다	
☐ loose	adj 헐거워진, 풀린; 헐렁한	check the machinery for **loose** parts 헐거워진 부품이 있는지 기계를 확인하다 a **loose** sweater 헐렁한 스웨터	
☐ hazard	n 위험 (요소)	workplace **hazards** 직장 내의 위험 요소 potential **hazards** 잠재적 위험	
☐ reclaim	v 회수 요청을 하다; 되찾다	**reclaim** some tax 일부 세금 환급을 요청하다 **reclaim** desert land 황무지를 되찾다	
☐ technique	n 기법, 기술	present useful **techniques** 유용한 기법을 제시하다 **techniques** for organizing documents 문서를 정리하는 기술	
☐ unwavering	adj 확고한, 변함없는	**unwavering** support 확고한 지지 with **unwavering** devotion 변함없는 헌신으로	
☐ reinforce	v 보강하다, 강화하다	**reinforced** with tons of cement 여러 톤의 시멘트로 보강된 **reinforce** one's argument 주장을 강화하다	
☐ joint	adj 공동의	issue a **joint** statement 공동 성명을 발표하다 regarding our **joint** project 우리의 공동 프로젝트에 관해	
☐ circuit	n 회로	test the **circuit** systematically 조직적으로 회로를 테스트하다 a **circuit** board manufacturer 회로 기판 제조사	
☐ weakness	n 단점, 약점	the major **weakness** 주요 단점 a fundamental **weakness** 근본적인 단점	
☐ capture	v 수집하다; 포착하다	**capture** energy from sunlight 햇빛으로부터 에너지를 수집하다 **capture** some spectacular views 장관을 이루는 경치를 포착하다	
☐ vanish	v 사라지다	**vanish** without a trace 자취도 없이 사라지다 **vanish** from sight 시야에서 사라지다	
☐ imitation	n 모조품; 모방	a cheap **imitation** 싸구려 모조품 learn a language by **imitation** 모방을 통해 언어를 습득하다	
☐ rough	adj 대략적인; 힘든	give us a **rough** estimate 우리에게 대략적인 견적을 제공하다 go through a **rough** day 힘든 하루를 보내다	

고객 관리

토익에서는 고객 질의에 대한 응답, 불만 처리 상황, 우수 고객에 대한 보상 등의 고객 관리 상황이 출제됩니다.

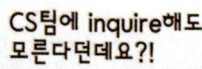

01 appreciation ★★★
[əpríːʃiéiʃən]
ⓜ appreciative adj 고마워하는
appreciate v 고맙게 여기다;
이해하다,
인정하다

n 감사 (of)

In **appreciation** of your continued business, / we are sending you / a 50% discount coupon.
당신의 지속적인 거래에 대한 감사의 표시로 / 저희가 보내 드립니다 / 50% 할인 쿠폰을

> 🔶 토익 출제 포인트 (Part 7_동의어 찾기)
>
> The manager "**appreciates**" that it will be hard to meet the deadline.
> (A) understands   (B) gives thanks
> 그 관리자는 마감일을 맞추기 어려울 것임을 이해하고 있다.
> → appreciate가 문맥상 '이해하다'라는 의미로 쓰이면 understand(이해하다)와 동의어가 된다. (give thanks 감사를 표하다)

> 🔍 빅데이터 토익 빈출 표현 • 빈출도
>
> in **appreciation** of ~에 감사하여 ★★★
> express[show] **appreciation** 감사를 표하다 ★★★★

02 quickly ★★★
[kwíkli]

adv 빠르게, 빨리, 곧

Employees are expected / to **respond to** customer complaints / as **quickly** as possible.
직원들은 기대된다 / 고객의 불만에 대처할 것으로 / 가능한 한 빠르게

03 immediately ★★★
[imíːdiətli]
ⓜ immediate adj 즉각적인

adv 즉시, 즉각

We will make sure / that the replacement parts / are **immediately** sent to you.
저희가 확실히 하겠습니다 / 교체 부품이 / 당신에게 즉시 배송되도록

> 🔍 빅데이터 토익 빈출 표현 • 빈출도
>
> **immediately** after ~직후에 ★★★★★
> effective **immediately** 즉시 효력이 있는[실시되는] ★★

04 impressed ★★★
[imprést]

adj 감명을 받은, 깊은 인상을 받은 (with/by)

I was **impressed** / **with** your commitment / to customer satisfaction.
저는 감명받았습니다 / 귀사의 헌신에 / 고객 만족에 대한

05 easily ***
[íːzəli]
파 easy adj 쉬운
ease n 쉬움, 용이함
  v 완화시키다, 덜다

adv 쉽게, 용이하게
All our products / are easily accessible / to customers / through a mobile app.
우리의 모든 제품은 / 쉽게 접근이 가능하다 / 고객들에게 / 모바일 앱을 통해

> 🔍 빅데이터 토익 빈출 표현
> with ease(= easily) 쉽게 ••
> ease traffic congestion 교통 체증을 완화시키다 •
> ● 빈출도

06 welcome ***
[wélkəm]

v 환영하다
The Jungle Bites / always welcomes / your opinions and suggestions.
Jungle Bites는 / 언제나 환영합니다 / 여러분의 의견과 제안을

adj ~해도 좋은, 환영받는 (to V)
Guests are welcome / to order room service / for their breakfast.
투숙객들은 해도 좋다 / 룸서비스를 주문하는 것을 / 아침 식사를 위해

07 pleased ***
[pliːzd]
파 pleasing adj 기쁨을 주는, 만족스러운
pleasant adj 즐거운
pleasure n 즐거움, 기쁨

adj 기뻐하는, 만족해하는 (to V/that절/with)
We are pleased / to invite our valued customers / to a dinner party.
우리는 기쁘다 / 우리 귀중한 고객들을 초대하게 되어서 / 만찬회에

> 🎯 토익 출제 포인트 (Part 5&6)
> We are (pleasing / pleased) that you have decided to join the program. 당신이 그 프로그램에 참가하기로 결정해서 기쁩니다.
> → 상대방이 참가하게 되어 기쁘다'는 내용이 알맞으므로 '기뻐하는'이란 의미의 pleased가 정답이다. '~해서[~에 대해] 기쁘다'라는 의미는 'be pleased + to V/that절/with 명사'로 표현한다는 것을 기억해 두자.

08 enclosed ***
미 [inklóuzd]
영 [inkláuzd]
파 enclose v 동봉하다

adj 동봉된
Please accept / the enclosed discount coupon / for your next purchase.
받아 주세요 / 동봉된 할인 쿠폰을 / 당신의 다음번 구매를 위해

09 provide ***
[prəváid]
ⓐ provider ⓝ 제공자; 제공 업체

ⓥ 제공하다 (A for B) (B with A)
We **provide** free installation / **for** new customers.
우리는 무료 설치를 제공한다 / 신규 고객들에게

🔍 빅데이터 토익 빈출 표현 · 빈출도
provide A for B[B with A] B에게 A를 제공하다 •••••

10 professionalism ***
[prəféʃənəlìzm]

ⓝ 전문성, 프로 근성
I was impressed / by the high **level of professionalism** / shown by your staff.
저는 감탄했습니다 / 높은 수준의 전문성에 / 귀사의 직원들이 보인

🔍 빅데이터 토익 빈출 표현 · 빈출도
a sense of **professionalism** 프로 의식 •••

11 complaint ***
[kəmpléint]
ⓐ complain ⓥ 불평하다

ⓝ 불만, 불평
It is vital / to **resolve** customer **complaints** / in a timely manner. 중요하다 / 고객의 불만을 해결하는 것은 / 적시에

🔍 빅데이터 토익 빈출 표현 · 빈출도
resolve[address] a **complaint** 불만을 해결하다[다루다] ••••
make a **complaint** 불평하다 ••
complain about ~에 대해 불평하다 •

12 service ***
미 [sə́:rvis]
영 [sə́:vis]

ⓝ 서비스; 근무
The hotel / provides a **free** shuttle **service** / every 30 minutes. 그 호텔은 / 무료 셔틀 서비스를 제공한다 / 30분마다

Mr. Ramirez retired / after 20 **years of service** / to the company. Ramirez 씨는 은퇴했다 / 20년간 근무 후에 / 그 회사에서

13 excellent ★★★
[éksələnt]
ⓝ excellence ⓝ 뛰어남

adj 뛰어난

We are committed / to providing affordable products / and **excellent** service.
우리는 최선을 다하고 있다 / 저렴한 제품을 제공하는 것에 / 뛰어난 서비스와 함께

14 closely ★★★
[klóusli]
ⓟ close adv 가까이
　　　　adj 가까운, 밀접한
　　　　v 닫다

adv 면밀하게; 긴밀하게, 밀접하게; 꼭, 딱

By **closely** monitoring feedback, / we can serve our customers better.
피드백을 면밀하게 관찰함으로써 / 우리는 고객들에게 더 나은 서비스를 제공할 수 있다

The company / works **closely** with its customers / to offer the best service.
그 회사는 / 고객들과 긴밀하게 협력한다 / 최상의 서비스를 제공하기 위해

> 🎯 **토익 출제 포인트 (Part 5&6)**
>
> Clean Aqua provides cleaning services that (**closely** / ~~close~~) **match** your individual needs.
> Clean Aqua는 여러분의 개별적 필요에 꼭 맞는 청소 서비스를 제공합니다.
> → 부사 closely(밀접하게; 꼭)와 close(가까이)의 의미 차이를 묻는 문제가 출제된다. close는 공간적으로 '가까이'라는 의미일 때 쓰므로 주의하자.

🔍 **빅데이터 토익 빈출 표현**　　　　● 빈출도

work **closely** with　~와 긴밀히 협력하다 ★★★

15 inconvenience ★★★
[ìnkənvíːnjəns]
ⓟ inconvenient adj 불편한

n 불편

We apologize for the **inconvenience** / you experienced.　불편에 사과드립니다 / 당신이 겪은

v 불편하게 하다

I hope / the delay will not **inconvenience** you / too much.　저는 바랍니다 / 지연이 당신에게 불편을 끼치지 않길 / 너무 많이

16 feedback **
[fí:dbæk]

n 피드백, 의견

We greatly value your feedback / on our products and services.
저희는 여러분의 피드백을 매우 소중히 생각합니다 / 저희 제품과 서비스에 대한

> ◎ 토익 출제 포인트 (Part 7)
>
> Q. What is the purpose of the e-mail[letter]?
> 이메일[편지]의 목적은 무엇인가?
> 지문: We invite you to **share your opinions[thoughts]**.
> 　　　여러분의 의견[생각]을 공유해 주시길 부탁드립니다.
> 　　　Please take a moment to **fill out a survey**.
> 　　　잠시 시간을 내어 설문을 작성해 주세요.
> A. To request **feedback** 피드백을 요청하는 것
> → 지문에 '의견 공유, 설문 작성'과 같은 표현이 나오면 보통 feedback으로 패러프레이징한 보기가 정답이다.

17 commitment **
[kəmítmənt]
파 committed adj 헌신적인
동 dedication 헌신, 전념

n 헌신, 전념 (to/to V)

Parker Corporation / has a **strong commitment** / **to** keeping customer information secure.
Parker 사는 / 아주 헌신한다 / 고객 정보를 안전하게 유지하는 것에

> ◎ 빅데이터 토익 빈출 표현 　　　　● 빈출도
>
> make a **commitment** to -ing[명사] ~에 헌신하다 **
> be **committed** to -ing[명사] ~에 헌신하다 ****

18 strive **
[straiv]
동 try 노력하다
　struggle 분투하다

v 노력하다, 애쓰다 (to V)

We at Royal Hotel / **strive to make** your stay / as enjoyable as possible.
저희 Royal 호텔은 / 여러분의 숙박을 만들기 위해 노력합니다 / 가능한 한 즐겁게
▶ 저희 Royal 호텔은 여러분이 가능한 한 즐겁게 숙박하실 수 있도록 노력합니다.

> ◎ 토익 출제 포인트 (Part 5&6)
>
> We (**strive** / ~~assume~~) to provide the best experience.
> 우리는 최고의 경험을 제공하기 위해 노력한다.
> → strive는 strive to V(~하기 위해 노력하다) 형태로 자주 출제된다. (assume 떠맡다)

19 intention ⁎⁎
[inténʃən]
㉽ intentional adj 고의적인, 의도적인
intentionally adv 고의로, 일부러
intent n 의도, 의향
㈄ aim, purpose, objective 목적

n 목적, 의도, 의사 (of -ing/to V)
Our **intention** / **is to** maintain the highest standard / of service.
우리의 목적은 / 가장 높은 수준을 유지하는 것이다 / 서비스의

> 🔍 **빅데이터 토익 빈출 표현**   ● 빈출도
> have every **intention** of -ing ~할 분명한 의사를 가지고 있다 ⁎
> **intention** to retire 은퇴할 의사 ⁎

20 correspondence ⁎⁎
미 [kɔ̀:rəspándəns]
영 [kɔ̀rəspɔ́ndəns]
㉽ correspondent n 기자, 특파원
correspond v ~와 서신을 주고받다

n 서신 (왕래), 편지 (with)
All **correspondence with** customers / should be dealt with promptly.
고객들과의 모든 서신 왕래는 / 즉시 처리되어야 한다

> ✦ **토익 출제 포인트 (Part 5&6)**
> (**Correspondence** / ~~Correspondents~~) from Grove Home Store often included discount coupons.
> Grove Home Store의 서신은 종종 할인 쿠폰을 포함했다.
> → correspondence(서신)와 correspondent(기자, 특파원)의 의미 차이를 묻는 문제가 출제된다.

21 survey ⁎⁎
미 [sə́:rvei]
영 [sə́:vei]

n (설문) 조사
Please **complete** a customer **survey** / to be entered into a drawing.
고객 설문 조사를 작성해 주세요 / 추첨에 참여하기 위해

> 🔍 **빅데이터 토익 빈출 표현**   ● 빈출도
> **survey** indicates[suggests] that절
> 설문 조사는 ~을 보여 준다 ⁎⁎⁎⁎

22 everywhere ⁎⁎
미 [évriwer]
영 [évriweə]

adv 어디에나, 사방에
Customers can find / our official service centers / **everywhere in the country**.
고객들은 찾을 수 있다 / 우리 공식 서비스 센터를 / 전국 어디에서나

23 helpful **
[hélpfəl]

adj 도움이 되는, 유익한

Our sales staff / would be happy / to provide you / with any **helpful** advice.
저희 영업 사원들은 / 기꺼이 할 것입니다 / 당신에게 제공하는 것을 / 도움이 되는 그 어떤 조언이라도
▶ 저희 영업 사원들은 당신에게 도움이 되는 그 어떤 조언이라도 기꺼이 제공해 드릴 것입니다.

빅데이터 토익 빈출 표현 ● 빈출도
find it **helpful** to V ~하는 것이 도움이 된다고 여기다 ●●●
It is **helpful** to V ~하는 것이 도움이 되다 ●●

24 inquire **
[inkwáiər]
ⓝ inquiry ⓝ 문의, 질문

v 문의하다, 묻다 (about)

If you want to **inquire** / **about** our repair service, / please call our customer service department.
당신이 문의하고 싶다면 / 저희 수리 서비스에 관해 / 저희 고객 서비스 부서에 전화해 주세요

빅데이터 토익 빈출 표현 ● 빈출도
inquire about ~에 관해 문의하다 ●●●
address a customer **inquiry** 고객 문의를 처리하다 ●●
make an **inquiry** 문의하다 ●●

25 respectfully **
[rispéktfəli]
ⓐ respectful **adj** 존경심을 보이는, 공손한
respect ⓝ 존경, 존중
ⓥ 존경하다, 존중하다

adv 정중히, 공손하게

The customer / was **respectfully** asked / to wait patiently / for the delivery.
그 고객은 / 정중히 부탁을 받았다 / 인내심 있게 기다려 달라고 / 배달을

26 repeatedly **
[ripí:tidli]
ⓐ repeated **adj** 반복되는
repeat ⓥ 반복하다

adv 반복해서, 되풀이해서

The manager / will deal with the customer / who **repeatedly** complained about our service.
그 관리자는 / 고객을 응대할 것이다 / 반복해서 우리 서비스에 대해 불만을 제기한

27 serve ✱✱
- 미 [səːrv]
- 영 [səːv]
- 동 act 역할을 하다

v (서비스·음식 등을) 제공하다; 근무하다, 역할을 하다 (as)

In order to **serve** you **better**, / we will be expanding the waiting area.
여러분에게 더 나은 서비스를 제공하기 위해 / 대기실을 확장하겠습니다

Mr. Watt **served as** director of GNB / before joining our company.
Watt 씨는 GNB의 이사로 근무했다 / 우리 회사에 입사하기 전에

> 🔆 토익 출제 포인트 (Part 7_동의어 찾기)
>
> Rager will "**serve**" as a member of the association.
> (A) promote   (B) act
> Rager는 협회 회원 역할을 할 것이다.
> → serve가 문맥상 '~로서의 역할을 하다'라는 의미로 쓰이면 act(역할을 하다)와 동의어가 된다. (promote 승진시키다; 홍보하다)

🔍 빅데이터 토익 빈출 표현 ● 빈출도

serve a meal 식사를 제공하다 ●●●

28 disruption ✱✱
- [disrʌ́pʃən]
- 파 disrupt v 방해하다, 지장을 주다

n 중단, 방해

In the event of unexpected **disruption** / **in the service**, / we ask for your understanding.
예기치 못한 중단이 발생하는 경우 / 서비스에서 / 저희는 여러분의 양해를 구합니다

29 regret ✱✱
- [rigrét]
- 파 regretful adj 유감스러워하는, 후회하는
- regretfully adv 유감스럽게도

v 유감스럽게 생각하다 (that절/to V)

We **sincerely regret** / **that** you are not satisfied / with your stay.
저희는 진심으로 유감스럽게 생각합니다 / 당신이 만족하지 못하셔서 / 투숙에

n 유감

Mercury Hall announced, / **with regret**, / the cancellation of tonight's evening performance.
Mercury Hall은 발표했다 / 유감을 가지고 / 오늘 밤 저녁 공연의 취소를

🔍 빅데이터 토익 빈출 표현 ● 빈출도

regret to inform you that절
당신에게 ~을 알려 드리게 되어 유감입니다 ●●●

30 loyalty **
[lɔ́iəlti]
ⓓ loyal adj 충실한, 충성스러운

n 충성(도), 충실
The marketing department / is making use of social media / to **build customer loyalty**.
마케팅 부서는 / 소셜 미디어를 활용하고 있다 / 고객 충성도를 쌓아 올리기 위해

31 habitually *
[həbítʃuəli]

adv 습관적으로, 늘
Mr. Haynes **smiles habitually** / when greeting a customer.
Haynes 씨는 습관적으로 미소를 짓는다 / 손님에게 인사할 때

32 patron *
[péitrən]

n 고객; 후원자
The restaurant / has its own parking lot, / which is available / **for patrons only**.
그 식당은 / 전용 주차장을 가지고 있다 / 이용 가능한 / 오직 고객들만

33 consumer *
미 [kənsú:mər]
영 [kənsjú:mər]

n 소비자
The company / continuously interacts with **consumers** / to create lasting relationships.
그 회사는 / 계속해서 소비자들과 상호 교류한다 / 지속적인 관계를 구축하기 위해

34 immense *
[iméns]
ⓢ huge, enormous 막대한, 거대한

adj 방대한, 거대한
Technicians gather / **an immense amount of** customer data / from e-mails.
기술자들은 수집한다 / 방대한 양의 고객 데이터를 / 이메일로부터

35 calmly *
[ká:mli]

adv 침착하게, 차분하게
Mr. Shaw can **handle** / any customer complaints / **calmly**.
Shaw 씨는 처리할 수 있다 / 어떤 고객 불만도 / 침착하게

고객 관리 | 235

36 dissatisfaction *
[dìssætisfǽkʃən]
ⓐ dissatisfied **adj** 불만스러운

n 불만, 불평 (with)
Please feel free / to share your **dissatisfaction** / **with** our service.
부담 갖지 마세요 / 당신의 불만을 공유하는 것에 / 저희 서비스에 대한

37 apology *
미 [əpáːlədʒi]
영 [əpɔ́lədʒi]
ⓐ apologize **v** 사과하다
apologetic **adj** 사과하는

n 사과 (for)
We would like to offer / our **sincere apology** / **for** the late delivery.
저희는 전하고 싶습니다 / 진심 어린 사과를 / 늦은 배송에 대해

38 unresponsive *
미 [ʌnrispáːnsiv]
영 [ʌnrispɔ́nsiv]

adj 묵묵부답의, 대답이 없는 (to)
The company / has been **unresponsive to** complaints / from local residents.
그 회사는 / 불만에 대해 묵묵부답이었다 / 지역 주민들로부터 나온

39 patronage *
[péitrənidʒ]

n (고객의) 애용
Your **repeated patronage** / is greatly appreciated.
당신의 지속적인 애용은 / 매우 감사하게 여겨집니다

> ◆ 토익 출제 포인트 (Part 5&6)
>
> increase (**patronage** / ~~patronize~~) of young customers
> 젊은 고객들의 애용도를 높이다
> → patronage는 명사이고, patronize는 동사이다. 동사 increase의 목적어 자리이므로 명사 patronage가 정답이다. (patronize 애용하다)

40 rating *
[réitiŋ]

n 등급, 평가
Ridge Corp. / received **the highest rating** / for customer service / last year.
Ridge 사는 / 가장 높은 등급을 받았다 / 고객 서비스에 대해 / 작년에

Day 14 **Daily Test**

A 각 영어 단어의 알맞은 의미를 찾아 연결하세요.

01 immense •   • ⓐ 도움이 되는, 유익한
02 apology •   • ⓑ 사과
03 helpful •   • ⓒ 고객; 후원자
04 patron •   • ⓓ 방대한, 거대한

B 우리말과 일치하도록 다음 빈칸에 알맞은 단어를 찾아 넣으세요.

| ⓐ complaints | ⓑ appreciation | ⓒ professionalism |
| ⓓ intention | ⓔ closely | |

05 express _____ 감사를 표하다
06 work _____ with ~와 긴밀히 협력하다
07 a sense of _____ 프로 의식
08 resolve customer _____ 고객의 불만을 해결하다

C 다음 빈칸에 문맥상 적절한 단어를 찾아 넣으세요.   해석 p. 508

| ⓐ disrupts | ⓑ inquire | ⓒ strive |
| ⓓ correspondence | ⓔ serves | |

09 Ms. Tucker currently _____ as a consultant for a couple of companies.
10 At World Limited, we _____ to meet all your maintenance needs.
11 A customer called this morning to _____ about his reservation.
12 We store all _____ with customers in a secure location.

정답 01 ⓓ 02 ⓑ 03 ⓐ 04 ⓒ 05 ⓑ 06 ⓔ 07 ⓒ 08 ⓐ 09 ⓔ 10 ⓒ 11 ⓑ 12 ⓓ

토익 LC/RC 짝꿍 표현

고객 관리

- [ ] **improper**   [adj] 부적절한
  - **improper** handling 부적절한 처리
  - know of no **improper** conduct
    부적절한 행동을 알지 못하다, 행실이 좋다

- [ ] **tolerate**   [v] 참다, 용인하다
  - **tolerate** one's rudeness 무례함을 참다
  - **tolerate** a sudden change
    갑작스러운 변화를 용인하다

- [ ] **hospitality**   [n] 환대, 접대
  - experience one's **hospitality** 환대를 경험하다
  - Thank you for your **hospitality**.
    환대해 주셔서 감사합니다.

- [ ] **respondent**   [n] 응답자
  - **Respondents** had a few complaints.
    응답자들은 약간의 불만이 있었다.
  - about 40% of **respondents** 응답자들의 약 40%

- [ ] **had better**   [phr] ~하는 것이 좋다
  - **had better** call our customers
    우리 고객들에게 전화하는 것이 좋다
  - **had better** set out now 지금 출발하는 것이 좋다

- [ ] **gratified**   [adj] 기쁜, 만족한
  - **gratified** to see the development
    발전 과정을 보게 되어 기쁜
  - **gratified** by the news 그 소식에 만족한

- [ ] **escort**   [v] 안내하다
  - **escort** guests back to the hotel
    손님들을 호텔로 다시 안내하다
  - **escort** patrons to their seats
    좌석으로 고객들을 안내하다

- [ ] **indifferent**   [adj] 무관심한
  - seem **indifferent** to the concerns
    그 문제에 무관심한 것 같다
  - **indifferent** to the economic effects
    경제적 효과에 무관심한

- [ ] **close a deal**   [phr] 계약을 체결하다
  - **close a deal** on a car 차량 구입 계약을 체결하다
  - celebrate **closing a deal** 계약 체결을 축하하다

- [ ] **argumentative**   [adj] 논쟁을 좋아하는
  - become **argumentative** 논쟁을 좋아하게 되다
  - in an **argumentative** mood 논쟁하고 싶은 기분인

- [ ] **infuriate**   [v] 크게 화나게 만들다
  - Your attitude **infuriated** visitors.
    당신의 태도가 방문객들을 크게 화나게 만들었습니다.
  - **infuriated** at one's behavior 행동에 크게 화난

- [ ] **commentary**   [n] 설명, 해설, 논평
  - provide a **commentary** 설명을 제공하다
  - the best **commentary** on global markets
    세계 시장에 관한 가장 좋은 설명

☐ applaud	v 박수를 보내다		**applaud** Ms. Lee for her dedication Lee 씨의 헌신에 박수를 보내다 **applaud** the successes 성공에 대해 박수를 보내다
☐ attitude	n 태도		a positive **attitude** 긍정적인 태도 a professional **attitude** 전문적인 태도
☐ seriously	adv 심각하게		No one takes **seriously**. 아무도 심각하게 받아들이지 않는다. **seriously** flawed 심각하게 결함이 있는
☐ customer	n 고객		focus on individual **customers** 개별 고객들에게 초점을 맞추다 existing **customers** 기존 고객들
☐ confuse	v 혼동하다; 혼란스럽게 하다		careful not to be **confused** 혼동하지 않도록 조심하는 Our explanation **confused** matters. 우리의 설명이 일을 혼란스럽게 했다.
☐ free	adj 무료의		include **free** admission 무료 입장료를 포함하다 get a **free** coffee 무료 커피를 받다
☐ disappoint	v 실망시키다, 좌절시키다		**disappoint** one's coworkers 동료 직원들을 실망시키다 **disappoint** one's expectations 기대를 저버리다
☐ willing	adj 의향이 있는; 자발적인		perfectly **willing** to assist 전적으로 도울 의향이 있는 a **willing** heart 자발적인 마음
☐ politely	adv 공손히, 정중히		treat people **politely** 사람들을 공손히 대하다 decline **politely** 정중히 거절하다
☐ insert	v 삽입하다		**insert** a new clause into the contract 계약서에 새 조항을 삽입하다 **insert** a battery into the clock 시계에 배터리를 삽입하다
☐ react	v 반응하다		**react** to the cancellation 취소에 대해 반응하다 **react** instinctively 본능적으로 반응하다
☐ courteous	adj 공손한, 정중한		the **courteous** staff 공손한 직원 The server is **courteous** and helpful. 그 종업원은 공손하고 도움이 되는 사람이다.
☐ counselor	n 상담 전문 직원		the **counselor** training programs 상담 전문 직원 교육 프로그램 a family **counselor** 가족 문제 상담 전문 직원
☐ as soon as possible	phr 가능한 한 빨리		Contact me **as soon as possible**. 가능한 한 빨리 제게 연락 주세요. visit the office **as soon as possible** 가능한 한 빨리 사무실을 방문하다

고객 관리

☐	**superb**	adj 최상의, 최고의	Products are of **superb** quality. 제품이 최상의 품질을 지니고 있다. enjoy **superb** performances 최고의 공연을 즐기다
☐	**perhaps**	adv 아마, 어쩌면	**perhaps** a little boring 아마 조금 지루한 tomorrow or **perhaps** sooner 내일 또는 어쩌면 더 빨리
☐	**clearance**	n 정리, 없애기	have a **clearance** sale 창고 정리 세일을 열다 choose **clearance** items 정리 판매 제품을 선택하다
☐	**salvage**	v (폐품을) 회수하다; 회복하다	**salvaged** from out-modeled electronics 낡은 전자 제품에서 회수한 **salvage** the damaged reputation 손상된 명성을 회복하다
☐	**abrupt**	adj 갑작스러운, 돌연한	come to an **abrupt** halt 갑작스럽게 중단되다 no **abrupt** changes 갑작스러운 변경이 없는
☐	**desperate**	adj 극심한; 필사적인	a **desperate** shortage 극심한 결핍 take **desperate** measures 필사적인 조치를 취하다
☐	**eventful**	adj 다사다난한	through a particularly **eventful** day 특별히 다사다난한 하루를 지나 prove highly **eventful** 매우 다사다난한 것으로 드러나다
☐	**urge**	v 촉구하다	**urge** the staff to get in touch 직원들에게 연락하도록 촉구하다 **urge** quick action 신속한 조치를 촉구하다
☐	**imprudent**	adj 현명하지 못한, 경솔한	the results of **imprudent** policies 현명하지 못한 정책의 결과 some **imprudent** investment 일부 경솔한 투자
☐	**reckless**	adj 무모한	**reckless** spending 무모한 소비 **reckless** driving 무모한 운전
☐	**kindness**	n 친절(함)	never forget one's **kindness** 친절을 절대 잊지 못하다 overwhelmed by the **kindness** 친절함에 압도된
☐	**stop by**	phr ~에 잠시 들르다	**stop by** the customer service center 고객 서비스 센터에 잠시 들르다 **stop by** your apartment soon 곧 당신의 아파트에 들르다
☐	**friendly**	adj 친절한; ~ 친화적인	**friendly** service 친절한 서비스 user-**friendly** computer keyboards 사용자 친화적인 컴퓨터 키보드
☐	**reply**	v 답변하다, 응답하다	**reply** directly to this e-mail 이 이메일에 직접 답변하다 **reply** to the invitation 초대에 응답하다

☐ misunderstanding	n 오해, 착오	lead to a **misunderstanding** 오해로 이어지다 try to avoid **misunderstandings** 오해를 피하기 위해 노력하다	
☐ treat	v 대하다; 치료하다	**treat** customers with respect 고객들을 정중하게 대하다 a **drug** to treat hypertension 고혈압 치료를 위한 약품	
☐ credibility	n 신뢰성	undermine one's **credibility** 신뢰성을 약화시키다 assess the **credibility** 신뢰성을 평가하다	
☐ subside	v 가라앉다, 진정되다; 내려앉다	People's interest has **subsided**. 사람들의 관심이 가라앉았다. Part of the bridge **subsided**. 다리의 일부가 내려앉았다.	
☐ patently	adv 명백히, 틀림없이	**patently** not working 명백히 작동되지 않는 **patently** obvious 틀림없이 분명한	
☐ virtue	n 미덕, 선행; 장점	as symbols of **virtue** 미덕의 상징으로서 the **virtues** of wind power 풍력의 장점	
☐ cultivate	v 구축하다, 형성하다	**cultivate** business connections 거래 관계를 구축하다 **cultivate** a professional image 전문적인 이미지를 구축하다	
☐ oriented	adj ~을 지향하는	a team-**oriented** approach 팀 지향적인 접근법 a detail-**oriented** manager 꼼꼼한 관리자	
☐ irritation	n 짜증; 자극	express **irritation** with the wrong report 잘못된 보고서에 대해 짜증을 내다 cause **irritation** to skin 피부에 자극을 유발하다	
☐ ridiculous	adj 터무니없는	utterly **ridiculous** 완전히 터무니없는 remember the **ridiculous** plan 터무니없는 계획을 기억하다	
☐ counterpart	n 상대, 대응 관계에 있는 것	comparable to the domestic **counterparts** 국내 상대 업체와 견줄 만한 have a **counterpart** in ~에 대응하는 것[사람]이 있다	
☐ meditation	n 명상	deep in **meditation** 깊은 명상에 빠진 perform **meditation** every day 매일 명상을 하다	
☐ endurance	n 인내, 참을성	the ultimate **endurance** test 최종 인내심 테스트 show remarkable **endurance** 뛰어난 인내심을 보여 주다	
☐ keep in mind	phr ~을 명심하다	**keep in mind** that절 that절을 명심하다 **keep in mind** which tools are helpful 어느 도구가 유용한지를 명심하다	

DAY 15

회의

회의 일정을 조정하고, 회의 안건을 공유 및 검토한 후 논의를 거쳐 최종 합의에 이르는 등의 회의 관련 상황이 출제됩니다.

오늘의 단어 듣기

📖 어려운 문제

01 suggestion ★★★
[səgdʒéstʃən]
⑪ suggest ⓥ 제안하다; 암시하다

ⓝ 제안 (for/that절); 암시 (that절)

All staff members are invited / to submit **suggestions** / **for** improving productivity.
전 직원은 요청된다 / 제안 사항을 제출하라고 / 생산성 향상을 위한

> **◎ 토익 출제 포인트 (Part 5&6)**
>
> Mr. Zhou <u>suggested</u> that every team member (<s>attends</s> / **attend**) the meeting.
> Zhou 씨는 모든 팀원이 회의에 참석해야 한다고 제안했다.
> → '제안/주장/명령/요구'를 의미하는 동사의 목적어로 that절이 올 경우, that절의 동사는 '(should) + 동사원형'의 형태를 취한다.

> **🔍 빅데이터 토익 빈출 표현** • 빈출도
>
> seek[leave/make] a **suggestion**
> 제안을 구하다[남기다/하다] ●●●●

02 postpone ★★★
미 [pouspóun]
영 [pəspóun]

ⓥ 미루다, 연기하다

The meeting with clients / has been **postponed** / **until** next Friday. 고객들과의 회의는 / 연기되었다 / 다음 주 금요일로

03 urgent ★★★
미 [ə́ːrdʒənt]
영 [ə́ːdʒənt]
⑪ urgently ⓐⓓⓥ 긴급하게, 다급하게

ⓐⓓⓙ 긴급한, 다급한

During the staff meeting, / Mr. Thappa / stressed the **urgent** need / to upgrade the facility.
직원회의 동안에 / Thappa 씨는 / 긴급한 필요성을 강조했다 / 시설을 개선해야 한다는

04 upcoming ★★★
[ʌ́pkʌmiŋ]

ⓐⓓⓙ 곧 있을, 다가오는

The **upcoming** seminar / will focus / on successful marketing strategies.
곧 있을 세미나는 / 초점을 맞출 것이다 / 성공적인 마케팅 전략에

회의 | 243

05 cancel ★★★
[kǽnsəl]

v 취소하다
The **conference** has been **canceled** / due to unavoidable circumstances.
회의가 취소되었다 / 피치 못할 사정으로 인해

> 🔍 빅데이터 토익 빈출 표현　　　　　　　● 빈출도
>
> **cancel** one's subscription　정기 구독을 취소하다 ●●

06 participate ★★★
미 [pɑːrtísəpèit]
영 [pɑːtísəpèit]
- participant **n** 참가자
- participation **n** 참가, 참여
- ⑧ take part in ~에 참가하다

v 참가하다 (in)
Thank you for signing up / to **participate** in the **conference**.　등록해 주셔서 감사합니다 / 회의에 참석하기 위해

> ✚ 토익 출제 포인트 (Part 5&6)
>
> (**participate** / ~~attend~~) in the upcoming workshop
> 곧 있을 워크숍에 참가하다
> → 전치사 in과 어울리는 자동사 participate가 정답이다. attend는 '~에 참석하다'라고 할 때 전치사 없이 바로 목적어를 취한다.

07 detail ★★★
[díːteil]
- detailed **adj** 상세한

n 세부 사항, 상세한 정보
The board of directors will meet / to discuss the **details** / of the merger.
이사회는 만날 것이다 / 세부 사항을 논의하기 위해 / 합병의

v 상세히 설명하다
Mr. Reece will make copies / of the document / that **details** / the revised recycling policy.
Reece 씨는 복사할 것이다 / 문서를 / 상세히 설명하는 / 개정된 재활용 정책을
▶ Reece 씨는 개정된 재활용 정책을 상세히 설명하는 문서를 복사할 것이다.

> 🔍 빅데이터 토익 빈출 표현　　　　　　　● 빈출도
>
> pay attention to **details**　세부적인 것에 주의를 기울이다 ●●●
> finalize the **details**　세부 사항을 마무리 짓다 ●●
> for more[further] **details**　자세한 사항을 원하면 ●●
> in **detail**　상세하게 ●●

08 presentation ★★★
미 [prìzentéiʃən]
영 [prèzəntéiʃən]

n 발표; 수여; 제시

Ms. Walter will **make a** presentation / on a marketing proposal.
Walter 씨는 발표할 것이다 / 마케팅 제안에 관해

The speech will be followed / by the presentation of a prize. 연설은 이어질 것이다 / 상 수여로

> 🔍 **빅데이터 토익 빈출 표현** ● 빈출도
>
> make[deliver/give] a **presentation** 발표하다 ★★★

09 determine ★★★
미 [ditə́ːrmin]
영 [ditə́ːmin]

v 결정하다 (that절); 알아내다, 밝히다

After a long discussion, / we determined / that we should open an online shop.
오랜 논의 끝에 / 우리는 결정했다 / 온라인 상점을 개설하기로

Technicians / are attempting to determine / **the cause of** the system failure.
기술자들은 / 알아내려 하고 있다 / 시스템 고장의 원인을

10 alternative ★★★
미 [ɔːltə́ːrnətiv]
영 [ɔːltə́ːnətiv]
(파) alternatively **adv** 대신에
alternate **adj** 번갈아 생기는
v 번갈아 하다

n (~에 대한) 대안 (to)

An affordable inn / has been mentioned / **as an** alternative **to** the hotel / we normally stay in.
저렴한 가격의 여관이 / 언급되었다 / 호텔의 대안으로 / 우리가 평소에 숙박하는

adj 대체의, 대안의

Everyone is busy tomorrow, / so we need to find / an alternative date.
내일 모두가 바쁘다 / 따라서 우리는 찾을 필요가 있다 / 대체 날짜를

> 🎯 **토익 출제 포인트 (Part 5&6)**
>
> suggest an (**alternative** / ~~alternate~~) to the original plan
> 원래 계획의 대안을 제시하다
> → '-tive'의 형태는 보통 형용사를 나타내지만, alternative는 형용사뿐만 아니라 명사로도 쓰인다는 것을 기억해 두자.

11 consensus ★★
[kənsénsəs]

n 합의, 의견 일치

The team members / were unable / to **reach a consensus** / on the matter.
팀원들은 / 할 수 없었다 / 합의에 이르는 것을 / 그 문제에 대해

12 unable ★★
[ʌnéibl]
⊞ able ~할 수 있는

adj ~할 수 없는 (to V)

We were **unable** / **to discuss** all the items / on the agenda / because the meeting started late.
우리는 할 수 없었다 / 모든 항목을 논의하는 것을 / 안건에 있는 / 회의가 늦게 시작했기 때문에

> ◆ 토익 출제 포인트 (Part 5&6)
>
> Mr. Choi was unable (**to expand** / ~~expanding~~) his store.
> Choi 씨는 자신의 상점을 확장할 수 없었다.
> → (un)able은 뒤에 to부정사를 취해 '~하는 것을 할 수 있는(없는)'이라는 의미로 쓰인다.

13 purpose ★★
미 [pə́ːrpəs]
영 [pə́ːpəs]
㉾ purposely **adv** 고의로, 일부러
⊜ goal, aim, objective 목적

n 목적, 의도

The **purpose** of today's meeting / **is to share** / our new business strategies.
오늘 회의의 목적은 / 공유하는 것이다 / 우리의 새로운 사업 전략을

> ◆ 토익 출제 포인트 (Part 5&6)
>
> The (**purpose** / ~~indication~~) of the workshop is to raise the level of customer service.
> 그 워크숍의 목적은 고객 서비스 수준을 높이는 것이다.
> → purpose는 'purpose[goal/aim/objective] is to V(목적은 ~하는 것이다)' 형태로 자주 출제된다. (indication 조짐, 징후)

14 conflict ★★
n [kánflikt]
v [kənflíkt]

n (일정의) 겹침, 충돌

The marketing meeting / has been canceled / because of a **scheduling conflict**.
마케팅 회의는 / 취소되었다 / 일정이 겹쳐서

ⓥ (일정이) 겹치다, 충돌하다 (with)
Mr. Lee is unable / to attend the seminar / because it **conflicts with** his work schedule.
Lee 씨는 할 수 없다 / 세미나에 참석하는 것을 / 근무 일정과 겹치기 때문에

15 coincide ★★
미 [kòuinsáid]
영 [kəuinsáid]

ⓥ (시기·의견 등이) 일치하다; 동시에 일어나다 (with)
My visit to London / exactly **coincided with** the date / of the annual conference there.
나의 런던 방문은 / 날짜와 정확히 일치했다 / 그곳에서 연례 회의가 있는
▶ 내가 런던을 방문한 날짜는 그곳에서 열린 연례 회의의 날짜와 정확히 일치했다.

16 lengthy ★★
[léŋθi]
ⓐ length ⓝ 길이

adj 긴, 장황한
The two parties / finally reached a conclusion / after a **lengthy** debate.
양측은 / 마침내 결론에 도달했다 / 긴 논쟁 끝에

◆ 토익 출제 포인트 (Part 5&6)
summarize a (length / **lengthy**) document 긴 서류를 요약하다
→ 명사(document) 앞 자리에서 명사 length(길이)와 형용사 lengthy(긴)를 구별하는 문제가 출제된다.

17 keep ★★
[ki:p]
ⓢ maintain 유지하다
  continue 계속하다
  store 보관하다

ⓥ (~인 상태로) 유지하다; 계속하다; 보관하다; (일기·기록 등을) 쓰다
Mr. Swart / used a lot of visual aids / in his presentation / to **keep** the audience's **attention**.
Swart 씨는 / 많은 시각 보조 자료를 사용했다 / 그의 발표에 / 청중의 집중을 유지하기 위해

◆ 토익 출제 포인트 (Part 7_동의어 찾기)
Many wonder why customers "**keep**" buying from the company.
(A) store   (B) continue
많은 사람들이 왜 고객들이 그 회사에서 계속 구매하는지 궁금해한다.
→ keep (-ing)이 문맥상 '계속하다'라는 의미로 쓰이면 continue(계속하다)와 동의어가 된다. (store 보관하다)

18 objective **
[əbdʒéktiv]

n 목표, 목적

The team / will review business objectives / that are to be achieved / by the end of the year.
그 팀은 / 사업 목표를 검토할 것이다 / 달성되어야 하는 / 올해 말까지

> 🔍 빅데이터 토익 빈출 표현 ● 빈출도
>
> achieve[accomplish/reach] an objective 목표를 달성하다 ★★

19 planning **
[plǽniŋ]
ⓘ plan **n** 계획

n 계획 세우기, 기획

After extensive planning, / we are now ready / to launch the advertising campaign.
대대적인 계획을 세운 후에 / 우리는 이제 준비가 되어 있다 / 광고 캠페인을 시작할

> ⊕ 토익 출제 포인트 (Part 5&6)
>
> The road repair project will require careful (plan / planning). 도로 정비 사업은 신중한 기획을 필요로 할 것이다.
> → plan(계획)은 가산 명사이고, planning(기획)은 불가산 명사이다. 둘 다 단수형이므로 앞에 관사나 소유격 없이도 사용 가능한 불가산 명사가 정답이다.

20 summary **
[sʌ́məri]
ⓘ summarize **v** 요약하다

n 요약, 개요 (of)

Ms. Pettel will send a summary / of the meeting / to all participants.
Pettel 씨는 요약을 보낼 것이다 / 회의의 / 모든 참석자들에게

> ⊕ 토익 출제 포인트 (Part 5&6)
>
> Attached is a (summary / total) of the meeting.
> 회의의 요약이 첨부되어 있다.
> → a summary of(~의 요약), a total of(전부, 총) 둘 다 자주 쓰이는 표현이지만, a total of 뒤에는 숫자 표현이 와야 한다.

21 simplify **
[símpləfài]
ⓘ simple **adj** 간단한
simply **adv** 간단히, 단순히

v 간단하게 하다, 단순화하다

To simplify the process, / convention participants / may register on-site.
절차를 간단하게 하기 위해 / 대회 참가자들은 / 현장에서 등록할 수 있다

22 constructive ★★
[kənstrʌ́ktiv]
파 construction n 건설

adj 건설적인, 생산적인

The latest round of negotiations / was **constructive** / and resulted in a deal.
가장 최근 협상은 / 건설적이었다 / 그리고 결국 계약으로 이어졌다

23 irrelevant ★★
[iréləvənt]
반 relevant 관련된

adj 상관없는, 무관한 (to)

Anything / **irrelevant** to the topic / should be discussed / after the meeting.
어떤 것이라도 / 주제와 상관없는 / 논의되어야 한다 / 회의 후에

24 defer ★
[difə́ːr]
동 postpone, delay, put off 미루다

v 미루다, 연기하다

We need to **defer** this discussion / **until** the end of the quarter. 우리는 이 논의를 미룰 필요가 있다 / 이번 분기 말까지

> ◆ 토익 출제 포인트 (Part 5&6)
>
> The launch of the software will be (**deferred** / ~~resolved~~) **until** further notice.
> 그 소프트웨어의 출시는 추후 통보가 있을 때까지 연기될 것이다.
> → '연기하다'라는 의미의 동사 defer, postpone, delay는 공통적으로 전치사 until(~까지)과 자주 함께 쓰인다. (resolve 해결하다)

25 insist ★
[insíst]

v 주장하다, 고집하다 (that절)

The director **insists** / **that** the company should invest more / in product development.
그 이사는 주장한다 / 회사가 더 많이 투자해야 한다고 / 제품 개발에

26 suitable ★
[súːtəbl]
파 suit v ~에게 알맞다, ~에게 어울리다

adj 적합한, 알맞은 (for)

Ms. Harris agrees / that 3 P.M. is a **suitable** time / to meet. Harris 씨는 동의한다 / 오후 3시가 적합한 시간이라고 / 만나기에

> 🔍 빅데이터 토익 빈출 표현 • 빈출도
>
> **suitable** for all ages 모든 연령에 적합한 ••
> a **suitable** replacement for ~의 적합한 후임자 •

27 late *
[leit]
- ⓓ lately adv 최근에
- later adv 나중에
- adj 나중의, 뒤의

adj 늦은
The guest speaker / was **late** for the conference / because of traffic congestion.
초청 연사는 / 회의에 늦었다 / 교통 체증 때문에

adv 늦게; 늦게까지
Seating is limited, / so please try / not to arrive **late**. 좌석이 제한되어 있습니다 / 그러므로 해 주세요 / 늦게 도착하지 않도록
▶ 좌석이 제한되어 있으니 늦게 도착하지 않도록 해 주세요.

> 🎯 **토익 출제 포인트 (Part 5&6)**
> will be working (**late** / ~~lately~~) tomorrow
> 내일 늦게까지 일하고 있을 것이다
> → 부사 late(늦게까지; 늦게)와 lately(최근에)의 의미 차이를 묻는 문제가 출제된다. lately는 주로 현재 완료 시제와 함께 쓰인다는 것을 기억해 두자.

28 unanimous *
[juːnǽnəməs]
- ⓓ unanimously adv 만장일치로

adj 만장일치의
The **vote** / to install more security cameras / was **unanimous**. 투표는 / 보안 카메라를 더 설치하기 위한 / 만장일치였다

29 punctual *
[pʌ́ŋktʃuəl]
- ⓓ punctually adv 시간을 잘 지켜서, 시간대로

adj 시간을 잘 지키는[엄수하는]
Clients / prefer to work with Mr. Watts / because he is **punctual**.
고객들은 / Watts 씨와 함께 일하기를 선호한다 / 그가 시간을 잘 지키기 때문에

> 🔍 **빅데이터 토익 빈출 표현** ● 빈출도
> arrive **punctually** 정시에 도착하다 •••

30 agenda *
[ədʒéndə]

n 안건, 의제
The **agenda** for the board meeting / is available / on the firm's Web site.
이사회의 안건은 / 이용할 수 있다 / 회사 웹사이트에서

31. attention *
[əténʃən]
- attentive `adj` 주의 깊은, 경청하는; 신경을 쓰는
- attentively `adv` 주의 깊게; 신경 써서

`n` 주의, 주목; 관심 (to)

Ms. Potter's **attention** to detail / has made the conference / successful.
Potter 씨가 세부적인 부분까지 주의를 기울인 것이 / 회의를 만들었다 / 성공적으로

> **토익 출제 포인트 (Part 5&6)**
>
> Thank you for your (attention / **interest**) in this issue.
> 이 사안에 관심을 가져 주셔서 감사합니다.
> → attention과 interest 둘 다 '관심'이라는 의미가 있지만 attention은 전치사 to와, interest는 전치사 in과 함께 쓰이므로 주의하자.

32. delicate *
[délikət]

`adj` 까다로운, 민감한; 연약한

The owners flew to Dallas / to discuss the **delicate** negotiations / in person.
그 소유주들은 비행기를 타고 댈러스로 갔다 / 까다로운 협상을 논의하기 위해 / 직접

33. convincing *
[kənvínsiŋ]
- convincingly `adv` 설득력 있게, 납득이 가게

`adj` 설득력 있는; 확실한

The most **convincing** argument / was given / by the HR director.
가장 설득력 있는 주장이 / 제시되었다 / 인사 부장에 의해

34. argument *
미 [á:rgjumənt]
영 [á:gjumənt]
- argue `v` 주장하다
- arguably `adv` (최상급 앞에서) 단언컨대, 틀림없이

`n` 주장, 논거 (for/against); 논쟁

Frank Druthers / convinced the board / with his **argument** / for more vacation days.
Frank Druthers는 / 이사회를 설득시켰다 / 그의 주장으로 / 휴가일을 늘리자는

> **빅데이터 토익 빈출 표현** • 빈출도
>
> **argument** for[against] ~에 찬성하는[반대하는] 주장 •
> **arguably** the best 단언컨대 최고인 •••

회의 | 251

35 transmission *
[trænsmíʃən]

n 전송, 송신; 전파
The meeting had to be rescheduled / because of the failed **data transmission**.
회의 일정이 재조정되어야 했다 / 데이터 전송 실패로 인해

36 convene *
[kənvíːn]
(파) convention **n** 관습, 관례

v 회합하다; (회의를) 소집하다
The sales managers **convened** / **to discuss** how to promote / a new brand of chocolate.
영업 부장들은 회합했다 / 홍보하는 방법을 논의하기 위해 / 새로운 브랜드의 초콜릿을

37 minutes *
[mínəts]

n 회의록
Anyone who was absent / should **review the minutes** / from last week.
불참한 사람은 누구든지 / 회의록을 검토해야 한다 / 지난주의

38 forcefully *
미 [fɔ́ːrsfəli]
영 [fɔ́ːsfəli]

adv 강력하게, 강제로
The technicians / **forcefully asked for** a server upgrade.   그 기술자들은 / 강력하게 서버 업그레이드를 요구했다

39 incidental *
[ìnsidéntl]

adj (비용 등이) 임시의; 부수적인 (to)
All conference attendees / will be reimbursed / for **incidental expenses**.
모든 회의 참석자들은 / 배상받을 것이다 / 임시비에 대해

40 smoothly *
[smúːðli]

adv 순조롭게, 부드럽게
The Trade Pro seminar / was **running** smoothly / before the power outage.
Trade Pro 세미나는 / 순조롭게 진행되고 있었다 / 정전되기 전에

Day 15 **Daily Test**

A 각 영어 단어의 알맞은 의미를 찾아 연결하세요.

01 purpose • • ⓐ 긴급한, 다급한
02 postpone • • ⓑ 합의, 의견 일치
03 consensus • • ⓒ 미루다, 연기하다
04 urgent • • ⓓ 목적, 의도

B 우리말과 일치하도록 다음 빈칸에 알맞은 단어를 찾아 넣으세요.

ⓐ suitable ⓑ objective ⓒ summary ⓓ unanimous ⓔ conflict

05 a scheduling _____ 일정의 겹침
06 achieve an _____ 목표를 달성하다
07 a _____ of the meeting 회의의 요약
08 _____ for all ages 모든 연령에 적합한

C 다음 빈칸에 문맥상 적절한 단어를 찾아 넣으세요. 해석 p. 508

ⓐ unable   ⓑ insists   ⓒ defers
ⓓ canceled   ⓔ upcoming

09 Ms. Ence was _____ to arrive in time for the seminar.
10 Both companies hope to collaborate on the _____ project.
11 More than 100 conference participants have _____ their registrations so far.
12 Jarvis Industries _____ that every employee should attend monthly training workshops.

정답 01 ⓓ 02 ⓒ 03 ⓑ 04 ⓐ 05 ⓔ 06 ⓑ 07 ⓒ 08 ⓐ 09 ⓐ 10 ⓔ 11 ⓓ 12 ⓑ

토익 LC/RC 짝꿍 표현

회의

☐ **deem**	ⓥ 여기다, 생각하다	**deem** it necessary 그것을 필요하다고 여기다 **deemed** statistically sound 통계적으로 타당하다고 여겨지는	
☐ **allot**	ⓥ 할당하다	**allot** one hour to revision 변경 작업에 1시간을 할당하다 park in **allotted** spaces 할당된 공간에 주차하다	
☐ **interrupt**	ⓥ 방해하다	**interrupt** one's speech 연설을 방해하다 **interrupt** a strong relationship 밀접한 관계를 방해하다	
☐ **refreshment**	ⓝ 다과; 음료	Light **refreshments** will be served. 가벼운 다과가 제공될 것이다. without liquid **refreshment** 음료 없이	
☐ **drag**	ⓥ 끌고 가다; 느리게 진행되다	**drag** the chair into the room 의자를 방으로 끌고 들어 가다 The meeting **dragged**. 회의가 느리게 진행되었다.	
☐ **delete**	ⓥ 삭제하다	**delete** the whole file 전체 파일을 삭제하다 **delete** the name from the list 목록에서 이름을 삭제하다	
☐ **conversation**	ⓝ 대화	recall from our **conversation** 우리 대화에서 기억해 내다 summarize our last **conversation** 우리 마지막 대화를 요약하다	
☐ **elaborate**	adj 정교한, 공들인	an **elaborate** plan 정교한 계획 host **elaborate** presentations 공들인 발표회를 개최하다	
☐ **inaugural**	adj 취임(식)의; 개시의	the CEO's **inaugural** address 그 최고 경영자의 취임사 the **inaugural** flights 취항 첫 항공편	
☐ **express**	ⓥ 표현하다 adj 속달의; 급행의	**express** dissatisfaction with an unexpected plant inspection 예기치 못한 공장 점검에 대해 불만을 표현하다 via **express** mail 속달 우편으로	
☐ **inclination**	ⓝ 의향; 경향	show no **inclination** 의향을 나타내지 않다 an **inclination** to investigate the matter 문제를 조사하고자 하는 의향	
☐ **election**	ⓝ 선거	the **election** outcome 선거 결과 compete in an **election** 선거에서 경쟁하다	

☐ **provoke**	v 유발하다	**provoke** a fierce debate 열띤 논쟁을 유발하다 **provoke** widespread criticism 광범위한 비판을 유발하다	
☐ **settle on**	phr ~을 정하다	**settle on** the specific goal 특정 목표를 정하다 **settle on** a price 가격을 정하다	
☐ **keynote speaker**	phr 기조연설자	the **keynote speaker** for the convention 그 컨벤션의 기조연설자 a professional **keynote speaker** 전문 기조연설자	
☐ **preside**	v (행사 등의) 사회를 보다, 주재하다	**preside** at the banquet 연회에서 사회를 보다 **preside** over the meeting 회의를 주재하다	
☐ **summit**	n 정상 회담; 정상, 절정	hold a **summit** 정상 회담을 개최하다 reach the **summit** of the mountain 산 정상에 도달하다	
☐ **debate**	n 토론, 논쟁	conduct a heated **debate** 열띤 토론을 하다 the subject of the ongoing **debate** 진행 중인 토론의 주제	
☐ **auditorium**	n 객석; 강당	have a 200-seat **auditorium** 200석의 객석이 있다 book the **auditorium** in advance 미리 강당을 예약하다	
☐ **surely**	adv 분명히	**surely** benefit young staff 젊은 직원들에게 분명 이득이 되다 **surely** pleased to hear 듣게 되어 분명히 기쁜	
☐ **receptive**	adj 수용적인	a **receptive** audience 수용적인 청중 **receptive** to one's suggestions 제안에 수용적인	
☐ **anxious**	adj 불안해하는	**anxious** about the feasibility 실행 가능성에 대해 불안해하는 look **anxious** 불안해 보이다	
☐ **silence**	n 정적, 침묵, 고요	complete **silence** 완전한 정적 sit in **silence** for a while 한동안 침묵 속에 앉아 있다	
☐ **call on**	phr ~에게 청하다; ~을 방문하다	**call on** the chairman 의장에게 요청하다 **call on** one's grandparents 조부모님을 방문하다	
☐ **faintly**	adv 약간; 희미하게	look **faintly** embarrassed 약간 당황스러워 보이다 **faintly** visible 희미하게 보이는	
☐ **dissent**	n 반대 v 반대하다	ignore the voices of **dissent** 반대의 목소리를 무시하다 **dissent** from the proposition 제의에 반대하다	

회의 | 255

☐ council	n 의회	planned by the city **council** 시 의회에 의해 계획된 request a list of **council** projects 의회 프로젝트 목록을 요청하다	
☐ rephrase	v (다른 말로) 바꿔 말하다	**rephrase** the whole matter 전체 사안을 바꿔 말하다 **rephrase** one's argument 주장을 바꿔 말하다	
☐ reschedule	v 일정을 변경하다	The seminar has to be **rescheduled**. 그 세미나는 일정이 변경되어야 한다. be **rescheduled** for next week 다음 주로 일정이 변경되다	
☐ discuss	v 이야기하다, 논의하다	**discuss** energy-saving efforts 에너지 절약 활동에 관해 이야기하다 **discuss** new commerce laws 새로운 상업 법률을 논의하다	
☐ prepare	v 준비하다; 조리하다	**prepare** the workshop 워크숍을 준비하다 **prepare** healthy dishes 건강에 좋은 음식을 조리하다	
☐ sumptuous	adj 호화로운	a **sumptuous** interior 호화로운 실내 the **sumptuous** meals 호화로운 식사	
☐ secretary	n 비서	contact one's **secretary** 비서에게 연락하다 The **secretary** assisted him with the work. 비서는 그의 업무를 도왔다.	
☐ subjective	adj 주관적인	an extremely **subjective** view 매우 주관적인 관점 a **subjective** evaluation 주관적인 평가	
☐ mention	v 언급하다, 말하다	**mention** specific criteria 특정 기준을 언급하다 **mention** business dealings 사업 거래를 언급하다	
☐ untenable	adj 지지할 수 없는, 불안정한	an **untenable** theory 지지할 수 없는 이론 an **untenable** position 불안정한 지위	
☐ poll	n 여론 조사	provide the result of a **poll** 여론 조사 결과를 제공하다 a public opinion **poll** 대중 여론 조사	
☐ explain	v 설명하다	**explain** the recent restructuring 최근의 구조 조정을 설명하다 **explain** some company guidelines 일부 회사 지침을 설명하다	
☐ convince	v 납득시키다, 설득하다	**convince** the public of the need for parks 공원 필요성에 대해 대중을 납득시키다 **convince** her to follow suit 그녀에게 전례를 따르도록 설득하다	
☐ come up for	phr ~이 고려되다; ~할 때가 되어 가다	This problem will **come up for** review. 이 문제는 검토 대상이 될 것이다. The regulation **comes up for** discussion. 그 규정은 논의할 때가 되어 간다.	

☐ **furious**	adj 격노한; 맹렬한	**furious** at the decision 결정에 대해 격노한 a **furious** argument 열띤 논쟁
☐ **speech**	n 연설	give a short **speech** 간단히 연설하다 in the welcoming **speech** 환영사에서
☐ **conciliate**	v 달래다, 회유하다	**conciliate** the trade unions 무역 조합을 달래다 an attempt to **conciliate** 회유하려는 시도
☐ **predicate**	v 근거를 두다	**predicated** on the assumption 추정에 근거한 **predicated** on scientific evidence 과학적 증거에 근거한
☐ **reconsider**	v 재고하다	The client wishes to **reconsider**. 그 고객은 재고하기를 원한다. **reconsider** one's decision 결정을 재고하다
☐ **put down**	phr ~을 적어 두다; ~을 내려놓다	**put down** the address 주소를 적어 두다 **put down** the novel 소설책을 내려놓다
☐ **approve**	v 승인하다	**approve** the revised plans 변경된 계획을 승인하다 **approve** a renovation project 개조 공사 프로젝트를 승인하다
☐ **split**	v 의견이 갈리다; 나뉘다, 분열되다	deeply **split** on this matter 이 문제에 대해 크게 의견이 갈린 **split** into regional divisions 지역 분파로 나뉘다
☐ **contend**	v 다투다, 경쟁하다	**contend** for power 권력을 다투다 **contend** for limited resources 제한된 자원에 대해 경쟁하다
☐ **contradict**	v 반박하다	**contradict** the claims 주장에 반박하다 **contradict** those statements 그 성명에 반박하다
☐ **confine**	v 국한시키다, 제한하다	The conversation was **confined** to business. 대화는 비즈니스에 국한되었다. **confine** oneself to ~에 국한하다; ~에 틀어박히다
☐ **prioritize**	v 우선 순위를 정하다; 최우선시하다	**prioritize** one's tasks 업무의 우선 순위를 정하다 **prioritize** the environment 환경을 최우선시하다
☐ **arbitration**	n 중재	go to **arbitration** 중재에 부쳐지다 the compulsory **arbitration** 강제 중재
☐ **closing**	adj 마무리 짓는 n 폐쇄	**closing** remarks 마무리 발언 announce the **closing** 폐쇄를 발표하다

Actual Test 3

01. Guests departing ------- from the hotel should use the complimentary airport shuttle, which can be boarded in front of the lobby entrance.

    (A) directly
    (B) thoroughly
    (C) carefully
    (D) accurately

02. This week's presentation, led by Olivia Willis, will address strategies for ------- production problems quickly and effectively.

    (A) pleasing
    (B) introducing
    (C) resolving
    (D) manufacturing

03. All residents are invited to a reception that will be held ------- after the opening ceremony of the town hall.

    (A) previously
    (B) adequately
    (C) originally
    (D) immediately

04. To avoid further fees, a ------- payment of at least $25 must be made by the end of the month.

    (A) risky
    (B) reliable
    (C) partial
    (D) promising

05. Located in the heart of Honolulu, Destination Trips specializes in providing ------- travel packages for corporate groups.

    (A) wasteful
    (B) mandatory
    (C) affordable
    (D) persistent

06. In order to express its ------- for its employees, Garrison Industries holds an annual picnic for staff members and their families.

    (A) appreciation
    (B) argument
    (C) flexibility
    (D) transmission

07. Mr. Gutierrez will be unable to join us for lunch as he is awaiting ------- of the latest blueprints.

    (A) expertise
    (B) consensus
    (C) delivery
    (D) resource

08. Though he delivered a ------- argument, the President couldn't secure support for his transportation tax bill.

    (A) swift
    (B) dependent
    (C) convincing
    (D) faulty

Questions 09-12 refer to the following e-mail.

To: Harriet Bromley <harriet_bromley@starworks.com>
From: Matthew Yates <myates@speedsportswear.com>
Date: April 15
Subject: Order No. 89180415

I am contacting you regarding your most recent order with us. We reviewed your complaint and were sorry to hear that five of the ten uniforms you purchased were -------.
9.

-------. Unfortunately, our current ------- of the size and color you ordered is
10. **11.**
low, so we are unable to process a complete exchange at this time. We expect additional stock to be available in the next two weeks. If you can't wait, we are happy to provide you with a full -------.
12.

Thank you again for your business with Speed Sportswear, your premier supplier of athletic apparel.

09 (A) skillful (B) stained
   (C) cautious (D) concerned

11 (A) productivity (B) feedback
   (C) inventory (D) dimension

10 (A) You indicated that you would like to exchange the defective items.
   (B) All purchases are final unless otherwise specified.
   (C) Also, please bring the faulty product to a service center.
   (D) A representative will contact you today to process the refund.

12 (A) refund (B) capacity
   (C) version (D) courier

Question 13 refers to the following letter.

This message is to confirm your reservation with Checkers Moving for Monday, November 5. The movers will arrive between 8 A.M. and 9 A.M., so please be prepared. We also ask that you consider in advance where you would like to place your furniture and belongings in the new residence.

13 The word "place" in paragraph 1, line 3, is closest in meaning to
   (A) launch   (B) put   (C) refer   (D) identify

경영

오늘의 단어 듣기

토익에서는 기업의 설립부터 시작해서 기업 확장, 인수와 합병, 수입과 수출 등의 다양한 경영 전략이 출제됩니다.

📖 그림의 떡

내일 회사 10주년 anniversary를 맞아 워터힐 호텔에서 기념 식사 한다면서요?

거기 뷔페가 유명하던데…

으응. 아마 든든히 먹고 오는 게 좋을거야.

반대 아닌가요?

다음 날

와아~ 끝내 준다!

식사 전 먼저 회장님의 축사가 briefly하게 있겠습니다.

짝 짝 짝

에… 우리 enterprise는 rapidly 변화하는 시장에서 자리를 successfully 지켜왔고 established한 회사로…

…그래서 이러한 contingency를 대비해 좋은 strategy를 고안하고 loss를 최소로 줄일 수 있는 방안을…

아… 한시간째야.

꼬르륵

01 effort ★★★
미 [éfərt]
영 [éfət]
(파) effortlessly adv 쉽게, 힘들이지 않고

n 노력, 노고 (to V)

In an effort to conserve energy, / the company has decided / to install a new lighting system.
에너지를 절약하기 위한 노력의 일환으로 / 그 회사는 결정했다 / 새로운 조명 시스템을 설치하기로

> 🔍 빅데이터 토익 빈출 표현　　　　　　　　● 빈출도
> combined[joint/collaborative] effort 단합된[공동] 노력 ●●●

02 acquire ★★★
[əkwáiər]
(파) acquisition **n** 인수; 획득
(동) gain 얻다, 획득하다

v 인수하다; 습득하다, 획득하다

After months of negotiations, / Pearl Corp. / acquired the construction company.
수개월의 협상 후에 / Pearl 사는 / 그 건설 회사를 인수했다

> ⊕ 토익 출제 포인트 (Part 7_동의어 찾기)
> The intern is capable of "**acquiring**" new skills quickly.
> (A) gaining　　　　(B) buying
> 그 인턴은 새로운 기술을 빨리 습득할 수 있다.
> → acquire가 문맥상 '습득하다'라는 의미로 쓰이면 gain(얻다, 획득하다)과 동의어가 된다. (buy 구매하다; 매수하다)

03 expand ★★★
[ikspǽnd]
(파) expansion **n** 확장, 확대, 팽창

v 확장하다[되다], 확대시키다[되다]

Nemo Corp. / intends to expand / its customer base / by offering a wider range of items.
Nemo 사는 / 확장할 계획이다 / 고객 기반을 / 더 넓은 범위의 상품을 제공함으로써

> 🔍 빅데이터 토익 빈출 표현　　　　　　　　● 빈출도
> expand one's presence 입지를 넓히다 ●●●
> expand into Europe 유럽으로 진출하다 ●●

04 strength ★★★
[streŋθ]
(파) strengthen **v** 강화하다

n 강점, 장점

Globe System's strength / comes from its highly experienced staff.
Globe System의 강점은 / 매우 경험이 풍부한 직원들에서 나온다

경영 | 261

05 widely ***
[wáidli]
(파) wide adj 넓은

adv 널리, 폭넓게
A flexible work program / has been widely adopted / by companies / looking to improve efficiency.
탄력 근무 프로그램은 / 널리 채택되어 왔다 / 기업들에 의해 / 효율성을 개선하고자 하는

빅데이터 토익 빈출 표현 · 빈출도
widely regarded[considered] (as) ~ 널리 ~로 여겨지는 •

06 priority ***
미 [praiɔ́ːrəti]
영 [praiɔ́rəti]

n 우선 사항, 우선(권) (over)
Customer service / is the most important priority / for Cloud Lighting.
고객 서비스가 / 가장 중요한 우선 사항이다 / Cloud Lighting에는

토익 출제 포인트 (Part 5&6)
You will be given a (priority / rate) over others in booking a suite.
당신은 스위트룸을 예약할 때 다른 사람들보다 우선권이 주어질 것입니다.
→ priority는 전치사 over와 함께 쓰여 '~보다 우선(권)'을 의미한다는 것을 기억해 두자. (rate 요금; 비율; 속도)

빅데이터 토익 빈출 표현 · 빈출도
take priority over ~에 우선하다, ~에 대해 우선권을 갖다 •••
top priority 최우선 사항 ••

07 rapidly ***
[rǽpidli]

adv 빠르게, 급속하게
We should adapt quickly / to the rapidly changing business environment.
우리는 신속하게 적응해야 한다 / 빠르게 변하는 기업 환경에

빅데이터 토익 빈출 표현 · 빈출도
grow rapidly 빠르게 성장하다 •••
rapidly approaching 빠르게 다가오는 ••

08 successfully ★★★
[səksésfəli]
ⓛ successful adj 성공한, 성공적인

adv 성공적으로

The new line of cosmetics / has been **marketed** **successfully** / throughout the country.
새로운 화장품이 / 성공적으로 판촉이 이루어졌다 / 전국에 걸쳐

09 distributor ★★★
[distríbjutər]
ⓛ distribute v 유통시키다; 나누어 주다

n 유통 업체[업자]

Hungry Star / is one of the largest **distributors** / **of** frozen food products / in Asia.
Hungry Star는 / 가장 큰 유통 업체 중 하나이다 / 냉동식품의 / 아시아에서
▶ Hungry Star는 아시아에서 가장 큰 냉동식품 유통 업체 중 하나이다.

10 exclusively ★★★
[iksklú:sivli]
ⓛ exclusive adj 독점적인, 전용의

adv 오직; 독점적으로

The special benefit / is **available** / **exclusively** to our club members.
특별 혜택은 / 이용 가능하다 / 우리 클럽 회원들만

🔍 빅데이터 토익 빈출 표현 ● 빈출도
exclusively to[for] ~에게만[~를 위해] 오로지 ●●●

11 detailed ★★★
[ditéild]

adj 상세한, 자세한

Ms. Payne / will conduct a **detailed analysis** / of the housing market.
Payne 씨는 / 상세한 분석을 수행할 것이다 / 주택 시장의

🎯 토익 출제 포인트 (Part 5&6)
send a (detailing / **detailed**) marketing plan to the client
고객에게 상세한 마케팅 계획을 보내다
→ marketing plan(마케팅 계획)에 어울리는 표현은 '상세한'이라는 의미의 형용사 detailed이다. (detailing ~을 상세히 설명하는)

🔍 빅데이터 토익 빈출 표현 ● 빈출도
detailed information 상세한 정보 ●●

12. establish ★★★
[istǽbliʃ]
⑪ establishment ⓝ 설립; 기관, 시설

ⓥ 설립하다; (관계 등을) 성립시키다

A **committee** will be **established** / to investigate the impact / of the new policy.
위원회가 설립될 것이다 / 영향을 조사하기 위해 / 새로운 정책의

The team / has **established** **a partnership** / with a local charity.   그 팀은 / 협력 관계를 성립시켰다 / 지역 자선 단체와

13. briefly ★★★
[bríːfli]
⑪ brief adj 짧은, 간략한

adv 잠시, 간단히

The company travel policy / was **reviewed only briefly** / at the meeting.
회사 출장 정책이 / 아주 잠시 검토되었다 / 회의에서

14. leading ★★★
[líːdiŋ]
⑪ lead ⓥ 안내하다, 이끌다
leader ⓝ 지도자
⑧ prominent 뛰어난, 중요한

adj 일류의, 뛰어난, 주요한; 선두적인

Alpire Co. / is **one of the** nation's **leading** manufacturers / of computer equipment.
Alpire 사는 / 국내 일류의 제조 업체 중 한 곳이다 / 컴퓨터 장비의

> ◆ 토익 출제 포인트 (Part 7_동의어 찾기)
>
> Many "**leading**" musicians will be performing at the event.
> (A) prominent   (B) guiding
> 많은 뛰어난 음악가들이 행사에서 공연할 것이다.
> → leading이 문맥상 '뛰어난'이라는 의미로 쓰이면 prominent(뛰어난, 중요한)와 동의어가 된다. (guiding 인도하는)

15. interested ★★★
[íntərəstid]
⑪ interest ⓝ 관심; 이자
interesting adj 흥미로운

adj 관심이 있는, 흥미 있어 하는 (in)

The firm / is **interested** in expanding / its operations / internationally.
그 회사는 / 확장하는 데 관심이 있다 / 사업을 / 국제적으로

16. negotiation ★★★
미 [nigòuʃiéiʃən]
영 [nigə̀uʃiéiʃən]
ⓟ negotiate ⓥ 협상하다

ⓝ 협상, 교섭

We have **entered into a negotiation** / to acquire Gem Cuisine Corporation.
우리는 협상에 들어갔다 / Gem Cuisine 사를 인수하기 위한

17. transition ★★★
[trænzíʃən]

ⓝ 전환, 이행, 변화 (to)

Marble Sports / has recently **made a transition** / **to** a new security system.
Marble Sports는 / 최근에 전환했다 / 새로운 보안 시스템으로

18. available ★★★
[əvéiləbl]
ⓟ availability ⓝ 유효성

adj 이용 가능한 (to/for); 시간이 있는 (to V)

The incentive is **available** / **to** all full-time employees / of North Electronics.
인센티브는 이용 가능하다 / 모든 정규 직원들이 / North Electronics의

◆ 토익 출제 포인트 (Part 5&6)
Steve Howell will be (**available** / ~~voluntary~~) to answer questions after the lecture.
Steve Howell은 강연이 끝난 후 질문에 답할 수 있을 것이다.
→ 의미상으로는 둘 다 가능할 것 같지만, voluntary(자발적인)는 to부정사와 함께 쓰지 않는다. be available to V(~할 수 있다, ~할 시간이 있다)는 빈출 표현이니 잘 기억해 두자.

◆ 빅데이터 토익 빈출 표현   ● 빈도도
available for purchase[rent] 구매[임대] 가능한 ★★★
widely **available** 널리 이용 가능한 ★★

19. pending ★★
[péndiŋ]
ⓢ undecided 아직 결정되지 않은

adj 임박한; 보류 중인, 미결정의

The meeting will be focused / on the **pending merger** / with United Bank.
회의는 초점이 맞춰질 것이다 / 임박한 합병에 / United 은행과의

◆ 빅데이터 토익 빈출 표현   ● 빈도도
pending order 보류 중인 주문 ★★★

20 strategy **
[strǽtədʒi]

n 전략, 계획
We will determine / whether to make a change / in our **marketing strategy**.
우리는 결정할 것이다 / 변경 여부를 / 우리 마케팅 전략에서의

21 eagerly **
[íːgərli]
파 eager **adj** 열망하는

adv 간절히, 애타게
Management / is **eagerly** awaiting findings / from the **research** project.
경영진은 / 간절히 결과를 기다리고 있다 / 연구 프로젝트의

> 🎯 **토익 출제 포인트 (Part 5&6)**
> the (**eagerly** / ~~comparably~~) anticipated opening of a park 간절히 기다렸던 공원의 개장
> → eagerly는 보통 anticipate(기대하다), await(기다리다), look forward to(~을 고대하다) 등과 함께 출제된다. (comparably 비슷하게, 유사하게)

22 anniversary **
미 [æ̀nəvə́ːrsəri]
영 [æ̀nəvə́ːsəri]

n 기념일
The clothing shop / is offering a special promotion / in celebration of its 3rd **anniversary**.
그 옷 가게는 / 특별 할인을 하고 있다 / 개업 3주년을 기념하여

> 🔍 **빅데이터 토익 빈출 표현**   ● 빈출도
> celebrate[mark] the **anniversary** 기념일을 축하하다 •••

23 established **
[istǽbliʃt]

adj (확고히) 자리를 잡은, 인정받는
We send a monthly catalog / to **established customers**. 우리는 월간 카탈로그를 보낸다 / 단골 고객들에게

> 🎯 **토익 출제 포인트 (Part 5&6)**
> work for an (~~establishing~~ / **established**) accounting company 확고히 자리를 잡은 회계사에서 근무하다
> → established는 '확고히 자리를 잡은'이라는 의미로 '회사나 고객' 앞에서 자주 정답으로 출제된다.

24 presence **

[préznes]

⑧ existence 존재
attendance 참석

n (회사의) 입지; (사물의) 존재, 있음; 참석

Core Co. / aims to **establish** / an international **presence** / within the year.
Core 사는 / 구축하는 것을 목표로 한다 / 국제적인 입지를 / 올해 안에

The test found / **the presence of** a serious defect / in the product. 그 테스트는 발견했다 / 심각한 결함이 있음을 / 제품에

We cordially **request** / everyone's **presence** / at tomorrow's dinner gathering.
저희는 정중히 요청드립니다 / 모두의 참석을 / 내일 저녁 모임에
▶ 저희는 내일 저녁 모임에 모두 참석해 주시기를 정중히 요청드립니다.

25 based **

[beist]

adj ~에 본사를 둔 (in); ~에 근거가 있는, 기반을 둔 (on)

The IAFS / has partnered with a construction company / **based in** Vancouver.
IAFS는 / 건설 회사와 제휴를 맺었다 / 밴쿠버에 본사를 둔

> ◈ 토익 출제 포인트 (Part 5&6)
>
> Bonus pay will be (**based** / enlarged) **on** the performance. 상여금은 실적에 근거하여 지급될 것이다.
> → based는 based on(~에 근거하여)이나 based in(~에 본사를 둔) 형태로 출제되므로 각 전치사에 따른 의미를 잘 기억해 두자. (enlarge 확대하다)

26 operation **

[àpəréiʃən]

⑪ operate ⓥ 운영하다[되다]; 작동하다[되다]
operational adj 운영상의; 가동 중인

n 영업, 운영; 작동, 가동

The restaurant / will expand its **hours of operation** / this summer. 그 식당은 / 영업시간을 늘릴 것이다 / 올여름에

You should wear / protective gear / when the machine is **in operation**.
당신은 착용해야 합니다 / 보호 장비를 / 기계가 작동 중일 때

> ◎ 빅데이터 토익 빈출 표현   ● 빈출도
>
> **in operation** 운영[작동] 중인 **
> **resume operation** 운영[작동]을 재개하다 **
> **fully operational** 전면 가동 중인 **

경영 | 267

27 contingency *
[kəntíndʒənsi]

n 만일의 사태, 우발 사태
We have developed / a **contingency plan** / in case of system failure.
우리는 만들었다 / 만일의 사태를 위한 계획(비상시 대책)을 / 시스템 장애가 발생할 경우에 대비하여

28 founder *
[fáundər]
ⓥ founding n 설립, 창립

n 설립자, 창립자
The **founder of the company** / has recently announced his retirement.
그 회사의 설립자는 / 최근에 은퇴를 발표했다

29 venture *
[véntʃər]

n (벤처) 사업, (위험을 동반한) 신규 사업
Ms. Seeley / intends to **launch** / **a new business venture** / in her hometown.
Seeley 씨는 / 시작할 계획이다 / 새로운 벤처 사업을 / 그녀의 고향에서

30 integrate *
[íntəgrèit]

v 융화하다[되다], 통합하다[되다] (into)
Our experienced experts / will **integrate** well / **into** a project team.
우리의 경험 있는 전문가들은 / 잘 융화될 것이다 / 프로젝트 팀에

31 entrepreneur *
미 [à:ntrəprənə́:r]
영 [ɔ̀ntrəprəná:r]

n 사업가, 기업가
The furniture company / was **founded** / by **entrepreneur** Justine Mcgraw.
그 가구 회사는 / 설립되었다 / 기업가 Justine Mcgraw에 의해

> ⊕ 토익 출제 포인트 (Part 7)
>
> Q. What is mentioned about Mr. Bacov?
>   Bacov 씨에 관해 언급된 것은 무엇인가?
> → 특정 인물에 관해 묻는 문제의 단서로 지문에 business owner(사업주)가 제시되면 entrepreneur(기업가)로 패러프레이징되어 정답으로 출제된다.

32 endorse *
미 [indɔ́:rs]
영 [indɔ́:s]

v (유명인이) 광고하다; 승인하다, 지지하다

We are trying to find / the most suitable athlete / to **endorse** our **new line** of shoes.
우리는 찾으려 하고 있다 / 가장 적합한 운동선수를 / 우리의 새로운 신발 제품을 광고할

33 subsidiary *
미 [səbsídieri]
영 [səbsídiəri]

n 자회사

Aura Networks / saw huge revenue growth / in its **foreign subsidiary**.
Aura Networks는 / 엄청난 매출 증가를 경험했다 / 해외 자회사에서

34 transform *
미 [trænsfɔ́:rm]
영 [trænsfɔ́:m]
파 transformation **n** 변화, 변신

v 바꾸다, 변화시키다 (A into/to B)

The 8th floor of the building / will be **transformed** / **into** a seminar hall. 그 건물의 8층은 / 바뀔 것이다 / 세미나실로

> 🎯 **토익 출제 포인트 (Part 5&6)**
>
> The CEO has <u>transformed</u> North Productions (**from** / <s>about</s>) a small start-up **to** a global company.
> 그 최고 경영자는 North Productions를 작은 신생 기업에서 세계적 기업으로 변화시켰다.
> → transform은 주로 transform ~ from A to B(~을 A에서 B로 변화시키다) 형태나 transform A into B(A를 B로 변화시키다) 형태로 출제된다.

35 enterprise *
미 [éntərpràiz]
영 [éntəpràiz]

n 기업, 회사

Adam Cabell / is the founder / of one of the most **successful enterprises** / in the country.
Adam Cabell은 / 설립자이다 / 가장 성공적인 기업 중 하나의 / 그 나라에서

36 business *
[bíznis]

n 사업, 장사

Corey has been **operating** / his own **business** / for five years. Corey는 운영해 왔다 / 자기 사업을 / 5년간

경영 | 269

37 branch *
미 [bræntʃ]
영 [brɑːntʃ]

n 지점, 지부

This position / will require frequent travel / to our **overseas branches**.
이 직책은 / 빈번한 출장을 필요로 할 것이다 / 우리 해외 지점으로의

38 firm *
미 [fəːrm]
영 [fəːm]
(동) company, enterprise, business
회사, 기업

n 회사

Whiteout Ltd. / is a **consulting firm** / that specializes in / reducing overhead costs.
Whiteout 사는 / 컨설팅 회사이다 / 전문으로 하는 / 간접비 절감을

adj 단단한, 견고한

Make sure / that the furniture is placed / on a **firm base**. 반드시 하세요 / 가구가 놓이도록 / 단단한 밑바닥 위에

39 import *
[impɔ́ːrt]
(반) export 수출하다

v 수입하다 (A from B)

We serve snacks and drinks / **imported** from all around the world.
우리는 스낵과 음료를 제공한다 / 전 세계에서 수입된

40 loss *
미 [lɔːs]
영 [lɔs]
(파) lose **v** 잃다

n 손실, 손해

A poor investment decision / will lead to a significant **loss of revenue**.
잘못된 투자 결정은 / 상당한 수익 손실을 초래할 것이다

> **토익 출제 포인트 (Part 5&6)**
>
> have suffered (**losses** / ~~losing~~) in earnings
> 수익 손실을 입었다
> → 명사 loss와 동명사 losing을 구별하는 문제가 종종 출제된다. 동사 suffer는 명사 목적어를 취하므로 losses가 정답이다.

Day 16 **Daily Test**

A 각 영어 단어의 알맞은 의미를 찾아 연결하세요.

01 subsidiary ● ● ⓐ 전략, 계획
02 strategy ● ● ⓑ 만일의 사태, 우발 사태
03 strength ● ● ⓒ 자회사
04 contingency ● ● ⓓ 강점, 장점

B 우리말과 일치하도록 다음 빈칸에 알맞은 단어를 찾아 넣으세요.

| ⓐ available | ⓑ established | ⓒ rapidly | ⓓ exclusively | ⓔ detailed |

05 an _____ company 확고히 자리를 잡은 회사
06 _____ for purchase 구매 가능한
07 a _____ marketing plan 상세한 마케팅 계획
08 _____ approaching 빠르게 다가오는

C 다음 빈칸에 문맥상 적절한 단어를 찾아 넣으세요. 해석 p. 508

| ⓐ operation | ⓑ loss | ⓒ expand |
| ⓓ anniversary | ⓔ pending | |

09 The store has been in _____ for over a decade.
10 I placed the order 7 days ago, and it is still _____.
11 A reception will be held to celebrate the company's _____.
12 The company is striving to _____ its presence into South America.

정답 01 ⓒ 02 ⓐ 03 ⓓ 04 ⓑ 05 ⓑ 06 ⓐ 07 ⓔ 08 ⓒ 09 ⓐ 10 ⓔ 11 ⓓ 12 ⓒ

토익 LC/RC 짝꿍 표현

경영

☐ **inflict**	v (고통·어려움 등을) 입히다, 가하다	**inflict** damage on the economy 경제에 피해를 입히다 **inflict** serious injury 심각한 부상을 입히다	
☐ **retreat**	n 은퇴; 물러남; 야유회	**retreat** from public life 공직 생활로부터의 은퇴 hold the managers' **retreat** 관리자들을 위한 야유회를 열다	
☐ **takeover**	n (회사·경영권 등의) 인수, 인계	the foreign reaction to a **takeover** 기업 인수에 대한 외국의 반응 prevent a hostile **takeover** 적대적인 인수를 방지하다	
☐ **bankrupt**	adj 파산한	go **bankrupt** 파산하다 the **bankrupt** textile business 파산한 섬유 업체	
☐ **at all cost**	phr 반드시, 무슨 수를 써서라도	find out **at all costs** 반드시 알아내다 avoid the merger **at all costs** 무슨 수를 써서라도 합병을 피하다	
☐ **brokerage**	n 중개(업)	a **brokerage** firm 중개 회사 the low-performing **brokerage** 성과가 저조한 중개업	
☐ **downsize**	v 축소하다, 줄이다	**downsize** the workforce 인력 규모를 축소하다 **downsize** one's business 사업을 축소하다	
☐ **export**	n 수출	a ban on the **export** of eggs 계란 수출에 대한 금지 boost **exports** 수출을 증진하다	
☐ **liquidity**	n 유동성	have sufficient **liquidity** 유동성이 충분히 있다 an increase in market **liquidity** 시장 유동성의 증가	
☐ **acquisition**	n (기업) 인수, 매입	long-anticipated **acquisitions** 오랜 기대를 받은 인수 discuss prospective **acquisitions** 곧 있을 기업 인수를 논의하다	
☐ **rise**	n 증가, 늘어남 v 증가하다	a **rise** in the number of coffee shops 커피숍 수의 증가 **rise** dramatically 급속히 증가하다	
☐ **embezzle**	v 횡령하다	**embezzle** the revenue 수익을 횡령하다 charged with **embezzling** funds 자금 횡령으로 기소된	

☐ **assumption**	n 추정	based on the **assumption** 추정에 근거해 make **assumptions** about the safety 안전 상태에 대해 추정하다	
☐ **unstable**	adj 불안정한	an **unstable** economy 불안정한 경제 emotionally **unstable** 정서적으로 불안정한	
☐ **empower**	v 권한을 주다	be **empowered** to control 통제할 권한을 받다 **empower** people 사람들에게 권한을 주다	
☐ **trial**	n 시험 사용 (기간)	present **trial** versions 시험 사용 버전을 제공하다 four-month **trial** subscription 4달간의 시험 사용 신청(권)	
☐ **proficiency**	n 능력, 숙달	lack of business **proficiency** 사업 능숙도 부족 **proficiency** in Japanese 일본어 능통	
☐ **oblige**	v 억지로 시키다, 의무를 지우다	**oblige** us to sell the shop 우리에게 억지로 매장을 매각하게 하다 feel **obliged** to contribute 기부해야 하는 의무감을 갖다	
☐ **investigate**	v 조사하다	**investigate** every project 모든 프로젝트를 조사하다 **investigate** the current incident 현재의 사건을 조사하다	
☐ **maneuver**	n 방책, 책략 v 다루다, 조종하다	a strategic **maneuver** 전략적인 방책 **maneuver** the system 시스템을 다루나	
☐ **authorize**	v 인가하다, 권한을 부여하다	**authorize** more funds 더 많은 자금을 인가하다 **authorize** him to close the plant 그에게 공장을 닫을 권한을 부여하다	
☐ **monopoly**	n 독점(권); 독점 기업	have a **monopoly** on Internet service 인터넷 서비스 독점권을 갖다 a state-owned **monopoly** 국유 독점 기업	
☐ **underlying**	adj 근본적인, 근간을 이루는; 숨어 있는	the **underlying** cause of recession 경제 불황의 근본적인 원인 an **underlying** message 숨어 있는 메시지	
☐ **at a stretch**	phr 계속해서, 단번에	work for nine hours **at a stretch** 9시간 동안 계속해서 일하다 limited to 10 minutes **at a stretch** 단번에 10분으로 제한된	
☐ **diversified**	adj 다양화된, 다각적인	highly **diversified** 매우 다양화된 more **diversified** training sessions 더욱 다각적인 교육 시간	
☐ **separation**	n 분리, 구분; 헤어짐	the need for a clear **separation** 명확한 분리에 대한 필요성 **separation** from ~에서의 분리; ~와의 헤어짐	

☐ panic	n 공포, 공황 상태	a rising sense of **panic** 점점 증가하는 공포감 during the stock market **panic** 주식 시장의 공황 상태 동안	
☐ company	n 회사	a **company**'s financial profile 회사의 재정 관련 개요 seek the **company**'s investment 회사의 투자금을 구하다	
☐ rebound	v 반등하다, 다시 튀어 오르다	Share prices **rebounded**. 주가가 반등했다. A ball **rebounds** from the floor. 공은 바닥에서 다시 튀어 오른다.	
☐ volatile	adj 변덕스러운, 불안한	**volatile** like the stock market 주식 시장처럼 변동이 심한 hard to find jobs in **volatile** economy 불안한 경제 상태에서 일자리를 찾기 어려운	
☐ prediction	n 예측, 예견	a sales **prediction** 매출에 대한 예측 make an accurate **prediction** 정확한 예측을 하다	
☐ giant	adj 거대한 n 거대 업체	a **giant** oil company 거대 정유 회사 one of the **giants** of the cartoon industry 만화 업계의 거대 업체 중 하나	
☐ headquarters	n 본사	the corporate **headquarters** in ~에 위치한 기업 본사 relocate its **headquarters** 본사를 이전하다	
☐ viable	adj 실행 가능한	launch **viable** businesses 실행 가능한 사업을 시작하다 commercially **viable** 상업적으로 실행 가능한	
☐ unrest	n 불안(감)	provoke severe social **unrest** 심각한 사회 불안을 조장하다 mounting **unrest** 점점 커지는 불안감	
☐ plummet	v 급락하다	**plummeted** last year 작년에 급락했다 The consumer demand has **plummeted**. 소비자 수요가 급락했다.	
☐ deduction	n 공제(액), 제외	a $50 **deduction** on another purchase 추가 구매에 대한 50달러의 공제 a **deduction** for medical expenses 의료비 공제	
☐ reduction	n 감소, 인하, 할인	announce a budget **reduction** 예산 감축을 발표하다 a **reduction** in the monthly energy use 월간 에너지 사용량의 감소	
☐ evidence	n 증거	visible **evidence** 뚜렷한 증거 compelling **evidence** 강력한 증거	
☐ nationally	adv 전국적으로	the **nationally** advertised brand 전국적으로 광고되는 브랜드 be available **nationally** 전국적으로 이용 가능하다	

☐ **dignify**	v 품위 있게 만들다; 중요해 보이게 만들다	**dignify** the celebrations 축하 행사를 품위 있게 만들다 **dignify** one's comments 의견을 중요해 보이게 만들다
☐ **produce**	v 생산하다, 만들어 내다 n 농작물	**produce** electrical power 전력을 생산하다 organically grown **produce** 유기농으로 재배된 농작물
☐ **insolvent**	adj 파산한	The corporation was declared **insolvent**. 그 회사는 파산 선고를 받았다. deny that the bank was **insolvent** 그 은행이 파산했음을 부인하다
☐ **implicate**	v 연루시키다, 관련시키다	**implicate** the firm deeply 그 회사를 깊이 연루시키다 **implicate** others in trouble 다른 이들을 문제에 연루시키다
☐ **confront**	v 직면하다, 맞서다	A similar dilemma **confronts** us. 유사한 딜레마가 우리를 직면하고 있다. **confront** one's problems 문제에 맞서다
☐ **default**	n 채무 불이행	in **default** on the loan 대출 상환 의무를 불이행하는 push companies into **default** 회사를 채무 불이행 상태로 몰다
☐ **exploit**	v 활용하다, 이용하다	**exploit** advantages of scale 규모의 장점을 활용하다 **exploited** for commercial purposes 상업적인 목적으로 이용된
☐ **dominant**	adj 우세한, 지배적인	a **dominant** position 우세한 지위, 지배적 위치 a **dominant** company in the domestic market 국내 시장에서 우세한 회사
☐ **fundamental**	adj 본질적인, 근본적인	a **fundamental** difference 본질적인 차이 alter **fundamental** ways 근본적인 방식을 변경하다
☐ **meaningful**	adj 의미 있는, 중요한	a **meaningful** comparison 의미 있는 비교 do **meaningful** work 의미 있는 일을 하다
☐ **take the initiative**	phr 솔선해서 하다	**take the initiative** in making economic recovery 경제를 회복시키는 데 있어 솔선하다 **take the initiative** to find better ways 더 나은 방법을 찾기 위해 솔선하다
☐ **progressive**	adj 진보적인	**progressive** public policies 진보적인 공공 정책 His ideas are **progressive**. 그의 아이디어는 진보적이다.
☐ **risk**	n 위험 (요소)	**risk** assessment 위험성 평가 eliminate the **risk** completely 위험 요소를 완전히 제거하다
☐ **instinctive**	adj 본능적인	an **instinctive** reaction 본능적인 반응 an **instinctive** taste 본능적인 감각

DAY 17

계약

오늘의 단어 듣기

토익은 기업 간의 계약 및 직원과 회사 사이의 계약 상황을 다룹니다. 계약 업체 선정을 위한 협상, 계약 조건의 검토 및 수정, 계약 후 조건의 변경이나 계약 갱신 관련 내용이 출제됩니다.

📖 블링블링

01 contract ★★★

- 미 [kɑ́ːntrækt]
- 영 [kəntrǽkt]
- ⓓ contractor n 계약자, 도급업자
  contractually adv 계약상
- ⑤ agreement, deal 계약

n 계약(서)

Please **sign** / the enclosed **contract** / and return it to us immediately.
서명해 주세요 / 동봉된 계약서에 / 그리고 저희에게 즉시 돌려주세요

v 계약을 맺다 (to V)

The designer has been **contracted** / **to work** for us / for one year.
그 디자이너는 계약되었다 / 우리를 위해 일하기로 / 1년 동안

> 🔍 **빅데이터 토익 빈출 표현**   ● 빈출도
> sign a **contract** 계약서에 서명하다 ●●●●
> secure[negotiate/renew] a **contract**
> 계약을 따다[협상하다/갱신하다] ●●●
> terms (and conditions) of a **contract** 계약 조건 ●●

02 term ★★★

- 미 [təːrm]
- 영 [təːm]
- ⑤ conditions 조건

n <terms> (계약 등의) 조건; 기간; 용어

Mr. Nielssen has reviewed / the **terms of the contract** / carefully.
Nielssen 씨는 검토했다 / 계약 조건을 / 면밀히

> 🔍 **빅데이터 토익 빈출 표현**   ● 빈출도
> in **terms** of ~라는 측면에서 ●●
> in the long **term** 장기적으로 ●

03 decade ★★★

[dékeid]

n 10년

The firm landed a contract / to provide maintenance / **for the next decade**.
그 회사는 계약을 맺었다 / 유지 보수를 제공하겠다는 / 향후 10년 동안

> ⊕ **토익 출제 포인트 (Part 7)**
>
> Q. What is mentioned about the company?
>   그 회사에 관해 언급된 것은 무엇인가?
> 지문: The company was founded over **a decade** ago.
>   그 회사는 10년도 전에 설립되었다.
> 정답: It has been in operation for more than **10 years**.
>   10년 넘게 운영되어 왔다.
> → 지문의 a decade를 같은 의미의 10 years로 패러프레이징한 보기가 정답으로 출제된다.

계약 | 277

04 respect ***
[rispékt]
- ㉑ respectful adj 존경심을 표하는
- respectable adj 존경할 만한, 훌륭한

v 존중하다, 존경하다
All staff members are required / to **respect** the **confidentiality** / of customer information.
모든 직원은 요구된다 / 기밀성을 존중하도록 / 고객 정보의

n 존중(심), 존경(심)
Maxner Corp. is committed / to treating all customers / with **respect** and courtesy.
Maxner 사는 전념하고 있다 / 모든 고객들을 대하는 데 / 존중심과 공손함으로

05 entitle ***
[intáitl]

v 자격[권리]을 주다 (A to B)
After one year of employment, / you are **entitled** / **to** two weeks of vacation / each year.
1년 재직 후에 / 당신은 자격이 있다 / 2주간 휴가에 / 매년
▶ 1년 재직 후에, 당신은 매년 2주간의 휴가를 받을 수 있습니다.

06 specification ***
[spèsifikéiʃən]

n 사양, (설계 등의) 설명서
All the machinery / has been **manufactured** / **to** client **specifications**. 모든 기계는 / 제작되었다 / 고객의 사양대로

07 agreement ***
[əgríːmənt]
- ㉑ agree v 동의하다, 합의를 보다
- ㉒ disagreement 의견 충돌, 불일치

n 계약; 동의 (with)
We have recently **signed an agreement** / **with** Orc Media. 우리는 최근에 계약을 맺었다 / Orc Media와

⊕ 토익 출제 포인트 (Part 5&6)

negotiate a service (**agreement** / ~~call~~) 서비스 계약을 협상하다
→ 동사 negotiate(협상하다)의 목적어 자리에는 '계약'이라는 의미의 agreement가 어울린다. (call 전화; 요청)

08 indeed ***
[indíːd]

adv 실제로, 확실히
The customer inquired / whether he could **indeed** / cancel the contract.
그 고객은 문의했다 / 그가 실제로 할 수 있는지 / 계약을 취소하는 것을

09 consider ★★★

[kənsídər]

- ⑪ consideration ⓝ 숙고, 고려
- ⑧ think about ~에 관해 고려[생각]하다
  regard ~이라고 여기다

ⓥ 고려하다; 간주하다, ~이라고 여기다

It is time / to **consider** renewing your membership / at the Fasa Shopping Center.
시간입니다 / 당신의 멤버십 갱신을 고려할 / Fasa 쇼핑센터에서의

The warranty / is **considered** invalid / if the product is not used / according to the manual.
품질 보증은 / 무효한 것으로 간주된다 / 제품이 사용되지 않는다면 / 설명서에 따라

> 🎯 **토익 출제 포인트 (Part 7_동의어 찾기)**
>
> With cold weather approaching, you should "**consider**" having your heating system inspected.
> (A) think about   (B) regard
> 추운 날씨가 다가옴에 따라, 여러분은 난방 시스템을 점검받는 것을 고려해야 합니다.
> → consider가 문맥상 '고려하다'라는 의미로 쓰이면 think about(~에 관해 생각하다)과 동의어가 된다. (regard ~이라고 여기다)

🔍 **빅데이터 토익 빈출 표현** ● 빈출도

consider it necessary to V ~하는 것을 필요하다고 여기다 ★★

10 executive ★★★

[igzékjətiv]

ⓝ 임원, 이사, 간부

The **executive** asked his assistant / to make copies of the contract.
그 임원은 비서에게 부탁했다 / 계약서를 복사해 달라고

adj 임원의, 간부의

The **executive** director / played a key role / in securing the contract.
그 상무 이사는 / 중요한 역할을 했다 / 계약을 따내는 데

11 disregard ★★

미 [dìsrigá:rd]
영 [dìsrigá:d]

ⓥ 무시하다, 경시하다

Please **disregard** the e-mail / sent yesterday / related to changes / in the contract.
그 이메일은 무시해 주세요 / 어제 보낸 / 변경과 관련된 / 계약에서의

계약 | 279

12 tentative ★★

[téntətiv]

㉻ tentatively adv 잠정적으로
㊌ indefinite 정해져 있지 않은
  hesitant 주저하는

adj 잠정적인, 임시의; 머뭇거리는

We have reached / a **tentative agreement** / to work together / on the project.
우리는 도달했다 / 잠정적인 합의에 / 협력하기로 / 그 프로젝트에

> ◆ 토익 출제 포인트 (Part 7_동의어 찾기)
>
> Enclosed is a "**tentative**" schedule for the seminar.
> (A) indefinite   (B) hesitant
> 동봉된 것은 세미나 임시 일정표이다.
> → tentative가 문맥상 '임시의'라는 의미로 쓰이면 indefinite(정해져 있지 않은)와 동의어가 된다. (hesitant 주저하는)

13 renew ★★

미 [rinúː]
영 [rinjúː]

㉻ renewal n 갱신

v (면허·계약 등을) 갱신[연장]하다

The board of directors / objected to **renewing** / the company's **partnership** / with Carrol Sports.
이사회는 / 갱신하는 데 반대했다 / 회사의 제휴를 / Carrol Sports와의

14 examination ★★

[igzæminéiʃən]

㉻ examine v 조사하다, 검사하다

n 조사, 검사

A **financial examination** / must be completed / before the contract can be signed.
재무 조사가 / 완료되어야 한다 / 계약이 체결되기 전에

15 unfamiliar ★★

[ʌnfəmíliər]

㊃ familiar 익숙한, 잘 아는

adj (사람이) 익숙하지 않은, 잘 모르는 (with)

Residents / **unfamiliar** with city parking regulations / should consult the city's Web site.
주민들은 / 시의 주차 규정에 익숙하지 않은 / 시 웹사이트를 참조해야 한다

> ◆ 토익 출제 포인트 (Part 5&6)
>
> Most of the engineers are (**unfamiliar** / common) with the equipment. 대부분의 엔지니어들은 그 장비에 익숙하지 않다.
> → unfamiliar는 '사람 주어 + unfamiliar with(사람이 ~에 익숙하지 않은)' 형태로 자주 출제된다. (common 흔한)

16 official **
[əfíʃəl]
ⓓ officially adv 공식적으로, 정식으로

adj 공식적인, 정식의
Please send estimates / to create an **official** purchase **agreement**.
견적서를 보내 주세요 / 공식 구매 계약을 만들기 위해서

n 공무원, 임원
The **city official** / has received estimates / from five different contractors.
그 시 공무원은 / 견적을 받았다 / 5곳의 다른 계약 업체로부터

17 specify **
[spésifài]
ⓓ specific adj 구체적인
specifically adv 구체적으로
specifics n 세부 사항

v (구체적으로) 명시하다
The contract **clearly specifies** / that the contents must not be published elsewhere.
그 계약서는 분명히 명시한다 / 콘텐츠가 다른 곳에서 출판되어서는 안 된다고

18 suspect **
[səspékt]
ⓢ believe ~라고 믿다
distrust 의심하다, 불신하다

v (아마) ~라고 생각하다 (that절); 의심하다
I **suspect** / **that** you received / the wrong paperwork. 저는 생각합니다 / 당신이 받았을 것이라고 / 잘못된 서류를

> ⊕ 토익 출제 포인트 (Part 7_동의어 찾기)
>
> We "**suspect**" you will soon find a job in the finance industry.
> (A) distrust   (B) believe
> 저희는 당신이 곧 금융 업계에서 일자리를 찾을 것이라고 생각합니다.
> → suspect가 문맥상 '~라고 생각하다'라는 의미로 쓰이면 believe(~라고 믿다)와 동의어가 된다. (distrust 의심하다, 불신하다)

19 particulars **
미 [pərtíkjulərs]
영 [pətíkjuləs]

n 세부 사항, 상세한 내용
Make sure / you read the **particulars** / **of** the employment contract / carefully.
반드시 하세요 / 세부 사항을 읽어 보는 것을 / 고용 계약서의 / 꼼꼼하게

20 exclude ★★
[iksklú:d]

v 제외하다, 배제하다 (A from B)
The following terms / have been **excluded** / from the contract. 다음 약관은 / 제외되었다 / 계약서에서

21 harsh ★★
미 [hɑːrʃ]
영 [hɑːʃ]

adj 가혹한, 혹독한
The **harsh** working conditions / improved / after the hiring of a new manager.
가혹한 근무 환경은 / 개선되었다 / 새로운 관리자를 고용한 후에

🔍 빅데이터 토익 빈출 표현 ● 빈출도
harsh weather 혹독한 날씨 ●

22 proof ★★
[pruːf]
파 prove **v** 증명하다

n 증명, 증거(물) (of)
A card will be issued / upon **proof** of local residence. 카드가 발급될 것이다 / 지역 거주 증명이 되는 대로

🔍 빅데이터 토익 빈출 표현 ● 빈출도
proof of purchase 구매 증거 ●●
proof of employment 재직 증명 ●

23 cover ★★
[kʌ́vər]
동 pay (비용을) 지불하다

v 다루다, 포함하다; (보험으로) 보장하다; (비용을) 치르다
The report also **covers** / the timeline for negotiations / with Heron, Inc.
그 보고서는 또한 다룬다 / 협상 시한을 / Heron 사와의

The damage to the car / will be **covered** / by your insurance contract.
차의 손상은 / 보장될 것입니다 / 당신의 보험 계약에 의해

🎯 토익 출제 포인트 (Part 7_동의어 찾기)

The company will "**cover**" the cost of your move.
(A) protect   (B) pay
회사가 당신의 이사 비용을 치를 것입니다.
→ cover가 문맥상 '(비용을) 치르다'라는 의미로 쓰이면 pay(지불하다)와 동의어가 된다. (protect 보호하다)

24 condition**
[kəndíʃən]

n 조건; 상태; 여건, 환경

All SnapApp users / must agree / to the terms and conditions.
모든 SnapApp 사용자들은 / 동의해야 한다 / 약관에

> 🔍 **빅데이터 토익 빈출 표현**　　　　　　　● 빈출도
>
> in good[poor/damaged] condition
> 좋은[형편없는/손상된] 상태로　●●●●
> weather conditions　기상 상황　●●●

25 deal**
[diːl]

n 거래, 계약; (a great[good] of ~) 많은

Unable to negotiate a deal, / the firm chose to find / a new supplier.
거래를 성사시키지 못하여 / 그 회사는 찾기로 결정했다 / 새로운 공급 업체를

26 furthermore**
미 [fə́ːrðərmɔ̀ːr]
영 [fə́ːðəmɔ̀ː]
(동) moreover, in addition, besides 게다가

adv 게다가, 더욱이, 뿐만 아니라

The CEO was busy / with several duties. // Furthermore, / he had to join / the contract negotiation.
그 최고 경영자는 바빴다 / 여러 업무로 // 게다가 / 그는 참석도 해야 했다 / 계약 협상에

> ⊕ **토익 출제 포인트 (Part 5&6)**
>
> (In addition to / ~~Furthermore~~) indoor seating, there is a spacious deck outside.
> 실내 좌석 이외에도 야외에 넓은 테라스가 있다.
> → 명사구(indoor seating) 앞에는 전치사인 in addition to(~뿐 아니라)가 와야 한다. furthermore는 (접속) 부사이므로 명사(구) 앞에서 쓰일 수 없다.

27 key*
[kiː]

adj 핵심적인, 중요한

Venture Design / renewed its contract / with one of its key business partners.
Venture Design은 / 계약을 갱신했다 / 핵심적인 사업 동업 업체 중 한 곳과

n 비결 (to)
Careful preparation / is the **key** / **to** a successful negotiation / of a contract.
세심한 준비는 / 비결이다 / 성공적인 협상의 / 계약에서의

28 **seal** *
[si:l]

v (봉투 등을) 밀봉하다
Each **envelope** / must be **sealed** / with an official university stamp. 각 봉투는 / 밀봉되어야 한다 / 공식 대학 도장으로

29 **signature** *
[sígnətʃər]
(파생) sign n 징후, 조짐; 표지판
v 서명하다

n 서명
An **authorized signature** / must be provided / to complete delivery.
인증된 서명이 / 제공되어야 한다 / 배달을 완료하기 위해

> ✦ 토익 출제 포인트 (Part 5&6)
> require your (sign / **signature**) on the form
> 양식에 당신의 서명이 필요합니다
> → 명사 sign(징후, 조짐; 표지판)과 signature(서명)의 의미 차이를 묻는 문제가 출제된다.

30 **straightforward** *
미 [strèitfɔ́:rwərd]
영 [strèitfɔ́:wəd]

adj 간단한; 직접적인
Pretorus claims / its contract terms / are **straightforward**, / but customers are often confused.
Pretorus는 주장한다 / 계약 조건이 / 간단하다고 / 하지만 고객들은 종종 혼란스러워한다

31 **uncertain** *
미 [ʌnsə́:rtn]
영 [ʌnsə́:tn]
(반의) certain 확신하는, 확실한

adj 잘 모르는, 불확실한 (about/of)
If you are **uncertain** / **about** how to file a claim, / please contact us immediately.
만약 당신이 잘 모르겠다면 / 청구 방법에 대해 / 즉시 저희에게 연락하십시오

32 cleverly *
[klévərli]

adv 영리하게, 기발하게

The sales manager / **cleverly** negotiated a 10% discount / for future purchases.
그 판매 부장은 / 영리하게 10% 할인을 협상했다 / 향후 구매에 대해

33 resistance *
[rizístəns]
⑱ resistant **adj** 저항하는
resist **v** 저항하다

n 반대, 저항(성) (to)

Council members / have shown **resistance** / to the proposed budget changes.
의원들은 / 반대 입장을 보여 왔다 / 제안된 예산 변경에 대해

> **◆ 토익 출제 포인트 (Part 5&6)**
>
> There was strong (resistant / **resistance**) to the change.
> 변화에 대한 강한 저항이 있었다.
> → 'There be + 명사(~이 있다)' 형태가 알맞으므로 명사인 resistance가 정답이다.

34 diligently *
[dílədʒəntli]

adv 부지런하게, 성실하게

Employees are expected / to work **diligently** / during office hours.
직원들은 기대된다 / 부지런히 일할 것이라고 / 근무 시간 중에

35 induce *
미 [indúːs]
영 [indjúːs]

v 유도하다; 설득하다

To **induce** sales more actively, / Ms. Parker personally negotiated / the new contracts.
더욱 적극적으로 판매를 유도하기 위해 / Parker 씨는 직접 협상했다 / 신규 계약을

36 knowingly *
미 [nóuiŋli]
영 [nə́uiŋli]

adv 고의로, 알면서도

Klein Brothers / was accused of **knowingly** misusing / its users' personal data.
Klein Brothers는 / 고의로 오용했다는 것으로 기소되었다 / 사용자들의 개인 정보를

37 partner *
미 [pá:rtnər]
영 [pá:tnə]

n 동업자, 제휴 회사
We are looking for **business partners** / to expand our regional network.
우리는 사업 동업자들을 찾고 있다 / 지역 네트워크를 확장하기 위해

v ~와 제휴하다, ~와 짝을 짓다 (with)
Loyola is **partnering with** Bard Motors / to develop a more powerful engine.
Loyola는 Bard Motors와 제휴하고 있다 / 더 강력한 엔진을 개발하기 위해

38 national *
[nǽʃənl]
nationally **adv** 국가적으로, 전국적으로

adj 국가의, 전국적인
Stricter **national** safety standards / require additional training / for manufacturing workers.
더욱 엄격해진 국가 안전 기준은 / 추가 교육을 요구한다 / 제조업 노동자들을 위한

39 demanding *
미 [dimǽndiŋ]
영 [dimá:ndiŋ]

adj (일이) 까다로운, 힘든; (사람이) 요구가 많은
The **demanding** job requirements / include a doctorate degree / and various certifications.
그 까다로운 자격 요건은 / 박사 학위를 포함한다 / 그리고 다양한 자격증을

40 jeopardy *
[dʒépərdi]
동 risk, danger 위험

n (in ~) 위험
Failure to meet the requirements / may **place** the contract / **in jeopardy**.
요구 사항을 충족시키지 못하는 것은 / 계약을 놓이게 할 수 있다 / 위험한 상황에
▶ 요구 사항을 충족시키지 못하면 계약이 위험한 상황에 놓일 수 있다.

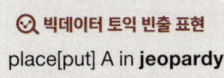 빅데이터 토익 빈출 표현 • 빈출도

place[put] A in **jeopardy** A를 위험에 빠뜨리다 ••

Day 17 **Daily Test**

A 각 영어 단어의 알맞은 의미를 찾아 연결하세요.

01 executive • • ⓐ 위험
02 jeopardy • • ⓑ 무시하다, 경시하다
03 proof • • ⓒ 증명, 증거(물)
04 disregard • • ⓓ 임원, 이사, 간부; 임원의, 간부의

B 우리말과 일치하도록 다음 빈칸에 알맞은 단어를 찾아 넣으세요.

| ⓐ official ⓑ demanding ⓒ entitled ⓓ term ⓔ tentative |

05 a _____ schedule 임시 일정표
06 _____ job requirements 까다로운 자격 요건
07 in the long _____ 장기적으로
08 be _____ to two weeks of vacation 2주간 휴가에 자격이 있다

C 다음 빈칸에 문맥상 적절한 단어를 찾아 넣으세요.

해석 p. 508

| ⓐ renewed ⓑ covered ⓒ considered ⓓ signature ⓔ terms |

09 I have read and accepted the _____ and conditions.
10 Mr. Carosso is _____ an expert in the field of advertising.
11 Any damage caused by negligence is not _____ by the warranty.
12 The contract will be automatically _____ unless otherwise requested.

정답 01 ⓓ 02 ⓐ 03 ⓒ 04 ⓑ 05 ⓔ 06 ⓑ 07 ⓓ 08 ⓒ 09 ⓔ 10 ⓒ 11 ⓑ 12 ⓐ

토익 LC/RC 짝꿍 표현

계약

- [ ] **amend** ⓥ 수정하다
  - **amend** the rent policy 임대 정책을 수정하다
  - **amend** the seminar schedule 세미나 일정을 수정하다

- [ ] **win a contract** phr 계약을 따내다
  - **win a** four-year **contract** 4년 기간의 계약을 따내다
  - **win a** new **contract** 신규 계약을 따내다

- [ ] **terminate** ⓥ 종료하다, 끝내다
  - **terminate** pension plans 연금 제도를 종료하다
  - **terminate** the program 프로그램을 끝내다

- [ ] **royalty** ⓝ 저작권료, 인세
  - pay **royalty** fees 저작권 사용료를 지불하다
  - receive a **royalty** of 5% 5%의 저작권료를 받다

- [ ] **concession** ⓝ 양보; 감면
  - make **concessions** 양보하다
  - generous tax **concessions** 넉넉한 세금 감면

- [ ] **substantive** adj 실질적인, 사실상의
  - **substantive** issues 실질적인 사안
  - have much **substantive** difference 실질적인 큰 차이점이 있다

- [ ] **barter** ⓥ (물건을) 교환하다
  - **barter** the grain for sugar 곡물을 설탕과 교환하다
  - **barter** with the locals 지역민들과 물물 교환하다

- [ ] **put into effect** phr ~을 실행하다
  - **put** measures **into effect** 조치를 실행하다
  - **put** the new setting **into effect** 새로운 설정을 실행하다

- [ ] **deadlock** ⓝ 교착 상태
  - reach a complete **deadlock** 완전한 교착 상태에 빠지다
  - break the **deadlock** 교착 상태를 타개하다

- [ ] **customary** adj 관례적인, 통례의
  - It is **customary** to exchange business cards. 명함을 교환하는 것이 관례이다.
  - the **customary** retirement ages 통례의 은퇴 연령

- [ ] **borrow** ⓥ 빌리다
  - **borrow** the phone of a coworker 동료 직원의 전화기를 빌리다
  - **borrow** a car from someone 누군가에게서 차를 빌리다

- [ ] **pledge** ⓥ 약속하다, 맹세하다 / ⓝ 약속, 맹세
  - **pledge** to be more careful 더욱 조심하겠다고 약속하다
  - a **pledge** of support 지지하겠다는 약속

☐ quota	n 할당(량), 한도(량)	impose quotas 할당량을 부과하다 an annual quota 연간 할당량
☐ opposition	n 반대	face public opposition 대중의 반대에 직면하다 widespread opposition 광범위한 반대
☐ refusal	n 거절, 거부	refusal to make compromises 타협하는 것에 대한 거절 an expression of refusal 거부 의사
☐ anonymous	adj 익명의	from an anonymous source 익명의 제보자로부터 remain anonymous 익명으로 남아 있다
☐ contemporary	adj 동시대의; 현대의	renowned contemporary poets 동시대의 유명 시인들 contemporary art 현대 미술
☐ legal	adj 법률의, 합법의	legal professionals 법률 전문가들 handle the legal matters 법률 문제를 다루다
☐ exclusive	adj 독점적인, 전용의	exclusive coverage 독점 취재 exclusive access to the Web site 웹사이트에 대한 독점 이용
☐ at the latest	phr (아무리) 늦어도	by the expiry date at the latest 늦어도 유효 기간 만료일 전에 be done by 9:30 at the latest 늦어도 9시 30분까지 끝나다
☐ conclusion	n 결론, 결말	one possible conclusion 한 가지 가능한 결말 come to the conclusion 결론에 이르다
☐ hold on to	phr ~을 계속 보유하다; ~을 맡아 두다[보관하다]	hold on to the old records 오래된 기록을 계속 보유하다 hold on to one's stocks 재고를 맡아 두다[보관하다]
☐ agreeable	adj 수긍할 만한, 적합한; 찬성하는; 기분 좋은	agreeable to everyone 모두에게 수긍할 만한 be agreeable to the plans 그 계획에 찬성하다
☐ liability	n 책임, 의무	liability waiver form 면책 각서 legal liability for the damage 손해에 대한 법적 책임
☐ set forth	phr ~을 제시하다	set forth too idealistic views 너무 이상적인 관점을 제시하다 set forth all opinions 모든 의견을 제시하다
☐ span	n 기간, 시간 범위	a span of five years 5년의 기간 a short attention span 짧은 집중 시간

☐ **procrastinate**	v 질질 끌다, 미루다	**procrastinate** for weeks 몇 주 동안 질질 끌다 **procrastinate** frequently 자주 미루다	
☐ **unwilling**	adj 꺼리는, 내키지 않는	**unwilling** to address that issue 그 문제를 다루는 것을 꺼리는 **unwilling** participants 내키지 않는 참가자들	
☐ **surrender**	v 양도하다; 항복하다	**surrender** all documents to the firm 모든 문서를 그 회사에 양도하다 **surrender** to the authorities 당국에 항복하다	
☐ **shareholder**	n 주주	the annual meeting for **shareholders** 연례 주주 회의 a number of company **shareholders** 많은 회사 주주들	
☐ **stockholder**	n 주주	compensate **stockholders** 주주들에게 보상하다 payments to **stockholders** 주주들에게 지급되는 금액	
☐ **stern**	adj 엄중한, 심각한	the **stern** warnings 엄중한 경고 a **stern** judgment 엄중한 심판	
☐ **consideration**	n 고려	take it into **consideration** 그것을 고려하다 budgetary **consideration** 예산에 대한 고려	
☐ **realistic**	adj 현실적인	with a **realistic** estimate 현실적인 견적으로 set **realistic** goals 현실적인 목표를 세우다	
☐ **swap**	v 교환하다, 바꾸다 n 교환	**swap** books with each other 서로 책을 교환하다 a fair **swap** 공평한 교환	
☐ **bonding**	n 유대(감의 형성)	a **bonding** experience 유대감 형성 경험 result in **bonding** 유대감 형성으로 이어지다	
☐ **subcontractor**	n 하청업자	a possible **subcontractor** 가능한 하청업자 hire a **subcontractor** 하청업자를 고용하다	
☐ **signing**	n 사인(하기), 서명	a book **signing** event 도서 사인회 the **signing** of the treaty 조약에 대한 서명	
☐ **quarter**	n 분기; 4분의 1	revenue from the previous **quarter** 이전 분기에서 얻은 수익 with a **quarter** page size 4분의 1 페이지 크기로	
☐ **dispute**	v 이의를 제기하다, 반박하다 n 분쟁, 분규	**dispute** an inaccurate bill 부정확한 내역서에 이의를 제기하다 settle the **dispute** 분쟁을 해결하다	

☐ elevate	v 향상시키다; 승진시키다	**elevate** the company's image 회사의 이미지를 향상시키다 be **elevated** to the general manger 총지배인으로 승진되다	
☐ verification	n 확인, 인증	signature **verification** 서명 인증 the automated **verification** system 자동 인증 시스템	
☐ affiliation	n 제휴, 가맹, 연계	an **affiliation** with the organization 그 단체와의 제휴 the political **affiliations** 정치적 연계	
☐ deliberation	n 숙고	after careful **deliberation** 신중한 숙고 끝에 require considerable **deliberation** 상당한 숙고를 필요로 하다	
☐ stamp	n 스탬프, 도장, 우표	a time **stamp** 타임스탬프(시각을 문서에 찍는 도장) a **stamp** in one's passport 여권에 찍힌 도장	
☐ defeat	n 패배	accept **defeat** 패배를 받아들이다 humiliating **defeat** 굴욕적인 패배	
☐ call off	phr ~을 취소하다, 철회하다	**call off** a workshop 워크숍을 취소하다 **call off** the research 연구를 철회하다	
☐ derive	v 얻다, 이끌어 내다	**derive** benefit from this technique 이 기술로 이득을 얻다 **derive** enormous pleasure 커다란 즐거움을 얻다	
☐ make up one's mind	phr 마음먹다, 결심하다	**make up one's mind** to end the contract 계약을 종료하기로 마음먹다 **make up one's mind** to invest 투자하기로 결심하다	
☐ enact	v 제정하다	**enact** the rules 규칙을 제정하다 **enact** smoke-free policies 금연 정책을 제정하다	
☐ shred	v 갈가리 찢다; 잘게 썰다 n (가느다란) 조각	**shred** the messages 메시지를 갈가리 찢다 a **shred** of paper (가느다란) 종이 조각	
☐ clash	v (일정 등이) 겹치다; (의견 등이) 충돌하다	**clash** with a conference 학회와 일정이 겹치다 **clash** over the proposed program 제안된 프로그램에 대해 의견이 충돌하다	
☐ become	v ~이 되다, ~한 상태가 되다	**become** increasingly vital 점점 더 필수적이게 되다 **become** a member of the association 협회의 회원이 되다	
☐ stance	n 태도, 입장	take a tough **stance** 강경한 태도를 취하다 a **stance** on oil crisis 석유 파동에 대한 입장	

DAY 18

행사

토익에서는 직원 환영회, 야유회, 은퇴 파티, 축제, 마라톤, 요리 경연 대회 등의 다양한 행사가 출제됩니다.

오늘의 단어 듣기

📖 성공한 팬

01 announce ***
[ənáuns]
㉺ announcement ⓝ 발표

ⓥ 발표하다, 알리다 (that절)
We will **announce** the winner / of the art contest / tomorrow.   우리는 우승자를 발표할 것이다 / 미술 대회의 / 내일

🔍 **빅데이터 토익 빈출 표현** ● 빈출도
announce that절 ~라고 발표하다 ***

02 event ***
[ivént]
㉺ eventful adj 다사다난한

ⓝ 행사, 사건
Lakewood residents / are encouraged / to volunteer / at the community **event**.
레이크우드 주민들은 / 장려된다 / 자원봉사하도록 / 지역 행사에서

03 open ***
미 [óupən]
영 [óupən]
㉺ opening ⓝ 빈자리, 공석; 개업, 개장

adj 공개된, 개방된 (to); 열린
The film festival is free / and **open** to the public.
그 영화제는 무료이다 / 그리고 대중들에게 공개된다

ⓥ 열다, 개업하다
The company plans to **open** / a new branch office / in London.   그 회사는 열 계획이다 / 새로운 지점을 / 런던에서

🎯 **토익 출제 포인트 (Part 5&6)**
The class is (invited / **open**) to all residents.
그 수업은 모든 주민들에게 공개된다.
→ 수업이 주민들에게 '공개되다'는 내용이 적절하므로 형용사 open이 정답이다. open to(~에게 공개된)를 한 덩어리로 기억해 두자. (invited 초대된)

🔍 **빅데이터 토익 빈출 표현** ● 빈출도
stay **open** 24 hours a day 24시간 영업하다 **

04 admission ***
[ædmíʃən]

ⓝ 입장(료), 가입 (to)
Admission to the exhibition / is free / for all our members.   전시회 입장료는 / 무료이다 / 우리 모든 회원들에게

05 reserve ★★★

미 [rizə́ːrv]
영 [rizə́ːv]

ⓤ reservation n 예약
동 book 예약하다

v 예약하다; (별도로) 지정하다, 잡아 두다 (A for B); (권리·권한 등을) 갖다

The **banquet halls** / must be **reserved** / at least two months / in advance.
연회장은 / 예약되어야 한다 / 적어도 2개월 / 미리

The front seats are **reserved** / **for** our guest speakers. 앞 좌석은 지정석이다 / 우리 초청 연사들을 위한

IFFA **reserves the right** / **to cancel** the event / if **necessary**. IFFA는 권리를 갖고 있다 / 행사를 취소할 / 필요하다면

> 🎯 **토익 출제 포인트 (Part 5&6)**
>
> The meeting room has been already (**reserved** / observed) by another person.
> 회의실이 다른 사람에 의해 이미 예약되었다.
> → 주어인 meeting room(회의실)과 어울리는 동사는 reserve(예약하다) 이다. reserve는 (meeting) room, seat와 같은 명사와 함께 자주 출제된다. (observe 준수하다; 관찰하다)

> 🔍 **빅데이터 토익 빈출 표현**   ● 빈출도
>
> **reserve** the right to V ~할 권한을 갖다 ★★
> make a **reservation** 예약하다 ★★★

06 hold ★★★

미 [hould]
영 [həuld]

v (회의·시합 등을) 열다, 개최하다; 보유하다; 잡다, 쥐다

The annual company **gathering** / was **held** / at Woods Hotel. 회사 연례 모임이 / 열렸다 / Woods 호텔에서

The applicant / **holds** a university degree / in accounting. 그 지원자는 / 학사 학위를 보유하고 있다 / 회계학에서

07 celebration ★★★

[sèləbréiʃən]

ⓤ celebrate v 축하하다
celebrated adj 유명한

n 기념[축하]행사

You are invited / to attend a **retirement celebration** / in honor of Ms. Mayfield.
당신은 초대됩니다 / 퇴임 기념행사에 참석하라고 / Mayfield 씨를 위한

> 🔍 **빅데이터 토익 빈출 표현**   ● 빈출도
>
> in **celebration** of ~을 기념[축하]하여 ★★

08 arrange ***
[əréindʒ]
- arrangement n 준비, 주선; 배치, 배열

v 준비하다, 주선하다 (for/to V); 배치하다, 배열하다

Thank you / for **arranging** our **visit** / to the Sydney office / last week.
감사드립니다 / 저희 방문을 준비해 주신 것에 대해 / 시드니 사무실로의 / 지난주에
▶ 지난주에 저희의 시드니 사무실 방문을 준비해 주셔서 감사합니다.

Chairs have been **arranged** / **in a circle** / for the discussion. 의자가 배치되었다 / 원형으로 / 논의를 위해

🎯 토익 출제 포인트 (Part 5&6)

Mr. Cook will (**arrange** / ~~convene~~) **for** a car **to** pick you up tonight. Cook 씨가 오늘 밤에 당신을 태우러 갈 차를 준비할 것입니다.
→ arrange는 바로 뒤에 목적어를 취하는 타동사 형태뿐만 아니라 'arrange for + 명사 + to V'의 자동사 형태로도 출제된다. (convene (회의 등을) 소집하다; 회합하다)

🔍 빅데이터 토익 빈출 표현

	빈도도
arrange a meeting 회의를 주선하다	●●●●
arrange to V ~할 준비를 하다	●●
make an **arrangement** 준비하다	●

09 exhibition ***
[èksəbíʃən]
- exhibit v 전시하다
- n 전시(회); 전시품

n 전시(회) (of)

Mr. Richie plans to visit / the **exhibition** of Jackie Vincent's paintings.
Richie 씨는 방문할 계획이다 / Jackie Vincent의 그림 전시회를

10 invitation ***
[ìnvitéiʃən]
- invite v 초대하다

n 초대(장) (to V/to)

Ms. Barrett received an **invitation** / **to attend** a dinner reception. Barrett 씨는 초대를 받았다 / 만찬회에 참석하라는

🎯 토익 출제 포인트 (Part 5&6)

extend the (**invitation** / ~~evaluation~~) to a party
파티 초대장을 보내다
→ invitation은 'invitation to + 명사(~로의 초대)'와 'invitation to V(~하라는 초대)' 두 가지 형태로 출제된다. (evaluation 평가)

11. ceremony ★★★
- 미 [sérəmòuni]
- 영 [sérəməni]

n 의식, 식

The **awards ceremony** / will be held / at a different venue / this year. 그 시상식은 / 열릴 것이다 / 다른 장소에서 / 올해

12. competition ★★★
- 미 [kàmpətíʃən]
- 영 [kɔ̀mpətíʃən]
- ⓟ competitive **adj** 경쟁의; 경쟁력 있는
- compete **v** 경쟁하다

n (경연) 대회; 경쟁

Employees are encouraged / to **enter** the writing **competition**. 직원들은 장려된다 / 글짓기 대회에 참가하도록

🔍 **빅데이터 토익 빈출 표현** ● 빈출도

increasing[fierce/intense] **competition**
증가하는[치열한] 경쟁 ●
compete with[against] ~와 경쟁하다 ●●●
compete for ~을 위해 경쟁하다 ●

13. volunteer ★★★
- 미 [vàləntíər]
- 영 [vɔ̀ləntíə]

n 자원봉사자

Each **volunteer** / will receive / free entry and parking. 각 자원봉사자는 / 받을 것이다 / 무료 입장 및 주차를

v 자원하다 (to V)

Many people / **volunteered to help** / with cleaning up / after the festival.
많은 사람들이 / 돕는 것을 자원했다 / 청소를 / 축제 후에

14. attendee ★★★
- [ətèndíː]
- ⓟ attend **v** 참석하다
- attendance **n** 참석, 출석; 참석자 수

n 참석자

Attendees at the conference / will receive a discount / on hotel rooms.
회의 참석자들은 / 할인을 받을 것이다 / 호텔 객실에 대한

➕ **토익 출제 포인트 (Part 5&6)**

(**Attendees** / ~~Attendance~~) must present a photo ID.
참석자들은 사진이 부착된 신분증을 제시해야 한다.
→ attendee(참석자)와 attendance(참석; 참석자 수)의 의미 차이를 묻는 문제가 출제된다.

15 fair **
미 [fɛ́ər]
영 [féə]

n 박람회, 설명회
The company / will hire additional staff / at a **job fair**. 그 회사는 / 추가 직원을 채용할 것이다 / 채용 박람회에서

adj 공정한, 공평한
We will impose / strict rules / to ensure **fair competition**.
우리는 도입할 것이다 / 엄격한 규칙을 / 공정한 경쟁을 보장하기 위해

16 audience **
[ɔ́ːdiəns]

n 청중, 관중; 타깃, 대상층
The event **attracted an audience** / of more than 500 business owners.
그 행사는 청중을 끌었다 / 500명이 넘는 사업주들로 이뤄진

The travel magazine / mainly **appeals to a young audience**. 그 여행 잡지는 / 주로 젊은 층의 관심을 끈다

17 register **
[rédʒistər]
(명) registration **n** 등록
(동) enroll 등록하다 (in)

v 등록하다 (for)
Attendees / must **register for** the sales conference / in person. 참석자들은 / 영업 회의에 등록해야 한다 / 직접

⊕ **토익 출제 포인트 (Part 5&6)**
register (~~about~~ / **for**) the seminar 세미나에 등록하다
→ register는 전치사 for와 결합하여 '~에 등록하다'의 의미를 나타낸다.

18 elsewhere **
미 [élswer]
영 [élsweə]

adv 다른 곳에서
The exhibits / will include some paintings / that have not been displayed **elsewhere**.
그 전시회는 / 몇 점의 그림을 포함할 것이다 / 다른 곳에서는 전시되지 않았던

19 entry **

[éntri]

⑧ admission 입장
submission 제출(물)

n 입장, 출입 (to); 출품작; 참가(자); 입력

There is no charge / for **entry to** the museum.
요금이 부과되지 않는다 / 박물관 입장에 대해

The **winning entry** / will be featured / in *New Culture Magazine*.
수상작은 / 게재될 것이다 / <New Culture Magazine>에

토익 출제 포인트 (Part 7_동의어 찾기)

A panel of ten judges will review all the "**entries**".
(A) doorways   (B) submissions to a contest
10명의 심사 위원단이 모든 출품작을 심사할 것이다.
→ entry가 문맥상 '출품작'이라는 의미로 쓰이면 submission to a contest(경연 대회 제출물)와 동의어가 된다. (doorway 출입구, 현관)

빅데이터 토익 빈출 표현   ● 빈출도

winning **entry** 수상작, 당선작 **
data **entry** 데이터 입력 *

20 organize **

미 [ɔ́ːrɡənàiz]
영 [ɔ́ːɡənàiz]

(파) organization n 준비, 조직

v 준비하다, 조직하다; 정리하다

Ms. Mcmillan is responsible / for **organizing** an **excursion** / to the mountain.
Mcmillan 씨는 책임을 맡고 있다 / 여행을 준비하는 것에 대해 / 그 산으로의

We will provide some useful tips / that will help **organize** your **documents**.
저희는 몇 가지 유용한 팁을 제공할 것입니다 / 당신의 문서 정리를 도와줄

21 convention **

[kənvénʃən]

(파) conventional adj 관습적인; 종래의, 전통적인

n 총회, 대회; 관습, 관례

Ms. Loyd made a presentation / on investment / at last year's **convention**.
Loyd 씨는 발표했다 / 투자에 관해 / 작년 총회에서

토익 출제 포인트 (Part 5&6)

This new model has clear advantages over (**conventional** / responsible) printers.
이 새 모델은 종래의 프린터들에 비해 확실한 장점을 갖고 있다. .
→ '새로운 것과 비교하는 문장에서 '종래의'라는 의미의 conventional이 정답으로 종종 출제된다. (responsible 책임이 있는)

22 conference **

미 [kánfərəns]
영 [kɔ́nfərəns]

n (대규모) 회의 (on); 협의

Mr. Howell will travel to Ottawa / to **attend a conference** / **on** solar energy.
Howell 씨는 오타와로 출장을 갈 것이다 / 회의에 참석하기 위해 / 태양 에너지에 관한

23 seating **

[síːtiŋ]

n 좌석, 자리

Reservations are not required, / but **seating** is **limited**. 예약은 필요하지 않다 / 하지만 좌석이 제한되어 있다

24 sequence **

[síːkwəns]

n 차례, 순서; 일련의 연속(물)

You are advised / to attend the seminars / **in sequence**. 당신은 권장됩니다 / 세미나에 참석하라고 / 차례차례로

🔍 **빅데이터 토익 빈출 표현**   • 빈출도
in **sequence** 차례차례로 •••

25 surpass **

미 [sərpǽs]
영 [səpáːs]

v 뛰어넘다, 능가하다

The attendance / **surpassed** the expectations / of the organizers. 참석자 수가 / 예상을 뛰어넘었다 / 주최 측의

26 donate **

미 [dóuneit]
영 [dáuneit]
(파) donation **n** 기부, 기증
donator **n** 기부자, 기증자

v 기부하다, 기증하다 (A to B)

Ten pieces of artwork / have been **donated** / **to** the charity event. 10점의 예술품이 / 기부되었다 / 그 자선 행사에

🎯 **토익 출제 포인트 (Part 5&6)**

(**donate** / ~~publish~~) about 300 books **to** the library
약 300권의 책을 도서관에 기증하다
→ 목적어만 본다면 의미상 둘 다 정답이 될 것 같지만, 전치사 to와 어울리는 동사는 donate이다. donate A to B(A를 B에 기증하다) 형태를 기억해 두자. (publish 출판하다)

행사 | 299

27 outreach *
[áutriːtʃ]

n 봉사 활동, 원조 사업
The hotel / needs student volunteers / for its **outreach program**.
그 호텔은 / 학생 지원봉사자들을 필요로 한다 / 봉사 활동 프로그램을 위한

28 charitable *
[tʃǽrətəbl]
⑪ charitably **adv** 자비롭게, 관대하게

adj 자선의; 관대한
A music event / will be held this weekend / **for a charitable purpose**.
음악 행사가 / 이번 주말에 열릴 것이다 / 자선 목적으로

29 delegation *
[dèligéiʃən]
⑪ delegate **v** (대표를) 뽑다; (업무·책임 등을) 위임하다
n 대표(자), 사절

n 대표단, 사절단; (업무·책임 등의) 위임
A **delegation** of executives / will visit the city / for the Tanton City Festival.
임원들로 구성된 대표단이 / 도시를 방문할 것이다 / 탠턴 시 축제를 위해

30 improvise *
[ímprəvàiz]

v 즉흥적으로 하다; (좌석·식사 등을) 임시방편으로 만들다
Ms. White / had to **improvise** her **presentation** / because she forgot to bring her laptop.
White 씨는 / 즉흥적으로 발표해야만 했다 / 노트북을 가져오는 것을 잊어버렸기 때문에

31 fundraiser *
[fʌ́ndrèizər]

n 기금 모금 행사
All **proceeds from the fundraiser** / will go towards nonprofit organizations.
기금 모금 행사의 모든 수익금은 / 비영리 단체에 돌아갈 것이다

32 drawing *
[drɔ́ːiŋ]

n 추첨; 그림, 스케치
All attendees / will be **entered into a drawing** / to win a prize. 모든 참석자들은 / 추첨에 참가하게 될 것이다 / 상을 탈 수 있는

33 **take place** *

phr (행사 등이) 열리다, 개최되다; (사건 등이) 발생하다

The book signing **event** / is scheduled / to **take place** / on Saturday.
책 사인회는 / 예정되어 있다 / 열릴 것으로 / 토요일에
➡ 책 사인회는 토요일에 열릴 것으로 예정되어 있다.

34 **on-site** *

adj 현장의, 현지의

The representatives / will conduct **on-site interviews** / at the career fair.
담당자들은 / 현장 인터뷰를 진행할 것이다 / 채용 박람회에서

adv 현장에서, 현지에서

I will meet you **on-site** / before the meeting.
당신을 현장에서 볼 겁니다 / 회의 전에

> ⊕ 토익 출제 포인트 (Part 7)
>
> Q. What is mentioned about the tickets?
>   티켓에 관해 언급된 것은 무엇인가?
> 지문: Tickets can be purchased **at the venue**.
>   티켓은 현장에서 구입할 수 있다.
> 정답: They can be purchased **on-site**.
>   현장에서 구입할 수 있다.
> → 지문의 at the venue(현장에서)를 같은 의미의 on-site로 패러프레이징한 보기가 정답으로 출제된다.

35 **weeklong** *
[wíklɔ́ŋ]

adj 일주일에 걸친

Residents were invited / to participate in the **weeklong** cleanup **campaign**.
주민들은 요청받았다 / 일주일에 걸친 청소 캠페인에 참여하라고

> ⊕ 토익 출제 포인트 (Part 5&6)
>
> this year's (**weeklong** / ~~weekly~~) conference
> 올해의 일주일에 걸친 회의
> → this year's에서 회의가 일 년에 한 번 열린다는 것을 알 수 있으므로, weekly(매주의, 주 1회의)는 의미상 어울리지 않는다.

36 contest *
[kάntest]
㉺ contestant ⓝ (대회·경연의) 참가자

ⓝ 대회, 시합; 경쟁

Mr. Haynes intends to submit / his entry / to the **slogan contest**.
Haynes 씨는 제출하려고 한다 / 자신의 응모작을 / 슬로건 대회에

37 beverage *
[bévəridʒ]
㉺ drink 음료

ⓝ 음료

All participants / will be given / a **complimentary beverage**. 모든 참가자들은 / 제공받을 것이다 / 무료 음료를

38 crowded *
[kráudid]
㉺ crowd ⓝ 군중, 무리

adj (사람들로) 붐비는, 혼잡한 (with)

The town / will be **crowded** with tourists / during the music festival.
그 마을은 / 관광객들로 붐빌 것이다 / 음악 축제 동안

39 annually *
[ǽnjuəli]
㉺ annual adj 매년의, 연례의

adv 매년, 해마다

The marketing forum / has been **held annually** / for the last 15 years.
그 마케팅 포럼은 / 매년 열려 왔다 / 지난 15년간

⊕ 토익 출제 포인트 (Part 7)

Q. What is indicated about IDFA?
　IDFA에 관해 언급된 것은 무엇인가?
지문: The company has won the design contest sponsored **annually** by IDFA.
　회사는 IDFA가 매년 주최하는 디자인 대회에서 우승했습니다.
정답: It holds a competition **every year**.
　매년 경연 대회를 개최한다.
→ 지문의 annually를 같은 의미의 every year(매년)로 패러프레이징한 보기가 정답으로 출제된다.

40 beforehand *
미 [bifɔ́ːrhænd]
영 [bifɔ́ːhænd]
㉺ in advance 미리

adv 미리, 사전에

We strongly recommend / you **register** for the seminar **beforehand**.
저희는 강력히 권합니다 / 세미나에 미리 등록하기를

Day 18 Daily Test

A 각 영어 단어의 알맞은 의미를 찾아 연결하세요.

01 sequence · · ⓐ 추첨; 그림, 스케치
02 drawing · · ⓑ 즉흥적으로 하다; 임시방편으로 만들다
03 surpass · · ⓒ 뛰어넘다, 능가하다
04 improvise · · ⓓ 차례, 순서; 일련의 연속(물)

B 우리말과 일치하도록 다음 빈칸에 알맞은 단어를 찾아 넣으세요.

| ⓐ competition ⓑ volunteer ⓒ audience ⓓ entry ⓔ register |

05 winning _____ 수상작, 당선작
06 increasing _____ 증가하는 경쟁
07 _____ for the sales conference 영업 회의에 등록하다
08 appeal to a young _____ 젊은 층의 관심을 끌다

C 다음 빈칸에 문맥상 적절한 단어를 찾아 넣으세요.

해석 p. 508

| ⓐ arranged ⓑ attendees ⓒ donated ⓓ convention ⓔ seating |

09 Lunch will be provided for all _____.
10 Ms. Hwang has _____ $100 to the Community Center.
11 Transportation has been _____ for the annual event.
12 We would like to invite you to speak at the _____.

정답 01 ⓓ 02 ⓐ 03 ⓒ 04 ⓑ 05 ⓓ 06 ⓐ 07 ⓔ 08 ⓒ 09 ⓑ 10 ⓒ 11 ⓐ 12 ⓓ

토익 LC/RC 짝꿍 표현

행사

☐ **stunned**	adj 깜짝 놀란, 기가 막힌	in **stunned** silence 깜짝 놀라 말을 잃은 completely **stunned** 완전히 깜짝 놀란	
☐ **catering service**	n phr 출장 연회 서비스(업)	provide **catering services** 출장 요리 서비스를 제공하다 have an outside **catering service** 외부의 출장 요리 제공 서비스 업체를 고용하다	
☐ **decorate**	v 장식하다	**decorate** the interior of the hall 홀의 실내를 장식하다 **decorate** the dessert 디저트를 장식하다	
☐ **banquet**	n 연회	at the annual corporate **banquet** 기업의 연례 연회에서 host a **banquet** 연회를 주최하다	
☐ **outdoor**	adj 야외의, 옥외의	the **outdoor** patio area 옥외 테라스 구역 a beautiful **outdoor** garden 아름다운 옥외 정원	
☐ **outing**	n 야유회; 일일 여행	opportunities for group **outings** 그룹 야유회를 개최할 기회 an **outing** to the beach 해변으로의 일일 여행	
☐ **recipient**	n 수상자, 수령인	the **recipient** of the award 수상자 be selected as a **recipient** 수상자로 선정되다	
☐ **spokesperson**	n 대변인	appoint a new **spokesperson** 신임 대변인을 임명하다 according to the **spokesperson** 대변인의 말에 따르면	
☐ **cancellation**	n 취소	a **cancellation** fee 취소 수수료 the notification of **cancellation** 취소 통지	
☐ **casually**	adv (격식 없이) 가볍게	a **casually** dressed man 가벼운 옷차림을 한 남자 ask **casually** 가볍게 질문하다	
☐ **cordially**	adv 진심으로	**cordially** invite A to a celebration 진심 어린 마음으로 A(사람)를 축하 행사에 초대하다 greet me **cordially** 나를 진심으로 맞이하다	
☐ **showcase**	v 소개하다, 선보이다	**showcase** the businesses at booths 각 부스에서 업체를 소개하다 **showcase** all new products 모든 신제품을 선보이다	

단어	품사/뜻	예문
nominee	n 후보, 지명된 사람	a highly qualified **nominee** 뛰어난 자격을 갖춘 후보 presidential **nominees** 대통령 후보들
as a token of	phr ~의 표시로	**as a token of** one's appreciation 감사하는 표시로 **as a** small **token of** one's gratitude 감사하는 마음을 전하는 작은 표시로
commemorate	v 기념하다, 축하하다	**commemorate** one's many accomplishments 많은 업적을 기념하다 **commemorate** the 100th anniversary 100주년 기념일을 축하하다
forum	n 포럼, 토론회	at the next business **forum** 다음 비즈니스 포럼에서 the moderator of this **forum** 이 토론회의 사회자
situated	adj 위치한	perfectly **situated** in downtown 시내에 완벽히 위치한 ideally **situated** close to cafés 카페와 가까운 곳에 이상적으로 위치한
cloakroom	n 휴대품 보관소	at the **cloakroom** 휴대품 보관소에 a **cloakroom** attendant 휴대품 보관소 직원
put away	phr ~을 치우다	**put away** one's coats 코트를 치우다 **put** the camera **away** 카메라를 치우다
choir	n 합창단	join a company **choir** 회사 합창단에 가입하다 sing in the **choir** 합창단에서 노래하다
amusement park	phr 놀이공원	go to an **amusement park** 놀이공원에 가다 a gift certificate to **amusement parks** 놀이공원용 상품권
neat	adj 말끔한, 깔끔한, 단정한	look **neat** and well-groomed 말끔하고 잘 단정한 것처럼 보이다 The house was **neat** and tidy. 그 집은 깔끔하고 잘 정돈되어 있었다.
exhilarating	adj 즐거운, 신나는	an **exhilarating** walk 즐거운 산책 offer an **exhilarating** experience 즐거운 경험을 제공하다
leftover	adj 먹다 남은, 나머지의	store **leftover** food 남은 음식을 보관하다 the use of **leftover** money 남은 돈의 활용
errand	n 심부름	run an **errand** 심부름하다 send him on **errands** 그를 심부름 보내다
get along with	phr ~와 잘 지내다, 잘 어울리다	**get along with** each other 서로 잘 지내다 **get along with** the people she works with 그녀가 함께 일하는 사람들과 잘 어울리다

☐ tedious	adj 지루한, 싫증 나는	one of the most **tedious** movies 가장 지루한 영화 중의 하나 a **tedious** lecture 지루한 강의	
☐ arena	n 장소; 경기장; 무대	reserve a conference **arena** 회의 장소를 예약하다 alternate routes to the **arena** 그 경기장으로 가는 대체 경로	
☐ trigger	v 촉발시키다	**trigger** significant competition 상당한 경쟁을 촉발시키다 **trigger** climate change 기후 변화를 촉발시키다	
☐ lounge	n 라운지, 휴게실	the departure **lounge** 출발 라운지 the spacious **lounge** 넓은 휴게실	
☐ culminate	v 끝이 나다, 막을 내리다	**culminate** in success 성공으로 끝이 나다 **culminate** in bankruptcy 파산으로 막을 내리다	
☐ patronize	v (단골로) 애용하다; 후원하다	**patronize** the outlets 직판 매장을 애용하다 **patronize** a promising artist 유망한 미술가를 후원하다	
☐ activity	n 활동	publicize a community **activity** 지역 사회 활동을 알리다 the cost of hosting an **activity** 활동을 주최하는 비용	
☐ mispronounce	v 잘못 발음하다	accidentally **mispronounce** one's name 실수로 이름을 잘못 발음하다 **mispronounce** some words 일부 단어를 잘못 발음하다	
☐ popular	adj 인기 있는	by far the most **popular** event 지금까지 가장 인기 있는 행사 **popular** dining spots 인기 있는 식사 장소	
☐ charity	n 자선 (단체)	an upcoming **charity** concert 곧 있을 자선 콘서트 sponsor a **charity** 자선 단체를 후원하다	
☐ confirmation	n 확인(서), 확정	**confirmation** from prospective guests 잠재 고객들로부터의 확인 receive **confirmation** by e-mail 이메일로 확인서를 받다	
☐ attendance	n 참석(자의 수)	**Attendance** is mandatory. 참석은 의무이다. **attendance** figures 참석자의 수	
☐ monument	n 기념물, 기념비적인 것	erect a historic **monument** 역사적 기념물을 세우다 memorial **monuments** 기념비	
☐ get over	phr ~을 극복하다, 해치우다	**get over** the flu 독감을 극복하다 **get over** the interview 인터뷰를 해치우다	

☐ **stage**	n 무대; 단계	set up the main **stage** 중앙 무대를 설치하다 in the production **stage** 생산 단계에 있는	
☐ **excited**	adj 흥분한, 신이 난, 들뜬	**excited** about this season's line-up 이번 시즌 라인업에 흥분한 **excited** about the opening of new plants 새로운 공장 개설에 신이 난	
☐ **offering**	n 제공된 것	the latest **offering** 최신 제공품 through initial **offerings** 최초의 제공품을 통해	
☐ **squeeze**	v 비집고 들어가다; 짜내다	**squeeze** into the back seat 뒷좌석으로 비집고 들어가다 **squeeze** the juice from a lemon 레몬에서 주스를 짜내다	
☐ **assimilate**	v 완전히 이해하다; 동화시키다	able to **assimilate** new ideas 새로운 아이디어를 완전히 이해할 수 있는 **assimilated** from other cultures 다른 문화로부터 동화된	
☐ **religion**	n 종교	respect all **religions** 모든 종교를 존중하다 influenced by **religion** 종교의 영향을 받은	
☐ **talent**	n 장기, 재능 (있는 사람)	take part in a **talent** contest 장기 자랑 대회에 참가하다 the recruitment of a new **talent** 새로운 인재의 모집	
☐ **opposite**	adv 반대편에 adj 반대쪽의	put the piano **opposite** 피아노를 반대편에 놓다 on the **opposite** side 반대쪽에	
☐ **social**	adj 사회의, 사회적인; 사교적인	**social** media 소셜 미디어 organize **social** gatherings 사교 모임을 조직하다	
☐ **initiate**	v 시작하다, 개시하다	**initiate** a discussion on acquisition 기업 인수에 관한 논의를 시작하다 **initiate** recycling programs 재활용 프로그램들을 개시하다	
☐ **luncheon**	n 오찬	a retirement **luncheon** 은퇴 기념 오찬 the department **luncheon** 부서 오찬	
☐ **neutral**	adj 중립적인, 중립의	adopt a **neutral** position 중립적인 입장을 취하다 remain largely **neutral** 대체로 중립적인 상태로 남아 있다	
☐ **turn down**	phr ~을 거절하다; (소리 등을) 줄이다, 낮추다	**turn down** an invitation 초대를 거절하다 **turn** the radio **down** 라디오 소리를 줄이다	
☐ **agent**	n 직원, 대리인	a real estate **agent** 부동산 중개업체 직원 contact a booking **agent** 예약 담당 직원에게 연락하다	

DAY 19

교육

토익에서는 신입 사원을 위한 오리엔테이션, 직원들의 역량을 키우기 위한 직원 연수와 세미나 및 다양한 훈련 프로그램에 관한 내용이 출제됩니다.

오늘의 단어 듣기

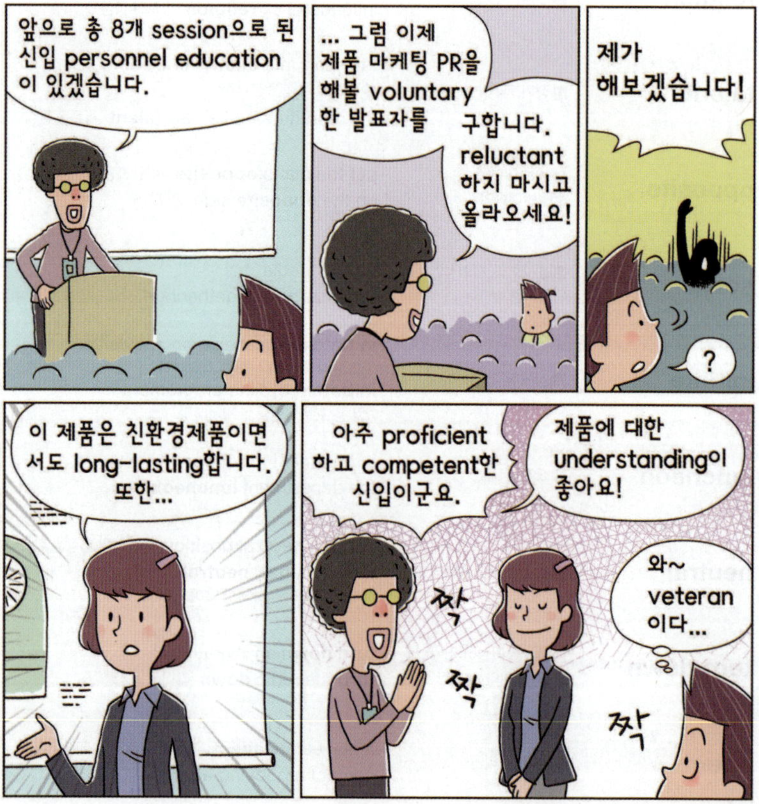

01 proficient ★★★
[prəfíʃənt]
ⓜ proficiency ⓝ 능숙, 숙달

adj 능숙한, 숙달된 (in/at)

This video will help you / become **proficient** / **in** the use of the new software.
이 동영상은 당신을 도울 것입니다 / 능숙해지도록 / 새로운 소프트웨어 사용에

> ### 토익 출제 포인트 (Part 7)
> Q. What is a requirement of the position?
>   그 직책에 필요한 요건은 무엇인가?
> 지문: Candidates must be **fluent** in French.
>   지원자들은 프랑스어를 유창하게 해야 한다.
> 정답: **Proficiency** in French 프랑스어에 능숙함
> → 지문의 fluent(유창한)를 같은 의미의 proficiency(능숙)로 패러프레이징한 보기가 정답으로 출제된다.

02 satisfactorily ★★★
[sæ̀tisfǽktərili]
ⓜ satisfaction ⓝ 만족
satisfy ⓥ 만족시키다, 충족시키다
satisfying **adj** 만족감을 주는
satisfied **adj** 만족한

adv 만족스럽게, 흡족하게

This certificate / is awarded to people / who have **satisfactorily** completed the course.
이 증서는 / 사람들에게 수여된다 / 과정을 만족스럽게 마친

> ### 빅데이터 토익 빈출 표현   ● 빈출도
> customer[client] **satisfaction** 고객 만족 ●●●●
> **satisfy** the needs 욕구를 충족시키다 ●
> be **satisfied** with ~에 만족하다 ●●●

03 series ★★★
미 [síriːz]
영 [síəriːz]

ⓝ 일련, 연속 (of)

The foundation will launch / **a series of** lectures and workshops / this month.
그 재단은 시작할 것이다 / 일련의 강연과 워크숍을 / 이번 달에

04 career ★★★
[kəríər]

ⓝ 경력, 직업

The program / will offer a good opportunity / to further advance your **career**.
그 프로그램은 / 좋은 기회를 제공할 것입니다 / 당신의 경력을 좀 더 발전시킬 수 있는

교육 | 309

05 evolve ★★★
미 [iválv]
영 [ivɔ́lv]
ⓝ evolution 발달, 진화

ⓥ 발달하다, 진화하다 (into)
Ms. Kalita's leadership **skills** / have **evolved** / due to many role-play exercises.
Kalita 씨의 리더십 기술은 / 발달했다 / 많은 역할극 연습 때문에

> **⊕ 토익 출제 포인트 (Part 5&6)**
> The small town has (**evolved** / ~~experienced~~) **into** a bustling community. 그 작은 마을은 번화한 동네로 발달했다.
> → 전치사 into와 함께 쓰이는 자동사를 고르는 문제로, evolve into(~로 발달하다)를 기억해 두자. (experience 경험하다)

06 capable ★★★
[kéipəbl]
ⓝ capability 능력; 기능

ⓐⓓⓙ ~할 능력이 있는, ~할 수 있는 (of); 유능한
The new employee / **is capable of** resolving / almost any technical problem.
그 신입 사원은 / 해결할 수 있다 / 거의 모든 기술적인 문제를

07 challenge ★★★
[tʃǽlindʒ]
ⓐⓓⓙ challenging 도전적인, (어렵지만) 해 볼 만한

ⓝ 어려움, 도전 (과제)
HMC Solutions will help you / **meet the challenges** / of running a business.
HMC Solutions는 당신을 도울 것입니다 / 어려움에 대처하도록 / 사업을 운영하는 데 있어서의

ⓥ 의욕을 북돋우다; 도전하다
Our team members / always **challenge** each other / to make a better decision.
우리 팀원들은 / 늘 서로의 의욕을 북돋는다 / 더 나은 결정을 내리기 위해

> **🔍 빅데이터 토익 빈출 표현**　● 빈출도
> face a **challenge** 도전에 직면하다 ●●●
> pose[present] a **challenge** 어려움을 주다 ●●

08 interactive ★★★
[intəræktiv]
ⓥ interact 교류하다, 소통하다
ⓝ interaction 교류; 상호 작용

ⓐⓓⓙ 쌍방향의, 상호적인
The workshop / will provide an opportunity / to share **interactive** teaching methods.
그 워크숍은 / 기회를 제공할 것이다 / 쌍방향의 교육법을 공유할 수 있는

09 considerate ★★★
[kənsídərət]
파 consider v 사려하다, 고려하다

adj 배려심 있는, 사려 깊은 (of)
The teacher / stresses the importance / of being **considerate** of others.
그 교사는 / 중요성을 강조한다 / 남을 배려하는 것의

> ◎ 토익 출제 포인트 (Part 5&6)
> You should be (**considerate** / ~~considered~~) of the neighbors. 당신은 이웃을 배려해야 합니다.
> → 전치사 of와 함께 '~을 배려하는'이라는 의미를 나타내는 considerate가 정답이다.

10 advisable ★★★
[ædváizəbl]
파 advise v 조언하다, 충고하다
advisory adj 조언의, 자문의
advice n 조언, 충고

adj 바람직한, 권장되는 (to V)
It is **advisable** / **to take** the basic course / before joining the intermediate class.
바람직하다 / 기초 과정을 수강하는 것이 / 중급반에 들어가기 전에

> ◎ 토익 출제 포인트 (Part 5&6)
> It is (~~advisory~~ / **advisable**) to consult an expert.
> 전문가와 상담하는 것이 권장된다.
> → advisory(조언의, 자문의)와 advisable(권장되는)의 의미 차이를 묻는 문제가 출제된다. advisable은 It is advisable to V(~하는 것이 권장된다)의 형태로 자주 쓰인다.

11 competent ★★★
미 [kámpətənt]
영 [kɔ́mpətənt]

adj 유능한, 능숙한
You must gain / years of hands-on experience / to be a **competent** mechanic.
당신은 쌓아야 합니다 / 수년간의 실무 경험을 / 유능한 기술자가 되기 위해서

12 application ★★★
[æ̀plikéiʃən]

n 신청(서), 지원(서) (for); 적용, 응용 (of)
Applications for the workshop / can be downloaded online.
워크숍 신청서는 / 온라인으로 다운로드할 수 있다

The presenter will talk / about the **application of** new technologies / in language teaching.
그 발표자는 이야기할 것이다 / 신기술의 적용에 관해 / 언어 교육에서

교육 | 311

13 personnel ★★
미 [pə̀:rsənél]
영 [pə̀:sənél]
동 staff 직원들

n (집합적) 직원들, 전 직원; 인사과
The lecture / is intended for **technical personnel** / responsible for developing software.
그 강연은 / 기술 담당 직원들을 대상으로 한다 / 소프트웨어 개발에 책임이 있는

> 🔷 **토익 출제 포인트 (Part 5&6)**
>
> Arthur will discuss the problem with another (personnel / **colleague**).   Arthur는 그 문제를 다른 동료와 논의할 것이다.
> → 의미상 둘 다 가능해 보이지만, personnel은 복수의 개념이므로 '하나'를 의미하는 another, one 등과 함께 사용할 수 없다. (colleague 동료)

🔍 **빅데이터 토익 빈출 표현**   ● 빈출도
personnel department   인사부 •••

14 lesson ★★
[lésn]

n 수업, 교습
The center / will offer **a series of** tennis **lessons** / for Chatsworth residents.
그 센터는 / 일련의 테니스 수업을 제공할 것이다 / 채츠워스 거주자들에게

15 orientation ★★
[ɔ̀:riəntéiʃən]

n (신입 사원) 오리엔테이션, 예비 교육
All new employees / should arrive early tomorrow / for **orientation**.
모든 신입 사원들은 / 내일 일찍 도착해야 한다 / 오리엔테이션을 위해

16 reluctant ★★
[rilʌ́ktənt]
파 reluctantly adv 마지못해서

adj 꺼리는, 주저하는 (to V)
Some participants / were **reluctant** / **to receive** one-on-one feedback / from the instructor.
일부 참석자들은 / 꺼렸다 / 일대일 피드백을 받는 것을 / 강사로부터

> 🔷 **토익 출제 포인트 (Part 5&6)**
>
> Mr. Patel was (**reluctant** / subtle) to join the club.
> Patel 씨는 그 클럽에 가입하는 것을 꺼렸다.
> → reluctant는 주로 be reluctant to V(~하는 것을 꺼리다) 형태로 출제된다. (subtle 미묘한)

17 element **
[éləmənt]

n 요인, 성분 (of)

Extensive staff training / is a **major element** / of the company's success.
폭넓은 직원 교육이 / 주요인이다 / 그 회사 성공의

> 빅데이터 토익 빈출 표현 ● 빈출도
> major[key] **element** 주요인

18 field **
[fi:ld]

n 분야, 영역

The lecture series / will cover topics / related to the **field** of photography.
그 강연 시리즈는 / 주제를 다룰 것이다 / 사진 분야와 관련된

> 빅데이터 토익 빈출 표현 ● 빈출도
> an expert in the **field** 그 분야의 전문가

19 informal **
미 [infɔ́:rməl]
영 [infɔ́:məl]
⊕ formal 공식적인, 격식을 갖춘

adj 비공식적인, 편안한, 격식을 갖추지 않은

Please stay for an **informal** discussion / with Dr. Ericsson / after his lecture.
비공식적인 토론을 위해 남아 주세요 / Ericsson 박사님과 함께하는 / 그의 강연이 끝난 후에

> 🎯 토익 출제 포인트 (Part 5&6)
>
> In addition to a weekly official meeting, (**informal** / ~~accidental~~) discussions may be scheduled without notice.
> 매주 열리는 공식 회의 외에, 공지 없이 비공식 토론 일정이 잡힐 수 있다.
> → 공식적인(official) 회의 외에 비공식적인 회의도 열릴 수 있다는 문맥으로 official과 대비되는 개념의 informal이 정답이다. (accidental 우연한)

> 빅데이터 토익 빈출 표현 ● 빈출도
> **informal** attire 평상 복장

교육 | 313

20 aim **
[eim]
⑧ purpose, goal, objective
목표

n 목표, 목적
The **aim** of this course / **is to broaden** your understanding / of the overseas market.
이 과정의 목표는 / 여러분의 이해를 넓히는 것입니다 / 해외 시장에 대한

v 목표로 하다 (to V/at)
This program **aims to provide** you / with some basic knowledge of advertising.
이 프로그램은 여러분에게 제공하는 것을 목표로 합니다 / 기본적인 광고 지식을

> 🔍 빅데이터 토익 빈출 표현 ● 빈출도
> achieve an **aim** 목표를 달성하다 ••
> be **aimed** at(= **aim** to V) ~을 목표로 하다 ••

21 resource **
미 [ríːsɔːrs]
영 [rizɔ́ːs]
㉺ resourceful adj 지략 있는, 수완이 있는

n 자료; 자원, 재원
The book *Speaking and You* / is a **useful resource** / for improving communication skills.
<Speaking and You>라는 책은 / 유용한 자료이다 / 의사소통 기술을 향상시키기 위한

Water is an **important resource** / and is used / in many ways / in our daily lives.
물은 중요한 자원이다 / 그리고 사용된다 / 여러 방법으로 / 우리의 일상생활에서

> 🔍 빅데이터 토익 빈출 표현 ● 빈출도
> natural **resources** 천연자원 ••

22 session **
[séʃən]

n (교육 등을 위한) 시간, 기간
The **training session** / on e-mail etiquette / will begin at 10:30 A.M.
교육 시간은 / 이메일 에티켓에 관한 / 오전 10시 30분에 시작할 것이다

23 sincere **

미 [sinsíər]
영 [sinsíə]

ⓘ sincerely adv 진심으로

adj 진심 어린, 진정한

Management / has **made sincere efforts** / to train all staff members / in first aid.
경영진은 / 진심 어린 노력을 기울였다 / 모든 직원들을 교육시키기 위한 / 응급 조치에 대해
▶ 경영진은 모든 직원들에게 응급조치 교육을 시키기 위한 진심 어린 노력을 기울였다.

🔍 **빅데이터 토익 빈출 표현** ● 빈도도

sincere apology[gratitude] 진심 어린 사과[감사] •••

24 enable **

[inéibl]

v 가능하게 하다 (A to V)

This session / will **enable** all employees / **to use** the building's fire safety equipment.
이번 교육 시간은 / 모든 직원들을 가능하게 할 것이다 / 건물의 화재 안전 장비를 사용하는 것을

🎯 **토익 출제 포인트 (Part 5&6)**

The schedule change will (**enable** / **inhibit**) us to attend the seminar. 일정 변경으로 인해 우리는 세미나 참석이 가능할 것이다.
→ enable은 주로 enable A to V(A가 ~하는 것을 가능하게 하다) 형태로, inhibit는 inhibit A from -ing(A가 ~못하게 막다) 형태로 사용된다.

25 utilize **

[júːtəlàiz]

v 활용하다, 이용하다

Dr. Martinez / **utilizes the latest equipment** / in her course / on medical technology.
Martinez 박사는 / 최신 장비를 활용한다 / 그녀의 강좌에서 / 의학 기술에 관한

26 workshop **

미 [wə́ːrkʃὰp]
영 [wə́ːkʃɔp]

n (회사 등의) 워크숍, 연수

Winter's Café will be closed / on Tuesday / for a **staff workshop**.
Winter's 카페는 문을 닫을 것이다 / 화요일에 / 직원 워크숍을 위해

교육 | 315

27 educational *
[èdʒukéiʃənl]

adj 교육의, 교육적인

Vision, Inc., / is helping to develop / **educational facilities** / in Liberia.
Vision 사는 / 개발하는 것을 돕고 있다 / 교육 시설을 / 라이베리아에서

28 in advance *
미 [in ədvǽns]
영 [in ədváːns]

phr 미리, 앞서, 사전에

Seminar attendees / who **register in advance** / will receive a 15% discount.
세미나 참석자들은 / 미리 등록하는 / 15% 할인을 받을 것이다

토익 출제 포인트 (Part 5&6)

Please notify us one week (**in advance** / ~~initially~~).
우리에게 일주일 미리 통보해 주세요.
→ in advance는 단독으로 쓰이거나 기간을 나타내는 표현과 함께 '(~기간) 미리'라는 의미로 쓰인다. (initially 처음에)

29 introductory *
[ìntrədʌ́ktəri]

adj 입문의; 서두의, 도입부의

All incoming students / are required / to **take an introductory** writing **course**.
모든 신입생들은 / 요구된다 / 입문 글쓰기 강좌를 수강하는 것이

빅데이터 토익 빈출 표현 ● 빈출도

introductory remarks 개회사, 머리말 ●●

30 intuitively *
[intjúːətivli]
⑪ intuition ⑪ 직관

adv 직관적으로

The Bradley Center / needs instructors / who **intuitively understand** / the needs of students.
Bradley 센터는 / 강사들을 필요로 한다 / 직관적으로 이해하는 / 학생들의 요구를
▶ Bradley 센터는 학생들의 요구를 직관적으로 이해하는 강사가 필요하다.

31 lasting *
미 [lǽstiŋ]
영 [lάːstiŋ]
派 last ⓥ 지속되다

adj (오래) 지속되는, 영구적인
Pearson Consulting / promises to **create** / **lasting memories** / at your next staff training.
Pearson Consulting은 / 만들겠다고 약속합니다 / 오래 지속되는 기억을 / 여러분의 다음 직원 교육에서

◆ 토익 출제 포인트 (Part 5&6)

a (**lasting** / lasted) impression 오래 지속되는 인상
→ last(지속되다)는 자동사이므로 -ing형의 분사만 쓸 수 있다.

32 panel *
[pǽnl]

n (전문가) 패널, 집단
A **panel** of technicians / will explain / the firm's new security software.
기술자로 이루어진 패널이 / 설명할 것이다 / 그 회사의 새 보안 소프트웨어를

33 pursue *
미 [pərsúː]
영 [pəsjúː]

v 추구하다, 추진하다
Students / **pursuing** a career in journalism / should enroll in Modern Media.
학생들은 / 언론 분야의 경력을 추구하는 / Modern Media에 등록해야 한다

34 understanding *
미 [ʌndərstǽndiŋ]
영 [ʌndəstǽndiŋ]
派 understand ⓥ 이해하다

n 이해(심) (of)
Fly Asia's pilots / have a **thorough understanding** / **of** its emergency procedures.
Fly Asia의 조종사들은 / 철저히 이해하고 있다 / 비상 절차에 대해

35 veteran *
[vétərən]

n 베테랑, 전문가
Each new employee / is paired with a **veteran staff member** / for one week.
각 신입 사원은 / 베테랑 직원과 짝을 지어 근무한다 / 일주일 동안

36 voluntary *
- 미 [νάləntèri]
- 영 [νɔ́ləntəri]
- ㈜ voluntarily adv 자발적으로

adj 자발적인, 자진해서 하는
Participation in Saturday's workshop / is **voluntary**, / but attendance is encouraged.
토요일 워크숍 참가는 / 자발적이다 / 하지만 참석이 독려된다

37 fairly *
- 미 [féərli]
- 영 [féəli]
- ㈜ fair adj 상당한; 공정한
- ⑧ quite 꽤

adv 꽤, 상당히; 공정하게
The employee manuals / are **fairly** old / and need to be updated.
직원 안내서는 / 꽤 오래된 것이다 / 그래서 업데이트될 필요가 있다

> ✦ 토익 출제 포인트 (Part 7_동의어 찾기)
> I am "**fairly**" confident that the business will continue to succeed.
> (A) quite   (B) gently
> 저는 사업이 계속해서 성공할 것이라 꽤 확신합니다.
> → fairly가 문맥상 '꽤'라는 의미로 쓰이면 quite(꽤, 제법)와 동의어가 된다. (gently 부드럽게)

38 apprentice *
- [əpréntis]

n 견습생, 도제
The Wood Workshop / is looking to **hire an apprentice** / for this fall.
Wood Workshop은 / 견습생을 채용할 예정이다 / 이번 가을에

39 sculptor *
- [skʌ́lptər]
- ㈜ sculpture n 조각(품)

n 조각가
Lonnie Kim, / an acclaimed **sculptor**, / will be teaching a class / at the Art Institute.
Lonnie Kim은 / 호평받는 조각가인 / 수업할 것이다 / 미술관에서

40 poem *
- 미 [póuəm]
- 영 [póuim]
- ㈜ poet n 시인

n 시
The class on **poem** writing / will be offered / on Saturdays from 10 A.M to 11 A.M.
시 창작 수업은 / 진행될 것이다 / 토요일 오전 10시부터 11시까지

Day 19 **Daily Test**

A 각 영어 단어의 알맞은 의미를 찾아 연결하세요.

01 satisfactorily •　　　• ⓐ 어려움; 의욕을 북돋우다
02 utilize　　　　•　　　• ⓑ 활용하다, 이용하다
03 challenge　　　•　　　• ⓒ 만족스럽게, 흡족하게
04 intuitively　　•　　　• ⓓ 직관적으로

B 우리말과 일치하도록 다음 빈칸에 알맞은 단어를 찾아 넣으세요.

| ⓐ proficient ⓑ series ⓒ educational ⓓ sincere ⓔ considerate |

05 a _____ of lectures 일련의 강연
06 become _____ 능숙해지다
07 be _____ of others 남을 배려하다
08 _____ apology 진심 어린 사과

C 다음 빈칸에 문맥상 적절한 단어를 찾아 넣으세요.　　해석 p. 508

| ⓐ pursuing　　ⓑ lasting　　ⓒ reluctant
ⓓ voluntary　　ⓔ competent |

09 Mr. Foxx seems _____ to reschedule the meeting.
10 The construction project will bring _____ benefits to the community.
11 The course will be useful for those _____ a career in engineering.
12 During this four-week program, you will learn skills needed to be a _____ tour guide.

정답　01 ⓒ　02 ⓑ　03 ⓐ　04 ⓓ　05 ⓑ　06 ⓐ　07 ⓔ　08 ⓓ　09 ⓒ　10 ⓑ　11 ⓐ　12 ⓔ

토익 LC/RC 짝꿍 표현

교육

- [ ] **lecture** ⓝ 강연, 강의
  register for a **lecture** 강연에 등록하다
  a **lecture** about recently developed devices
  최근에 개발된 기기에 관한 강연

- [ ] **discipline** ⓝ 규율; 기강
  expert knowledge of **discipline** 규율에 관한 전문적 지식
  a lack of **discipline** 기강의 부족

- [ ] **colloquium** ⓝ 학회, 세미나
  the annual **colloquium** on public heath
  공공 보건에 관한 연례 학회
  a faculty **colloquium** 교수 학회

- [ ] **linguistics** ⓝ 언어학
  in the field of **linguistics** 언어학 분야에서
  insights from **linguistics** 언어학에서 얻은 통찰력

- [ ] **literacy** ⓝ 읽고 쓰는 능력
  the development of **literacy** 읽고 쓰는 능력의 개발
  promote an adult **literacy** campaign
  성인의 문맹률 낮추기 캠페인을 홍보하다

- [ ] **professor** ⓝ 교수
  professors with international expertise
  국제적인 전문 지식을 지닌 교수들
  a retired **professor** of Economics 은퇴한 경제학 교수

- [ ] **legacy** ⓝ 유산
  leave a **legacy** 유산을 남기다
  a significant **legacy** 상당한 유산

- [ ] **numerical** adj 숫자의
  in **numerical** order 번호순으로
  numerical comparisons 숫자상의 비교

- [ ] **refine** ⓥ 갈고닦다, 개선하다
  refine artistic skills 예술적 능력을 갈고닦다
  refine the design of the new cars
  신차의 디자인을 개선하다

- [ ] **flaw** ⓝ 결함, 흠
  a character **flaw** 성격상의 결함
  uncover numerous **flaws** 수많은 결함을 발견하다

- [ ] **underline** ⓥ 밑줄을 치다; 강조하다
  underline the title 제목에 밑줄을 치다
  underline the important passages
  중요한 구절을 강조하다

- [ ] **momentary** adj 순간의, 일시적인
  momentary pleasures 순간의 기쁨
  momentary success 일시적인 성공

☐ handheld	adj 손에 들고 쓰는; 소형의	easy-to-use **handheld** devices 사용이 간편한 휴대용 장치 a **handheld** computer 소형 컴퓨터	
☐ susceptible	adj 민감한, 예민한	**susceptible** to treatment 치료에 민감한 **susceptible** to severe winter weather 혹독한 겨울 날씨에 예민한	
☐ donation	n 기부(금)	acknowledge a **donation** 기부를 인정하다 the **donation** in the amount of $2,000 2,000달러 금액의 기부금	
☐ examine	v 조사하다, 검사하다	be carefully **examined** 신중히 조사되다 **examine** experimental techniques 실험 기법을 조사하다	
☐ acquaint	v 익숙하게 하다, 잘 알게 하다	**acquaint** yourself with some basic knowledge 일부 기본적인 지식에 익숙해지다 **acquaint** him with the company's expectations 그에게 회사의 기대를 잘 알게 하다	
☐ compatible	adj 호환되는	**compatible** with the existing phone system 기존의 전화 시스템과 호환되는 **compatible** with standard paper formats 표준 용지 형식과 호환되는	
☐ impel	v (~하게) 만들다, 시키다	**impel** me to be disagreeable 내가 까다로워질 수밖에 없게 만들다 **impel** us to the conclusion 우리가 결론에 이르게 하다	
☐ confidence	n 자신(감); 신뢰	display **confidence** 자신감을 보여 주다 **confidence** in the company 회사에 대한 신뢰	
☐ wonder	v 궁금해하다	**wonder** if we learn the new regulations 우리가 새 규정을 배울 수 있는지 궁금해하다 **wonder** about their behavior 그들의 행동에 대해 궁금해하다	
☐ inferior	adj 열등한, ~보다 못한	**inferior** performance 열등한 성과 an **inferior** service 열등한 서비스	
☐ portray	v 묘사하다, 나타내다	be **portrayed** in a negative way 부정적인 방향으로 묘사되다 **portray** dramatic events 극적인 사건을 묘사하다	
☐ along with	phr ~와 함께	**along with** a certificate 증명서와 함께 submit résumés **along with** the reference letters 추천서와 함께 이력서를 제출하다	
☐ perceptive	adj 통찰력 있는, 예리한	highly **perceptive** comments 대단히 통찰력 있는 언급 a **perceptive** observer 예리한 관찰자	
☐ sort	n 종류	all **sorts** of possibilities 모든 종류의 가능성 other **sorts** of currencies 다른 종류의 화폐	

☐ reason	n 원인, 이유	a **reason** for the delay 지연의 원인 a **reason** for sending the message 메시지 전송에 대한 이유	
☐ graduate	adj 대학원의 v 졸업하다	pursue a **graduate** degree 대학원 학위를 추구하다 expect to **graduate** soon 곧 졸업할 것으로 예상하다	
☐ fragment	n 일부, 부분; 조각	**fragments** of a story 이야기의 일부분 **fragments** of broken glass 깨진 유리 조각	
☐ backdrop	n 배경, 환경	the **backdrop** for creative pursuits 창의적인 활동을 위한 배경 a perfect **backdrop** for the concert 완벽한 콘서트 환경	
☐ inattentive	adj 주의를 기울이지 않는, 신경 쓰지 않는	**inattentive** audience 주의를 기울이지 않는 청중 **inattentive** to one's surroundings 주변 환경에 신경 쓰지 않는	
☐ illiterate	adj 글을 모르는, 문맹의	60% of the population is **illiterate**. 인구의 60%가 글을 모른다. people who are **illiterate** 문맹자들	
☐ aspire	v 열망하다, 갈망하다	**aspire** to go to Paris 파리에 가기를 열망하다 **aspire** to careers in marketing 마케팅 관련 경력을 갈망하다	
☐ virtuous	adj 도덕적인, 고결한	a **virtuous** life 도덕적인 삶 a **virtuous** compromise 도덕적인 타협	
☐ pursuit	n 추구; 활동	the **pursuit** of personal honor 개인 명예의 추구 focus on one's musical **pursuits** 음악적 활동에 초점을 맞추다	
☐ whether	conj ~인지 아닌지	**whether** to stay or leave 머물러야 할지 떠나야 할지 **whether** a decision has been made 결정이 내려졌는지 아닌지	
☐ curriculum	n 커리큘럼, 교육 과정	the undergraduate **curriculum** 학부 커리큘럼 develop the educational **curriculum** 교육 커리큘럼을 개발하다	
☐ basic	adj 기초의, 기본의	**basic** conversational phrases 기초 대화 표현 master **basic** words 기본 단어를 완전히 익히다	
☐ impossible	adj 불가능한	a seemingly **impossible** task 겉보기에 불가능한 일 **impossible** to get a job 일자리를 얻기 불가능한	
☐ unforgettable	adj 잊지 못할	one of the **unforgettable** characters 잊지 못할 배역 중의 하나 a truly **unforgettable** experience 정말로 잊지 못할 경험	

☐ founding	n 설립, 창립	the **founding** of a new university 새로운 대학교의 설립 as a **founding** member 창립 멤버로서	
☐ incorrect	adj 부정확한, 맞지 않는	some **incorrect** information 일부 부정확한 정보 **incorrect** prices 부정확한 가격	
☐ memorize	v 암기하다, 외우다	**memorize** all the formulas 모든 공식을 암기하다 **memorize** one's password 비밀번호를 외우다	
☐ own	adj ~ 자신만의 v 소유하다	one's **own** private consultancy 자기 자신만의 사적인 조언 **own** a small company 작은 회사를 소유하다	
☐ referral	n 소개, 위탁	based on a **referral** 소개를 바탕으로 a **referral** to a specialist 전문가에게 위탁함	
☐ role	n 역할	have a crucial **role** in teaching 가르치는 데 있어 중대한 역할을 하다 a key **role** in the development 개발 과정의 핵심 역할	
☐ literally	adv 말 그대로, 문자 그대로	**literally** nothing in common 말 그대로 공통점이 없는 use **literally** thousands of measures 말 그대로 수천 가지 조치를 활용하다	
☐ tuition	n 수업(료), 교습	provide **tuition** assistance 수업료 지원을 제공하다 **tuition** reimbursement 수업료 환급	
☐ calculate	v 산출하다, 계산하다	**calculate** the exact cost 추가 비용을 산출하다 **calculate** the travel expense 여행 경비를 계산하다	
☐ analyze	v 분석하다	**analyze** the outcomes 결과를 분석하다 **analyze** the energy usage 에너지 사용을 분석하다	
☐ equation	n 방정식; 문제 (상황)	solve an **equation** 방정식을 풀다 a traditional **equation** 전통적인 문제 (상황)	
☐ podium	n 연단	approach the **podium** 연단에 다가가다 stand at a **podium** 연단에 서다	
☐ expel	v 쫓아내다; 배출하다	get **expelled** 퇴출당하다 **expel** air from the lungs 폐에서 공기를 배출하다	
☐ intelligence	n 지능, 지성	show high **intelligence** 높은 지능을 보여 주다 a series of **intelligence** tests 일련의 지능 검사	

DAY 20 규칙

토익에서는 사내 규정, 안전 수칙, 정부 지침, 산업별 기준 등 회사나 개인이 준수해야 하는 다양한 내용이 출제됩니다.

📖 환경 보호

01 compliance ***
[kəmpláiəns]
ⓥ comply ⓥ 준수하다, 따르다
compliant adj 순응하는, 따르는

n (규칙 따위의) 준수, 따름 (with)
Our factory / is **in full compliance** / **with** the environmental regulations.
우리 공장은 / 철저히 준수한다 / 환경 규정을

🔍 **빅데이터 토익 빈출 표현**   ● 빈출도
in full **compliance** with　~을 철저히 준수하는 ●●
ensure **compliance** with　~의 준수를 확실하게 하다 ●●●

02 require ***
[rikwáiər]
ⓝ requirement n 필수 조건, 요건

v 요구하다, 필요로 하다 (A to V)
Coastal View / **requires** each of its branches / **to support** at least one charity.
Coastal View는 / 각 지점에 요구한다 / 최소한 하나의 자선 단체를 후원하도록

🎯 **토익 출제 포인트 (Part 5&6)**
All staff are (**required** / applied) to comply with the rule.
모든 직원들은 규칙을 준수할 필요가 있다.
→ require는 require A to V(A로 하여금 ~할 것을 요구하다) 형태나 수동태 형태인 be required to V(~하도록 요구되다)로 자주 출제된다. (apply 지원하다; 적용하다)

03 standard ***
미 [stǽndərd]
영 [stǽndəd]

n 기준, 표준
You must act responsibly / **in accordance with** company **standards**.
당신은 책임감 있게 행동해야 합니다 / 회사 기준에 따라

adj 표준의, 기준의, 규격의
The **standard** late **fee** / for an overdue book / is $1 per day.　표준 연체료는 / 연체된 책에 대한 / 하루에 1달러이다

04 particular ★★★
- 미 [pərtíkjələr]
- 영 [pətíkjələ]
- ㉮ particularly adv 특히, 특별히

adj 특정한, 특별한
To participate in the contest, / you must meet / **particular requirements**.
대회에 참가하기 위해 / 당신은 충족해야 합니다 / 특정 요건을

> 🔍 **빅데이터 토익 빈출 표현**　● 빈출도
>
> in **particular**(= particularly)　특히 ★★
> of **particular** importance[concern]　특히 중요한[우려되는] ★
> **particularly** challenging　특히 어려운 ★★

05 access ★★★
- [ǽkses]
- ㉮ accessible adj 접근 가능한

n 접근 (권한), 입장; 이용 (to)
Participants without ID badges / will not **have access / to** the building.
ID 배지가 없는 참가자들은 / 들어갈 수 없을 것이다 / 건물에

v 접근하다; 이용하다
Only a limited number of employees / can **access the database**.
제한된 수의 직원들만이 / 데이터베이스에 접근할 수 있다

> ⊕ **토익 출제 포인트 (Part 5&6)**
>
> easy (**access** / ~~accesses~~) to public transportation
> 용이한 대중교통 접근
> → 명사 access는 불가산 명사이므로 복수형을 쓸 수 없다.

> 🔍 **빅데이터 토익 빈출 표현**　● 빈출도
>
> have **access** to　~에 접근할 수 있다 ★★★
> gain[get] **access** to　~에 접근 권한을 갖게 되다 ★★★
> easy[unlimited] **access**　용이한[무제한의] 접근 ★★

06 strictly ★★★
- [stríktli]

adv 엄격하게, 철저하게
The use of mobile phones / is **strictly forbidden** / during the performance.
휴대 전화 사용은 / 엄격하게 금지된다 / 공연 동안에

07 notice ***
- 미 [nóutis]
- 영 [nóutis]
- 파 noticeable adj 뚜렷한, 분명한
  notify v 통보하다, 알리다

n 통지, 공지(문)
A patient / who wishes to cancel an appointment / must **give** at least **two days'** notice.
환자는 / 예약을 취소하고자 하는 / 최소 이틀 전에 통지해야 한다

v 알아차리다; 주목하다 (that절)
Mr. Tapia could notice / **that** the contract terms / have been slightly changed.
Tapia 씨는 알아차릴 수 있었다 / 계약 조건이 / 약간 변경되었음을

◎ 토익 출제 포인트 (Part 5&6)
We will (~~notice~~ / **notify**) you when your fax is received.
저희는 당신의 팩스를 받는 대로 통보해 드릴 것입니다.
→ 동사 notice(알아차리다)와 notify(통보하다)의 의미 차이를 묻는 문제이다. notice를 '통지하다'라는 의미로 혼동하지 않도록 주의하자.

◎ 빅데이터 토익 빈출 표현 ● 빈출도
give two days'[weeks'] **notice** 이틀[2주] 전에 통지하다 **●●**
until further **notice** 추후 공지가 있을 때까지 **●●●**
advance **notice** 사전 통지 **●**

08 present ***
- v [prizént]
- adj [préznt]
- 파 presently adv 현재에, 지금

v 제시하다 (A to B); 수여하다, 증정하다 (A with B) (B to A)
You must **present** your receipt / **to** the parking attendant. 당신은 영수증을 제시해야 합니다 / 주차 요원에게

The winner will be **presented** / **with** a $500 gift certificate. 우승자는 받을 것이다 / 500달러의 상품권을

adj 현재의; (사람이) 참석한 (at); (사물이) 존재하는
Please submit / a form of identification / that includes your **present** address.
제출해 주십시오 / 신분증을 / 당신의 현재 주소를 포함한

For the vote to be valid, / two thirds of the members / must be **present** at the meeting.
투표가 효력이 있기 위해서는 / 구성원들의 3분의 2가 / 회의에 참석해야 한다

◎ 빅데이터 토익 빈출 표현 ● 빈출도
present a lecture 강의하다 **●●●**
be **present** at the office 사무실에 있다 **●**

09 critical ★★★
[krítikəl]
- ⓐⓓ critically adv 비판적으로
- critic n 비평가, 평론가

adj 중요한; 비판적인 (of)

It is critical / that every employee / be familiar with safety guidelines.
중요하다 / 모든 직원이 / 안전 지침을 숙지하는 것이

You should not be overly critical / **of** your colleagues. 당신은 지나치게 비판해서는 안 된다 / 당신의 동료들을

> ✚ 토익 출제 포인트 (Part 5&6)
>
> It is (**critical** / ~~immediate~~) that Mr. Evans follow the new criteria. Evans 씨가 새로운 기준을 따르는 것이 중요하다.
> → that절 동사 자리에 주어와 관계없이 '(should) + 동사원형'을 취하는 형용사는 critical, vital, imperative 등과 같은 의무/필수 형용사이다. (immediate 즉각적인)

> 🔍 빅데이터 토익 빈출 표현   ● 빈출도
>
> **critically** acclaimed 비평가들의 찬사를 받은 ●●

10 secure ★★★
- 미 [sikjúər]
- 영 [sikjúə]
- ⓐⓓ securely adv 단단히, 꽉; 안전하게
- ⓥ obtain 얻다, 획득하다
- fasten 매다, 고정시키다

adj 안전한, 안정적인

Documents / containing customer information / should be **kept secure**.
문서는 / 고객 정보를 담고 있는 / 안전하게 보관되어야 한다

v 얻다, 획득하다; 잡아매다, 고정하다

Please arrive / at least 10 minutes before the class / to **secure** a place.
도착해 주세요 / 적어도 수업 시작 10분 전에 / 자리를 잡기 위해서

> ✚ 토익 출제 포인트 (Part 7_동의어 찾기)
>
> Lauren "**secured**" her boat to the trailer.
> (A) fastened   (B) obtained
> Lauren은 보트를 트레일러에 잡아맸다.
> → secure가 문맥상 '잡아매다, 고정하다'라는 의미로 쓰이면 fasten(매다, 고정시키다)과 동의어가 된다. (obtain 얻다, 획득하다)

11 confidential ★★★
- 미 [kànfidénʃəl]
- 영 [kɔ̀nfidénʃəl]
- ⓐⓓ confidentiality n 비밀(성)

adj 비밀의, 기밀의

Your responses to the survey / will be **kept strictly confidential**.
당신의 설문 조사 응답은 / 철저하게 비밀로 유지될 것입니다

12 personal ***
미 [pə́rsənl]
영 [pə́sənl]
파 personally adv 개인적으로, 직접

adj 개인의, 개인적인
You are responsible / for your own **personal belongings** / while in Nicole Fitness Club.
당신은 책임이 있습니다 / 당신의 개인 소지품에 대한 / Nicole 피트니스 클럽에 있는 동안

13 observe **
미 [əbzə́:rv]
영 [əbzə́:v]
파 observation n 관찰, 관측; 논평, 의견
observance n 준수
동 abide by ~을 준수하다
monitor 관찰하다

v 준수하다; 관찰하다, 관측하다
All employees are required / **to observe** the company's new **rules**.
전 직원은 요구된다 / 회사의 새로운 규칙을 준수하도록

> **◆ 토익 출제 포인트 (Part 7_동의어 찾기)**
> Brenda is carefully "**observing**" current market trends.
> (A) abiding by   (B) monitoring
> Brenda는 현재의 시장 동향을 면밀히 관찰하고 있다.
> → observe가 문맥상 '관찰하다'라는 의미로 쓰이면 monitor(관찰하다)와 동의어가 된다. (abide by ~을 준수하다)

14 vital **
[váitl]
동 essential, imperative 필수적인

adj 필수적인, 매우 중요한
It is **vital** / **that** the system be inspected / on a regular basis. 필수적이다 / 시스템이 점검되는 것이 / 정기적으로

15 regulation **
[règjuléiʃən]
파 regulate v 규제하다, 통제하다

n 규정, 법규; 규제
Measures were taken / to ensure / that safety **regulations** / are **observed**.
조치가 취해졌다 / 확실히 하기 위해 / 안전 규정이 / 준수되도록
▶ 안전 규정이 확실히 준수되도록 하기 위해 조치가 취해졌다.

16 certify **
미 [sə́:rtifài]
영 [sə́:tifài]

v 증명하다, 보증하다 (that절)
Please enter the code XA583 / **to certify** / **that** you are an authorized user.
XA583 코드를 입력하세요 / 증명하기 위해 / 당신이 인증된 사용자라는 것을

17 inform ★★
미 [infɔ́ːrm]
영 [infɔ́ːm]
(동) notify 알리다, 통보하다

v 알리다, 통지하다 (A that절/of B)
If you are unable / to attend the meeting, / you should **inform** us / **in advance**.
만약 당신이 참석할 수 없다면 / 회의에 참석하는 것을 / 저희에게 알려줘야 합니다 / 미리

> 🎯 토익 출제 포인트 (Part 5&6)
>
> We are happy to (~~confirm~~ / **inform**) you that your application has been approved.
> 당신의 신청이 승인되었음을 알려 드리게 되어 기쁩니다.
> → 의미상 둘 다 가능해 보이지만, 뒤에 '사람 + that절' 구조를 취하는 동사는 inform이다. confirm(확인하다, 확정하다)은 that절을 바로 목적어로 취한다.

18 assess ★★
[əsés]
(파) assessment (n) 산정, 평가
(동) judge 평가하다

v 산정하다, 평가하다
A $100 **fine** / will be **assessed** / if the item is not returned / within 10 days.
100달러의 벌금이 / 산정될 것이다 / 물건이 반납되지 않으면 / 10일 이내에

19 adhere ★★
미 [ədhíər]
영 [ədhíə]
(파) adhesive (n) 접착제
        (adj) 접착성의

v 고수하다; 부착되다, 들러붙다 (to)
All visitors are asked / to **adhere to** the dress code.
모든 방문객들은 요청된다 / 복장 규정을 고수하라고

> 🎯 토익 출제 포인트 (Part 5&6)
>
> The stickers (**adhere** / ~~polish~~) **to** all types of surfaces very well. 그 스티커는 모든 종류의 표면에 아주 잘 들러붙는다.
> → adhere는 전치사 to와 함께 '~에 들러붙다; ~을 고수하다' 두 가지 의미로 출제된다. (polish 닦다)

20 explicitly ★★
[iksplísitli]

adv 분명하게, 명확하게
The company policy / **explicitly** states / that entertainment expenses / are not reimbursable.
회사 정책은 / 분명하게 명시한다 / 접대비는 / 변제가 불가능하다고

21 prohibit **
[prouhíbit]
⑧ forbid, ban 금지하다

v 금지하다, ~을 못하게 하다 (A from -ing)
Non-residents are **prohibited** / **from parking** their cars / in this neighborhood.
거주자가 아니면 금지된다 / 주차하는 것이 / 이 인근 지역에서

22 rigorous **
[rígərəs]
㈜ rigorously **adv** 엄격하게, 엄밀하게

adj 엄격한, 엄밀한
The pool water / meets **rigorous standards** / set by the national agency.
수영장 물이 / 엄격한 기준에 부합한다 / 국가 기관에 의해 정해진

23 verify **
[vérəfài]
㈜ verification **n** 확인, 검증

v 확인하다, 검증하다
To **verify the status** / of your registration, / you need to provide / your name and e-mail address.
상태를 확인하기 위해서 / 당신 등록의 / 당신은 제공해야 합니다 / 당신의 이름과 이메일 주소를
▶ 등록 상태를 확인하려면 당신의 이름과 이메일 주소를 제공해야 합니다.

24 restrict **
[rìstríkt]
㈜ restriction **n** 제한, 규제
⑧ limit 제한하다, 한정하다

v 제한하다, 한정하다 (A from -ing) (A to B)
Those / without a visitor's pass / will be **restricted** / **from accessing** the conference site.
사람들은 / 방문객 출입증이 없는 / 제한될 것이다 / 회의 장소에 출입하는 것이

> ⊕ 토익 출제 포인트 (Part 5&6)
>
> Participation is (**restricted** / ~~remained~~) to the first 50 applicants. 참석은 최초 신청자 50명으로 제한된다.
> → restrict는 특히 수동태 형태인 A be restricted to B(A는 B로 제한되다)로 자주 출제된다. remain(여전히 ~이다; 남다)은 자동사이므로 수동태 형태가 될 수 없다.

25 sensitive **
[sénsətiv]

adj 민감한; 세심한
Customers' **sensitive data** / will be handled / in a secure manner.
고객들의 민감한 자료는 / 처리될 것이다 / 안전한 방식으로

26 permission ★★

미 [pərmíʃən]
영 [pəmíʃən]
⊕ permit ⓥ 허락하다, 승인하다
　　　ⓝ 허가증

ⓝ 승인, 허락, 허가 (to V)

Employees / must **obtain permission** / **from** a manager / before ordering office supplies.
직원들은 / 승인을 받아야 한다 / 관리자로부터 / 사무 용품을 주문하기 전에

> 🎯 토익 출제 포인트 (Part 5&6)
>
> Jackie had (~~permit~~ / **permission**) to attend the seminar.
> Jackie는 세미나 참석 허락을 받았다.
> → 가산 명사 permit(허가증)는 앞에 관사나 소유격이 없으면 복수 형태로 써야 하므로 불가산 명사 permission(허락, 허가)이 정답이다.

27 enhance ★★

미 [inhǽns]
영 [inhɑ́ːns]
⊕ enhancement ⓝ 증대, 향상

ⓥ (질·가치를) 높이다, 향상시키다

In an effort to **enhance** / our corporate **image**, / we will require all staff / to wear uniforms.
높이기 위한 노력의 일환으로 / 우리 회사 이미지를 / 우리는 모든 직원에게 요구할 것이다 / 유니폼을 착용하라고

28 obligation ★

미 [ɑ̀bligéiʃən]
영 [ɔ̀bligéiʃən]
⊕ obligatory adj 의무적인

ⓝ 의무, 책임 (to V)

The landlord **has an obligation** / **to repair** and maintain the apartment.
집주인은 의무가 있다 / 아파트를 수리하고 관리할

> 🔍 빅데이터 토익 빈출 표현　　　● 빈출도
>
> have[be under] an **obligation** to V　~할 의무가 있다 ★★
> fulfill[meet] an **obligation**　의무를 이행하다[다하다] ★★

29 precaution ★

[prikɔ́ːʃən]

ⓝ 예방 조치, 예방책

An employee / who neglects **safety precautions** / will be given a warning.
직원은 / 안전 예방 조치를 등한시하는 / 경고를 받게 될 것이다

> 🎯 토익 출제 포인트 (Part 5&6)
>
> take necessary safety (~~rules~~ / **precautions**)
> 필요한 안전 예방 조치를 취하다
> → 동사 take(취하다)의 목적어로 적합한 명사는 precaution이다. take a precaution(예방 조치를 취하다)을 한 덩어리로 기억해 두자. (rule 규칙)

30 mandate *
[mǽndeit]
ⓐ mandatory adj 의무적인

v 요구하다, 명령하다

Company policy **mandates** / **that** employees should wear protective gear / on the factory floor.
회사 정책은 요구한다 / 직원들이 보호 장비를 착용할 것을 / 작업 현장에서

31 violation *
[vàiəléiʃən]

n 위반, 침해 (of)

The manager / will take appropriate action / in case of a **violation** / **of** the security policy.
그 관리자는 / 적절한 조치를 취할 것이다 / 위반의 경우에 / 보안 정책의

32 consent *
[kənsént]

n 동의, 승낙

The contents / may not be distributed / **without** the writer's **consent**. 내용은 / 배포될 수 없다 / 작성자의 동의 없이는

33 conform *
미 [kənfɔ́ːrm]
영 [kənfɔ́ːm]

v 준수하다, 따르다; ~에 일치하다 (to)

Please ensure / that all parts / **conform to** quality requirements.
확인하십시오 / 모든 부품이 / 품질 요구 조건을 준수하는지

34 refrain *
[rifréin]

v 삼가다, 자제하다 (from -ing)

Please **refrain** / **from consuming** food and beverages / while on board.
삼가 주시기 바랍니다 / 식음료 섭취를 / 탑승 중에는

> **토익 출제 포인트 (Part 5&6)**
>
> (**avoid** / refrain) parking on Main Street
> Main가에 주차하는 것을 피하다
> → refrain은 자동사이므로 전치사 from 없이 바로 목적어를 취할 수 없다. (avoid 피하다)

규칙 | 333

35 guideline *
[gáidlàin]

n 지침
Journal articles / must be written / **according to** the publication **guidelines**.
저널 기사는 / 작성되어야 한다 / 간행물 지침에 따라

36 code *
미 [koud]
영 [kəud]

n 규정, 법규
Our production system / conforms to a **strict code** / of environmental standards.
우리 생산 시스템은 / 엄격한 규정을 준수한다 / 환경 기준의

37 enforce *
미 [infɔ́:rs]
영 [infɔ́:s]

v 시행하다, 집행하다; 강요하다
Restrictions on advertising / aimed at children / will be **enforced**.
광고에 대한 규제가 / 어린이를 대상으로 하는 / 시행될 것이다

38 rigidly *
[rídʒidli]

adv 엄격하게, 완고하게
All of our products / **rigidly follow** / national energy efficiency guidelines.
우리의 모든 제품은 / 엄격하게 준수한다 / 국가 에너지 효율 지침을

39 imperative *
[impérətiv]

adj 필수적인, 긴요한
It is imperative / **that** mentors be assigned / to new employees.
필수적이다 / 멘토들을 배정하는 것이 / 신입 사원들에게

40 disclose *
미 [disklóuz]
영 [disklə́uz]
⑩ disclosure **n** 공개, 폭로

v (비밀 등을) 공개하다, 폭로하다
Both parties agreed / not to **disclose** / **the terms** of the contract.
양측은 동의했다 / 공개하지 않기로 / 계약 조건을

Day 20 **Daily Test**

A 각 영어 단어의 알맞은 의미를 찾아 연결하세요.

01 obligation • • ⓐ 의무, 책임
02 enhance • • ⓑ 동의, 승낙
03 disclose • • ⓒ (질·가치를) 높이다, 향상시키다
04 consent • • ⓓ (비밀 등을) 공개하다, 폭로하다

B 우리말과 일치하도록 다음 빈칸에 알맞은 단어를 찾아 넣으세요.

| ⓐ compliance | ⓑ assess | ⓒ restricted | ⓓ notice | ⓔ access |

05 have _____ to ~에 접근할 수 있다
06 be _____ to ~로 제한되다
07 in full _____ with ~을 철저히 준수하는
08 give two weeks' _____ 2주 전에 통지하다

C 다음 빈칸에 문맥상 적절한 단어를 찾아 넣으세요. 해석 p. 509

| ⓐ present | ⓑ prohibited | ⓒ particular |
| ⓓ secure | ⓔ strictly | |

09 A cover letter should be written in a _____ style.
10 Drinks are _____ because of possible damage to the carpet.
11 Access to the company facilities is _____ limited outside office hours.
12 Seating is available on a first-come, first-served basis, so arrive early to _____ a seat.

정답 01 ⓐ 02 ⓒ 03 ⓓ 04 ⓑ 05 ⓔ 06 ⓒ 07 ⓐ 08 ⓓ 09 ⓒ 10 ⓑ 11 ⓔ 12 ⓓ

토익 LC/RC 짝꿍 표현

규칙

☐ **reverse**	v 반전시키다 adj 뒤의, 반대의	**reverse** the damage 손상을 회복시키다 on the **reverse** side 뒷면에
☐ **evidently**	adv 명백히, 분명히	**evidently** unpleasant situations 명백히 불쾌한 상황 **evidently** in pain 명백히 고통스러워하는
☐ **ritual**	n 의식, 의례	**rituals** throughout North Africa 북아프리카 전역의 의식 make a **ritual** of ~을 의례로 하다
☐ **legislation**	n 법률(의 제정)	safety **legislation** 안전 법률 under international trade **legislation** 국제 무역 법률에 따라
☐ **define**	v 규정하다, 정의하다	**define** clients' needs 고객들의 필요를 규정하다 **define** use of the database system 데이터베이스 시스템의 사용을 규정하다
☐ **observance**	n 준수, 기념	the **observance** of an agreement 계약서의 준수 in **observance** of the holiday 공휴일을 기념해
☐ **punishment**	n 처벌	impose a **punishment** 처벌을 가하다 **punishments** for bad behavior 나쁜 행동에 대한 처벌
☐ **get out of**	phr ~에서 나가다; ~을 회피하다	**get out of** the meeting 회의에서 나가다 **get out of** doing extra work 추가 근무하는 것을 회피하다
☐ **at all times**	phr 항상	carry identification badges **at all times** 항상 신분 배지를 착용하다 take precautions **at all times** 항상 예방 조치를 하다
☐ **penalty**	n 벌칙, 벌금	waive the **penalty** 벌칙을 철회하다 cancelled without **penalty** fee 벌금 없이 취소된
☐ **rigorously**	adv 엄격히, 엄밀히	The laws are **rigorously** enforced. 그 법규는 엄격히 시행된다. think more **rigorously** 더 엄밀히 생각하다
☐ **ethic**	n 윤리	concerns about business **ethics** 기업 윤리에 대한 우려 a strong work **ethic** 확고한 직업 윤리

☐ **compliant**	adj 순응하는, 준수하는	**compliant** attitudes 순응하는 태도 **compliant** with rules 규칙을 준수하는	
☐ **disobedient**	adj 불복하는	**disobedient** to authority 권위에 불복하는 **disobedient** acts 불복종 행위	
☐ **reconcile**	v 조화시키다; 조정하다	**reconcile** personal and group differences 개인과 그룹의 차이를 조화시키다 **reconcile** a dispute 논쟁을 조정하다	
☐ **protocol**	n 협약, 조약	a set of communication **protocols** 일련의 통신 협약 under the management **protocols** 관리 협약하에	
☐ **reciprocal**	adj 상호 간의	make a **reciprocal** visit 상호 방문을 하다 a **reciprocal** relationship 상호 관계	
☐ **rigid**	adj 엄격한; 단단한	**rigid** inspection standards 엄격한 조사 기준 the most **rigid** structure 가장 단단한 구조	
☐ **relinquish**	v 포기하다	**relinquish** one's duties 임무를 포기하다 **relinquish** one's membership 회원 자격을 포기하다	
☐ **abolish**	v 폐지하다, 없애다	**abolish** existing rules 기존의 규칙을 폐지하다 **abolish** a corrupt system 부패한 시스템을 없애다	
☐ **ban**	n 금지	a **ban** on the import of hazardous chemicals 유해 화학 물질의 수입 금지 a **ban** on cigarette advertising 담배 광고의 금지	
☐ **stringent**	adj 엄중한	**stringent** safety regulations 엄중한 안전 규정 comply with the **stringent** rules 엄중한 규칙을 준수하다	
☐ **halt**	n 중단, 멈춤 v 중단시키다	a temporary **halt** 일시적인 중단 fail to **halt** economic recession 경기 침체를 중단시키지 못하다	
☐ **misplace**	v 분실하다; ~을 둔 곳을 잊다	**misplace** a delivery slip 배송 전표를 분실하다 **misplace** the flyer 전단을 둔 곳을 잊다	
☐ **defy**	v 거역하다, 반항하다	**defy** the law 법규를 거역하다 **defy** the access restrictions 출입 제한을 거역하다	
☐ **expiration**	n 만료, 만기	an **expiration** date 만기일 the **expiration** of the subscription 가입 서비스의 만료	

☐ **request form**	phr 신청서, 요청서	fill out a **request form** 신청서를 작성하다 every purchase **request form** 모든 구매 요청서	
☐ **misconduct**	n 위법 행위, 부당 행위	evidence of **misconduct** 위법 행위의 증거 professional **misconduct** 직업 윤리에 위배되는 행위	
☐ **at large**	phr 일반적으로, 대체적인	**at large** support the new plan 새로운 계획을 일반적으로 지지하다 the public **at large** 대체적인 일반 대중	
☐ **orderly**	adj 질서 있는, 정연한	in an **orderly fashion** 질서 있게 live in an **orderly** community 질서 있는 지역 사회에 살다	
☐ **restraint**	n 규제, 통제	exercise **restraint** 자제하다 impose **restraints** on public spending 공공 비용 지출에 규제를 가하다	
☐ **inevitable**	adj 불가피한	the **inevitable** comparisons 불가피한 비교 an **inevitable** consequence 불가피한 결과	
☐ **federal**	adj 연방의	**federal** income tax 연방 소득세 against **federal** law 연방법에 어긋나는	
☐ **revolve around**	phr ~을 중심으로 다루다[돌아가다]	**revolve around** the costs 비용을 중심으로 다루다 **revolve around** the changing demands 변화하는 수요 중심으로 돌아가다	
☐ **mediate**	v 중재하다, 조정하다	**mediate** conflicts 갈등을 중재하다 **mediate** between two sides 양측 사이에서 중재하다	
☐ **identical**	adj 동일한, 똑같은	a virtually **identical** design 사실상 동일한 디자인 nearly **identical** prices 거의 동일한 가격	
☐ **write up**	phr ~을 작성하다	**write up** a cost estimate 비용 견적서를 작성하다 **write up** a contract 계약서를 작성하다	
☐ **rule out**	phr ~을 배제하다, 제외하다	**rule out** the possibility 가능성을 배제하다 **rule out** the chances 가능성을 배제하다	
☐ **arrest**	v 체포하다	**arrested** for illegal trading 불법 거래로 체포된 be **arrested** on charges of violating the law 법 위반 혐의로 체포되다	
☐ **alignment**	n 조정, 정렬, 가지런함	out of **alignment** 조정되어 있지 않은 **alignment** of the panels 판자의 정렬	

단어	품사/뜻	예문
☐ in case of	phr ~의 경우에[대비해]	**in case of** an emergency 응급 상황의 경우에 only **in case of** necessity 오직 필요할 경우에만
☐ resolute	adj 단호한, 확고한	**resolute** opposition 단호한 반대 display **resolute** leadership 확고한 리더십을 발휘하다
☐ inaccessible	adj 접근할 수 없는, 이용 불가능한	**inaccessible** to the international market 해외 시장에 접근할 수 없는 **inaccessible** to the general public 일반인은 이용 불가능한
☐ rationale	n 근거, 이유	alter the **rationale** 근거를 변경하다 explain the **rationale** for one's plan 계획에 대한 이유를 설명하다
☐ rightly	adv 올바르게, 마땅히	**rightly** point out 올바르게 지적하다 **rightly** cautious 신중한 것이 마땅한
☐ submission	n 제출(하는 것)	the deadline for **submission** 제출 마감일 use the online **submission** form 온라인 제출 양식을 활용하다
☐ forfeit	v 박탈당하다, 몰수당하다	**forfeit** the benefits 혜택을 박탈당하다 **forfeit** one's deposits 예치금을 몰수당하다
☐ advent	n 출현, 도래	the **advent** of the mobile phone 휴대 전화기의 출현 the **advent** of new technology 신기술의 도래
☐ politics	n 정치(학)	daily news coverage of **politics** 정치에 관한 일일 뉴스 보도 involved in local **politics** 지역 정치에 관련된
☐ abstract	adj 추상적인, 관념적인	avoid **abstract** terms 추상적인 용어를 피하다 **abstract** review procedures 추상적인 검토 절차
☐ dignity	n 품위, 위엄, 존엄	respect the **dignity** 품위를 존중하다 acquire considerable **dignity** 상당한 위엄을 얻다
☐ improbable	adj 있을 것 같지 않은	seem highly **improbable** 거의 있을 것 같지 않아 보이다 **improbable** combinations 있을 것 같지 않은 조합
☐ ordinary	adj 보통의, 평범한, 일상적인	depict lives of **ordinary** people 보통 사람들의 삶을 묘사하다 in an **ordinary** way 평범한 방식으로
☐ attire	n 복장, 의복	require the safety **attire** 보호용 복장을 필요로 하다 the business **attire** 정장 차림

규칙 | 339

Actual Test 4

01 Tickets for this spring's performance of My Lady will be made ------- to the general public this weekend.

(A) available
(B) capable
(C) standard
(D) convenient

02 Employees who have yet to ------- for the annual safety training should contact Ross Martin from human resources.

(A) record
(B) register
(C) develop
(D) approve

03 The General Store is ------- respected for its use of organic food, which it purchases directly from local farms.

(A) readily
(B) widely
(C) sharply
(D) knowingly

04 The ------- workload at Fernandez & Associates requires that all employees be willing to occasionally work on weekends.

(A) dependent
(B) sensitive
(C) demanding
(D) satisfied

05 First-class upgrades are offered ------- to passengers who are members of Blue Sky Airways' frequent flyer program.

(A) exclusively
(B) fairly
(C) mutually
(D) alternatively

06 According to recent polls, most voters believe that Governor Sousa has properly ------- the city's resources during his term.

(A) enclosed
(B) devoted
(C) utilized
(D) reflected

07 The most difficult aspect of the partnership is expected to be the ------- of coordinating meetings with the office in Beijing.

(A) dimension
(B) regulation
(C) challenge
(D) collection

08 Students who have received ------- to Indiana State College will be notified via e-mail in the coming weeks.

(A) proof
(B) admission
(C) lesson
(D) agreement

Questions 09-12 refer to the following advertisement.

Attention all pet owners! In ------- of our 10th anniversary, Dog Pawz will be
                                9.
offering discounts and holding various events throughout the month of August. All
grooming services will be 25% off, and all merchandise prices will be reduced up
to 50%! We'll also be holding a special ------- for those who leave a review on our
                                          10.
Web page. Three lucky winners will each win a basket of our bestselling products.

-------. Spots are limited, so please call 712-555-4362 to schedule an
11.
appointment -------.
              12.

09. (A) celebrate (B) celebrating
    (C) celebration (D) celebrates

10. (A) drawing (B) appearance
    (C) menu (D) license

11. (A) Moreover, our Southport branch will be unveiling its new spa.
    (B) Our store will be moving to its new location on September 1.
    (C) Pets must have an identification tag with their owner's contact information.
    (D) The full-service haircut included a shampoo and nail trim.

12. (A) in advance (B) behind
    (C) at a time (D) frequently

Question 13 refers to the following e-mail.

For those who were unable to attend this month's meeting, please review a copy of the meeting notes, which have been attached to this e-mail. Topics discussed included revising the office layout and preparation for the AdSoft Expo. The meeting ended with a positive vote to establish a committee to investigate the possibility of creating a subsidiary.

13. The word "establish" in paragraph 1, line 3, is closest in meaning to
    (A) compile (B) induce (C) set up (D) make straight

DAY 21

복지/보상

오늘의 단어 듣기

토익에서는 직원의 급여, 복리 후생, 실적에 따른 상여금, 휴가 등의 복지와 보상에 관한 내용이 출제됩니다.

📖 기쁨과 감동

01 ensure ***
- 미 [inʃúər]
- 영 [inʃɔ́ː]

v 보장하다, 확실하게 하다 (that절)

We will do our best / to **ensure** the highest level / of employee **satisfaction**.
우리는 최선을 다할 것이다 / 가장 높은 수준을 보장하기 위해 / 직원 만족의

🎯 토익 출제 포인트 (Part 5&6)

(exceed / **ensure**) that our products meet your expectations 우리 제품이 당신의 기대에 확실히 부응하도록 하다
→ ensure는 'ensure + that절'과 'ensure + 명사' 두 가지 형태 모두 출제된다. (exceed 초과하다)

02 improve ***
- [imprúːv]
- ㈜ improvement **n** 개선, 향상

v 개선하다[되다]

In an effort to **improve** / the well-being of our staff, / we will build a fitness facility.
개선하기 위한 노력의 일환으로 / 우리 직원들의 건강을 / 우리는 피트니스 시설을 만들 것이다

03 receive ***
- [risíːv]
- ㈜ receipt **n** 영수증; 수령

v 받다

All employees are eligible / to **receive** discounts / at the company cafeteria.
모든 직원들은 자격이 있다 / 할인을 받을 / 회사 구내식당에서

04 request ***
- [rikwést]
- ⑧ ask (for) 요청하다

n 요청 (for)

Management / will carefully **consider** the **requests** / for flexible work hours.
경영진은 / 요청을 신중히 고려할 것이다 / 탄력적 근무 시간제에 대한

v 요청하다

Many workers / are **requesting** extended lunch **hours**. 많은 직원들이 / 점심 시간 연장을 요청하고 있다

🎯 토익 출제 포인트 (Part 5&6)

submit (request / **requests**) for funding
자금 지원 요청을 제출하다
→ 명사 request는 가산 명사이므로 앞에 관사나 소유격이 없는 경우 복수형으로 써야 한다.

복지/보상 | 343

> 🔍 **빅데이터 토익 빈출 표현** ● 빈출도
> make a **request** 요청하다 ●●●
> upon **request** 요청에 따라, 요청하는 즉시 ●●
> at one's **request** ~의 요청으로 ●

05 comprehensive ★★★
미 [kàmprihénsiv]
영 [kɔ̀mprihénsiv]
⑱ comprehensively adv
포괄적으로

adj 포괄적인, 광범위한
Torres Furniture / offers competitive salaries / and **comprehensive** benefits.
Torres Furniture는 / 경쟁력 있는 연봉을 제공한다 / 그리고 포괄적인 혜택을

> 🔍 **빅데이터 토익 빈출 표현** ● 빈출도
> **comprehensive** knowledge of ~에 대한 광범위한 지식 ●●

06 enrollment ★★★
[inróulmənt]
⑱ enroll v 등록하다; 기재하다

n 등록; 입학
Employees / who wish to attend / the free yoga class / should **fill out an enrollment form**.
직원들은 / 참여하기를 희망하는 / 무료 요가 수업에 / 등록 양식을 작성해야 한다
▶ 무료 요가 수업에 참여하기를 희망하는 직원들은 등록 양식을 작성해야 한다.

07 recognize ★★★
[rékəgnàiz]
⑱ recognition n (공로 등의) 인정; 인식
동 honor 영예를 안겨 주다, 상을 수여하다; 명예, 영예
identify 알아보다, 확인하다

v 인정하다, 표창하다 (A for/as B); 알아보다
Mr. Davila / has been **recognized** / for his outstanding leadership.
Davila 씨는 / 인정받았다 / 그의 뛰어난 지도력에 대해

> ➕ **토익 출제 포인트 (Part 7_동의어 찾기)**
> Camila was "**recognized**" with a design award.
> (A) identified   (B) honored
> Camila는 디자인상 수상으로 인정받았다.
> → recognize가 문맥상 '인정하다'라는 의미로 쓰이면 honor(영예를 안겨 주다, 상을 수여하다)와 동의어가 된다. (identify 알아보다, 확인하다)

> 🔍 **빅데이터 토익 빈출 표현** ● 빈출도
> be **recognized** as ~로서 인정받다 ●●●
> in **recognition**[honor] of ~을 인정[기념]하여 ●●

08 dedicated ★★★
[dédikèitid]
파 dedication n 전념, 헌신
동 committed 전념하는, 헌신적인

adj 전념하는, 헌신적인 (to)
The company **is dedicated / to** providing a pleasant working environment.
그 회사는 전념하고 있다 / 쾌적한 근무 환경을 제공하는 데

09 deserve ★★★
미 [dizə́:rv]
영 [dizə́:v]

v ~받을 만하다, ~할 자격이 있다
Ms. Hering **fully deserves** / the promotion and a pay raise. Hering 씨는 충분히 받을 만하다 / 승진과 봉급 인상을

🔍 **빅데이터 토익 빈출 표현** ● 빈출도
well-**deserved** 충분히 자격이 있는 •••
deserve credit 칭찬받을 만하다 ••

10 greatly ★★★
[gréitli]
파 great adj 대단한, 훌륭한

adv 크게, 매우
The announcement / about year-end bonuses / has **greatly** improved staff morale.
발표는 / 연말 보너스에 관한 / 직원들의 사기를 크게 올렸다

🔍 **빅데이터 토익 빈출 표현** ● 빈출도
differ **greatly** 크게[매우] 다르다 •••

11 individual ★★★
[ìndəvídʒuəl]
파 individually adv 개별적으로, 각자

adj 개인의, 개별적인
Individual team members / will receive performance bonuses. 팀원 개개인들은 / 성과급을 받을 것이다

n 개인
This award will be given / to an **individual** / who has achieved / an outstanding sales record.
이 상은 수여될 것이다 / 개인에게 / 성취한 / 뛰어난 판매 기록을
▶ 이 상은 뛰어난 판매 기록을 성취한 개인에게 수여될 것이다.

🔍 **빅데이터 토익 빈출 표현** ● 빈출도
individually wrapped[packaged] 개별 포장된 •••

12 affiliated ★★★

[əfílièitid]

ⓘ affiliation n 제휴; 소속
affiliate n 계열사
v 연계하다, 제휴하다

adj 연계된, 제휴를 맺은

This coupon entitles you / to free entry to Thappa Spa / and its **affiliated** fitness **center**.
이 쿠폰은 당신에게 자격을 부여합니다 / Thappa Spa의 무료 입장에 대해 / 그리고 그것과 연계된 피트니스 센터도

13 assure ★★★

미 [əʃúər]
영 [əʃɔ́ː]

ⓘ assurance n 확신, 장담
assured adj 확신하는, 확실한

v 확신시키다, 보장하다 (A that절/of)

The company / has **assured** employees / that their work-life balance / will be respected.
그 회사는 / 직원들에게 확신시켰다 / 일과 삶의 균형이 / 존중될 것이라고

> 🔍 **빅데이터 토익 빈출 표현**　● 빈출도
>
> **assure** A that절[of B]　A에게 ~임을[B를] 확신시키다 ●●●
> offer **assurance** that절　~라는 확신을 주다 ●●
> Please rest **assured** that절.　~임을 확신하셔도 됩니다. ●●

14 retain ★★

[ritéin]

ⓘ retention n 유지

v 유지하다, 간직하다

An effective reward system / is essential / to **retaining** good **workers**.
효과적인 보상 제도는 / 필수적이다 / 훌륭한 직원들을 유지하는 데

15 benefit ★★

[bénəfit]

ⓘ beneficial adj 유익한, 이로운
(동) advantage 이점
profit 이득, 이익; 이익을 주다[얻다]

n <benefits> 복리 후생, 수당; 이점, 혜택

Employees are eligible / for **full company** benefits / after three months of employment.
직원들은 자격이 있다 / 완전한 회사 복리 후생에 대한 / 3개월간의 근무를 마친 후에

The team will review / the **possible benefits** and risks / of the new plan.
그 팀은 검토할 것이다 / 가능한 이점과 위험을 / 새로운 계획의

v ~에 이익을 주다; 득을 보다 (from/by)

We are confident / that the merger / will **benefit** both **companies**.
우리는 확신한다 / 합병이 / 양쪽 회사에 이익을 줄 것이라고

> **토익 출제 포인트 (Part 5&6)**
>
> benefit (above / from) the training program
> 교육 프로그램에서 득을 보다
> → 동사 benefit가 자동사로 쓰이는 경우 benefit from[by](~에서 득을 보다) 형태로 사용된다.

16 feasibility **
[fiːzəbíləti]

n 실현 가능성, 현실성

We will **discuss the feasibility** / of adding a basketball court / on the company premises.
우리는 실현 가능성을 논의할 것이다 / 농구장을 추가하는 것의 / 사내에

17 honor **
미 [ánər]
영 [ɔ́nər]

n 명예, 영예

In **honor** of her outstanding achievements, / Ms. Lanner / will be awarded Haynes Medal.
그녀의 뛰어난 업적을 기념하여 / Lanner 씨는 / Haynes 메달을 받을 것이다

v 상을 수여하다, 영예를 안겨 주다 (A for B)

Mr. Grove was **honored** / at the banquet / **for** his 30 years of hard work.
Grove 씨는 상을 받았다 / 연회에서 / 30년 동안의 노고에 대해

18 nomination **
미 [nɑ̀mənéiʃən]
영 [nɔ̀mənéiʃən]
파 nominate **v** 지명하다

n 후보 지명 (for)

We are now **soliciting nominations** / for the Best Employee of the Year award.
우리는 현재 후보 지명을 구하고 있다 / '올해의 직원상'에 대한

19 versatility **
[vɜ̀ːrsətíləti]
파 versatile **adj** 다재다능한, 다용도의

n 다재다능함, 융통성, 다용도

The free training class / is intended / to increase your **versatility** / **at work**.
그 무료 교육은 / 의도된 것입니다 / 당신의 다재다능함을 증진시키기 위해 / 직장에서

복지/보상 | 347

20 commend ★★★
[kəménd]
㉠ commendable adj 칭찬받을 만한
commendation n 칭찬, 찬사

v 칭찬하다 (A for B); 추천하다
Mr. Kwon was **commended** / **for** successfully managing the project.
Kwon 씨는 칭찬을 받았다 / 그 프로젝트를 성공적으로 관리한 것에 대해

21 factor ★★
[fǽktər]

n 요인, 요소 (in)
Job satisfaction is a key **factor** / **in** every decision / made at Tractors Plus.
직업 만족도는 중요한 요인이다 / 모든 결정에 있어서 / Tractors Plus에서 내려지는

22 gratitude ★★
미 [grǽtətu:d]
영 [grǽtətju:d]

n 감사, 고마움
Please accept this travel voucher / **as a token of** our **gratitude**. 이 여행 상품권을 받아 주세요 / 저희의 감사 표시로

> ✦ 토익 출제 포인트 (Part 5&6)
>
> express our (exposure / **gratitude**) to you
> 당신에게 감사를 표하다
> → 동사 express는 '(감정·의견 등을) 표하다'는 의미이므로 감정을 나타내는 gratitude(감사)가 목적어로 오는 것이 알맞다. (exposure 노출)

23 acknowledge ★★
미 [æknɑ́lidʒ]
영 [æknɔ́lidʒ]
㉠ admit 인정하다

v 감사를 표하다; 인정하다, 시인하다
Mercy Hospital / **acknowledges** outstanding staff members / in its weekly newsletter.
Mercy 병원은 / 우수한 직원들에게 감사를 표한다 / 주간 소식지에서

> ✦ 토익 출제 포인트 (Part 7_동의어 찾기)
>
> Mr. Foulis "**acknowledges**" that his plan has serious limitations.
> (A) prefers   (B) admits
> Foulis 씨는 자신의 계획에 심각한 한계점이 있음을 인정한다.
> → acknowledge가 문맥상 '인정하다, 시인하다'라는 의미로 쓰이면 admit(인정하다)와 동의어가 된다. (prefer 선호하다)

24 internal **
미 [intə́:rnəl]
영 [intə́:nəl]

adj 내부의

An **internal** memo / concerning the improved benefits package / will be sent tomorrow.
내부 공지가 / 개선된 복리 후생 제도에 관한 / 내일 발송될 것이다

25 prestigious **
[prestídʒəs]

adj 권위 있는, 일류의

The **prestigious** Falcott **Prize** for Design / is given every summer. 권위 있는 Falcott 디자인상은 / 매년 여름 수여된다

26 find **
[faind]
동 discover 발견하다

v ~라고 생각하다[느끼다]; 찾다, 발견하다

Most employees / **find** the current reward system / **unfair**. 대부분의 직원들은 / 현재의 보상 제도를 생각한다 / 불공평하다고

You can **find further details** / of the annual company picnic / on the bulletin board.
당신은 더 자세한 사항을 찾을 수 있습니다 / 연례 회사 야유회에 관한 / 게시판에서

> **토익 출제 포인트 (Part 5&6)**
>
> find the resort very (**attractive** / ~~attractively~~)
> 그 리조트를 매우 매력적이라 생각하다
> → find가 이끄는 5형식 구조(find + 목적어 + 목적격 보어)를 묻는 문제이다. 목적격 보어 자리에는 형용사나 명사가 와야 하므로 형용사인 attractive가 정답이다.

27 compensate **
미 [kámpənsèit]
영 [kɔ́mpənsèit]
파 compensation n 보상

v 보상하다, 배상하다 (A for B)

The government / plans to **compensate** the oil workers / **for** unpaid wages.
정부는 / 석유 노동자들에게 보상할 계획이다 / 체불 임금에 대하여

28 attribute *
[ətríbju:t]

v (~의 원인을) ~의 덕분으로 돌리다 (A to B)

Most analysts / **attribute** the company's success / **to** a strong relationship / with its workers.
대부분의 분석가들은 / 그 회사의 성공을 돌린다 / 탄탄한 관계의 덕분으로 / 직원들과의

복지/보상 | 349

29 award *
- 미 [əwɔ́ːrd]
- 영 [əwɔ́ːd]
- ⑧ prize 상

ⓥ 수여하다

Ms. Kirkwood / was **awarded** a gift certificate / at a company event.
Kirkwood 씨는 / 상품권을 받았다 / 회사 행사에서

ⓝ 상 (for)

Mr. Robert / has **received** an **award** / for his excellent customer service.
Robert 씨는 / 상을 받았다 / 그의 뛰어난 고객 서비스로

> ◆ 토익 출제 포인트 (Part 5&6)
>
> Caleb was (**awarded** / ~~received~~) a prize. Caleb은 상을 받았다.
> → 수동태 뒤에 목적어를 취할 수 있는 4형식 동사를 고르는 문제이다. 능동태인 award A B(A에게 B를 수여하다) 형태가 수동태로 바뀌면 A be awarded B (A가 B를 받다) 형태가 된다는 것을 기억해 두자. (receive 받다)

30 salary *
[sǽləri]

ⓝ 급여, 연봉

Salary increases / will be based / on the annual performance evaluation.
급여 인상은 / 근거할 것이다 / 연례 실적 평가에

31 incentive *
[inséntiv]

ⓝ 장려(책), 우대(책)

Ms. Pederson / will choose the position / that offers the best **incentives**.
Pederson 씨는 / 일자리를 선택할 것이다 / 가장 좋은 장려책을 제공하는

32 compliment *
[kάmpləmənt]

ⓝ 칭찬, 찬사

Mr. Stahl / has **received** a lot of **compliments** / from the manager. Stahl 씨는 / 많은 칭찬을 받았다 / 관리자로부터

33. controversial *
미 [kÀntrəvə́:rʃəl]
영 [kɔ̀ntrəvə́:ʃəl]

adj 논란이 되는, 논란이 많은

The board / approved the **controversial measure** / to reduce overtime pay.
위원회는 / 논란이 되는 방안을 승인했다 / 초과 근무 수당을 삭감한다는

34. noteworthy *
미 [nóutwə:rði]
영 [nɔ́utwə:ði]

adj 주목할 만한

The Rooker Medal / recognizes **noteworthy accomplishments** / in the field of animal medicine.
Rooker 메달은 / 주목할 만한 성과를 표창한다 / 동물 의학 분야에서

35. revert *
[rivə́:rt]

v 되돌아가다, 복귀하다 (to)

Dynamo Tires / is **reverting to** its previous employee discount policy.
Dynamo Tires는 / 이전의 직원 할인 정책으로 되돌아가고 있다

36. superior *
미 [səpíəriər]
영 [sju:píəriə]
(반) inferior 열등한, 더 낮은

adj 우수한, 뛰어난 (to)

Employees / who display **superior customer service** / will be selected / for a special bonus.
직원들은 / 우수한 고객 서비스를 보여 주는 / 선정될 것이다 / 특별 보너스 대상으로

> 🔍 **빅데이터 토익 빈출 표현** ● 빈출도
> be **superior** to ~보다 뛰어나다 ●

37. waive *
[weiv]

v (요금 등을) 면제하다; (권리 등을) 포기하다

The language school / **waives** tuition **fees** / for Collins Publishing employees.
그 어학원은 / 수업료를 면제해 준다 / Collins Publishing 직원들에게

38 subject *
- [sʌ́bdʒikt]
- ⑧ topic 주제, 화제

n 주제, 화제
The **subject** of the discussion / was how to improve / company's welfare system.
토론의 주제는 / 개선하는 방법이었다 / 회사의 복지 제도를

adj 면할 수 없는, ~에 달려 있는; ~될 수 있는 (to)
All staff members / are **subject** to / the office dress code. 전 직원은 / 따라야 한다 / 사무실 복장 규정을

> ◆ 토익 출제 포인트 (Part 5&6)
> Rental rates are (**subject** / general) to change without notice. 대여료는 예고 없이 변경될 수 있다.
> → 형용사 subject는 'be subject to + 명사' 형태로 자주 출제되며, '~될 수 있는; 면할 수 없는' 두 가지 의미 모두 출제된다는 것을 기억해 두자. (general 전반적인)

> 🔍 빅데이터 토익 빈출 표현   ● 빈출도
> be **subject** to approval 승인을 받아야 하다, 승인에 달려 있다 ●●●

39 paycheck *
- [péitʃèk]

n 급료
The yearly bonus / will be added / to your next monthly **paycheck**.
연례 보너스가 / 추가될 것입니다 / 당신의 다음번 월급에

40 reward *
- 미 [riwɔ́ːrd]
- 영 [riwɔ́ːd]

n 보상, 사례
Management / is offering a **reward** / for information / regarding the stolen data.
경영진은 / 보상을 제공하고 있다 / 정보에 대해 / 유출된 데이터에 관한

v 보상하다 (A with B)
Some managers / were **rewarded** / with financial incentives. 일부 관리자들은 / 보상을 받았다 / 금전적인 장려책으로

Day 21 Daily Test

A 각 영어 단어의 알맞은 의미를 찾아 연결하세요.

01 commend • • ⓐ 보상하다, 배상하다
02 superior • • ⓑ 우수한, 뛰어난
03 noteworthy • • ⓒ 주목할 만한
04 compensate • • ⓓ 칭찬하다; 추천하다

B 우리말과 일치하도록 다음 빈칸에 알맞은 단어를 찾아 넣으세요.

| ⓐ acknowledge ⓑ deserve ⓒ subject ⓓ revert ⓔ dedicated |

05 be _____ to ~에 전념하다
06 _____ credit 칭찬받을 만하다
07 _____ outstanding staff members 우수한 직원들에게 감사를 표하다
08 be _____ to change 변경될 수 있다

C 다음 빈칸에 문맥상 적절한 단어를 찾아 넣으세요.

해석 p. 509

| ⓐ awarded   ⓑ enrollment   ⓒ salary |
| ⓓ waives   ⓔ attributed |

09 There will be no _____ fees if you sign up now.
10 Ms. Kirkwood was _____ a scholarship at the University of Cambridge.
11 The _____ for this position will be based on experience and qualifications.
12 Paradise Bay _____ its entrance fee for children under two years old.

정답 01 ⓓ 02 ⓑ 03 ⓒ 04 ⓐ 05 ⓔ 06 ⓑ 07 ⓐ 08 ⓒ 09 ⓑ 10 ⓐ 11 ⓒ 12 ⓓ

토익 LC/RC 짝꿍 표현

복지/보상

☐ **restore**	v 회복시키다, 복구하다	**restore** the economy 경제를 회복시키다 **restore** one's account 계정을 복구하다
☐ **voucher**	n 상품권, 쿠폰	a gift **voucher** 상품권 a **voucher** for complimentary drinks 무료 음료용 쿠폰
☐ **motivate**	v 동기를 부여하다, 자극하다	**motivate** employees to achieve the goal 직원들에게 목표를 달성하도록 동기를 부여하다 **motivate** sales staff 영업 직원들에게 동기를 부여하다
☐ **payroll**	n 급여 대상자 명단, 급여 총액	the new **payroll** policy 새로운 급여 지급 정책 a monthly **payroll** 월급 총액
☐ **scholarship**	n 장학금	offer a **scholarship** to advanced learners 상급 학습자들에게 장학금을 제공하다 a **scholarship** program 장학금 프로그램
☐ **elderly**	adj 연세 드신, 나이가 지긋한	the **elderly** 노인들 designated seats for the **elderly** 노인들을 위한 지정석
☐ **retention**	n 보유, 유지	a high rate of employee **retention** 높은 직원 보유율 with **retention** of information 정보를 유지한 채로
☐ **maternity**	adj 출산의	**maternity** leave 출산 휴가 **maternity** benefits 출산 수당
☐ **paid leave**	phr 유급 휴가	monthly **paid leave** 유급 월차 She was placed on **paid leave** for 12 months. 그녀는 12개월의 유급 휴가를 받았다.
☐ **assent**	n 승인, 찬성	give formal **assent** 공식 승인을 하다 a nod of **assent** 찬성의 표시
☐ **enormously**	adv 엄청나게, 대단히	benefit **enormously** from one's expertise 전문 지식에서 엄청나게 도움을 받다 vary **enormously** in scope 규모에 있어 대단히 다양하다
☐ **starting**	n 출발, 시작, 개시	at the **starting** salary 초봉에서 one's **starting** date 출발일, 시작일

☐ grateful	adj 감사하는	**grateful** for one's hard work 노고에 감사하는 **grateful** for the attention 관심에 대해 감사하는	
☐ appreciate	v 감사하다	**appreciate** one's continued business 지속적인 거래에 감사하다 **appreciate** one's thoughtful responses 사려 깊은 대응에 감사하다	
☐ remarkably	adv 매우, 현저하게, 몹시	known for **remarkably** diverse faculty 매우 다양한 교수진으로 알려진 The quality is **remarkably** good. 품질이 매우 좋다.	
☐ civil	adj 예의 바른; 시민의	a little more **civil** 조금 더 예의 바른 **civil** life 시민 생활	
☐ nap	n 낮잠, 잠깐 잠	an afternoon **nap** 오후의 낮잠 have a comfortable **nap** 편안한 낮잠을 자다	
☐ commensurate	adj 상응하는	**commensurate** with experience 경력에 상응하는 have **commensurate** duties 상응하는 업무를 하다	
☐ regain	v 되찾다, 회복하다	**regain** the honor 명예를 되찾다 **regain** the market share 시장 점유율을 회복하다	
☐ count on	phr ~을 믿다; ~을 기대하다	**count on** one's supervisor 상사를 믿다 **count on** winning the contract 계약을 따낼 것으로 기대하다	
☐ welfare	n 복지	promote employee **welfare** 직원 복지를 증진하다 concerns for the **welfare** 복지에 대한 우려	
☐ hobby	n 취미	construct several toys as a **hobby** 취미로 여러 장난감을 만들다 took up the **hobby** 6 months ago 6개월 전에 그 취미를 갖고 있었다	
☐ ever since	phr 그 이후로 계속	He has served as the leader **ever since**. 그는 그 이후로 계속 리더 역할을 해 왔다. have worked here **ever since** 그 이후로 계속 이곳에서 근무해 오다	
☐ just as	phr 꼭 ~처럼, 바로 ~대로	**just as** you say 꼭 당신이 말한 것처럼 **just as** described on the Web site 웹사이트에 설명된 바로 그대로	
☐ division	n (단체의) 부, 국, 과	the finance **division** 재무 부서 all **division** heads 모든 부서장들	
☐ without	prep ~없이, ~하지 않고	**without** specified duration 정해진 기간 없이 **without** any additional effort 어떠한 추가 노력도 하지 않고	

☐ ovation	n 박수	with a standing **ovation** 기립 박수와 함께 a tremendous **ovation** 우레와 같은 박수
☐ low income	phr 저소득	supplement a **low income** 저소득을 보완하다 a relatively **low income** 상대적으로 낮은 소득
☐ guardian	n 후견인; 보호자	one's legal **guardian** 법적 후견인 must be accompanied by a **guardian** 반드시 보호자를 동반해야 하다
☐ unambiguous	adj 분명한, 확실한	an **unambiguous** statement 분명한 진술 an **unambiguous** increase in wages 확실한 임금 인상
☐ realize	v 알아차리다; 실현하다	**realize** the error now 지금 실수를 알아차리다 **realize** one's ambition 야망을 실현하다
☐ undue	adj 지나친, 과도한	under **undue** strain 지나친 부담을 받고 있는 an **undue** energy demand 과도한 에너지 수요
☐ working condition	phr 근무 환경[조건]	office **working conditions** 사무실 근무 환경 proper **working conditions** 적절한 근무 조건
☐ consultant	n 상담가, 고문	**Consultants** reviewed staffing levels. 상담가들이 인력 현황을 검토했다. a private financial **consultant** 개인 재무 상담가
☐ comfortable	adj 편안한	the relaxing and **comfortable** workplace 긴장을 풀어 주고 편안한 근무 장소 feel **comfortable** 편안함을 느끼다
☐ fortunately	adv 다행히도	**Fortunately**, the staff was satisfied. 다행히도, 직원들이 만족했다. **Fortunately**, nobody was injured. 다행히도, 아무도 부상당하지 않았다.
☐ prize	n 상, 상품	win the **prize** in a competition 경연 대회에서 상을 타다 include a monetary **prize** 상금을 포함하다
☐ truly	adv 진정으로, 정말로	a **truly** great performance 진정으로 대단한 성과 a **truly** valuable asset 정말로 소중한 자산
☐ astonish	v 깜짝 놀라게 하다	**astonishing** results 놀라운 결과 The news will **astonish** investors. 그 소식이 투자자들을 깜짝 놀라게 할 것이다.
☐ bountiful	adj 많은, 풍부한	give them **bountiful** attention 그들에게 많은 관심을 보이다 a **bountiful** harvest 풍작

□ enough	adj 충분한 adv 충분히	**enough** time to make preparations 준비할 충분한 시간 large **enough** to hold all people 모든 사람들을 수용하기에 충분히 넓은
□ look up to	phr ~을 높이 평가하다, 존경하다	**look up to** him for determination 결단력에 대해 그를 높이 평가하다 **look up to** one's parents 부모님을 존경하다
□ seek	v 찾다, 구하다	**seek** an ambitious individual 야심 찬 사람을 찾다 **seek** one's recommendation 추천서를 구하다
□ tighten	v 더 엄격하게 하다; 조이다	**tighten** the rules 규칙을 더 엄격하게 하다 **tighten** a belt 벨트를 조이다
□ seize	v 붙잡다, 포착하다, 이용하다	**seize** the initiative 주도권을 잡다 **seize** every moment 모든 기회를 포착하다
□ labor	n 노동, 근로	expand the **labor** force 노동력을 확대하다 the structure of the **labor** market 노동 시장의 구조
□ value	n 가치 v 소중히 여기다	an unbeatable **value** 타의 추종을 불허하는 가치 **value** the privacy 사생활을 소중히 여기다
□ fellowship	n 유대감, 동료애	a sense of **fellowship** among coworkers 동료 직원들 사이의 유대감 concrete **fellowship** 굳은 동료애
□ harmony	n 조화, 화합	work in perfect **harmony** 호흡이 잘 맞다 in an effort to restore **harmony** 조화를 회복하기 위한 노력의 일환으로
□ makeup	n 구성, 구조	the **makeup** of the team 그 팀의 구성 one's genetic **makeup** 유전적 구성
□ endless	adj 끝없는, 무한한	through **endless** meetings 끝없는 회의를 통해 **endless** stories about ~에 관한 끝없는 이야기
□ commonplace	adj 아주 흔한	a **commonplace** remark 아주 흔한[진부한] 말 **commonplace** in Europe 유럽에서 아주 흔한
□ promise	v 약속하다 n 장래성; 약속	**promise** to be great fun 정말 재미있을 것을 약속하다 fulfill one's early **promise** 당초의 장래성을 실현하다
□ security	n 보안	a computer **security** update 컴퓨터 보안 업데이트 ensure one's safety and **security** 안전과 보안을 보장하다

DAY 22 인사

오늘의 단어 듣기

토익에서는 승진, 새로운 상사의 부임, 사내 이동이나 전근, 은퇴나 사임과 같은 인사 관련 내용이 출제됩니다.

📖 뉴페이스 등장

01 still ★★★
[stil]

adv 여전히, 아직도; 그럼에도, 그렇지만

After a 30-year career, / Mr. Britt is **still** enthusiastic / about his work.
30년의 경력 후에도 / Britt 씨는 여전히 열정적이다 / 그의 일에 대해

> **토익 출제 포인트 (Part 5&6)**
>
> Jeff (**still** / ~~yet~~) has <u>not</u> registered for the class.
> Jeff는 강좌에 아직도 등록하지 않았다.
> → still과 yet 둘 다 '아직'이라는 의미가 있지만, 부정문에서 still은 부정어 앞에, yet은 부정어 뒤에 위치한다.

02 promotion ★★★
미 [prəmóuʃən]
영 [prəméuʃən]
파 promote v 승진시키다; 판촉하다, 홍보하다
promotional adj 홍보용의, 판촉의

n 승진, 진급 (to); 판촉, 홍보

I would like to recommend Ms. Holm / for a **promotion** / **to** senior manager.
저는 Holm 씨를 추천하고 싶습니다 / 승진에 대해 / 선임 관리자로의

We are now planning / a special **promotion** / on our new line of backpacks.
우리는 현재 계획 중이다 / 특별 판촉 활동을 / 우리의 새로운 배낭 제품에 대한

> **빅데이터 토익 빈출 표현** ● 빈도율
>
> deserve a **promotion** 승진할 만하다 ★★★
> **promotional** product[item] 판촉물 ★★

03 addition ★★★
[ədíʃən]
파 add v 추가하다

n 추가(된 것[사람]) (to)

We are sure / that Mr. Eder will be a valuable **addition** / **to** the sales team.
우리는 확신한다 / Eder 씨가 귀중한 보탬이 될 것이라고 / 영업팀에

> **토익 출제 포인트 (Part 5&6)**
>
> the (~~inventory~~ / **addition**) of decorations <u>to</u> the entrance
> 입구에 장식 추가
> → addition은 주로 addition (of A) to(~에 (A의) 추가) 형태로 출제된다.
> (inventory 재고, 물품 목록)

04 join ★★★
[dʒɔin]
㉺ joint `adj` 공동의
jointly `adv` 공동으로

`v` 들어가다, 가입하다
Ms. Mullen **joined** the company / 20 years ago / as a graphic designer.
Mullen 씨는 그 회사에 들어갔다 / 20년 전에 / 그래픽 디자이너로

> 🔍 **빅데이터 토익 빈출 표현** ● 빈도도
> **joint** effort 공동의 노력 ●●

05 decision ★★★
[disíʒən]
㉺ decide `v` 결정하다, 결심하다
decidedly `adv` 확실히, 분명히, 단호히

`n` 결정, 결심 (to V/about)
The **decision** / **to appoint** a new spokesperson / has been announced.
결정이 / 새로운 대변인을 임명한다는 / 발표되었다

> 🔍 **빅데이터 토익 빈출 표현** ● 빈도도
> make a **decision** about ~에 대해 결정하다 ●●●
> **decidedly** pleased[fresh] 확실히 기쁜[새로운] ●●

06 accomplishment ★★★
미 [əkɑ́mpliʃmənt]
영 [əkʌ́mpliʃmənt]
㉺ accomplish `v` 성취하다
㊌ achievement 업적, 성취

`n` 업적, 성과, 성취
The director was very impressed / by your **professional accomplishments**.
이사님은 깊은 감명을 받았습니다 / 당신의 전문적인 업적에

> 🎯 **토익 출제 포인트 (Part 5&6)**
> Ms. Francis's (**accomplishments** / ~~capabilities~~) include winning the contract with the Kater Company last year.
> Francis 씨의 업적에는 작년에 Kater 사와의 계약을 따낸 것이 포함된다.
> → accomplishment는 실제로 이룬 '업적, 성과'를 의미하는 반면, capability는 앞으로 할 수 있는 '능력'을 뜻한다.

07 equally ★★★
[íːkwəli]

`adv` 똑같이, 동등하게
You must have previous experience, / but cooperative attitude / is **equally** important.
당신은 반드시 이전 경력이 있어야 한다 / 하지만 협조적 태도는 / 똑같이 중요하다

08 select ★★★
[silékt]
㉔ selected adj 선택된, 엄선된

v 선정하다, 선발하다
The board of directors / expects to **select** / **the new** chief financial **officer** / by next month.
이사회는 / 선정할 것으로 예상한다 / 새로운 최고 재무 책임자를 / 다음 달까지

09 valuable ★★★
[væljuəbl]
㉔ value **v** 가치를 매기다; 소중히 여기다
n 가치

adj 귀중한, 소중한, 유용한 (to)
Mr. Casey has proven himself / to be a very **valuable asset** / **to** the company.
Casey 씨는 자신을 증명해 보였다 / 매우 귀중한 자산이라고 / 회사에

> ⊘ 빅데이터 토익 빈출 표현 ● 빈출도
> **valuable** contribution 귀중한 공헌 ★★★
> **valuable** service 귀중한 서비스[근무] ★

10 primarily ★★★
미 [praimérəli]
영 [práimərəli]
㉔ primary adj 주요한, 주된
⑧ mainly, mostly, largely 주로

adv 주로
The human resources team / is **primarily responsible** / **for** the recruitment of personnel.
인사팀은 / 주로 담당한다 / 직원의 채용을

> ⊕ 토익 출제 포인트 (Part 7_동의어 찾기)
> The meeting will focus "**primarily**" on how to monitor feedback.
> (A) solely (B) mainly
> 그 회의는 주로 피드백을 검토하는 방법에 초점을 맞출 것이다.
> → primarily는 '주로'라는 의미이므로 mainly(주로)와 동의어가 된다. (solely 오로지)

11 evaluation ★★★
[ivæljuéiʃən]

n 평가, 감정
The annual **performance evaluation** / will be conducted / by department heads.
연례 실적 평가는 / 실시될 것이다 / 부서장들에 의해

인사 | 361

12 confident ★★★
- 미 [kánfidənt]
- 영 [kɔ́nfidənt]

(파) confidence n 자신감, 믿음
confidently adv 확신을 가지고, 자신 있게

adj 확신하는 (that절/of); 자신감 있는 (in)
We are confident / that Mr. Bridges will be a highly competent manager.
우리는 확신한다 / Bridges 씨가 매우 유능한 관리자가 될 것이라고

🔍 빅데이터 토익 빈출 표현 ● 빈출도
confident that절[of] ~일 것임을 확신하는 ●●●●
confident in ~에 대해 자신만만한 ●
confidence in ~에 대한 신뢰[자신감] ●

13 accept ★★★
- [æksépt]

(파) acceptable adj 받아들일 만한; 만족할 만한

v 받다, 받아들이다, 수락하다
Our personnel department / is currently accepting suggestions / for improving employee satisfaction.
우리 인사부는 / 현재 제안을 받고 있다 / 직원 만족도를 높이기 위한

🔍 빅데이터 토익 빈출 표현 ● 빈출도
accept applications 신청[지원]서를 받다 ●●●
accept an invitation[offer] 초대[제의]를 수락하다 ●●●

14 contribution ★★★
- [kàntrəbjúːʃən]

(파) contribute v 기여하다, 공헌하다; 기부하다
(동) donation 기부(금)

n 기여, 공헌 (to/toward); 기부금
Let employees know / how much their contributions are valued.
직원들에게 알려 주세요 / 그들의 기여가 얼마나 소중히 여겨지는지

➕ 토익 출제 포인트 (Part 5&6)
Jae Woo's substantial (contributions / abilities) to the society   Jae Woo의 상당한 사회 기여
→ 의미상 둘 다 가능해 보이지만, 전치사 to와 결합하는 contributions가 정답이다. ability(능력)는 전치사 to가 아닌 to부정사와 함께 쓰인다.

🔍 빅데이터 토익 빈출 표현 ● 빈출도
make a contribution to[toward] ~에 기여하다 ●●●
collect[raise] contributions 기부금을 모으다 ●

15 occupy ★★
미 [ákjupài]
영 [ɔ́kjupài]
⒜ occupancy ⓝ 점유; 거주
occupation ⓝ 사용, 거주; 직업

ⓥ (직책 등을) 맡다; 차지하다, 점유하다
Ms. Ryu **occupied the position** / of sales representative / before being promoted / to regional manager.
Ryu 씨는 직책을 맡았다 / 영업 사원의 / 승진되기 전에 / 지사장으로
▶ Ryu 씨는 지사장으로 승진되기 전에 영업 사원 직책을 맡았다.

16 possess ★★
[pəzés]
⒜ possession ⓝ 소유, 소지

ⓥ 보유하다, 소유하다
Applicants for the position / should **possess** / at least 3 years of **experience**.
그 직책의 지원자들은 / 보유해야 한다 / 적어도 3년의 경력을

17 ability ★★
[əbíləti]

ⓝ 능력, 기량 (to V)
This management position / requires the **ability** / **to interact** well with others.
이 관리직은 / 능력을 요구한다 / 다른 사람들과 잘 교류할 수 있는

🔍 **빅데이터 토익 빈출 표현** ● 빈출도
have the **ability** to V ~할 수 있는 능력을 가지고 있다 ●●●
people of all **abilities** 모든 (다양한) 수준의 사람들 ●

18 bold ★★
미 [bould]
영 [bəuld]

adj 대담한, 용감한
The new CEO / **seems** much **bolder** / than his predecessor.
그 신임 최고 경영자는 / 훨씬 더 대담해 보인다 / 그의 전임자보다

19 elect ★★
[ilékt]
⒜ election ⓝ 선거

ⓥ (투표로) 선출하다 (A to V)
Mr. Miller was recently **elected** / **to serve** as head / of the hiring committee.
Miller 씨는 최근에 선출되었다 / 위원장으로 일하는 데 / 채용 위원회의

20 just ★★
[dʒʌst]

adv 방금, 막; 단지, 그저

Ms. Ferda was **just** informed / that she will be transferring / to the Bristol office.
Ferda 씨는 방금 통보를 받았다 / 전근 가게 될 것이라고 / 브리스톨 사무실로

> ◆ 토익 출제 포인트 (Part 5&6)
>
> (~~less~~ / **just**) two kilometers away from the station
> 역에서 단지 2킬로미터 떨어진
> → 숫자 표현과 어울리는 부사를 고르는 문제로, less는 숫자 앞에 사용할 경우 'less than + 숫자(~이하의, ~보다 적은)'의 형태가 되어야 한다.

21 resignation ★★
[rèzignéiʃən]
(파) resign **v** 사임하다, 사직하다

n 사임, 사직

After the product recall, / the CEO of Tasty Foods / announced his **resignation**.
제품 리콜 후에 / Tasty Foods의 최고 경영자는 / 그의 사임을 발표했다

22 perspective ★★
미 [pərspéktiv]
영 [pəspéktiv]

n 관점, 시각 (on)

We are looking for a candidate / with a **fresh perspective** / **on** environmental issues.
우리는 지원자를 찾고 있다 / 새로운 관점을 가진 / 환경 문제에 대한

23 provisional ★★
[prəvíʒənəl]
(파) provisionally **adv** 임시로, 잠정적으로
(반) permanent 영구적인

adj 임시의, 일시적인

Staff members / hired **on a provisional basis** / may not receive contract offers.
직원들은 / 임시직으로 채용된 / 계약 제안을 받지 못할 수도 있다

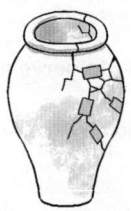

> ◆ 토익 출제 포인트 (Part 6)
>
> You will work under a (**provisional** / ~~marginal~~) contract. After one year, we will decide whether to hire you on a permanent basis.
> 당신은 임시 계약에 따라 근무하게 됩니다. 일 년 후에, 저희는 당신을 정규직으로 고용할 것인지를 결정할 것입니다.
> → 뒤 문장에 '일 년 뒤 정규직(permanent) 채용 여부가 결정된다'는 내용이 있으므로 지금은 임시적인(provisional) 고용 상태라는 점을 알 수 있다.
> (marginal 미미한; 근소한)

24. prove ** [pruːv]

v 판명되다 (to be + 보어); 증명하다

Only eight of the applicants / **proved to be qualified** enough / for the job.
지원자들 중 여덟 명만이 / 충분히 자격이 있는 것으로 판명되었다 / 그 일에

> **◈ 토익 출제 포인트 (Part 5&6)**
>
> Applying for a loan (~~achieved~~ / **proved**) more difficult than expected.
> 대출을 신청하는 것은 생각보다 더 어려운 것으로 판명되었다.
> → 뒤에 형용사 보어(difficult)를 취하는 2형식 동사를 골라야 하므로 proved가 정답이다. 'prove (to be) + 보어(~으로 판명되다)' 형태를 잘 기억해 두자. (achieve 달성하다)

25. accomplished **
미 [əkámpliʃt]
영 [əkɔ́mpliʃt]

adj 숙련된, 기량이 뛰어난

The Jersey Gazette / is seeking an **accomplished writer** / for its team.
Jersey Gazette는 / 숙련된 작가를 찾고 있다 / 팀을 위해

26. director ** [diréktər]

n (회사의) 임원, 책임자

Harry Birken will leave his position / as **human resources director** / in January.
Harry Birken은 자리에서 물러날 것이다 / 인사 부장으로서의 / 1월에

27. formally ** [fɔ́ːrməli]
파 formal **adj** 공식적인

adv 공식적으로, 정식으로

Laser Electronics / **formally appointed** / a new regional director of sales.
Laser Electronics는 / 공식적으로 임명했다 / 새로운 영업 지사장을

28. retirement **
미 [ritáiərmənt]
영 [ritáiəmənt]
파 retire **v** 은퇴하다

n 은퇴, 퇴직

Tectonic's founder / will be a board member / after his **retirement**.
Tectonic의 창업자는 / 이사회 임원이 될 것이다 / 그의 은퇴 후에

29 mostly **
미 [móustli]
영 [məustli]

adv 대개, 주로

Due to budget limitations, / the HR team was **mostly against** / hiring additional workers.
예산 제약 때문에 / 인사팀은 대개 반대했다 / 추가 직원 채용에

30 eloquent *
[éləkwənt]
(파) eloquently **adv** 유창하게, 능변으로

adj 유창한, 달변인

Ms. Rollins / is the leader in sales / because of her **eloquent presentations**.
Rollins 씨는 / 매출에서 선두이다 / 그녀의 유창한 발표 때문에

31 exemplary *
[igzémpləri]

adj 모범적인, 귀감이 되는

Today's brunch / honoring the **exemplary service** of Mr. Fallon / will start soon.
오늘의 아침 겸 점심이 / Fallon 씨의 모범적인 근무를 기리는 / 곧 시작될 것이다

> 🔍 **빅데이터 토익 빈출 표현** ● 빈출도
> **exemplary** performance 모범적인 성과, 귀감이 되는 실적 ●

32 conscientiously *
[kànʃiénʃəsli]

adv 양심적으로, 성실하게

The Employee of the Month / is **conscientiously chosen** / based on work performance.
'이달의 직원'은 / 양심적으로 선정된다 / 근무 실적에 근거하여

> 🔍 **빅데이터 토익 빈출 표현** ● 빈출도
> work **conscientiously** 성실하게 일하다 ●

33 instrumental *
[ìnstrəméntl]
(파) instrument **n** 도구, 기구; 악기

adj 도움이 되는, 중요한 (역할을 하는) (in)

The letters of reference / were **instrumental** / **in** the decision / to hire Ashley Ferda.
추천서는 / 도움이 되었다 / 결정에 있어서 / Ashley Ferda를 고용한다는

34 acquaintance *
[əkwéintəns]
(파) acquaint v 익히다, 숙지하다

n 지인, 아는 사람

The first candidate / is an **acquaintance** / of the head of marketing. 첫 번째 후보는 / 지인이다 / 마케팅 팀장의

> 빅데이터 토익 빈출 표현 • 빈도도
> a close **acquaintance** 가까운 지인 ••

35 managerial *
미 [mǽnədʒíriəl]
영 [mǽnədʒíəriəl]
(파) manage v 관리하다, 경영하다
manager n 관리자, 운영자

adj 관리의, 경영의

Several apprenticeships / were offered to those / interested in improving / their **managerial** skills.
몇몇 견습직이 / 사람들에게 제안되었다 / 향상시키는 데 관심이 있는 / 자신의 관리 능력을
▶ 몇몇 견습직이 관리 능력을 향상하는 데 관심이 있는 사람들에게 제안되었다.

> 토익 출제 포인트 (Part 5&6)
> for the (manage / **managerial**) staff 관리직 직원들을 위해
> → 명사(staff)를 수식하는 자리이므로 형용사인 managerial이 정답이다.

36 admirable *
[ǽdmərəbl]
(파) admiration n 감탄, 존경
admire v 감탄하다, 존경하다

adj 감탄할 만한, 존경스러운

Ms. Chen's determination / has been her most **admirable** characteristic.
Chen 씨의 결단력은 / 그녀의 가장 감탄할 만한 특징이었다

37 personality *
미 [pə̀:rsənǽləti]
영 [pə̀:sənǽləti]
(동) character 성격, 개성
celebrity 유명인

n 성격, 개성; 유명 인사

The position requires someone / with a patient and understanding **personality**.
이 자리는 누군가를 필요로 한다 / 인내심과 이해심 있는 성격을 가지고 있는

> 빅데이터 토익 빈출 표현 • 빈도도
> a sports **personality** 스포츠 유명 인사 •

38 understandably *
미 [ʌ̀ndərstǽndəbli]
영 [ʌ̀ndəstǽndəbli]
ⓓ understandable adj 당연한, 이해할 만한

adv 당연하게도, 당연히
The new employees / looked nervous / on their first day, / and understandably so.
신입 사원들은 / 긴장한 듯 보였다 / 출근 첫날에 / 그리고 그러한 것은 당연했다

🔍 빅데이터 토익 빈출 표현 • 빈출도
understandably so 그러한 것은 당연하다 •

39 solidify *
[səlídifai]

v (생각 등을) 굳히다, 확고하게 하다
All hiring decisions / must be solidified / by the end of the week. 모든 채용 결정은 / 굳혀져야 한다 / 이번 주말까지

40 widespread *
[wáidspred]

adj 광범위한, 널리 퍼진
There is widespread support / for the recruitment / of a new lead researcher.
광범위한 지지가 있다 / 채용에 대한 / 새로운 수석 연구원의

Day 22 **Daily Test**

A 각 영어 단어의 알맞은 의미를 찾아 연결하세요.

01 provisional •   • ⓐ 감탄할 만한, 존경스러운
02 admirable •   • ⓑ 광범위한, 널리 퍼진
03 widespread •   • ⓒ 임시의, 일시적인
04 eloquent •   • ⓓ 유창한, 달변인

B 우리말과 일치하도록 다음 빈칸에 알맞은 단어를 찾아 넣으세요.

| ⓐ ability | ⓑ perspective | ⓒ contribution |
| ⓓ retirement | ⓔ acquaintance | |

05 a close _____ 가까운 지인
06 have the _____ to V ~할 수 있는 능력을 가지고 있다
07 make a _____ to ~에 기여하다
08 a fresh _____ on ~대한 새로운 관점

C 다음 빈칸에 문맥상 적절한 단어를 찾아 넣으세요.

해석 p. 509

| ⓐ accepting | ⓑ proving | ⓒ just |
| ⓓ joining | ⓔ equally | |

09 Ms. Tatt _____ returned from her trip to Prague.
10 Taylor Hill will be _____ the company as an intern.
11 The grant will be _____ divided among the organizations.
12 We are _____ applications for the position of branch manager.

정답 01 ⓒ 02 ⓐ 03 ⓑ 04 ⓓ 05 ⓔ 06 ⓐ 07 ⓒ 08 ⓑ 09 ⓒ 10 ⓓ 11 ⓔ 12 ⓐ

토익 LC/RC 짝꿍 표현

인사

☐ **fire**	v 해고하다	get **fired** from ~에서 해고당하다 **fire** a top executive 최고위 임원을 해고하다	
☐ **discharge**	v 해고하다; 방전시키다	Some recruits were **discharged**. 일부 신입 직원들이 해고되었다. **discharge** the battery 배터리를 방전시키다	
☐ **instantly**	adv 즉시, 즉각	recognize him **instantly** 그를 즉시 알아보다 **instantly** available 즉시 이용 가능한	
☐ **progress**	n 진척, 진행	review one's **progress** 진척 상황을 검토하다 quarterly **progress** reports 분기별 진행 보고서	
☐ **appoint**	v 임명하다	**appoint** you to the Board of Advisors 당신을 자문 위원단에 임명하다 be **appointed** to replace the city manager 시행정 담당자를 대신하도록 임명되다	
☐ **empathy**	n 공감, 감정 이입	have **empathy** with people 사람들에게 공감하다 persuade him through **empathy** 공감을 통해 그를 설득하다	
☐ **relocation**	n (위치) 이전	offer **relocation** assistance 이전 작업에 대한 도움을 제공하다 contact a **relocation** company 이사 전문 업체에 연락하다	
☐ **inexperienced**	adj 경험이 부족한, 미숙한	**inexperienced** managers 경험이 부족한 관리자들 help **inexperienced** home buyers 경험이 부족한 주택 구입자들을 돕다	
☐ **advisory**	adj 자문의, 고문의	a competent **advisory** service 만족할 만한 자문 서비스 the **advisory** committee 자문 위원회	
☐ **tenure**	n 재임 (기간); 종신 재직권	one's five-year **tenure** 5년의 재임 기간 acquire academic **tenure** 교수 종신 재직권을 얻다	
☐ **dedication**	n 공헌, 전념, 헌신	commend her for the **dedication** 공헌에 대해 그녀를 칭찬하다 committed to the continued **dedication** 지속적인 공헌에 전념하는	
☐ **predecessor**	n 전임자; 이전의 것	one's immediate **predecessor** 바로 앞의 전임자 differ from its **predecessors** 이전의 것들과 다르다	

□ foster	v 조성하다, 촉진하다	**foster** a positive atmosphere 긍정적인 분위기를 조성하다 **foster** exports 수출을 촉진하다
□ demote	v 강등시키다	**demote** all employees 모든 직원들을 강등시키다 have recently been **demoted** 최근에 강등되었다
□ excel	v 뛰어나다, 탁월하다	**excel** at Spanish 스페인어에 뛰어나다 **excel** academically 학문적으로 뛰어나다
□ integrity	n 고결; 완전함	a man of great moral **integrity** 뛰어난 도덕적 고결함을 지닌 사람 bring **integrity** to the profession 직업에 완전함을 더하다
□ exemplify	v 귀감이 되다, 전형적인 예가 되다	**exemplify** positive values 적극적 가치의 귀감이 되다 **exemplify** the style of architecture 건축 양식의 전형적인 예가 되다
□ eminent	adj 저명한, 걸출한	remain the most **eminent** journalist 가장 저명한 저널리스트로 남아 있다 a number of **eminent** lawyers 많은 걸출한 변호사들
□ honorable	adj 명예로운, 고귀한	do the **honorable** thing 명예로운 일을 하다 an **honorable** career 명예로운 경력
□ astute	adj 영악한, 예리한	an **astute** investor 영악한 투자자 an **astute** sense of space 예리한 공간감
□ diplomat	n 외교관	a career **diplomat** 직업 외교관 a world-famous German **diplomat** 세계적으로 유명한 독일 외교관
□ internship	n 인턴 과정	oversea **internship** opportunities 해외 인턴 근무 기회 complete a six-month **internship** 6개월 기간의 인턴 과정을 마치다
□ dismiss	v 해고하다; 묵살하다	**dismiss** Mr. Johnson from his post Johnson 씨를 직책에서 해고하다 **dismiss** criticisms 비판을 묵살하다
□ pay off	phr 성과를 내다, 성공하다; ~을 상환하다	Teamwork **paid off**. 팀워크가 성과를 냈다. ways to **pay off** debts 빚을 상환하기 위한 방법
□ intimate	adj 친밀한; 상세한	an **intimate** atmosphere 친밀한 분위기 **intimate** knowledge 상세한 지식
□ engage	v 관여하다; 고용하다	**engage** in challenging work 어려운 일에 관여하다 **engage** two assistants 두 명의 보조 직원을 고용하다

☐ neighbor	n 이웃 (사람)	interview all **neighbors** 모든 이웃을 인터뷰하다 complaints from a **neighbor** 이웃 사람으로부터의 불평	
☐ incurable	adj 구제 불능의; 불치의	an **incurable** pessimist 구제 불능의 비관론자 an **incurable** heart condition 불치의 심장 상태	
☐ janitor	n 수위, 관리인	work as a **janitor** 수위로 근무하다 leave the key with the **janitor** 관리인에게 열쇠를 맡기다	
☐ fill in for	phr ~을 대신하다	**fill in for** him for two days 그를 이틀 동안 대신하다 **fill in for** a team leader 팀장을 대신하다	
☐ assistance	n 도움	offer special **assistance** 특별한 도움을 제공하다 receive **assistance** from ~의 도움을 받다	
☐ rival	n 경쟁사, 경쟁자 adj 경쟁하는	a competitive advantage over its **rival** 경쟁사보다 경쟁적 우위 the merger of a **rival** company 경쟁사의 합병	
☐ savvy	adj 잘 아는, 정통해 있는	tech-**savvy** 최신 기술을 잘 아는 Internet-**savvy** 인터넷에 정통해 있는	
☐ pressure	n 압박(감), 압력	face deadline **pressure** 마감일 압박감에 직면하다 work well under **pressure** 압박감 속에서 일을 잘하다	
☐ workforce	n 인력, 전 직원	expand the local **workforce** 지역 인력을 확대하다 the highly skilled **workforce** 매우 숙련된 인력	
☐ occasion	n 행사, 의식, 때, 경우	celebrate the **occasion** 행사를 기념하다 on an earlier **occasion** 앞서 열린 행사에서	
☐ inception	n 시작, 개시	within a few months of its **inception** 시작된 지 몇 달 이내에 from its very **inception** 맨 처음부터	
☐ main	adj 주요한	the evaluation's **main** purpose 그 평가의 주요 목적 one of four **main** choices 네 가지 주요 선택권 중의 하나	
☐ mission	n 임무, 사명	The **mission** ~ is to v. 임무는 ~하는 것이다. a dangerous **mission** 위험한 사명	
☐ pride	n 자부심, 자긍심	display accomplishments with **pride** 자부심을 갖고 성과물을 보여 주다 take **pride** in their customer service 그들의 고객 서비스를 자랑하다	

☐ readjust	ⓥ 다시 적응하다; 재조정하다	**readjust** to the pace of life 삶의 속도에 다시 적응하다 **readjust** one's glasses 안경을 재조정하다	
☐ remember	ⓥ 기억하다	**remember** one's new password 새 비밀번호를 기억하다 **remember** one's exact words 정확한 단어를 기억하다	
☐ rotate	ⓥ 교대로 하다	**rotate** duties 일을 교대로 하다 Special exhibits **rotate** yearly. 특별 전시회는 해마다 돌아가며 열린다.	
☐ worthy	adj ~받을 만한, 가치 있는	**worthy** of respect 존중받을 만한 direct money to **worthy** causes 가치 있는 대의를 위해 돈을 보내다	
☐ heighten	ⓥ 고조시키다	**heighten** tension 긴장을 고조시키다 **heighten** business opportunities 사업 기회를 고조시키다	
☐ realignment	ⓝ 재조정, 재편성	the **realignment** of the management structure 경영 구조의 재조정 institutional **realignment** 기관의 재편성	
☐ evaluate	ⓥ 평가하다	**evaluate** the quality 품질을 평가하다 **evaluate** business partners 사업 제휴 업체를 평가하다	
☐ individuality	ⓝ 개성, 특성	lose some of the **individuality** 일부 개성을 잃다 retain one's **individuality** 개성을 유지하다	
☐ modesty	ⓝ 겸손	known for one's **modesty** 겸손함으로 알려진 answer with **modesty** 겸손하게 대답하다	
☐ generation	ⓝ 세대	in operation for three **generations** 3대 동안 운영된 the next **generation** of mobile phones 차세대 휴대 전화기	
☐ on duty	phr 근무 중인	call the manager **on duty** 근무 중인 관리자에게 전화하다 wear protective gears while **on duty** 근무 중에 보호용 장비를 착용하다	
☐ recharge	ⓥ (전지를) 충전하다; (휴식으로) 재충전하다	**recharge** its back-up batteries 보조 배터리를 충전하다 **recharged** with smiles and fun 웃음과 즐거움으로 재충전된	
☐ insult	ⓥ 모욕하다	**insult** the intelligence of the manager 관리자의 지적 능력을 모욕하다 fired for **insulting** customers 고객들을 모욕한 것으로 해고된	
☐ score	ⓥ (성공 등을) 거두다; 점수를 받다, 득점하다	**score** a big success 큰 성공을 거두다 **scored** 100 on the reliability tests 신뢰성 테스트에서 100점을 받았다	

인사 | 373

DAY 23

건설/공사

토익에서는 건물의 건축, 건축물의 유지 보수 및 개조와 확장, 도로 공사 및 보수 작업이 출제됩니다.

오늘의 단어 듣기

감독은 힘들어

01 construction ***
[kənstrʌ́kʃən]
㈜ construct v 건설하다, 공사하다

n 건설, 건축, 공사
The construction of the bridge / will be completed / ahead of schedule. 다리 건설은 / 끝날 것이다 / 예정보다 일찍

02 concern ***
미 [kənsə́:rn]
영 [kənsə́:n]
㈜ concerned adj 우려하는, 걱정하는; 관련된

n 우려, 걱정 (about)
Residents of Ontario / have expressed concerns / about the road development project.
온타리오 주민들은 / 우려를 표명했다 / 도로 개발 프로젝트에 대해

> 🔍 빅데이터 토익 빈출 표현 • 빈도수
>
> express[address] concerns 우려를 표명하다[해결하다] •••••
> be concerned about ~에 대해 걱정하다 ••••
> be concerned with ~와 관련되다 •
> primary[main/major] concern 주요 관심사 •

03 obtain ***
[əbtéin]

v 얻다, 구하다, 획득하다 (from)
Permission must be obtained / before conducting construction work. 허가를 얻어야 한다 / 공사를 진행하기 전에

> ✚ 토익 출제 포인트 (Part 5&6)
>
> obtain permission (~~over~~ / from) the director
> 부장에게서 허락을 얻다
> → obtain은 '~에게서 ~을 얻다'를 의미할 때 전치사 from과 함께 사용된다.

04 formerly ***
미 [fɔ́:rmərli]
영 [fɔ́:məli]
㈜ former adj 예전의, 이전의
㊌ previously 이전에

adv 예전에, 이전에
Formerly a warehouse, / the five-story building / will be converted / into an apartment.
예전에 창고였던 / 그 5층 건물은 / 개조될 것이다 / 아파트로

> ✚ 토익 출제 포인트 (Part 5&6)
>
> The area was (formerly / ~~closely~~) a residential district.
> 그 지역은 예전에 주택가였다.
> → 뒤의 명사구(a residential district)를 수식할 수 있는 부사는 formerly이다. 명사구도 수식 가능한 formerly의 용법을 기억해 두자. (closely 밀접하게; 면밀하게)

05 permit ★★★

ⓥ 미 [pərmít] 영 [pəmít]
ⓝ 미 [pə́:rmit] 영 [pə́:mit]
ⓘ permission ⓝ 허락, 승인

ⓥ 허락하다, 허용하다 (A to V)
Only authorized visitors / **are permitted** / **to enter** the construction site.
허가를 받은 방문객들만 / 허락된다 / 건설 현장에 들어가도록

ⓝ 허가증
Your **application** / **for** a construction **permit** / has been approved. 당신의 신청이 / 건설 허가에 대한 / 승인되었습니다

> ⊕ 토익 출제 포인트 (Part 5&6)
>
> All employees are (**permitted** / ~~associated~~) to use the fitness center. 모든 직원들은 피트니스 센터를 이용하는 것이 허용된다.
> → 동사 permit는 주로 수동태 형태인 be permitted to V(~하도록 허용되다)로 출제된다. (associate 연상하다)

> ⓠ 빅데이터 토익 빈출 표현   ● 빈출도
>
> parking **permit**   주차 허가증 ● ●

---

06 maintenance ★★★

[méintənəns]
ⓘ maintain ⓥ 유지하다, 지키다

ⓝ 유지 (보수), 정비, 관리
The road / will be closed to traffic / while **maintenance** work / is carried out.
그 도로는 / 차량 통행이 통제될 것이다 / 유지 보수 공사가 / 진행되는 동안

---

07 modification ★★★

미 [mɑ̀dəfikéiʃən]
영 [mɔ̀dəfikéiʃən]
ⓘ modify ⓥ 수정하다

ⓝ 수정, 변경 (to)
We have **made** slight **modifications** / **to** the blueprints / to comply with the local regulations.
우리는 약간의 수정을 했다 / 청사진에 / 현지 규정을 준수하기 위해

---

08 relevant ★★★

[réləvənt]
ⓢ related 관련된

adj 관련된 (to)
Please make sure / that you obtain / all **relevant building permits** / before construction begins.
꼭 하세요 / 당신이 얻도록 / 모든 관련 건축 허가증을 / 공사가 시작되기 전에
▶ 공사가 시작되기 전에 꼭 모든 관련 건축 허가증을 받으십시오.

> 🔹 **토익 출제 포인트 (Part 5&6)**
>
> The topic is (**relevant** / ~~definite~~) to my field.
> 그 주제는 나의 분야와 관련되어 있다.
> → relevant는 전치사 to와 짝을 이루어 '~와 관련된'이라는 의미로 출제된다.
> (definite 명확한, 확실한)

09 project ★★★

- [prɑ́dʒekt]
- [prədʒékt]

n 프로젝트, 계획, 사업

The hotel **renovation** project / has been delayed / due to budgetary issues.
호텔 개조 프로젝트는 / 연기되었다 / 예산 문제로 인해

v 예상하다, 예측하다 (A to V); 계획하다

The construction of a stadium / is **projected** / **to create** more than 500 jobs.
경기장 건설은 / 예상된다 / 500개가 넘는 일자리를 창출할 것으로

🔍 **빅데이터 토익 빈출 표현**　　●빈출도

as **projected** 예측한 대로 ●●

10 structure ★★★

- [strʌ́ktʃər]
- structural adj 구조상의, 구조적인

n 건축물, 구조물; 구조

The new **parking** structure / will attract many shoppers / to the city center.
그 새로운 주차 건축물은 / 많은 쇼핑객들을 끌어들일 것이다 / 도심지로

🔍 **빅데이터 토익 빈출 표현**　　●빈출도

management structure 경영 구조 ●

11 extension ★★★

- [iksténʃən]
- extend v 연장하다, 확대하다
- extended adj 연장된, 장시간의, 오랜

n 연장 (of); 내선 번호

The building contractor / requested the **extension** / **of** the construction **deadline**.
그 건설 계약 업체는 / 연장을 요청했다 / 공사 기한의

The construction manager / can be reached / **at extension 0991**. 그 건설 소장은 / 연락될 수 있다 / 내선 번호 0991로

12 architect ★★
- 미 [áːrkitèkt]
- 영 [áːkitèkt]
- ⓓ architecture n 건축

n 건축가

The attractive design / of the Ming Hotel / is attributed to **architect** Hong Kim.
매력적인 디자인은 / Ming 호텔의 / 건축가 Hong Kim 덕분이다

> **토익 출제 포인트 (Part 5&6)**
> The (**architect** / ~~architecture~~) will redesign the building.
> 그 건축가는 건물을 재설계할 것이다.
> → architect(건축가)와 architecture(건축)의 의미 차이를 묻는 문제가 출제된다.

13 optimize ★★
- 미 [áptəmàiz]
- 영 [ɔ́ptəmàiz]
- ⓓ optimization n 최적화

v 최적화하다

To **optimize** office space, / the center wall / will be knocked down.
사무실 공간을 최적화하기 위해 / 중앙 벽이 / 허물어질 것이다

14 commence ★★
- [kəméns]

v 시작되다[하다]

The **construction work** / at Paso Business Center / is expected / to **commence** in March.
건설 작업은 / Paso 비즈니스 센터의 / 예상된다 / 3월에 시작될 것으로

15 unfortunately ★★
- 미 [ʌnfɔ́ːrtʃənətli]
- 영 [ʌnfɔ́ːtʃənətli]

adv 유감스럽게도, 불행히도

Unfortunately, / the project was **not** completed / on time / due to a delay / in the supply of materials.
유감스럽게도 / 프로젝트가 끝나지 않았다 / 제때 / 지연 때문에 / 재료 공급의

16 acclaimed ★★★
- [əkléimd]

adj 호평[칭찬]을 받는

The art museum / will be designed by Sam Stewart, / a **critically acclaimed** architect.
그 미술관은 / Sam Stewart에 의해 설계될 것이다 / 비평가들의 호평을 받는 건축가인
⊙ 그 미술관은 비평가들의 호평을 받는 건축가인 Sam Stewart에 의해 설계될 것이다.

17 barely **
미 [béərli]
영 [béəli]
⑧ scarcely 거의 ~않다

adv 거의 ~않다
The old building / has been **barely** used / and will soon be reconstructed.
그 오래된 건물은 / 거의 사용되지 않았다 / 그리고 곧 재건될 것이다

18 related **
[riléitid]
⑭ relate ⓥ 관련시키다

adj 관련된, 연관된 (to)
Blueprints and other **related** documents / are kept / in digital format.
청사진과 기타 관련 문서는 / 보관된다 / 디지털 형식으로

> 🎯 **토익 출제 포인트 (Part 5&6)**
> provide the information (onto / **related to**) the new product 신제품과 관련된 정보를 제공하다
> → related는 전치사 to와 결합하여 '~와 관련된'이라는 의미로 출제된다. (onto ~위로)

19 historically **
[histɔ́:rikəli]
⑭ historical **adj** 역사의; 역사에 관련된

adv 역사적으로
The citizens opposed / making any alterations / to the **historically** significant building.
시민들은 반대했다 / 개조하는 것에 / 그 역사적으로 중요한 건물을

20 evenly **
[í:vənli]

adv 고르게, 평평하게; 균등하게
Spread the adhesive / **evenly** across the wall / using the tools provided.
접착제를 도포하세요 / 벽 전체에 고르게 / 제공된 공구를 사용하여

> 🔍 **빅데이터 토익 빈출 표현** ● 빈출도
> **evenly** divided 균등하게 나뉜 **

21 enlarge **
미 [inláːrdʒ]
영 [inláːdʒ]

ⓥ 확장하다, 확대하다
An architect is coming / to discuss the plan / to **enlarge** the east wing.
한 건축가가 올 것이다 / 계획을 논의하기 위해 / 동쪽 부속 건물을 확장하려는

22 district ⁎⁎
[dístrikt]
㊌ area 지역, 구역

n 지역, 구역, 지구

Five new hotels / will be constructed / in the center of the **shopping** district.
5개의 새 호텔이 / 건설될 것이다 / 상점 지역 중심부에

> 🎯 **토익 출제 포인트 (Part 7)**
>
> Q. What is mentioned about the conference center?
> 그 회의장에 관해 언급된 것은 무엇인가?
> 지문: The conference center is located near the city's **business area**. 그 회의장은 시의 상업 지역 근처에 위치해 있다.
> 정답: It is close to the **commercial district**. 상업 지구와 가깝다.
> → 지문의 business area(상업 지역)를 같은 의미의 commercial district(상업 지구)로 패러프레이징한 보기가 정답으로 출제된다.

23 supervision ⁎⁎
미 [sùːpərvíʒən]
영 [sjùːpəvíʒən]
㊙ supervisor **n** 관리자, 감독관

n 관리, 감독

The renovation is being done / under the **supervision** of Mr. Romano.
그 개조 작업은 진행되는 중이다 / Romano 씨의 관리하에

24 area ⁎⁎
미 [ɛ́əriə]
영 [ɛ́əriə]

n 지역, 구역; 분야 (of)

A new park was built / in each of the main **residential areas**. 새 공원이 지어졌다 / 각각의 주요 주거 지역에

Our **key areas of research** / are summarized / on our Web site.
우리의 주요 연구 분야는 / 요약되어 있다 / 우리 웹사이트에

25 overdue ⁎⁎
미 [òuvərdúː]
영 [ə̀uvədjúː]

adj 벌써 행해졌어야 할; 연체된, 기한이 지난

Long **overdue**, / the resurfacing of Highway 7 / is scheduled to begin soon.
한참 전에 행해졌어야 할 / 7번 고속 도로의 재포장 작업이 / 곧 시작될 예정이다

A fee of $1.00 / will be charged / for **overdue items**. 1달러의 요금이 / 부과될 것이다 / 연체 품목에 대해서

26 utility **
[juːtíləti]
㊌ utilize v 활용하다
⑧ usefulness 유용

n (가스·전기·수도 등의) 공공 서비스; 유용
Routine maintenance of **utilities** / will be performed tomorrow morning.
공공 서비스의 정기 점검은 / 내일 아침에 실시될 것이다

> 🎯 **토익 출제 포인트 (Part 7)**
>
> Q. What is indicated in the notice? 공지에 언급된 것은 무엇인가?
> 지문: Tenants will share bills for **electricity, gas, and water**. 세입자들은 전기세, 가스비, 수도세를 나누어 낼 것이다.
> 정답: **Utility** costs will be divided among the residents.
> 공과금은 입주자들 간에 분담이 될 것이다.
> → electricity, gas, water와 같은 공공 서비스를 utility로 패러프레이징할 수 있다는 것을 기억해 두자.

27 municipal *
[mjuːnísəpəl]

adj 시[읍]의, 자치 도시의
The city spent over $10 million / on restoring the exterior / of the **municipal** arts center.
그 시는 천만 달러 이상을 썼다 / 외관을 복구하는 데 / 시립 미술관의

28 convert *
미 [kənvə́ːrt]
영 [kənvə́ːt]

v 개조하다, 변환하다 (A into B)
The old train station / will be **converted** / **into** a banquet hall. 그 오래된 기차역은 / 개조될 것이다 / 연회장으로

29 ongoing *
미 [ángouiŋ]
영 [ɔ́ngəuiŋ]

adj 진행 중인, 지속적인
Due to **ongoing** maintenance, / the 4th floor restrooms / are closed.
진행 중인 유지 보수로 인해 / 4층 화장실이 / 폐쇄된 상태이다

> 🔍 **빅데이터 토익 빈출 표현**   ● 빈출도
>
> **ongoing** problem 지속적인 문제 ●●●
> **ongoing** effort 지속적인 노력 ●●

건설/공사 | 381

30 pardon *
미 [páːrdn]
영 [páːdn]

v 용서하다, 이해하다
Please pardon the mess / as we undergo electrical repairs.
어지럽혀진 것을 용서해 주세요 / 저희가 전기 수리를 진행하는 동안

31 setback *
[sétbæk]

n 차질, 좌절
Several **setbacks** / have **delayed** / the unveiling of the Ancient Art Wing.
여러 차질이 / 지연시켰다 / 고대 미술관의 공개를

🔍 **빅데이터 토익 빈출 표현** ● 빈도도
suffer a financial **setback** 재정적인 차질을 겪다 ●

32 strenuous *
[strénjuəs]

adj 몹시 힘든, 격렬한
The **strenuous job** / of laying roof tiles / will take at least three days.
몹시 힘든 일은 / 기와를 까는 / 적어도 3일은 걸릴 것이다
▶ 몹시 힘든 기와를 까는 일은 적어도 3일이 걸릴 것이다.

33 totally *
미 [tóutəli]
영 [táutəli]

adv 완전히, 전적으로
The atrium was **totally changed** / by the addition of a fountain. 그 아트리움은 완전히 바뀌었다 / 분수를 추가하여

🔍 **빅데이터 토익 빈출 표현** ● 빈도도
totally redesigned 완전히 재설계된 ●●
totally different 완전히 다른 ●

34 lumber *
[lʌ́mbər]

n (건축용) 목재
Rather than using expensive **lumber**, / the cabin was built / from reclaimed wood.
비싼 목재를 사용하는 대신 / 그 오두막은 지어졌다 / 재활용된 목재로

35 polish *
미 [pάliʃ]
영 [pɔ́liʃ]

v 윤이 나게 닦다, 광을 내다
The wood **floors** / were **polished** and waxed / after installation. 목재 바닥은 / 윤이 나게 닦였고 왁스가 칠해졌다 / 설치 후에

36 densely *
[dénsli]

adv 밀집하여, 빽빽이
Subways are usually built / in **densely** populated urban **areas**. 지하철은 대개 지어진다 / 인구가 밀집된 도시 지역에

> **토익 출제 포인트 (Part 7)**
> Q. What is suggested about the Prescott.
>   프레스콧에 관해 암시된 것은 무엇인가?
> 지문: Prescott is a **densely** developed residential area.
>   프레스콧은 빽빽이 개발된 주거 지역이다.
> 정답: Houses are built **close together**.
>   집들이 서로 가깝게 지어졌다.
> → 지문의 densely를 같은 의미의 close together(서로 가깝게)로 패러프레이 징한 보기가 정답으로 출제된다.

37 afterward *
미 [ǽftərwərd]
영 [άːftəwəd]

adv 나중에, 그 후에
The sidewalks / along Washington Street / will be repaired **afterward**.
인도는 / Washington가에 따라 있는 / 나중에 보수될 것이다

38 overhead *
미 [óuvərhed]
영 [ə́uvəhed]

adj 머리 위의; 간접비의
Lincoln Museum / installed **overhead** lights / to better display the artwork.
Lincoln 박물관은 / 천장등을 설치했다 / 예술 작품을 더 잘 전시하기 위해

> **빅데이터 토익 빈출 표현**   ● 빈출도
> **overhead** costs[expenses] 간접 비용 ●●
> **overhead** bin (여객기 객석 위의) 짐칸 ●

건설/공사 | 383

39 trail *
[treil]
동 path 오솔길, 작은 길

n 오솔길, 산길
The **trails** on Beaverhead Mountain / are currently closed / for construction.
Beaverhead 산의 오솔길은 / 현재 폐쇄되었다 / 공사 때문에

● 빈출도

🔍 빅데이터 토익 빈출 표현

hiking **trails** 하이킹 코스, 등산길 **

40 site *
[sait]
동 place 장소

n (건축) 부지, 터; 현장, 장소
A **site for** the luxury apartments / has yet to be **chosen**. 고급 아파트 부지는 / 아직 선정되지 않았다

⊕ 토익 출제 포인트 (Part 5&6)

A factory will be constructed on the former (**site** / ~~placement~~) of the Sunrise Hotel.
Sunrise 호텔의 이전 부지에 공장이 지어질 것이다.
→ 의미상 '이전 부지에 지어질 것이다'가 적합하므로 site(부지)가 정답이다.
placement(배치, 놓기)와 place(장소)를 혼동하지 않도록 유의하자.

🔍 빅데이터 토익 빈출 표현   ● 빈출도

choose[select] a **site** for ~용 부지를 선정하다 **
construction **site** 건설 현장 **

Day 23 **Daily Test**

A 각 영어 단어의 알맞은 의미를 찾아 연결하세요.

01 historically · · ⓐ 밀집하여, 빽빽이
02 densely · · ⓑ 호평[칭찬]을 받는
03 acclaimed · · ⓒ 역사적으로
04 strenuous · · ⓓ 몹시 힘든, 격렬한

B 우리말과 일치하도록 다음 빈칸에 알맞은 단어를 찾아 넣으세요.

| ⓐ modifications ⓑ ongoing ⓒ permit ⓓ relevant ⓔ setback |

05 _____ to my field   나의 분야와 관련된
06 _____ problem   지속적인 문제
07 make slight _____   약간의 수정을 하다
08 parking _____   주차 허가증

C 다음 빈칸에 문맥상 적절한 단어를 찾아 넣으세요.

해석 p. 509

| ⓐ obtain   ⓑ extension   ⓒ concerns |
| ⓓ convert   ⓔ enlarge |

09 Ms. Choi has asked for the _____ of the deadline.
10 You must _____ approval from the company to publish this report.
11 Alpha Technologies plans to _____ its business across Asia.
12 Many residents have voiced _____ about noise from the project.

정답 01 ⓒ 02 ⓐ 03 ⓑ 04 ⓓ 05 ⓓ 06 ⓑ 07 ⓐ 08 ⓒ 09 ⓑ 10 ⓐ 11 ⓔ 12 ⓒ

토익 LC/RC 짝꿍 표현

건설/공사

☐	**refurbish**	v 재단장하다, 새로 꾸미다	**refurbish** the guest rooms 객실을 재단장하다 a bid to **refurbish** its Vietnam factory 베트남 공장을 재단장하기 위한 노력
☐	**landmark**	n 명소, 인기 장소	a historical **landmark** 역사적 명소 a beloved local **landmark** 사람들의 사랑을 받는 지역 명소
☐	**demolish**	v 철거하다, 허물다	**demolish** the abandoned plant 버려진 공장을 철거하다 **demolish** the old church 오래된 교회를 허물다
☐	**contractor**	n 계약 업체, 계약 업자	a building **contractor** 건축 계약 업체 an independent **contractor** 독립적인 계약 업자
☐	**leak**	v (물·가스 등이) 새다	The roof was **leaking**. 지붕에 물이 새고 있었다. prevent **leaking** 누출을 예방하다
☐	**lobby**	n 로비	a theater **lobby** 극장 로비 in the **lobby** 로비에서
☐	**faucet**	n 수도꼭지	shut off the **faucet** 수도꼭지를 잠그다 design **faucets** for office buildings 사무용 건물에 필요한 수도꼭지를 설계하다
☐	**veranda**	n 베란다	stand on the **veranda** 베란다에 서 있다 a room with a **veranda** 베란다 딸린 방
☐	**premises**	n 부지, 구내	a cafeteria on the **premises** 부지 내에 있는 구내 식당 at its Tokyo **premises** 도쿄 부지에서
☐	**insulation**	n 절연(재), 단열(재)	a new type of **insulation** material 새로운 종류의 절연재 provide efficient **insulation** 효율적인 단열을 제공하다
☐	**rebuild**	v 재건하다, 다시 세우다	The road has to be completely **rebuilt**. 그 도로는 완전히 재건되어야 한다. **rebuild** the community center 지역 문화 센터를 다시 세우다
☐	**skyscraper**	n 고층 건물	on the third floor of the **skyscraper** 그 고층 건물의 3층 several **skyscrapers** of downtown 시내의 여러 고층 건물

☐ hedge	n 울타리	within 2 meters of the **hedge** 울타리 2미터 이내에 fall asleep under a **hedge** 울타리 밑에서 잠이 들다	
☐ demolition	n (건물) 철거, 해체	the **demolition** of a parking garage 주차장의 철거 this week's controlled **demolition** 이번 주의 통제된 철거 작업	
☐ porch	n 현관	paint the **porch** 현관에 페인트를 칠하다 have an entry **porch** 현관 입구가 있다	
☐ stack	v 쌓다, 포개다 n (쌓은) 더미	**stack** equipment 장비를 쌓다 a **stack** of boxes 상자 더미	
☐ rooftop	n 지붕	fit on all **rooftops** 모든 지붕에 알맞다 a 5-meter-high **rooftop** 5미터 높이의 지붕	
☐ forge	v 구축하다; 위조하다	efforts to **forge** personal relationships 개인적 관계를 구축하기 위한 노력 carry a **forged** passport 위조 여권을 소지하다	
☐ concrete	n 콘크리트 adj 구체적인	good quality **concrete** 좋은 품질의 콘크리트 a **concrete** result 구체적인 결과	
☐ pavilion	n 가건물; 부속 건물	an outdoor **pavilion** 옥외 가건물 build the **pavilion** 부속 건물을 짓다	
☐ ladder	n 사다리; 단계	climb up the **ladder** 사다리를 오르다 the **ladder** of success 성공의 단계	
☐ alteration	n 개조, 변경, 고침	some **alterations** made to the house 집에 이루어진 일부 개조 major **alterations** 대대적인 변경	
☐ atrium	n 아트리움; 안마당	a reception in the **atrium** 아트리움에서 열리는 축하 행사 the **atrium** of the office building 그 사무용 건물의 안마당	
☐ metropolis	n 대도시, 주요 도시	become a bustling **metropolis** 부산스러운 대도시가 되다 a **metropolis** of commerce 상업 중심 도시	
☐ wrap	n 포장(지) v 포장하다	shipped in a plastic **wrap** 비닐 포장지에 싸여 배송된 **wrap** the blades carefully 칼날을 조심스럽게 포장하다	
☐ fold	v 접히다; 접다	The chairs **fold** flat. 그 의자는 납작하게 접힌다. **fold** the paper in half 종이를 반으로 접다	

☐ height	n 높이; 최고조, 절정	over 30 meters in **height** 높이가 30미터가 넘는 at the **height** of the busy season 최고조에 이른 바쁜 시기에	
☐ lay out	phr ~을 펼치다; ~을 배치하다	**lay out** the map 지도를 펼치다 **laid out** with lawn 잔디가 깔려 있는	
☐ embellish	v 꾸미다, 장식하다	**embellish** the room with flowerpots 화분으로 방을 꾸미다 **embellished** with expensive furniture 비싼 가구로 장식된	
☐ ornamental	adj 장식용의	an **ornamental** pond 장식용 연못 add **ornamental** frames 장식용 액자를 추가하다	
☐ smoke detector	phr 연기 감지기, 화재 경보기	put on a **smoke detector** 연기 감지기를 설치하다 defective **smoke detectors** 결함이 있는 화재 경보기	
☐ blueprint	n 설계도, 청사진	**blueprints** for the new wing 새 부속 건물에 대한 설계도 review the **blueprint** 설계도를 검토하다	
☐ vaulted	adj 아치형의	a **vaulted** ceiling 아치형 천장 an impressive **vaulted** interior 인상적인 아치형 실내	
☐ outrageous	adj 아주 터무니없는, 어이없는	**outrageous** prices 아주 터무니없는 가격 **outrageous** new movies 어이없는 새 영화	
☐ out of town	phr 다른 지역에 가 있는	be **out of town** for a week 일주일 동안 다른 지역에 가 있다 He's **out of town** on business. 그는 출장 중이다.	
☐ pillar	n 기둥	Two stone **pillars** support the roof. 두 석조 기둥이 지붕을 떠받치고 있다. three-story white **pillars** 3층 높이의 흰 기둥	
☐ rural	adj 시골의	in **rural** communities 시골 지역 사회에서 an article about **rural** life 시골 생활에 관한 기사	
☐ landscape	n 풍경, 조경	complement the natural **landscape** 자연 풍경을 보완하다 enhance the **landscape** 풍경을 개선하다	
☐ obstacle	n 장애(물)	an **obstacle** in the road 도로의 장애물 overcome **obstacles** 장애를 극복하다	
☐ excavation	n 발굴, 굴착	begin exploratory **excavations** 탐사를 위한 발굴 작업을 시작하다 wear a helmet at the **excavation** site 발굴 현장에서 헬멧을 착용하다	

☐ lighten	ⓥ 가볍게 하다; 밝게 하다	**lighten** the atmosphere 분위기를 가볍게 하다 **lighten** the colors 색을 밝게 하다
☐ space	ⓝ 공간	reserve a parking **space** 주차 공간을 예약하다 maximize the display **space** 전시 공간을 최대화하다
☐ shovel	ⓝ 삽 ⓥ 삽으로 파다	supply **shovels** and other tools 삽과 다른 도구를 공급하다 **shovel** gravel 자갈을 삽으로 파다
☐ foundation	ⓝ 토대, 기반, 근거	cracks in the **foundation** of the apartment 아파트 토대에 생긴 균열 a solid **foundation** 튼튼한 기반
☐ installation	ⓝ 설치	the **installations** of the wind turbines 풍력 발전 터빈의 설치 completion of the **installation** 설치 작업의 완료
☐ remodel	ⓥ 개조하다, 보수하다	funding to **remodel** a house 집을 개조하기 위한 자금 **remodel** the basement 지하실을 보수하다
☐ lengthen	ⓥ 길게 하다; 길어지다	**lengthen** the runways 활주로를 길게 만들다 steadily **lengthen** 점차 길어지다
☐ log	ⓝ 통나무 ⓥ 기록하다, 기입하다	**log** for the fire 땔감용 통나무 **log** on to one's online account 온라인 계정에 접속하다
☐ tear down	phr ~을 허물다	**tear down** the wall 벽을 허물다 **tear down** the old malls 오래된 쇼핑몰을 허물다
☐ dismantle	ⓥ 분해하다; 폐지하다	**dismantle** the device 기기를 분해하다 **dismantle** the tax system 조세 제도를 폐지하다
☐ gutter	ⓝ 홈통; 배수로	the flowing **gutter** 유수용 홈통 The **gutters** were blocked. 배수로가 막혀 있었다.
☐ oak	ⓝ 오크 나무	an **oak** floor 오크 나무로 된 바닥 The door is made of **oak**. 그 문은 오크 나무로 만들어졌다.
☐ influx	ⓝ 유입, 밀려듦	a growing **influx** of workers 증가하는 직원들의 유입 the sudden **influx** of tourists 갑작스러운 관광객들의 유입
☐ flat	adj 평평한; (타이어·풍선 등이) 바람이 빠진	a smooth and **flat** surface 부드럽고 평평한 표면 change a **flat** tire 바람이 빠진 타이어를 교체하다

건설/공사

DAY 24 건물

오늘의 단어 듣기

토익에서는 주거용과 상업용과 같은 건물의 용도, 건물의 위치와 주변 환경, 건물의 개조와 임대 관련 내용이 출제됩니다.

📖 동상이몽

01 accommodate ★★★

미 [əkɑ́mədèit]
영 [əkɔ́mədèit]

- ⓟ accommodation ⓝ 숙박 시설, 숙소
- ⓢ seat 수용하다

ⓥ 수용하다, 공간을 제공하다

The new concert hall / will accommodate / up to 500 guests. 새 콘서트홀은 / 수용할 것이다 / 최대 500명의 관객을

> ◎ 토익 출제 포인트 (Part 7)
>
> Q. What is stated about the stadium?
> 경기장에 관해 언급된 것은 무엇인가?
> 지문: The stadium will **seat** approximately 50,000 spectators. 경기장은 대략 5만 명의 관중을 수용할 것이다.
> 정답: It will **accommodate** about 50,000 people.
> 약 5만 명의 사람들을 수용할 것이다.
> → 지문의 seat(수용하다)를 같은 의미의 accommodate로 패러프레이징한 보기가 정답으로 출제된다.

> ◎ 빅데이터 토익 빈출 표현 ●빈출도
>
> **accommodate** increasing demand
> 늘어나는 수요를 수용하다 ●●
> arrange travel and **accommodations**
> 여행과 숙박 시설을 준비하다 ●

02 conveniently ★★★

[kənvíːnjəntli]

- ⓟ convenient adj 편리한, 편한
  convenience ⓝ 편리함, 편의

adv 편리하게

The apartment complex / is conveniently located / near the downtown train station.
그 아파트 단지는 / 편리하게 위치해 있다 / 시내 기차역 근처에

> ◎ 빅데이터 토익 빈출 표현 ●빈출도
>
> at your earliest **convenience** 가급적 빨리 ●●●●

03 estate ★★★

[istéit]

- ⓢ property 부동산; 재산

ⓝ 부동산; 재산; 토지, 땅

The **real estate** agency / will help you / find a home / at your preferred location.
그 부동산 중개업소는 / 당신을 도와줄 것입니다 / 집을 구하도록 / 당신이 원하는 장소에

> ◎ 빅데이터 토익 빈출 표현 ●빈출도
>
> real **estate** 부동산 ●●●●

건물 | 391

04 finally ***
[fáinəli]
(형) final (adj) 마지막의, 최종의

adv 마침내, 드디어; 최종적으로

The Maritime Museum / has **finally** opened / **after** more than five years of construction.
그 해양 박물관은 / 마침내 문을 열었다 / 5년이 넘는 공사 끝에

🎯 토익 출제 포인트 (Part 5&6)

(Except / **Following**) months of negotiation, the two companies finally reached an agreement.
수개월의 협상 후에, 두 회사는 마침내 합의에 이르렀다.
→ 의미상 부사 finally와 어울려 '(오랜 기간) 후에 마침내'라는 의미를 만드는 Following(~후에)이 적합하다. finally는 following이나 after와 같은 표현과 자주 출제된다는 점을 기억해 두자. (except ~을 제외하고)

05 feature ***
[fíːtʃər]

n 특징, 특성; 특집 기사

The condominium / has many **attractive features**, / such as a fully equipped kitchen.
그 콘도는 / 많은 매력적인 특징을 가지고 있다 / 시설이 완비된 주방과 같은

v (~을 특징으로) 갖추다, ~을 선보이다

This home is located / near a community park / that **features** / a playground and bike trails.
이 집은 위치하고 있다 / 근린공원 근처에 / 갖추고 있는 / 운동장과 자전거 도로를
▶ 이 집은 운동장과 자전거 도로를 갖추고 있는 근린공원 근처에 위치하고 있다.

06 adjacent ***
[ədʒéisənt]
(형) adjacency (n) 인접성
(동) close 가까운

adj 가까운, 인접한 (to)

The conference center / is situated / **adjacent to** the airport.   그 콘퍼런스 센터는 / 위치해 있다 / 공항 가까이에

🎯 토익 출제 포인트 (Part 7)

Q. What feature is mentioned about the apartments?
아파트에 관해서 어떤 특징이 언급되었는가?
지문: The apartments are **close to** the shopping district.
그 아파트는 상점가에서 가깝다.
정답: A location **adjacent to** retail stores
소매점에서 가까운 위치
→ 지문의 close to(~에 가까운)를 같은 의미의 adjacent to로 패러프레이징한 보기가 정답으로 출제된다.

07 property ***
미 [prápərti]
영 [prɔ́pəti]

n 건물; 부동산; 재산
The **property** is surrounded / by a beautiful garden / with a swimming pool.
그 건물은 둘러싸여 있다 / 아름다운 정원에 / 수영장이 있는

08 later ***
[léitər]
⑧ afterward 나중에

adv 나중에, 후에
After undergoing renovation, / the theater will be reopened / **later** this week.
보수 공사를 거친 후에 / 그 극장은 재개관될 것이다 / 이번 주 후반에

adj 나중의, 뒤의
The grand opening of the store / has been postponed / to a **later** date.
그 상점의 개업은 / 연기되었다 / 후일로

> 🔍 **빅데이터 토익 빈출 표현** ● 빈출도
> **later** this week[month] 이번 주[달] 후반에 •
> no **later** than 늦어도 ~까지 •••
> at a **later** time 나중에 ••

09 opportunity ***
미 [àpərtú:nəti]
영 [ɔ̀pətjú:nəti]

n 기회 (to V)
Starting tomorrow, / prospective buyers / will have the **opportunity** / **to tour** the properties.
내일부터 / 잠재 구매자들은 / 기회를 얻게 될 것이다 / 건물을 둘러볼

10 ideally ***
미 [aidí:əli]
영 [aidíəli]
⑪ ideal **adj** 이상적인, 완벽한

adv 이상적으로, 완벽하게
Ideally, / your apartment should be close / to your workplace.
이상적으로 / 당신의 아파트는 가까워야 합니다 / 당신의 직장에

> 🔍 **빅데이터 토익 빈출 표현** ● 빈출도
> **ideally** located[situated] 최적의 입지에 위치한 •••

11 proximity ★★★
미 [prɑksíməti]
영 [prɔksíməti]

n 가까움, 근접성 (to)
The Lunney Hotel and Spa / is very popular / because of its **proximity** to a beach.
Lunney Hotel and Spa는 / 매우 인기가 많다 / 해변과 가깝기 때문에

> **토익 출제 포인트 (Part 5&6)**
> the (~~locality~~ / **proximity**) of the hotel to the conference site 호텔과 회의 장소와의 근접성
> → proximity는 주로 proximity (of A) to B((A와) B와의 근접성) 형태로 출제된다. (locality 지역, 인근)

12 typically ★★★
[típikəli]

adv 보통, 일반적으로
The Georges House / **typically attracts** / more than 50,000 visitors / annually.
Georges House는 / 보통 끌어들인다 / 50,000명이 넘는 방문객들을 / 매년

13 ample ★★
[ǽmpl]

adj 넓은; 충분한
Most establishments / along Morato Street / have **ample parking spaces**.
대부분의 업소는 / Morato가에 따라 있는 / 넓은 주차 공간을 가지고 있다

> **빅데이터 토익 빈출 표현** ● 빈출도
> **ample** opportunity 충분한 기회 ★★★

14 complex ★★
n [kɑ́:mpleks]
adj [kəmpléks]

n 단지, 복합 건물
The new **sports complex** / will have three grass fields / and eight tennis courts.
새로운 스포츠 단지는 / 세 개의 잔디 경기장을 갖출 것이다 / 그리고 여덟 개의 테니스 코트를

adj 복잡한
There have been continuous complaints / about the building's **complex** structure.
불만이 계속 있어 왔다 / 그 건물의 복잡한 구조에 대한

15 connect **
[kənékt]
ⓟ connection ⓝ 연결; 유대, 친밀

Ⅴ 연결하다, 잇다 (A with/to B)

The bridge / that **connects** the two buildings / offers a great view of the city.
그 다리는 / 두 건물을 연결하는 / 도시의 멋진 경치를 보여 준다.

🔍 빅데이터 토익 빈출 표현 ● 빈출도

connect A with[to] B A를 B와 연결하다 **

16 entrance **
[éntrəns]
ⓟ enter Ⅴ 들어가다

ⓝ 입구; 입장 (to)

Please **enter through** the west **entrance** / of the building / after 9 P.M.
서쪽 입구를 통해 입장하세요 / 건물의 / 저녁 9시 이후에는

Entrance to the exhibition / is free, / but donations are welcome. 전시회 입장은 / 무료이다 / 하지만 기부금은 환영한다

🔍 빅데이터 토익 빈출 표현 ● 빈출도

entrance fees 입장료 **

17 residence **
[rézidəns]
ⓟ resident ⓝ 거주자
residential adj 주택의, 주거용의

ⓝ 주택, 거주(지)

Each of our **residences** / features a spacious kitchen / and plenty of storage space.
우리의 각 주택은 / 넓은 주방을 특징으로 한다 / 그리고 충분한 저장 공간을

18 tenant **
[ténənt]

ⓝ 세입자, 임차인

Tenants should consult / the resident's handbook / for important phone numbers.
세입자들은 참조해야 한다 / 거주자 안내서를 / 중요 전화번호를 찾으려면

19 merely **
미 [míərli]
영 [míəli]

adv 단지, 그저

The expense / associated with moving to the new headquarters / is **merely** an estimate.
비용은 / 새 본사로 이전하는 것과 관련된 / 단지 견적에 불과하다

건물 | 395

20 renovate ★★
[rénəvèit]
(파) renovation n 수선, 수리

v 개조하다, 보수하다

While the parking lot / is being renovated, / please use the parking location / on Fifth Street.
그 주차장이 / 개조되는 동안 / 주차장을 이용하세요 / 5번가에 있는

21 rental ★★
[réntl]
(파) rent v 임대하다
       n 임대료, 세

n 임대(료), 대여(료)

The equipment rental fee of $50 / must be paid / each month. 50달러의 장비 임대료는 / 지불되어야 한다 / 매달

> ✦ 토익 출제 포인트 (Part 5&6)
>
> sign a (**rental** / ~~rent~~) contract 임대 계약을 맺다
> → 명사 rental(임대료)과 rent(임대료)의 의미 차이를 묻는 문제가 출제된다. rental은 '임대료'라는 의미 외에 '임대'라는 의미도 있음을 기억해 두자.

22 appearance ★★
[əpíərəns]
(파) appear v 출연하다, 등장하다

n 외관, 외모; 출연, 등장

Each room was painted / to **improve** the overall appearance / for buyers.
각 방은 페인트칠 되었다 / 전반적인 외관을 개선하려고 / 구매자들을 위해

The lead singer of Gingersnap / made an appearance / at the festival.
Gingersnap의 리드 보컬이 / 출연했다 / 그 축제에

23 residential ★★
[rèzidénʃəl]

adj 주거용의, 주택의

Title Realty / just sold twelve residential properties / along Michigan Lane.
Title 부동산은 / 막 주거용 건물 12채를 팔았다 / Michigan가에 따라 있는

> ✦ 토익 출제 포인트 (Part 6)
>
> In the past, we only dealt with (~~official~~ / **residential**) property sale. Now we also handle commercial real estate transactions.
> 과거에 저희는 주거용 부동산 매매만 취급했습니다. 이제 저희는 상업용 부동산 거래도 취급합니다.
> → 뒷 문장에서 이제는 '상업용 부동산'도 취급한다고 했으므로 예전에는 '주거용 부동산'만 취급했음을 유추할 수 있다. residential(주거용의)과 commercial(상업용의)을 대비되는 개념으로 기억해 두자. (official 공식적인)

24 possession **

[pəzéʃən]
ⓥ possess ⓥ 소유하다

ⓝ <possessions> 소지품; 소유
The Westview Community Center / is not liable / for **loss or damage** / **to your possessions**.
Westview 지역 문화 회관은 / 책임지지 않습니다 / 분실이나 손상에 대해 / 당신 소지품의
▶ Westview 지역 문화 회관은 당신의 소지품 분실이나 손상에 대해 책임지지 않습니다.

25 relocate **

미 [rìːlóukeit]
영 [rìːləukéit]
ⓝ relocation ⓝ 이전

ⓥ 이전하다 (to)
We have decided / to expand our current place / instead of **relocating** to a new facility.
우리는 결정했다 / 우리의 현재 장소를 확장하기로 / 새로운 시설로 이전하는 대신에

26 surrounding **

[səráundiŋ]
ⓥ surround ⓥ 둘러싸다, 에워싸다

adj 주변의, 인근의
The building manager / is responsible / for maintaining the **surrounding** gardens.
그 건물 관리인은 / 책임이 있다 / 주변 정원 관리에 대해

> 🎯 **토익 출제 포인트 (Part 5&6)**
>
> attract visitors from (**surrounding** / ~~surrounded~~) cities
> 인근 도시에서 방문객들을 끌어들이다
> → surrounding(인근의)과 surrounded(둘러싸인)의 의미 차이를 묻는 문제가 출제된다.

27 appraisal *

[əpréizəl]

ⓝ 평가, (가치 등의) 감정
Before listing the house, / an official **appraisal** / should be **conducted**.
집을 내놓기 전에 / 공식적인 평가가 / 이루어져야 한다

28 boast *

미 [boust]
영 [bəust]

ⓥ 자랑하다, 뽐내다
The complex **boasts** / a private gym and swimming pool / for residents.
그 단지는 자랑한다 / 전용 체육관과 수영장을 / 거주민들을 위한

건물 | 397

29 urban *
미 [ə́:rbən]
영 [ə́:bən]

adj 도시의
River Condos / offers several amenities / to make **urban** living / more comfortable.
River Condos는 / 여러 편의 시설을 제공한다 / 도시 생활을 만들어 줄 수 있는 / 더욱 편안하게

30 artwork *
미 [ɑ́:rtwərk]
영 [ɑ́:twə:k]

n 예술품, 미술품
The lobby of Hillwood Apartments / is **decorated** with impressive **artwork**.
Hillwood 아파트의 로비는 / 장식되어 있다 / 인상적인 예술품으로

31 desirable *
[dizáiərəbl]
ⓥ desire ⓥ 바라다, 원하다
ⓝ 욕구, 열망

adj 갖고 싶은, 바람직한, 호감 가는
At the moment, / the most **desirable** properties / are located / around Adams Park.
현재 / 가장 매입하고 싶은 건물은 / 위치하고 있다 / Adams 공원 주변에

32 dimension *
[diménʃən]

n (가로·세로·높이) 치수, 크기; 차원
Room dimensions / for each apartment / are listed / on our Web site.
방 치수는 / 각 아파트의 / 열거되어 있다 / 우리 웹사이트에

◆ 토익 출제 포인트 (Part 5&6)

find out the exact (calculation / **dimension**) of the room
방의 정확한 치수를 알아내다
→ 의미상 가로세로 길이와 같은 방의 '치수, 크기'가 적합하므로 dimension이 정답이다. (calculation 계산)

33 garage *
미 [gərá:dʒ]
영 [gǽridʒ]

n 차고, 주차장
The buyers / are looking for a house / with a two-car **garage**.
그 구매자들은 / 집을 찾고 있다 / 차 두 대가 들어갈 차고가 있는

34 landscaping *
[lǽndskèipiŋ]

n 조경
Ms. Kirkwood has contacted Greentree / to request **landscaping** services.
Kirkwood 씨는 Greentree에 연락했다 / 조경 서비스를 요청하기 위해

35 lease *
[liːs]

n 임대차 계약
A **lease** will not be offered / until tenants prove financial stability.
임대차 계약은 제공되지 않을 것이다 / 세입자들이 재정적인 안정성을 증명할 때까지

v 임대하다, 임차하다
Garrett Edison / would like to **lease** the space / for two years. Garrett Edison은 / 그 공간을 임대하길 원한다 / 2년 동안

36 commercial *
미 [kəmə́ːrʃəl]
영 [kəmə́ːʃəl]

adj 상업의, 상업적인
Ms. Lancaster / is looking to rent a **commercial** space / downtown.
Lancaster 씨는 / 상업 공간을 임대하려고 한다 / 시내에

n (라디오·TV) 광고
The latest **commercials** / were broadcast / on Channel 5 / yesterday.
가장 최근의 광고는 / 방송되었다 / 5번 채널에서 / 어제

> 🔍 빅데이터 토익 빈출 표현 ● 빈출도
> **commercial** potential 상업적 잠재력 ●●

37 solar *
미 [sóulər]
영 [sóulə]

adj 태양의; 태양열을 이용한
The eco-friendly units / are powered / by **solar** panels / on the roof.
친환경 세대는 / 전력을 공급받는다 / 태양 전지판에 의해 / 지붕에 있는

38 spacious *
[spéiʃəs]

adj 널찍한, 넓은

A **spacious** two-room **apartment** / just became available / at Beachwood Estates.
널찍한 방 두 개짜리 아파트가 / 막 매물로 나왔다 / Beachwood Estates에

> **토익 출제 포인트 (Part 5&6)**
>
> a (**spacious** / ~~considerable~~) bedroom 널찍한 침실
> → bedroom(침실)을 수식하기에 의미상 적절한 형용사는 spacious이다.
> considerable(상당한)은 '중요성'이나 '양'적인 면을 언급할 때 주로 사용한다.

39 central *
[séntrəl]
ⓐ centrally adv 중심에, 중앙에; 중심적으로

adj 중심부의, 중앙의; 중심적인, 핵심적인

Mirage Tower's most convenient feature / is its **central** location / downtown.
Mirage 타워의 가장 편리한 특징은 / 중심가에 위치하고 있다는 것이다 / 시내에서

> **빅데이터 토익 빈출 표현** ●빈출도
>
> a **central** figure 핵심 인물 ●

40 wing *
[wiŋ]

n 부속 건물; 날개

Rather than renovating, / the owners of the building / have chosen / to **construct a new wing**.
개조하기보다 / 그 건물주들은 / 선택했다 / 새 부속 건물을 건설하기로

Day 24 **Daily Test**

A 각 영어 단어의 알맞은 의미를 찾아 연결하세요.

01 complex • • ⓐ 단지, 복합 건물; 복잡한
02 appearance • • ⓑ 입구; 입장
03 possession • • ⓒ 소지품; 소유
04 entrance • • ⓓ 외관, 외모; 출연, 등장

B 우리말과 일치하도록 다음 빈칸에 알맞은 단어를 찾아 넣으세요.

ⓐ boast ⓑ ample ⓒ adjacent ⓓ commercial ⓔ relocate

05 _____ potential 상업적 잠재력
06 _____ parking spaces 넓은 주차 공간
07 _____ to a new facility 새로운 시설로 이전하다
08 be situated _____ to the airport 공항 가까이에 위치해 있다

C 다음 빈칸에 문맥상 적절한 단어를 찾아 넣으세요.

해석 p. 509

ⓐ opportunity ⓑ connected ⓒ leased ⓓ feature ⓔ tenants

09 The two islands will be _____ by a bridge.
10 Underground parking is available only to _____.
11 The renovated lobby will _____ a restaurant and a coffee lounge.
12 Visitors will have an _____ to look around the historic building.

정답 01 ⓐ 02 ⓓ 03 ⓒ 04 ⓑ 05 ⓓ 06 ⓑ 07 ⓔ 08 ⓒ 09 ⓑ 10 ⓔ 11 ⓓ 12 ⓐ

토익 LC/RC 짝꿍 표현

건물

☐ **dwell**	ⓥ 살다; (상태에) 머물러 있다	**dwell** in the forest 숲속에 살다 **dwell** on the past failure 지난 실수에 연연하다	
☐ **ceiling**	ⓝ 천장	paint the living room **ceiling** 거실 천장을 페인트로 칠하다 rooms with low **ceilings** 천장이 낮은 방	
☐ **decoration**	ⓝ 장식(물)	remove **decorations** after the party 파티 후에 장식물을 제거하다 set up the **decorations** 장식물을 설치하다	
☐ **amenity**	ⓝ 편의 시설	lack basic **amenities** 기본적인 편의 시설이 부족하다 offer every **amenity** for shopping 쇼핑에 필요한 모든 편의 시설을 제공하다	
☐ **modernize**	ⓥ 현대화하다	**modernize** the heating system 난방 시스템을 현대화하다 **modernize** the old theater 오래된 극장을 현대화하다	
☐ **homemade**	adj 집에서 만든	prepare **homemade** dinner 집에서 만든 저녁 식사를 준비하다 serve **homemade** desserts 집에서 만든 디저트를 제공하다	
☐ **landlord**	ⓝ 건물주, 집주인	a **landlord** of a building 건물주 settle with one's **landlord** 집주인과 해결을 보다	
☐ **drain**	ⓥ 물을 빼다, 배수하다	The swimming pool is **drained** every day. 그 수영장은 매일 물을 뺀다. **drain** all the tanks 모든 물탱크에서 물을 빼다	
☐ **occupancy**	ⓝ 점유, 사용	hotel **occupancy** 호텔 객실 점유율 **occupancy** rates in the past 과거의 사용률	
☐ **sanitary**	adj 위생의	poor **sanitary** conditions 형편없는 위생 상태 **sanitary** facilities 위생 시설	
☐ **lock up**	phr ~의 문단속을 하다	Don't forget to **lock up** the front. 정문 문단속하는 것을 잊지 마세요. **lock up** the office 사무실 문단속을 하다	
☐ **household**	adj 가정의	**household** appliances 가전제품 **household** cleaning products 가정용 청소 용품	

☐	**furnished**	adj 가구가 비치된	the **furnished** 3-bedroom house 가구가 비치된 침대 3개짜리 주택 fully **furnished** 가구가 완비된
☐	**outage**	n 정전, 단수	a power **outage** 정전 break down during the **outage** 정전 중에 고장 나다
☐	**furniture**	n 가구	brand-new office **furniture** 완전히 새로운 사무용 가구 arrange the **furniture** 가구를 배치하다
☐	**sweep**	v (빗자루로) 쓸다, 청소하다	**sweep** the path 길을 빗자루로 쓸다 **sweep** up all the leaves 모든 나뭇잎을 싹 쓸어 내다
☐	**resident**	n 주민, 거주자	a **resident** of an apartment complex 아파트 단지 주민 a longtime **resident** 장기 거주자
☐	**unoccupied**	adj 비어 있는, 사람이 살지 않는	His house was **unoccupied**. 그의 집은 비어 있었다. many **unoccupied** buildings 사람이 살지 않는 많은 건물
☐	**knob**	n 손잡이	turn the door **knob** 문손잡이를 돌리다 pull the **knob** 손잡이를 당기다
☐	**floor**	n 층; 작업장; 바닥	ocean views from the 3rd-**floor** unit 3층 세대에서 바라본 바다 경관 the production **floor** 생산 작업장
☐	**square**	n 평방; 광장; 정사각형	the six-**square**-mile area 6평방 마일의 구역 the town **square** project 도시 광장 프로젝트
☐	**laundry**	n 세탁(물)	share **laundry** facilities 세탁 시설을 공유하다 drop off the **laundry** 세탁물을 놓고 가다
☐	**non-slip**	adj 미끄럼 방지의	a **non-slip** mat in the bathroom 욕실의 미끄럼 방지 매트 the **non-slip** table covering 미끄럼 방지용 탁자 덮개
☐	**disturb**	v 방해하다; 폐를 끼치다	**disturb** others in the theater 극장에서 다른 사람들을 방해하다 **disturb** the animal habitat 동물 서식지에 폐를 끼치다
☐	**migration**	n 이주	**migration** from urban areas to rural ones 도시 지역에서 시골 지역으로의 이주 mass **migration** 집단 이주
☐	**artificial**	adj 인공적인	contain no **artificial** chemicals 인공 화학 물질을 포함하지 않다 **artificial** fertilizers 인공 비료

☐ lost and found	phr 분실물 취급소	put it in the **lost and found** 분실물 취급소에 넣다 check out the **lost and found** 분실물 취급소를 확인하다	
☐ patio	n 테라스	construct a new **patio** 새로운 테라스를 짓다 on the outdoor **patio** 옥외 테라스에	
☐ compact	adj 소형의, 작은	a **compact** vehicle 소형 차량 provide a **compact** workspace 작은 업무 공간을 제공하다	
☐ lodge	n 산장, 별장	one night at the **lodge** 산장에서의 하룻밤 a ski **lodge** 스키 별장	
☐ palace	n 궁전	a tour of the royal **palace** 왕궁 견학 the restoration of the **palaces** 궁전의 복원 작업	
☐ dining room	phr 식당	adjacent to the **dining room** 식당에 인접한 a remodeling project of the **dining room** 식당 개조 프로젝트	
☐ whole	adj 전체의, 모든	the **whole** process 전체 과정 cover the **whole** country 전국을 포함하다	
☐ driveway	n (집 앞의) 진입로, 차도	pull into the **driveway** (차가) 진입로에 들어서다 the car parked on the **driveway** 진입로에 주차된 차	
☐ replica	n 모형, 복제품	a **replica** of the original farmhouse 진짜 농가의 모형 **replicas** of old streetlights 오래된 가로등의 복제품	
☐ rear	adj 뒤쪽의 n 뒤쪽, 후면	use the **rear** entrance 뒤쪽의 출입구를 이용하다 a small porch at the **rear** 뒤쪽에 있는 작은 현관	
☐ fireplace	n 벽난로	sit in front of the **fireplace** 벽난로 앞에 앉다 equipped with the outdoor **fireplace** 옥외 벽난로가 갖춰져 있는	
☐ sophisticated	adj 세련된, 정교한	sufficiently **sophisticated** 충분히 세련된 highly **sophisticated** equipment 매우 정교한 장비	
☐ hang	v 걸다, 매달다	**hang** one's coat on a hook 코트를 고리에 걸다 **hang** the paintings 그림을 걸다	
☐ symmetrical	adj 대칭적인	perfectly **symmetrical** 완벽히 대칭적인 the **symmetrical** structure 대칭 구조	

☐ depot	n 창고, 저장소	stored in a **depot** 창고에 보관된 a fuel **depot** 연료 저장소	
☐ ruin	v 망치다, 엉망으로 만들다	**ruin** the entire system 전체 시스템을 망치다 Ceramic objects were **ruined**. 도자기 물품이 망가졌다.	
☐ passerby	n 행인	stare out at every **passerby** 모든 행인을 노려보다 talk to a **passerby** 행인에게 말을 걸다	
☐ community	n 지역 사회, 공동체	build a residential **community** 주거 지역 사회를 만들다 the local **community** 지역 공동체	
☐ mow	v 베다, 깎다	**mow** the grass 풀을 베다 **mow** the lawn 잔디를 깎다	
☐ basement	n 지하(실)	a storage area in the **basement** 지하에 있는 저장 공간 the **basement** of the building 건물의 지하실	
☐ sewerage	n 하수도	a proper **sewerage** system 적절한 하수도 시스템 **sewerage** disposal 하수도 처리	
☐ filtration	n 여과	check the **filtration** system 여과 시스템을 확인하다 reduce **filtration** 여과를 줄이다	
☐ story	n (건물의) 층; 이야기	a five-**story** building 5층짜리 건물 a true **story** 실화	
☐ inhabitant	n 주민	10 million **inhabitants** in the city 그 도시에 사는 1천만 명의 주민들 protect the **inhabitants** 주민들을 보호하다	
☐ lift	v 들어 올리다	The crane **lifted** the lumber. 크레인이 목재를 들어 올렸다. **lift** heavy weights 무거운 역기를 들어 올리다	
☐ narrow	adj 좁은	long **narrow** streets 길고 좁은 거리 a **narrow** gap in the fence 담장의 좁은 틈새	
☐ reside	v 살다, 거주하다	**reside** in the city 도시에 살다 **reside** abroad 해외에 거주하다	
☐ corridor	n 복도, 통로	along the main **corridor** 중앙 복도를 따라 a **corridor** in the airport terminal 공항 터미널의 복도	

DAY 25

조사/연구/개발

오늘의 단어 듣기

토익에서는 고객의 선호도/만족도에 관한 설문 조사, 제품 개발 연구, 연구실에서의 실험과 그 결과에 대한 내용이 출제됩니다.

📖 회의의 목적

01 intend ★★★

[inténd]

- intended [adj] 의도된, 예정된
- intent [n] 의도, 목적
- intention [n] 의도, 의사
- intentional [adj] 의도적인

[v] 의도하다, 작정하다 (to V); (사람·사물을) 어떤 목적에 쓰고자 하다 (for)

The company **intends to develop** / more advanced electric cars. 그 회사는 개발하려고 한다 / 더욱 발전된 전기 자동차를

> **토익 출제 포인트 (Part 5&6)**
>
> The event is (**intended** / ~~intentional~~) to raise awareness of pollution. 그 행사는 오염에 대한 인식을 높이도록 의도된 것이다.
> → '~하도록 의도되다'라는 의미는 be intended to V로 표현한다.

> **빅데이터 토익 빈출 표현** ● 빈출도
>
> be **intended** for ~을 위한 것이다 ●●●●●
> **intended** audience (광고가) 겨냥하는 대상 ●

02 grant ★★★

미 [grænt]
영 [grɑːnt]

[v] 승인하다, 허락하다

The team / was **granted** an extension / to complete the prototype design.
그 팀은 / 연장을 승인받았다 / 시제품 설계를 완성하기 위해

[n] 보조금, 지원금

The institute has been chosen / as a **recipient of the grant** / from the government.
그 연구소는 선정되었다 / 보조금 수령자로 / 정부로부터 나오는

03 research ★★★

미 [rísəːrtʃ]
영 [risəːtʃ]

- researcher [n] 연구자, 조사원

[n] 연구, 조사 (on)

Dr. Douglas received an award / for his **research** / on human cells.
Douglas 박사는 상을 받았다 / 그의 연구 때문에 / 인간 세포에 관한

[v] 연구하다, 조사하다

Frans Gram thoroughly **researched** / the effects of working conditions / on productivity.
Frans Gram은 철저히 연구했다 / 근무 환경의 영향을 / 생산성에 대한

> **빅데이터 토익 빈출 표현** ● 빈출도
>
> do[conduct] **research** 연구하다 ●●●

조사/연구/개발 | 407

04 arguably ★★★
미 [ǽːrgjuəbli]
영 [ɑ́ːgjuəbli]
⑩ argue ⓥ 주장하다
　 argument ⓝ 주장

adv (종종 최상급·비교급 형용사 앞에서) 아마도, 거의 틀림없이
Arguably the most important finding / from the research / is that chewing gum / increases blood flow.
아마도 가장 중요한 결과는 / 연구로부터 나온 / 껌을 씹는 것이 / 혈액 순환을 증가시킨다는 것이다

05 correctly ★★★
[kəréktli]
⑩ correct adj 정확한, 올바른
　　　　　 ⓥ 고치다, 교정하다

adv 정확하게, 올바르게
The study **correctly predicted** / that the demand for housing / would continue to grow.
그 연구는 정확하게 예측했다 / 주택에 대한 수요가 / 계속해서 증가할 것이라고

> 🔍 빅데이터 토익 빈출 표현　　　　　　　　● 빈출도
> work[function] **correctly** 제대로 작동하다 ●●

06 result ★★★
[rizʌ́lt]

ⓝ 결과
Ms. Haley forwarded / the **results of the survey** / to participating institutions.
Haley 씨는 전달했다 / 설문 조사 결과를 / 참여 기관에

ⓥ 초래하다 (in); 기인하다 (from)
The outbreak / **resulted in** the development / of a new malaria treatment.
그 (전염병) 발생은 / 개발을 초래했다 / 새로운 말라리아 치료법의

> ⊕ 토익 출제 포인트 (Part 5&6)
> (~~result~~ / **develop**) a new idea for the project
> 프로젝트를 위한 새로운 아이디어를 개발하다
> → 동사 result는 자동사이므로 전치사 없이 바로 목적어를 취할 수 없다.
> (develop 개발하다)

> 🔍 빅데이터 토익 빈출 표현　　　　　　　　● 빈출도
> as a **result** of ~의 결과로서 ●●●●

07 **lately** ★★★
[léitli]
㊖ late adj 늦은
adv 늦게
㊕ recently 최근에

adv 최근에
One scientist **has been conducting** / extensive research / into the human brain / **lately**.
한 과학자가 해 오고 있다 / 광범위한 연구를 / 인간의 뇌에 관한 / 최근에

08 **complement** ★★★
[kɔ́mpliment]

v 보완하다, 보충하다
The results of this study / **complement the previous findings** / from Mr. Stone's project.
이 연구 결과는 / 이전 결과를 보완해 준다 / Stone 씨의 프로젝트에서 나온

09 **refer** ★★★
[rifə́ːr]
㊖ referral n 소개, 위탁

v 참조하다 (to); (남을) ~에게 보내다 (A to B); 언급하다 (to)
If you are interested, / please **refer to** the related statistics / listed below.
당신이 관심이 있다면 / 관련 통계를 참조하세요 / 아래 나열된

We will **refer** you / **to** a specialist / who will give you / the best medical advice.
저희는 당신을 보낼 것입니다 / 전문가에게 / 당신에게 줄 / 최고의 의학적 조언을
➲ 저희는 최고의 의학적 조언을 해 줄 전문가에게 당신을 보낼 것입니다.

빅데이터 토익 빈출 표현 • 빈출도
refer to A as B A를 B라고 언급하다[부르다] •

10 **reputable** ★★★
[répjutəbl]

adj 평판이 좋은
This report was published / by SIA, / one of the most **reputable** research **companies**.
이 보고서는 출간되었다 / SIA에 의해 / 가장 평판이 좋은 연구 회사 중 하나인

11 **generally** ★★★
[dʒénərəli]

adv 일반적으로, 대개, 보통
The survey shows / that people are **generally satisfied** / with their primary banks.
그 조사는 보여 준다 / 사람들이 일반적으로 만족하고 있다는 것을 / 그들의 주거래 은행에

12 conclude ★★★
[kənklúːd]
ⓟ conclusion ⓝ 결론, 결과

ⓥ 결론을 내리다 (that절); 끝나다 (with)

A recent study **concluded** / **that** diet soda / is not harmful to health.
최근의 연구는 결론을 내렸다 / 다이어트 탄산음료가 / 건강에 해롭지 않다는

🔍 빅데이터 토익 빈출 표현 ● 빈출도
conclude with ~로 끝나다 ★★

13 undertake ★★
미 [ʌ̀ndərtéik]
영 [ʌ̀ndətéik]

ⓥ 착수하다; (책임 등을) 맡다

Professor Lee / will **undertake** an in-depth **analysis** / of the test results.
Lee 교수는 / 심층 분석에 착수할 것이다 / 실험 결과의

14 unveil ★★
[ʌnvéil]

ⓥ 공개하다; 베일을 벗기다

Harpers Company / **unveiled** its plan / to develop an innovative printing system.
Harpers 사는 / 계획을 공개했다 / 혁신적인 인쇄 시스템을 개발하겠다는

15 administer ★★
[ədmínistər]
ⓟ administration ⓝ 시행; 관리, 행정

ⓥ 실시하다, 시행하다; (회사·조직을) 관리하다

Micelleu Jewelry / **administered** a brief survey / about its patrons' shopping experiences.
Micelleu Jewelry는 / 간단한 조사를 실시했다 / 고객들의 쇼핑 경험에 관한

16 constant ★★
미 [kánstənt]
영 [kɔ́nstənt]
ⓢ continuous 지속적인, 계속되는

adj 지속적인, 끊임없는; 일정한

According to the survey, / issues regarding the XD copy machine / have remained **constant**.
조사에 따르면 / XD복사기와 관련된 문제는 / 여전히 지속되었다

17 delighted ★★
[diláitid]
⑪ delightful adj 기쁨을 주는, 매혹적인

adj (사람이) 기뻐하는, 즐거워하는 (that절/to V/with)
The speaker was **delighted** / **that** the audience was very inquisitive / about her research.
그 연사는 기뻐했다 / 청중이 매우 호기심이 많아서 / 그녀의 연구에 대해

> ◎ 토익 출제 포인트 (Part 5&6)
> I was (delightful / **delighted**) to hear from you.
> 당신으로부터 소식을 듣게 되어 기뻤습니다.
> → delightful(기쁨을 주는)과 delighted(기뻐하는)의 의미 차이를 묻는 문제가 출제된다. delightful은 '상대를 기쁘게 하는'의 뜻을 나타내는 반면, delighted는 '(주어) 자신이 기뻐하는'의 뜻을 나타내므로 주의하자.

18 formidable ★★
미 [fɔ́:rmidəbl]
영 [fɔ́:midəbl]

adj 엄청난, 만만치 않은
The laboratory technicians / faced a **formidable challenge** / in their new research.
그 실험실 기술자들은 / 엄청난 도전에 직면했다 / 그들의 새로운 연구에서

> ◎ 빅데이터 토익 빈출 표현   ● 빈출도
> **formidable** task[opponent] 만만치 않은 업무[상대] ●

19 independently ★★
[ìndipéndəntli]
⑪ independent adj 독립적인, 독립된

adv 독립적으로, 자주적으로
The researchers at Parc, Inc., **work** / both **independently** and as a part of a team.
Parc 사의 연구원들은 / 일한다 / 독립적으로도 팀의 일원으로도

20 institute ★★
미 [ínstitù:t]
영 [ínstitjù:t]
⑪ institution n 기관; 도입

n 연구소, 협회, 기관
The Pearson Center / is an **institute** / known for hiring / experienced professionals.
Pearson 센터는 / 연구소이다 / 고용하는 것으로 유명한 / 경험 있는 전문가들을

v (정책·제도 등을) 도입하다, 제정하다
A new return **policy** / was **instituted** / at the Thrifty Shop. 새로운 환불 정책이 / 도입되었다 / Thrifty 상점에서

21 interact ★★
[íntərǽkt]
ⓝ interaction ⓝ 교류, 상호 작용
interactive adj 상호적인; 대화형의, 쌍방향의

ⓥ 소통하다, 교류하다, 상호 작용하다 (with)

The study looked at / how consumers **interact** / **with** store employees.
그 연구는 조사했다 / 소비자들이 어떻게 소통하는지를 / 상점 직원들과

> 🎯 토익 출제 포인트 (Part 5&6)
>
> the ability to (**interact** / ~~initiate~~) well <u>with</u> customers
> 고객들과 잘 소통하는 능력
> → 전치사 with와 어울리는 자동사 interact가 정답이다. (initiate 시작하다, 착수하다)

22 record ★★
ⓥ [rikɔ́ːrd]
ⓝ [rékərd]

ⓥ 기록하다; 녹화[녹음]하다

Participants were asked / to **record** their alcohol intake / for one week.
참가자들은 요청받았다 / 알코올 섭취량을 기록해 달라는 / 일주일 동안

ⓝ 기록 (of)

Dr. Hudson / **keeps records of** the results / from his research.
Hudson 박사는 / 결과를 기록한다 / 그의 연구에서 나온

> 🔍 빅데이터 토익 빈출 표현 ● 빈출도
>
> keep a **record** of ~을 기록하다 ●●●

23 startled ★★
[stáːrtld]
ⓟ startling adj 깜짝 놀라게 하는

adj 깜짝 놀란 (by)

Researchers were **startled** / **by** the negative side effects / of the drug.
연구원들은 깜짝 놀랐다 / 부정적인 부작용에 / 그 약의

24 consist ★★
[kənsíst]

ⓥ ~로 이루어져 있다 (of)

The experiment / **consists of** three rounds / of testing and evaluation.
그 실험은 / 세 차례로 이루어져 있다 / 검사와 평가의

> **⊕ 토익 출제 포인트 (Part 5&6)**
>
> The seminar (**consists** / ~~is consisted~~) of four presentations. 그 세미나는 네 개의 발표로 이루어져 있다.
> → consist는 자동사이므로 수동태 형태를 취할 수 없다.

25 development ★★
[divéləpmənt]
파 develop ⓥ 개발하다

ⓝ 개발, 성장, 진전

Employees / must sign a confidentiality agreement / regarding products / **under development**.
직원들은 / 비밀 유지 계약을 체결해야 한다 / 제품에 대한 / 개발 중인

26 aspect ★★
[ǽspekt]

ⓝ 측면, 일면

The questions / assess respondents' views / on different **aspects** / **of** environmental policy.
그 질문은 / 응답자들의 견해를 평가한다 / 여러 측면에 대한 / 환경 정책의

> **🔍 빅데이터 토익 빈출 표현**   ● 빈출도
>
> all **aspects** of(= every **aspect** of) ~의 모든 측면 ★★

27 laboratory ★★
미 [lǽbərətɔ̀:ri]
영 [ləbɔ́rətəri]

ⓝ 실험실, 연구실

Each university **laboratory** / is equipped / with modern safety devices.
각 대학 실험실은 / 갖추고 있다 / 최신 안전 장치를

28 yield ★★
[ji:ld]

ⓥ (결과·수익 등을) 내다, 산출하다

The study / conducted by Dr. Crouch / **yielded results** / that are quite similar / to earlier findings.
그 연구는 / Crouch 박사에 의해 수행된 / 결과를 냈다 / 매우 비슷한 / 이전 결과와
▶ Crouch 박사에 의해 수행된 그 연구는 이전 결과와 매우 비슷한 결과를 낳았다.

조사/연구/개발 | 413

29 questionnaire **
미 [kwèstʃənéər]
영 [kwèstʃənéə]
⑧ survey 설문 조사

Q. 선호하는 음식은?
1.
2.
3.

n 설문(지)
The NGD Group / gathers information / through **questionnaires** and telephone surveys.
NGD Group은 / 정보를 수집한다 / 설문과 전화 조사를 통해

⊕ 토익 출제 포인트 (Part 7)
Q. What is the reader encouraged to do?
(글을) 읽는 사람은 무엇을 하는 것이 권장되는가?
지문: We kindly ask you to fill out a brief **questionnaire** about our service.
저희 서비스에 관한 간단한 설문을 작성해 주시길 부탁드립니다.
정답: Complete a **survey** 설문 조사를 작성하는 것
→ 지문의 questionnaire를 같은 의미의 survey(설문 조사)로 패러프레이징한 보기가 정답으로 출제된다.

30 study **
[stʌ́di]

n 연구, 조사 (of)
Biotechnology Trends / published another **study** / **of** genetic modification / in agriculture.
<Biotechnology Trends>는 / 다른 연구를 발표했다 / 유전자 변형에 관한 / 농업에서의

⊕ 토익 출제 포인트 (Part 5&6)
conduct a detailed (**study** / ~~insight~~) of global warming
지구 온난화에 대한 상세한 연구를 수행하다
→ study는 보통 전치사 of와 어울리며, insight(통찰력, 식견)는 on이나 into와 어울린다.

🔍 빅데이터 토익 빈출 표현 ● 빈출도
A **study** indicates[shows/suggests] that절.
연구에 따르면 ~이다. **

31 chemist *
[kémist]
(파) chemistry n 화학
chemical n 화학 물질
adj 화학의

n 화학자; 약사
Chemists at Carter Labs / wear protective gear / when handling substances.
Carter 연구소의 화학자들은 / 보호 장비를 착용한다 / 물질을 다룰 때

32 intent *
[intént]

n 의도, 목적 (to V)

The study was proposed / with the **intent** / **to discover** alternative therapies.
그 연구는 제안되었다 / 의도를 가지고 / 대체 치료법을 발견하겠다는

> ◆ 토익 출제 포인트 (Part 5&6)
>
> my (explanation / **intent**) to participate in the project
> 프로젝트에 참여하려는 나의 의도
> → intent는 to부정사와 함께 쓰여 intent to V(~하려는 의도) 형태로 자주 출제된다. (explanation 설명)

33 invention *
[invénʃən]
ⓤ invent ⓥ 발명하다

n 발명(품)

Invent Vision / showcases the most **original inventions** / in the manufacturing sector.
Invent Vision은 / 가장 독창적인 발명품을 선보인다 / 제조 분야에서

34 solitary *
미 [sάlətèri]
영 [sɔ́litəri]

adj 단 하나의, 유일한

Despite receiving a large grant, / Dr. Vasquez / couldn't afford a **solitary** assistant.
거액의 보조금을 받았음에도 불구하고 / Vasquez 박사는 / 단 한 명의 조수도 쓸 여유가 없었다

35 variable *
미 [vériəbl]
영 [véəriəbl]

adj 가변적인, 변하기 쉬운

The outcome of the test / may be **variable** / **depending on** the weather.
실험 결과는 / 가변적일 수 있다 / 날씨에 따라

36 specialist *
[spéʃəlist]
⑧ expert 전문가

n 전문가 (in)

Professor Frank Waltz / is a **specialist** / **in** research design and methods.
Frank Waltz 교수는 / 전문가이다 / 연구 설계와 방법에 있어

37 commission *
[kəmíʃən]
⑧ committee 위원회
fee 수수료, 요금

v (조사 등을) 의뢰하다 (A to V)
A data firm / was **commissioned** / **to analyze** the results / of the survey.
한 데이터 업체가 / 의뢰를 받았다 / 결과를 분석해 달라는 / 조사의

n 위원회; 수수료
The transportation **commission** / will **examine** the efficacy / of the toll system.
교통 위원회는 / 유효성을 조사할 것이다 / 통행료 제도의

> ✦ 토익 출제 포인트 (Part 7_동의어 찾기)
> You will receive a "**commission**" of 10% for each sale you make.
> (A) authority   (B) fee
> 당신은 판매할 때마다 10%의 수수료를 받게 될 것입니다.
> → commission이 문맥상 '수수료'라는 의미로 쓰이면 fee(수수료, 요금)와 동의어가 된다. (authority 권한)

38 chronological *
미 [krànəládʒikəl]
영 [krɔ̀nəlɔ́dʒikəl]
ⓓ chronologically
adv 연대순으로

adj 연대순의, 시간 순서대로 된
The important historical events / will be researched / **in chronological order**.
중요한 역사적 사건은 / 조사될 것이다 / 연대순으로

39 technology *
미 [teknálədʒi]
영 [teknɔ́lədʒi]

n (과학) 기술
Our medical technicians / use **advanced technology** / to analyze tissue samples.
우리 의학 기술자들은 / 첨단 기술을 사용한다 / 조직 샘플을 분석하기 위해

40 pharmaceutical *
미 [fɑ̀ːrməsúːtikəl]
영 [fɑ̀ːməsjúːtikəl]

adj 제약의, 약학의
Pharmaceutical companies / have been working / to create a safer medication.
제약 회사는 / 노력해 오고 있다 / 더 안전한 약을 만들기 위해

Day 25 **Daily Test**

A 각 영어 단어의 알맞은 의미를 찾아 연결하세요.

01 solitary • • ⓐ 결과; 초래하다; 기인하다
02 variable • • ⓑ 가변적인, 변하기 쉬운
03 result • • ⓒ 설문(지)
04 questionnaire • • ⓓ 단 하나의, 유일한

B 우리말과 일치하도록 다음 빈칸에 알맞은 단어를 찾아 넣으세요.

| ⓐ interact ⓑ consist ⓒ undertake ⓓ yielded ⓔ intended |

05 _____ well with customers 고객들과 잘 소통하다
06 _____ an in-depth analysis 심층 분석에 착수하다
07 be _____ for ~을 위한 것이다
08 _____ of four presentations 네 개의 발표로 이루어져 있다

C 다음 빈칸에 문맥상 적절한 단어를 찾아 넣으세요. 해석 p. 509

| ⓐ reputable   ⓑ arguably   ⓒ complement |
| ⓓ administer   ⓔ constant |

09 This elegant handbag will _____ you wardrobe.
10 The temperature in the warehouse will remain _____.
11 The computer is _____ one of the best inventions in the world.
12 We will collaborate with Ms. Yoon, a _____ scientist in the field.

정답 01 ⓓ 02 ⓑ 03 ⓐ 04 ⓒ 05 ⓐ 06 ⓒ 07 ⓔ 08 ⓑ 09 ⓒ 10 ⓔ 11 ⓑ 12 ⓐ

토익 LC/RC 짝꿍 표현

조사/연구/개발

☐ **factually**	adv 실제로, 사실상	The file is **factually** correct. 그 파일은 실제로 정확하다. **factually** contradictory stories 사실상 모순적인 이야기	
☐ **summarize**	v 요약하다	**summarize** our conversation 우리의 대화를 요약하다 **summarize** payment details 지불 상세 정보를 요약하다	
☐ **ideal**	adj 이상적인	find one's **ideal** job 이상적인 직업을 찾다 **ideal** for one's first venture 첫 사업에 이상적인	
☐ **translate**	v 옮기다; 번역하다	**translate** the message into action 메시지를 행동으로 옮기다 **translate** a number of books 많은 책을 번역하다	
☐ **long-term**	adj 장기적인	**long-term** investigations 장기적인 조사 the risk of **long-term** side-effects 장기적인 부작용의 위험성	
☐ **routinely**	adv 일상적으로	**routinely** provide creative solutions 일상적으로 창의적인 해결책을 제공하다 **routinely** receive one's feedback 일상적으로 의견을 받다	
☐ **attainable**	adj 이룰 수 있는	**attainable** objectives 이룰 수 있는 목표 an **attainable** model for success 이룰 수 있는 성공 모델	
☐ **devalued**	adj 평가 절하된	**devalued** contribution 평가 절하된 공헌 **devalued** currency 평가 절하된 화폐	
☐ **perceive**	v 인지하다; 여기다	**perceive** insignificant details 사소한 세부 사항을 인지하다 be **perceived** as honest 정직하다고 여겨지다	
☐ **mess up**	phr ~을 망치다, 엉망으로 만들다	**mess up** the experiment 실험을 망치다 **mess up** the kitchen 주방을 엉망으로 만들다	
☐ **sort out**	phr ~을 분류하다; ~을 해결하다	**sort out** the documents 서류를 분류하다 **sort out** the small problems 작은 문제를 해결하다	
☐ **patent**	n 특허(권)	apply for a **patent** 특허를 신청하다 protected by a **patent** 특허권에 의해 보호된	

☐ surface	n 표면	on the surface 표면에, 표면적으로 road surface repaving 노면 재포장	
☐ microscope	n 현미경	examined through a microscope 현미경을 통해 점검된 use a microscope 현미경을 사용하다	
☐ overlap	v 겹치다	overlapping interests 공통된 관심사 None of their topics overlap. 그들의 주제는 하나도 겹치지 않는다.	
☐ negligible	adj 하찮은, 무시해도 되는	a negligible effect 하찮은 효과 The difference in costs is negligible. 비용상의 차이는 무시해도 된다.	
☐ random sampling	phr 무작위 추출	use the random sampling method 무작위 추출 방법을 사용하다 the random sampling error 무작위 추출 오류	
☐ absorb	v 받아들이다	absorb every detail 모든 세부 사항을 받아들이다 absorb new information 새로운 정보를 받아들이다	
☐ high-end	adj 고급의	high-end products 고급 제품 at a high-end department store 고급 백화점에서	
☐ outwardly	adv 표면적으로는, 겉으로는	outwardly calm 표면적으로는 조용한 appear outwardly to be in control 겉으로는 통제된 상태인 것으로 보이다	
☐ drop off	phr 깜빡 잠이 들다; ~을 데려다주다, 갖다 놓다	drop off slightly 약간 잠이 들다 drop him off on my way home 내 집으로 가는 길에 그를 데려다주다	
☐ weigh	v 따져 보다; 무게가 ~가 나가다	weigh all the options 모든 선택권을 따져 보다 This box weighs a lot. 이 상자는 무게가 많이 나간다.	
☐ classification	n 분류, 유형, 범주	classification according to the quality 품질에 따른 분류 a classification system 분류 시스템	
☐ apprise	v ~에게 알리다	apprise him of the result 그에게 결과를 알리다 fully apprised of all the tips 모든 팁에 관해 완전히 들은	
☐ percentage	n 비율, 퍼센트	the percentage of women employees 여성 직원들의 비율 show percentage decreases 비율 감소를 나타내다	
☐ probe	v 조사하다, 캐묻다, 탐색하다	probe serious matters 심각한 문제를 조사하다 probe into suspicious teams 의심스러운 팀을 조사하다	

조사/연구/개발 | 419

☐ preliminary	adj 예비의; 초기의	answer **preliminary** questions 예비 질문에 답변하다 change the **preliminary** layouts 초기의 배치를 변경하다	
☐ search	n 수색, 찾기	conduct a thorough **search** 철저한 수색을 실시하다 in **search** of unique ingredients 독특한 음식 재료를 찾아	
☐ solution	n 해결책	come up with an adequate **solution** 적절한 해결책을 생각해 내다 an ideal **solution** 이상적인 해결책	
☐ reflection	n 반영; 비친 모습; 반사	This report is not an accurate **reflection**. 이 보고서는 정확히 반영된 내용이 아니다. one's **reflection** in the mirror 거울에 비친 모습	
☐ alumni	n 동창, 졸업생들	seek **alumni** support 동창들의 지지를 구하다 the **alumni** association 동창회	
☐ indigenous	adj 토착의, 원산의, 토종의	an **indigenous** population 토착 인구 **indigenous** to Australia 호주가 원산지인	
☐ distraction	n 방해 (요소)	a constant **distraction** 지속적인 방해 There are too many **distractions**. 방해 요소가 너무 많다.	
☐ primitive	adj 원시의; 원시적인, 초기의	research on a **primitive** society 원시 사회에 관해 조사하다 Conditions are very **primitive**. 상태가 매우 원시적이다.	
☐ volume	n 용량, 양	measure the **volume** of gas 기체 용량을 측정하다 the **volume** of trade 교역량	
☐ intriguingly	adv 호기심을 자극하여, 흥미롭게도	the **intriguingly**-named magazine 호기심을 자극하는 이름의 잡지 most **intriguingly** 가장 흥미롭게도	
☐ disastrous	adj 피해가 막심한, 처참한	**disastrous** drought 피해가 막심한 가뭄 a **disastrous** outcome 처참한 수준의 소득	
☐ mount	v 시작하다; 증가하다	**mount** a search 탐색을 시작하다 **mounting** social issues 증가하는 사회 문제	
☐ detach	v 분리하다	**detach** the last section 마지막 부분을 분리하다 **detach** the image 이미지를 분리하다	
☐ adjustment	n 조정, 수정	need minor **adjustments** 사소한 조정이 필요하다 make an **adjustment** 수정하다	

☐ severe	adj 극심한, 심각한	suffer from **severe** depression 극심한 우울증으로 고생하다 forecast a **severe** thunderstorm 극심한 뇌우를 예보하다	
☐ difficult	adj 어려운	**difficult** to analyze exactly 정확히 분석하기 어려운 **difficult** to find a replacement 대체자를 찾기 어려운	
☐ in tune with	phr ~에 맞춰, 조화를 이뤄	**in tune with** public opinion 대중의 의견에 맞춰 **in tune with** each team member 각 팀원과 조화를 이뤄	
☐ preservation	n 보존, 유지	ways of food **preservation** 식품 보존 방법 wildlife **preservation** 야생 동물 보존	
☐ tranquil	adj 고요한, 평온한	lead to a **tranquil** lake 고요한 호숫가에 이르다 a **tranquil** community 평온한 지역 사회	
☐ impractical	adj 비현실적인, 비실용적인	an **impractical** proposal 비현실적인 제안 **impractical** advice 비실용적인 조언	
☐ database	n 데이터베이스	the main statistical **database** 주요 통계 데이터베이스 be recorded in the **database** 데이터베이스에 기록되다	
☐ regionally	adv 지역적으로	**regionally** organized 지역적으로 조직된 a **regionally** based research institute 지역적으로 기반을 둔 조사 기관	
☐ twice	adv 두 배로; 두 번	nearly **twice** as big 거의 두 배 가까이 큰 occur only **twice** 두 번만 발생하다	
☐ variation	n 변형, 변동, 변종	countless **variations** in this model 이 모델의 수많은 변형 social class **variations** 사회 계급의 변동	
☐ average	n 평균	perform better than **average** 평균보다 더 잘하다 an **average** of $700 per month 매달 평균 700달러	
☐ blend	v 조화시키다[되다]	**blend** laughter and sadness 웃음과 슬픔을 조화시키다 **blend** with the natural setting 자연환경과 조화되다	
☐ constitute	v 구성하다, 이루다	**constitute** the majority 대부분을 구성하다 **constitute** a system 시스템을 이루다	
☐ imminent	adj 임박한, 곧 닥칠 듯한	in **imminent** threat 임박한 위협에 처한 **imminent** destruction 임박한 파괴	

조사/연구/개발 | **421**

Actual Test 5

01 Regular seminars ------- that the employees at Comp Tech stay informed of the latest developments in security technology.

(A) consent
(B) acquire
(C) ensure
(D) assure

02 Following a long period of discussions, Refresh Foods ------- negotiated a wage deal with the workers' union.

(A) early
(B) finally
(C) correctly
(D) greatly

03 As announced yesterday, Omnibus Motors is ------- its manufacturing headquarters to Ontario to take advantage of tax incentives.

(A) endorsing
(B) commending
(C) solidifying
(D) relocating

04 Credit for the project's success should be given ------- to Ms. Wong, who spent countless hours on the phone with clients.

(A) promptly
(B) nearly
(C) merely
(D) mostly

05 The plumber warned against using running water until a full ------- of the pipes has been completed.

(A) admission
(B) evaluation
(C) invitation
(D) acquaintance

06 Drivers in the city of Mapleton may be ------- to a fine of $150 if they exceed the speed limit.

(A) admirable
(B) subject
(C) sensitive
(D) uncertain

07 The Diablo Pakk500 is a ------- backpack that can be carried in a number of different ways.

(A) versatile
(B) mandatory
(C) financial
(D) contingent

08 The main ------- to the theater is located on Chambers Street, but patrons may also use the rear doors.

(A) aspect
(B) setback
(C) strategy
(D) entrance

Questions 09-12 refer to the following article.

CHICAGO—The historic Landmark Hotel will soon be closing for major renovations. The ------- (09.), built almost a century ago, will undergo alterations to the lobby, guest rooms, and hotel exterior. Renowned ------- (10.) Anika Kapoor has been commissioned for the project. Ms. Kapoor, most well-known for her work on the Tripoli Tower, will be temporarily relocating to the Chicago area until construction is complete. Despite the closing, Marcus Winter, owner of the Landmark chain, is ------- (11.) that the end result will be profitable. "We want to give our guests the best experience possible," Mr. Winter explained. "------- (12.)." The hotel plans to accept reservations through the end of March.

09 (A) quality (B) substance
    (C) property (D) issue

10 (A) architect (B) architecture
    (C) architectural (D) architecturally

11 (A) possible (B) final
    (C) numerous (D) confident

12 (A) Ms. Kapoor also designed the presidential museum in Phoenix.
    (B) Unfortunately, the outdoor swimming pool will be closed due to rain.
    (C) Please send us an e-mail with your name and reservation number.
    (D) These changes will maintain our historical charm but with a modern feel.

Question 13 refers to the following e-mail.

We recognize the immense pressure that requesting additional testing must place on your researchers. However, we hope you can appreciate that our goal is to deliver the safest medication possible to our customers. Given that the results of the last round of testing were mixed, further examination is necessary.

13 The word "recognize" in paragraph 1, line 1, is closest in meaning to
    (A) honor (B) agree with (C) approve of (D) acknowledge

DAY 26

출판/구독

오늘의 단어 듣기

토익에서는 신문, 잡지와 같은 정기 간행물의 구독과 갱신뿐만 아니라 소설, 자서전, 직원 안내서와 같은 다양한 출판물에 관한 내용이 출제됩니다.

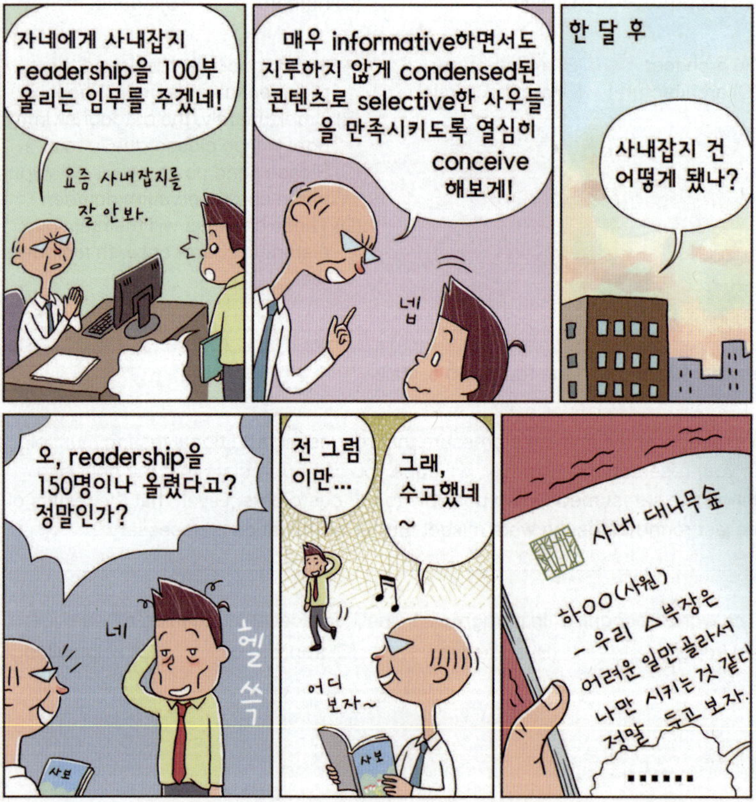

01 publish ★★★
[pʌ́bliʃ]
ⓟ publication ⓝ 출판(물); 발표
publisher ⓝ 출판 업체

ⓥ 출판하다, 게재하다; 발표하다

Urban Life Magazine / is **published** / once a month / by AK Publishing.
<Urban Life Magazine>은 / 출판된다 / 한 달에 한 번 / AK 출판사에 의해

02 information ★★★
미 [ìnfərméiʃən]
영 [ìnfəméiʃən]

ⓝ 정보 (about)

Mr. Morris' long-awaited book / contains **information** / **about** the stock market in India.
오랫동안 기다린 Morris 씨의 책은 / 정보가 담겨 있다 / 인도 주식 시장에 관한

> ✚ 토익 출제 포인트 (Part 5&6)
>
> write another (**article** / ~~information~~) for the magazine
> 그 잡지에 또 다른 기사를 쓰다
> → 의미상으로는 둘 다 가능할 것 같지만, information은 불가산 명사이므로 '또 하나의'라는 의미의 another와 함께 사용할 수 없다. (article 기사)

03 revise ★★★
[riváiz]
ⓟ revision ⓝ 개정, 수정

ⓥ 개정하다, 수정하다

Ms. Apena said / that she faced a lot of difficulties / when **revising** her first **novel**.
Apena 씨는 말했다 / 많은 어려움에 직면했다고 / 그녀의 첫 번째 소설을 개정할 때

04 correspondent ★★★
미 [kɔ̀:rəspándənt]
영 [kɔ̀rəspɔ́ndənt]
ⓟ correspondence ⓝ 서신, 편지
ⓢ journalist, reporter 기자

ⓝ 기자, 특파원

Mr. Gong has been working / for Turky Press International / **as a correspondent**.
Gong 씨는 일하고 있다 / Turky Press International에서 / 기자로

> ✚ 토익 출제 포인트 (Part 5&6)
>
> Mr. Ganin will write about his experience as a foreign (**correspondent** / ~~correspondence~~).
> Ganin 씨는 해외 특파원으로서의 그의 경험에 대해 글을 쓸 것이다.
> → correspondent(특파원)와 correspondence(서신, 편지)의 의미 차이를 묻는 문제가 출제된다.

05 combine ***
[kəmbáin]
(파) combination n 결합, 조합

v 합동시키다; 결합하다[되다]
Three editors / combined their efforts / to remain on schedule. 세 명의 편집자가 / 함께 노력했다 / 일정을 유지하기 위해

🔍 빅데이터 토익 빈출 표현
combine to V 결합하여 ~하다 ***
● 빈출도

06 selective ***
[siléktiv]
(파) select v 선발하다, 선택하다

adj 까다로운, 까다롭게 고르는 (about); 선택적인
Tech Time's editors / are very selective / about the articles / they publish.
<Tech Time>의 편집자들은 / 매우 까다롭다 / 기사에 대해 / 그들이 게재하는

07 issue ***
[íʃuː]
(동) problem 문제
   distribute 배급하다, 배부하다
   publish 출판하다; 발표하다

n (정기 간행물의) 호; 문제, 쟁점
Mr. Tao, / a notable economist, / will publish his article / in the next issue of Global Economy.
Tao 씨는 / 저명한 경제학자인 / 그의 기사를 게재할 것이다 / <Global Economy>의 다음 호에

v 지급하다; 발급[발행]하다; 발표하다
Refunds will be issued / for cancellation of your subscription. 환불이 지급될 것입니다 / 당신의 구독 취소에 대해

🎯 토익 출제 포인트 (Part 7_동의어 찾기)
The "issue" of overtime pay was raised during the meeting.
(A) periodical   (B) problem
초과 근무 수당 문제가 회의 중에 제기되었다.
→ issue가 문맥상 '문제, 쟁점'이라는 의미로 쓰이면 problem(문제)과 동의어가 된다. (periodical 정기 간행물)

🔍 빅데이터 토익 빈출 표현
● 빈출도
issue new ID badges 새 사원증을 발급하다 ***
issue a press release 보도 자료를 발표하다 ***

08 experienced ***
- 미 [ikspíriənst]
- 영 [ikspíəriənst]
- 파 experience ⓥ 경험하다 ⓝ 경험

adj 노련한, 경험이 많은 (in)

Our **experienced** editors / will help you / improve the style and organization / of your writing.
저희 노련한 편집자들이 / 도와 드릴 것입니다 / 스타일과 구성을 개선하는 것을 / 여러분의 글을

> 🎯 **토익 출제 포인트 (Part 5&6)**
>
> a team of (experiencing / **experienced**) engineers
> 노련한 기술자팀
> → 의미상 뒤의 사람 명사(engineers)를 수식하기에 적합한 형용사는 experienced이다. (experiencing 경험하는)

09 editor ***
- [édətər]
- 파 edit ⓥ 편집하다
- edition ⓝ (출간된 책의) 판; (간행물의) 호

ⓝ 편집자

Please send the final draft / to our **editor** / by next Friday. 최종 원고를 보내 주세요 / 저희 편집자에게 / 다음 주 금요일까지

10 subscription ***
- [səbskrípʃən]
- 파 subscribe ⓥ 구독하다

ⓝ 구독(료) (to)

Sun Reviews / will offer a 50% discount / to anyone / who renews a **subscription** by May 1.
<Sun Reviews>는 / 50% 할인을 제공할 것이다 / 누구에게나 / 5월 1일까지 구독을 갱신하는

> 🔍 **빅데이터 토익 빈출 표현** ● 빈출도
>
> **subscription** to a magazine 잡지 구독 ***

11 content **
- 미 [kántent]
- 영 [kɔ́ntent]

ⓝ 내용(물); 목차

The **contents** of this book / are the property of DH Printing. 이 책의 내용은 / DH Printing의 재산이다

12 adaptation **
- [ædəptéiʃən]
- 파 adapt ⓥ 각색하다; 적응하다

ⓝ 각색 (of); 적응

The movie is an **adaptation** / of the novel *White Jungle*. 그 영화는 각색한 것이다 / 소설 <White Jungle>을

13 article **
- 미 [á:rtikl]
- 영 [á:tikl]
- ⑧ item 물품, 항목

n 기사, 논문; 물품

Dr. Lee's **articles** / are regularly **published** / in *African Journal of Medicine*.
Lee 박사의 기사는 / 정기적으로 게재된다 / <African Journal of Medicine>에

> 🎯 **토익 출제 포인트 (Part 7_동의어 찾기)**
>
> You are advised to buy an additional warranty for the "**article**".
> (A) document   (B) item
> 그 물품에 대해서는 추가 품질 보증을 구입하는 것이 권장됩니다.
> → article이 문맥상 '물품'이라는 의미로 쓰이면 item(물품, 항목)과 동의어가 된다. (document 서류)

14 contributor **
- [kəntríbjətər]
- ⑩ contribute ⓥ 기고하다; 공헌하다

n 기고자; 기부자

The newspaper / contains articles / written by **outside contributors**.
그 신문은 / 기사를 담고 있다 / 외부 기고자들에 의해 쓰인

15 overwhelmingly **
- 미 [òuvərwélmiŋli]
- 영 [əuvəwélmiŋli]
- ⑩ overwhelming adj 압도적인, 굉장한
  overwhelmed adj 압도된

adv 압도적으로

The readers / were **overwhelmingly** in favor of / the newspaper's new format.
독자들은 / 압도적으로 찬성했다 / 그 신문의 새로운 형식에

> 🎯 **토익 출제 포인트 (Part 5&6)**
>
> An (**overwhelming** / ~~overwhelmed~~) majority of workers are opposed to the new system.
> 압도적인 대다수의 직원들이 새로운 시스템에 반대하고 있다.
> → overwhelming(압도적인)과 overwhelmed(압도된)의 의미 차이를 묻는 문제가 출제된다.

16 eventually **
- [ivéntʃuəli]

adv 결국, 마침내

Mr. Singh's series of travel articles / were **eventually** compiled / into a book.
Singh 씨의 여행기 시리즈는 / 결국 편찬되었다 / 책으로

17 deliberate ★★

adj [dilíbərət]
v [dilíbərèit]
㉾ deliberately adv 고의로; 신중하게
deliberation n 심사숙고; 신중함

adj 의도적인, 계획적인; 신중한

Read Magazine's **deliberate** effort / to broaden its customer base / has been successful.
<Read Magazine>의 의도적인 노력은 / 고객 기반을 넓히기 위한 / 성공적이었다
▶ 고객 기반을 넓히기 위한 <Read Magazine>의 의도적인 노력은 성공적이었다.

v 심사숙고하다 (on)

The editors **deliberated** / **on** whether to publish the article.   편집자들은 심사숙고했다 / 그 기사를 게재할 것인지에 대해

> 🔍 **빅데이터 토익 빈출 표현**   ● 빈출도
> **deliberate** effort[attempt]   의도적인 노력[시도] ●●

18 extract ★★

n [ékstrækt]
v [ikstrǽkt]
㊌ excerpt n 발췌
v 발췌하다

n 발췌 (from); 추출물

An **extract** / **from** Ms. Dubois' most recent novel / was posted / on the Web site.
발췌한 내용이 / Dubois 씨의 최신 소설에서 / 게시되었다 / 웹사이트에

v 추출하다; 발췌하다 (A from B)

The photo editors / have **extracted** images / **from** the files.   사진 편집자들은 / 이미지를 추출해 냈다 / 파일에서

19 unwanted ★★

미 [ʌ̀nwɑ́ntid]
영 [ʌ̀nwɔ́ntid]

adj 원치 않는, 필요 없는

The city has received / numerous complaints / about **unwanted** newspaper **delivery**.
그 도시는 받아 왔다 / 많은 불평을 / 원치 않는 신문 배달에 대한

> ⊕ **토익 출제 포인트 (Part 5&6)**
>
> donate (**unwanted** / ~~unwilling~~) items to the center
> 필요 없는 물건을 센터에 기증하다
> → unwilling은 명사 앞에서 수식할 때 '마지못해 하는'이라는 의미이므로 items를 수식하기에 적절하지 않다. 자칫 비슷해 보이는 단어이지만 용법이 다르므로 주의하자.

20 journal **

- 미 [dʒə́ːrnəl]
- 영 [dʒə́ːnəl]
- ⓐ journalist n 기자, 언론인
  journalism n 저널리즘
- ⑧ magazine 잡지

n 잡지, 학술지

Design Faculty / is a **journal** / that covers various areas / in fashion.
<Design Faculty>는 / 잡지이다 / 다양한 분야를 다루는 / 패션의

◆ 토익 출제 포인트 (Part 5&6)

If you want to subscribe to the (**journal** / ~~journalist~~), please contact us at 555-6969.
잡지를 구독하시려면 555-6969로 저희에게 연락 주세요.
→ journal(잡지)과 journalist(기자, 언론인)의 의미 차이를 묻는 문제가 출제된다.

21 informative **

- 미 [infɔ́ːrmətiv]
- 영 [infɔ́ːmətiv]

adj 유익한

The **articles** / in the February company newsletter / were very **informative**.
기사는 / 2월 사내보에 실린 / 매우 유익했다

◆ 빅데이터 토익 빈출 표현 ● 빈출도

informative article[seminar] 유익한 기사[세미나] **

22 circulation **

- 미 [sə̀ːrkjuléiʃən]
- 영 [sə̀ːkjuléiʃən]

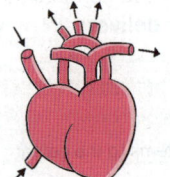

n (잡지·신문 등의) 발행 부수; 순환

Atlantic Times / has **increased** its **circulation** dramatically / over the last year.
<Atlantic Times>는 / 발행 부수를 극적으로 증가시켰다 / 지난 1년 동안

The new ventilation system / will **improve air circulation** / in the office.
새 환기 장치는 / 공기 순환을 개선할 것이다 / 사무실의

23 conceive *

- [kənsíːv]

v 구상하다, 상상하다

Novelist Sam Jang / **conceived** the plot / for his first book / in New York.
소설가 Sam Jang은 / 줄거리를 구상했다 / 자신의 첫 번째 책에 대한 / 뉴욕에서

24 biography *
- 미 [baiágrəfi]
- 영 [baiɔ́grəfi]

n 일대기, 전기

Rand House, / a publishing company in Hong Kong, / exclusively deals with **biographies**.
Rand House는 / 홍콩의 출판사인 / 오로지 일대기만 취급한다

25 readership *
- 미 [ríːdərʃip]
- 영 [ríːdəʃip]

n (잡지·신문 등의) 독자 수[층]

The magazine's **readership** / **increased** by 30% / last year. 그 잡지의 독자 수는 / 30%만큼 늘었다 / 지난해

> 🔍 **빅데이터 토익 빈출 표현** ● 빈출도
> wide **readership** 폭넓은 독자층 •••

26 journalist *
- 미 [dʒə́ːrnəlist]
- 영 [dʒə́ːnəlist]

n 기자, 언론인

Tera Wang, / an **award-winning journalist**, / writes articles / in *Toronto Daily*.
Tera Wang은 / 수상 경력이 있는 기자인 / 기사를 쓴다 / <Toronto Daily>에

27 condensed *
[kəndénst]

adj 요약된, 간결한

Capital Quarterly / provides a **condensed** version / of its original articles.
<Capital Quarterly>는 / 요약본을 제공한다 / 원본 기사에 대한

> ✦ **토익 출제 포인트 (Part 5&6)**
> make a (c̶o̶n̶d̶e̶n̶s̶e̶d̶ / **brief**) visit to the branch office
> 지사에 잠시 방문하다
> → condensed는 책이나 글의 내용이 '요약된'이라는 의미이므로 visit(방문)과는 어울리지 않는다. (brief (시간상) 잠시의, 간결한)

28 contain *
[kəntéin]

v (특정 내용을) 담고 있다, 포함하다

The new manual / **contains** a more **detailed description** / of how to use the device.
새 설명서는 / 좀 더 자세한 설명을 담고 있다 / 장치 사용법에 대한

29 copy *
미 [kápi]
영 [kɔ́pi]

v 복제하다, 복사하다; 모방하다
The contents of this report / may not be copied / for any reason.
이 보고서의 내용은 / 복제되어서는 안 된다 / 어떤 이유로든

n 사본, 복사(본) (of); (책 등의) 한 부
You will receive / a copy of the travel itinerary / tomorrow. 당신은 받을 것입니다 / 여행 일정표의 사본을 / 내일

> 🔍 빅데이터 토익 빈출 표현　　　　　　　　　　● 빈출토
> make a copy of　~의 사본을 만들다, ~을 복사하다 **

30 format *
미 [fɔ́ːrmæt]
영 [fɔ́ːmæt]

n (서적 등의) 판(判), 체재, 형(型); 형식
An electronic format of this book / will be available soon. 이 책의 전자판이 / 곧 나올 것이다

v (서적 등을) 구성하다, 체제를 갖추다
Please note / that every manuscript is formatted / according to journal guidelines.
유의하십시오 / 모든 원고가 구성된다는 점을 / 잡지 지침에 따라

31 likely *
[láikli]

adj 가능성이 있는, ~할 법한 (that절/to V)
It is not likely / that Sara Printing will knowingly publish / any misleading advertisement.
가능성이 없다 / Sara Printing이 고의로 게재할 / 오해를 불러일으킬 만한 광고를
▶ Sara Printing이 고의로 오해를 불러일으킬 만한 광고를 게재할 것 같지는 않다.

> 🎯 토익 출제 포인트 (Part 5&6)
>
> The newspaper is (likely / t̶y̶p̶i̶c̶a̶l̶) to attract a wide readership.　그 신문은 폭넓은 독자층을 끌어들일 법하다.
> → likely는 It is likely that절(that절 이하일 가능성이 있다) 형태뿐만 아니라 be likely to V(~할 법하다, ~할 가능성이 있다) 형태로도 자주 출제된다. (typical 전형적인)

32 methodically *
[məθɑ́dikəli]

adv 체계적으로

Ms. Ling / methodically researched / Japan's political system / for her upcoming book.
Ling 씨는 / 체계적으로 조사했다 / 일본의 정치 시스템을 / 그녀의 곧 출간될 책을 위해

33 regional *
[ríːdʒənl]
⊕ regionally **adv** 지역적으로

adj 지역의, 지방의

Please check regional newspapers / for our discount coupons.
지역 신문을 확인해 주세요 / 저희 할인 쿠폰을 받으시려면

> 🔍 빅데이터 토익 빈출 표현 ● 빈출도
> the regional manager[representative] 지역 관리자[대표]

34 template *
[témpleit]

n 표본, 서식

We offer a variety of free templates / for quality articles. 우리는 다양한 무료 표본을 제공한다 / 양질의 기사를 위한

35 publication *
[pʌ̀blikéiʃən]

n 출판(물); 발표

World Economy Magazine / is a leading financial publication / in Europe.
<World Economy Magazine>은 / 주요 금융 출판물이다 / 유럽에서

36 manuscript *
[mǽnjəskrìpt]

n (책 등의) 원고

Our professional proof-readers / will review your manuscript / before publication.
저희 전문 교정자들이 / 당신의 원고를 검토할 것입니다 / 출판 전에

37 courtesy *
미 [kə́ːrtəsi]
영 [kə́ːtəsi]
⑪ courteous **adj** 정중한
courteously **adv** 예의 바르게

n 예의; 호의; 우대

Many airlines / provide complimentary magazines / **out of courtesy** to their passengers.
많은 항공사가 / 무료 잡지를 제공한다 / 승객들에 대한 예의상

> ⊕ 토익 출제 포인트 (Part 5&6)
>
> Food will be supplied (**courtesy** / ~~courteously~~) of a local restaurant. 지역 식당의 호의로 음식이 제공될 것이다.
> → by courtesy of는 '~의 호의로'라는 의미의 표현으로 종종 by 없이 courtesy of 형태로 사용될 수 있음을 기억해 두자.

38 criterion *
미 [kraitíəriən]
영 [kraitíəriən]

n <복수형 criteria> 기준, 표준

To be printed in our magazine, / your writing should **meet the criteria**.
저희 잡지에 실리기 위해서는 / 당신의 글이 기준을 충족해야 합니다

39 author *
[ɔ́ːθər]
⑧ writer 작가, 필자

n 작가, 저자, 지은이

Join the lectures / presented by **renowned** local **authors** / this Friday.
강연에 참석하세요 / 유명한 지역 작가들이 진행하는 / 이번 주 금요일에

40 wealth *
[welθ]

n 다수, 다량, 풍부 (of); 부, 재산

The cookbook / offers **a wealth of** recipes / designed by noted chefs.
그 요리책은 / 다양한 요리법을 제공한다 / 유명한 요리사들에 의해 고안된

> ⊕ 토익 출제 포인트 (Part 5&6)
>
> contain a (**wealth** / ~~creation~~) of informative articles
> 다양한 유익한 기사를 담고 있다
> → 의미상 '다양한'이란 의미의 a wealth of가 쓰이는 것이 적합하다. wealth가 a wealth of 형태로 쓰이면 '다양한, 풍부한'이라는 의미임을 기억해 두자.
> (creation 창작(품); 창조)

Day 26 **Daily Test**

A 각 영어 단어의 알맞은 의미를 찾아 연결하세요.

01 extract
02 condensed
03 informative
04 conceive

ⓐ 유익한
ⓑ 요약된, 간결한
ⓒ 발췌; 추출물; 추출하다; 발췌하다
ⓓ 구상하다, 상상하다

B 우리말과 일치하도록 다음 빈칸에 알맞은 단어를 찾아 넣으세요.

| ⓐ criteria | ⓑ courtesy | ⓒ wealth | ⓓ readership | ⓔ author |

05 meet the _____ 기준을 충족하다
06 wide _____ 폭넓은 독자층
07 a _____ of recipes 다양한 요리법
08 (by) _____ of ~의 호의로

C 다음 빈칸에 문맥상 적절한 단어를 찾아 넣으세요. 해석 p. 509

| ⓐ subscription | ⓑ adaptation | ⓒ circulation |
| ⓓ correspondent | ⓔ publication | |

09 Your _____ to our magazine will expire very soon.
10 The fashion magazine has a monthly _____ of 100,000.
11 This film is a faithful _____ of a best-selling book.
12 We would like to feature your flower shop in our _____.

정답 01 ⓒ 02 ⓑ 03 ⓐ 04 ⓓ 05 ⓐ 06 ⓓ 07 ⓒ 08 ⓑ 09 ⓐ 10 ⓒ 11 ⓑ 12 ⓔ

토익 LC/RC 짝꿍 표현

출판/구독

- [ ] **sponsor**
  - v 후원하다
  - n 후원 업체, 후원자
  - **sponsored** by the city library 시립 도서관이 후원하는
  - an official **sponsor** of the event 그 행사의 공식 후원 업체

- [ ] **preview**
  - n 시사회
  - v 사전 시연회를 하다
  - give a **preview** 시사회를 열다
  - **preview** the product 제품 사전 시연회를 하다

- [ ] **press**
  - n 언론, 기자들
  - in a **press** release 언론 발표에서
  - hold a **press** conference 기자 회견을 열다

- [ ] **subscribe**
  - v (서비스 등에) 신청하다, 서명하다, 가입하다
  - **subscribe** to a magazine 잡지 구독 신청을 하다
  - **subscribe** to a mailing list 우편물 발송 목록에 서명하다

- [ ] **involve**
  - v 수반하다; 관련시키다
  - **involve** a risk 위험을 수반하다
  - be **involved** in negotiating the contract 계약 협상에 관련되어 있다

- [ ] **transcript**
  - n 기록; 성적표
  - a **transcript** of the meeting 회의 기록
  - an official **transcript** 공식 성적표

- [ ] **poet**
  - n 시인
  - the work presented by a **poet** 한 시인이 제공한 작품
  - a renowned **poet** 유명 시인

- [ ] **interpret**
  - v 통역하다; 해석하다
  - **interpret** into English 영어로 통역하다
  - cautiously **interpret** the data 신중히 데이터를 해석하다

- [ ] **misleading**
  - adj 오해시키는, 오도하는
  - **misleading** to readers 독자들을 오해시키는
  - **misleading** information 오도하는 정보

- [ ] **publisher**
  - n 출판사, 출판인
  - a prominent **publisher** 유명 출판사
  - the views of the **publisher** 출판인의 관점

- [ ] **lyrics**
  - n 가사
  - **lyrics** of a song 노래의 가사
  - make copies of **lyrics** 가사를 복사하다

- [ ] **edition**
  - n (출판물 등의) 판, 버전
  - the latest **edition** 최신판
  - an online **edition** 온라인 버전

☐ autobiography	n 자서전	write an **autobiography** 자서전을 쓰다 a newly published **autobiography** 새로 출판된 자서전	
☐ omission	n 누락(된 것)	**omission** of the company from the list 목록에서 그 회사가 누락됨 correct an **omission** 누락된 것을 정정하다	
☐ poetry	n 시	write **poetry** 시를 쓰다 **poetry** festival 시 창작 축제	
☐ translation	n 번역, 통역	comprehensive **translation** services 종합적인 번역 서비스 English **translations** of the book 그 책의 영어 번역본	
☐ headline	n 표제	make a **headline** 표제를 달다 **headline** news 주요 뉴스 표제	
☐ illegible	adj 읽기 어려운	**illegible** handwriting 읽기 어려운 필체 an **illegible** signature 읽기 어려운 서명	
☐ illustrate	v 보여 주다, 나타내다	**illustrate** viewpoints 관점을 보여 주다 to **illustrate** the importance of the a merger 합병의 중요성을 나타내기 위해	
☐ a series of	phr ~의 시리즈, 일련의	**a series of** mystery books 미스터리 소설 시리즈 **a series of** workshops 일련의 워크숍	
☐ browse	v 둘러보다; 훑어보다	**browse** a bookshop 서점을 둘러보다 **browse** the catalogue 카탈로그를 훑어보다	
☐ bookshelf	n 책꽂이, 책장	on the **bookshelf** 책꽂이에 arrange the **bookshelf** 책장을 정리하다	
☐ censorship	n 검열	book **censorship** 도서 검열 object to **censorship** 검열에 반대하다	
☐ archive	n 기록 보관(소)	a complete **archive** of articles 기사의 완전한 보관 a digital **archive** of books 디지털 도서 보관소	
☐ audiovisual	adj 시청각의	the library's **audiovisual** center 도서관의 시청각 센터 **audiovisual** equipment 시청각 장비	
☐ print	v (책 등을) 인쇄하다, 찍다 n 인쇄(물)	**print** 3,000 copies 3,000부를 인쇄하다 the **print** version 인쇄본 버전	

☐ portrait	n 초상(화)	portrait rights 초상권 specialize in portraits 초상화를 전문으로 하다	
☐ renewal	n 갱신	renewal of one's subscription 정기 구독의 갱신 a membership renewal form 멤버십 갱신 양식	
☐ novelist	n 소설가	an award-winning novelist 수상 경력이 있는 소설가 a public reading by a novelist 한 소설가의 낭독회	
☐ screenwriter	n 시나리오 작가	an installment written by the screenwriter 시나리오 작가가 쓴 1회분 professional screenwriters 전문 시나리오 작가들	
☐ periodical	n 정기 간행물	journals and periodicals 저널과 정기 간행물 publish a periodical 정기 간행물을 출판하다	
☐ televise	v 텔레비전으로 방송하다	televise an interview of a famous poet 유명 시인의 인터뷰를 텔레비전으로 방송하다 televise the show at channel 3 그 쇼를 3번 채널에서 방송하다	
☐ aspiring	adj 장차 ~가 되려는	an aspiring writer 장차 작가가 되려는 사람 aspiring journalists 장차 저널리스트가 되려는 사람들	
☐ editorial	adj 편집의 n 사설	the editorial staff 편집부 직원 issues addressed by the editorial 그 사설을 통해 다뤄진 문제	
☐ narrative	n 이야기, 묘사 adj 서사의	interpret the narrative 이야기를 해석하다 narrative poems 서사시	
☐ enjoyable	adj 즐거운	thoroughly enjoyable reading experiences 대단히 즐거운 독서 경험 an enjoyable stay 즐거운 숙박	
☐ be known for	phr ~로 알려져 있다	The author is known for her fantasy book series. 그 작가는 판타지 소설 시리즈로 알려져 있다. be well known for ~로 잘 알려져 있다	
☐ get in touch	phr 연락하다	get in touch with the author 저자와 연락하다 Please get in touch. 연락하시기 바랍니다.	
☐ image	n 이미지	vivid images 생생한 이미지 improve the company's image 회사의 이미지를 개선하다	
☐ plain	adj 알기 쉬운, 단순한, 단조로운	write in plain language 알기 쉬운 말로 쓰다 a rather plain manual 다소 단순한 안내서	

☐ work on	phr ~에 대한 작업을 하다	**work on** a novel 소설 작업을 하다 **work on** a project 프로젝트 작업을 하다	
☐ respond to	phr ~에 대응하다, 응답하다	**respond to** reader requests 독자 요청 사항에 대응하다 **respond** promptly **to** one's e-mail 이메일에 즉각 응답하다	
☐ visible	adj 눈에 보이는, 알아볼 수 있는	clearly **visible** to all visitors 모든 방문객에게 뚜렷이 보이는 **visible** from outside 외부에서 보이는	
☐ universally	adv 보편적으로, 일반적으로	**universally** recognized authors 보편적으로 인정받는 작가들 a **universally** recognizable logo 보편적으로 인식 가능한 로고	
☐ impression	n 감동; 인상	a lasting **impression** on readers 독자들에게 오래 지속되는 감동 share **impressions** about the book 그 책에 대한 인상을 공유하다	
☐ find out	phr ~을 알아내다, 찾아내다	**find out** the writer's point of view 그 작가의 견해를 알아내다 **find out** how to get there 그곳으로 가는 법을 찾아내다	
☐ signify	v 나타내다, 뜻하다	**signify** the writer's intention 작가의 의도를 나타내다 **signify** one's approval 승인을 뜻하다	
☐ compilation	n 모음집, 편집본	a **compilation** of ~의 모음집 a **compilation** album 편집 앨범, 베스트 모음 앨범	
☐ stand	n 가판대, 매대 v 서 있다	a newspaper **stand** 신문 가판대 Two women are **standing** near the building. 두 여성이 그 건물 근처에 서 있다.	
☐ title	n 책, 서적	carry a variety of **titles** 다양한 책을 취급하다 a recently released **title** 최근에 출간된 책	
☐ published author	phr (책을 낸) 정식 작가	become a **published author** 정식 작가가 되다 seminars for **published authors** 정식 작가들을 위한 세미나	
☐ cookbook	n 요리책	popular **cookbooks** 유명한 요리책 one's most recent **cookbook** 가장 최근에 나온 요리책	
☐ fiction	n 소설, 허구	a **fiction** writer 소설 작가 **fiction** and nonfiction books 소설과 비소설책	
☐ literature	n 문학, 문헌	study **literature** 문학을 공부하다 a **literature** collection 문학 전집	

DAY 27

환경/날씨

오늘의 단어 듣기

토익에서는 재활용을 통한 환경 보호, 전기와 에너지 절약, 야생 동물과 해양 생물 보호, 기후 변화와 일기 예보 등의 다양한 환경/날씨 관련 주제가 출제됩니다.

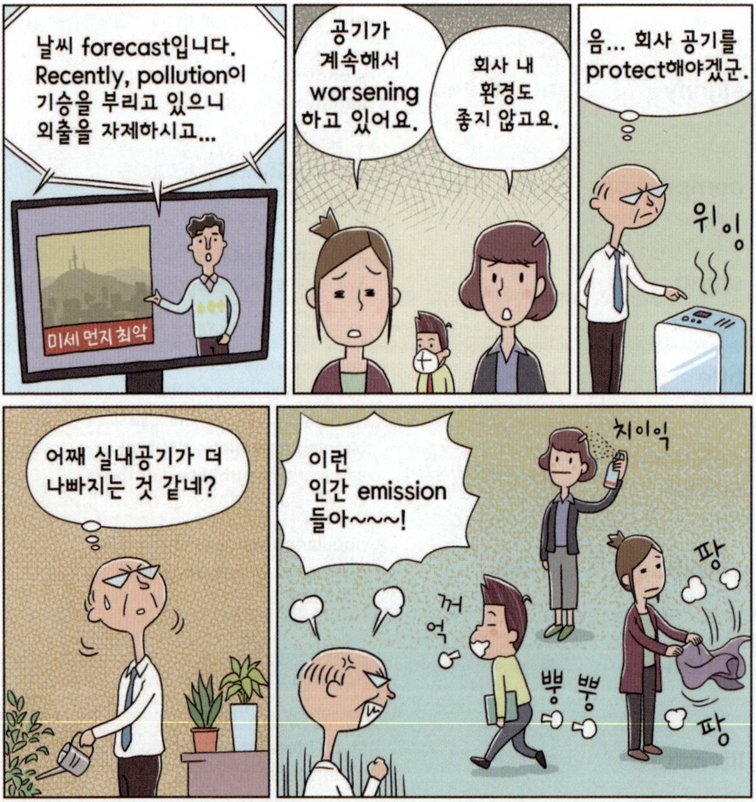

01 initiative ★★★
[iníʃətiv]
ⓓ initiate ⓥ 시작하다, 착수시키다

ⓝ 솔선, 주도(권); 계획, 방안

Mr. Liu has **shown** / **the great** initiative / in promoting energy saving / in his office.
Liu 씨는 보여 주었다 / 대단한 솔선수범을 / 에너지 절약을 증진시키는 데 / 그의 사무실에서

The local government / **supported** / Uxin Electronics' clean-energy initiatives.
지방 정부는 / 지지했다 / Uxin Electronics의 클린 에너지 계획을

◈ 빅데이터 토익 빈출 표현 ● 빈출도
take the **initiative** 솔선해서 하다, 주도하다 ●●

02 protect ★★★
[prətékt]
ⓓ protection ⓝ 보호
protective ⓐⓓⓙ 보호하는

ⓥ 보호하다, 지키다

Companies were urged / to use only sustainable materials / to **protect** the environment.
기업은 권고를 받았다 / 지속 가능한 재료만을 사용하라는 / 환경을 보호하기 위해

03 authority ★★★
미 [əθɔ́ːrəti]
영 [ɔːθɔ́riti]
ⓓ authorization ⓝ 허가, 승인

ⓝ 권한 (to V); 권위자 (on); <authorities> 당국

The local government / has the authority / **to restrict** environmentally harmful activities.
지방 정부는 / 권한을 가지고 있다 / 환경적으로 유해한 활동을 제한할 수 있는

◈ 토익 출제 포인트 (Part 5&6)
Mr. Viger is a leading (**authority** / ~~authorization~~) on farming techniques. Viger 씨는 농업 기술 분야의 주요 권위자이다.
→ authority(권위자)와 authorization(허가, 승인)의 의미 차이를 묻는 문제가 출제된다.

◈ 빅데이터 토익 빈출 표현 ● 빈출도
have[exercise] **authority** 권한을 가지고 있다[행사하다] ●●●

04 emphasis ★★★
[émfəsis]
ⓥ emphasize ⓥ 강조하다

n 강조, 중점 (on)
The company **puts emphasis** / **on** organic farming / for environmental advantages.
그 회사는 강조한다 / 유기 농법을 / 환경적 이익을 위해

> 🔍 **빅데이터 토익 빈출 표현** ● 빈출도
> put[place] **emphasis** on ~을 강조하다 ★★★

05 environmentalist ★★★
[invàirənméntəlist]
ⓥ environment **n** 환경
environmentally
adv 환경적으로

n 환경 운동가, 환경 보호 주의자
Mr. Diaz, / a **renowned environmentalist**, / will give a lecture / on wildlife.
Diaz 씨는 / 유명한 환경 운동가인 / 강연할 예정이다 / 야생 동물에 대해서

> ⊕ **토익 출제 포인트 (Part 5&6)**
> Kate Kennedy, an active (environment / **environmentalist**), has just written her new book.
> 활동적인 환경 운동가인 Kate Kennedy는 최근 그녀의 새 책을 썼다.
> → environment(환경)와 environmentalist(환경 운동가)의 의미 차이를 묻는 문제가 출제된다.

06 excessive ★★★
[iksésiv]
ⓥ excessively **adv** 지나치게, 매우

adj 과도한, 지나친
Recycling bins / can provide solutions / for **excessive** waste disposal.
재활용 쓰레기통은 / 해결책을 제공할 수 있다 / 과도한 폐기물 처리에 대한

07 hardly ★★★
미 [háːrdli]
영 [háːdli]
ⓢ rarely, scarcely, seldom
거의 ~않다

adv 거의 ~않다
Employees at Gani International / **hardly** use plastic containers.
Gani International의 직원들은 / 플라스틱 용기를 거의 사용하지 않는다

08 conserve ★★★
- 미 [kənsə́:rv]
- 영 [kənsə́:v]
- 동 save 절약하다

v (자원·에너지 등을) 절약하다; 보존하다

Please turn off the lights / when leaving the office / to **conserve** electricity.
불을 꺼주세요 / 사무실을 나갈 때는 / 전기를 절약하기 위해

> 🔍 빅데이터 토익 빈출 표현 ● 빈출도
> **conserve**[save] energy 에너지를 절약하다 ●

09 preserve ★★★
- 미 [prizə́:rv]
- 영 [prizə́:v]
- 파 preservation n 보호, 보존

v 보호하다, 보존하다

You can find various ways / to help **preserve** wildlife / on this Web site.
여러분은 다양한 방법을 발견할 수 있습니다 / 야생 동물 보호를 도울 수 있는 / 이 웹사이트에서

> 🔍 빅데이터 토익 빈출 표현 ● 빈출도
> **preserve** a historic building 역사적인 건물을 보존하다 ● ●

10 recently ★★★
- [rí:sntli]
- 파 recent adj 최근의, 근래의

adv 최근에, 요즈음에

The city's temperature / has **recently** risen / to a three-year high. 도시의 기온이 / 최근에 상승했다 / 3년 만에 최고치로

> 🎯 **토익 출제 포인트 (Part 5&6)**
> The company (~~currently~~ / **recently**) built a factory in the center of the island. 그 회사는 최근에 섬 중심부에 공장을 하나 지었다.
> → 수식하는 동사의 시제가 과거(built)이므로 과거 혹은 현재 완료 시제와 어울리는 recently가 정답이다. currently(현재에)는 현재 혹은 현재 진행 시제와 어울린다.

11 habitat ★★★
- [hǽbitæt]

n 서식지

Please sign up for the guided tour / of a **wildlife habitat** / in Oklahoma.
안내 여행에 등록하세요 / 야생 동물 서식지의 / 오클라호마에 있는

12 association ★★★

미 [əsòusiéiʃən]
영 [əsəusiéiʃən]
(파) associate ⓥ 연관시키다; 연상하다
ⓝ 동료
(동) organization 기관
connection 연관(성)

ⓝ 협회, 연합; 연관, 관련

The Northern Environmental **Association** / was **founded** / 25 years ago.
Northern Environmental 협회는 / 설립되었다 / 25년 전에

> ⊕ 토익 출제 포인트 (Part 7_동의어 찾기)
>
> Hosier is working in close "**association**" with a few environmental experts.
> (A) organization　　(B) connection
> Hosier는 몇몇 환경 전문가들과 밀접하게 연관되어 일하고 있다.
> → association이 문맥상 '연관, 관련'이라는 의미로 쓰이면 connection(연관(성))과 동의어가 된다. (organization 기관)

13 marine ★★

[mərí:n]

adj 해양의, 바다의

We are dedicated / to protecting the ocean / so that **marine life** can thrive.
우리는 헌신한다 / 바다를 보호하는 데 / 해양 생물이 번성할 수 있도록

14 consecutive ★★

[kənsékjətiv]
(파) consecutively adv 연속하여
(동) successive 연속적인

adj 연속적인

The use of diesel engines / has been decreasing / **for seven consecutive years** / in India.
디젤 엔진의 사용이 / 감소하고 있다 / 7년 연속으로 / 인도에서는

> ⊕ 토익 출제 포인트 (Part 5&6)
>
> three (~~atmospheric~~ / **consecutive**) days of snow
> 3일 연속의 눈
> → 앞의 숫자 표현(three)과 어울려 쓸 수 있는 형용사는 consecutive이다. '숫자 + consecutive + 기간'은 '연속 ~기간'을 나타낸다. (atmospheric 대기의, 공기의)

15 face ★★

[feis]

ⓥ (상황에) 직면하다, 마주보다

Beijing is **facing** / **a serious shortage** / of water resources.　베이징은 직면하고 있다 / 심각한 부족에 / 수자원의

16 gradually ★★
[grǽdʒuəli]
⑧ steadily 점차, 서서히

adv 점차, 서서히
Renewable energy resources / are expected / to **gradually** replace fossil fuels.
재생 에너지 자원은 / 예상된다 / 점차 화석 연료를 대체할 것으로

17 importance ★★
미 [impɔ́ːrtəns]
영 [impɔ́ːtəns]
㉤ important **adj** 중요한
⑧ significance 중요성

n 중요성
The CEO / **emphasized the importance** / of using environmentally-friendly products.
그 최고 경영자는 / 중요성을 강조했다 / 환경 친화적인 제품을 사용하는 것의

> 🔍 **빅데이터 토익 빈출 표현**　　　　　● 빈출도
> attach **importance** to　~에 중요성을 부여하다 ★★
> of great **importance**　매우 중요한 ★★

18 prevent ★★
[privént]
㉤ prevention **n** 방지, 예방
preventive **adj** 방지의, 예방의

v 방지하다, 막다, 예방하다 (A from -ing)
We should take all necessary measures / to **prevent** environmental **pollution**.
우리는 필요한 모든 조치를 취해야 한다 / 환경 오염을 방지하기 위해

> ⊕ **토익 출제 포인트 (Part 5&6)**
> Heavy rains (**prevented** / ~~organized~~) volunteers from cleaning the streets.
> 폭우로 인해 자원봉사자들은 거리 청소를 하지 못했다.
> → prevent는 prevent A from -ing(A가 ~하는 것을 막다) 형태로 자주 출제된다. (organize 준비하다, 조직하다)

19 restoration ★★
[rèstəréiʃən]
㉤ restore **v** 복구하다, 회복하다

n 복구, 회복
After the flood has passed, / the **restoration** work of the roads / will be carried out.
홍수가 지나간 후에는 / 도로 복구 작업이 / 실시될 것이다

> 🔍 **빅데이터 토익 빈출 표현**　　　　　● 빈출도
> **restore** A to B　A를 B의 상태로 복구하다 ★★★

20 unfavorable ★★

[ʌnféivərəbl]

파 unfavorably adv 부정적으로, 비판적으로
반 favorable 유리한, 호의적인

adj 불리한, 부정적인, 호의적이지 않은

The scheduled departure of the flight / was delayed / due to **unfavorable** weather.
비행기의 예정된 출발이 / 지연되었다 / 기상 악화로 인해

> 🎯 **토익 출제 포인트 (Part 5&6)**
>
> (**unfavorable** / ~~reluctant~~) market conditions
> 불리한 시장 여건
> → market conditions(시장 여건)를 수식하기에 의미상 적절한 형용사는 unfavorable이다. (reluctant 꺼리는)

21 unusually ★★

[ʌnjúːʒuəli]

파 unusual adj 특이한, 흔하지 않은

adv 이례적으로, 평소와 달리

South Florida is experiencing / **unusually** cold weather. 플로리다 남부는 겪고 있다 / 이례적으로 추운 날씨를

> 🎯 **토익 출제 포인트 (Part 5&6)**
>
> the (**unusually** / ~~exactly~~) high demand
> 이례적으로 높은 수요
> → 형용사 high와 어울려 '이례적으로 높은'이라는 의미를 만드는 unusually가 정답이다. 이외에도 unusually large/heavy/hot(이례적으로 큰/무거운/더운) 과 같은 표현이 자주 출제되므로 기억해 두자. (exactly 정확하게)

22 actually ★★

[ǽktʃuəli]

adv 실제로, 정말로

None of the companies / were **actually** in compliance / with environmental standards.
어떤 회사도 / 실제로 준수하지 않았다 / 환경 기준을

23 population ★

미 [pàpjuléiʃən]
영 [pɔ̀pjuléiʃən]

n 개체 수, 인구

The Urban Ecology Center / regularly tracks turtle **population** changes / along the Hu River.
도시 생태 센터는 / 정기적으로 거북이 개체 수의 변화를 추적한다 / Hu 강을 따라

24. emission ★★
[imíʃən]
(파) emit v 배출하다, 방출하다

n 배출, 방출

Unfortunately, / global greenhouse **gas emission** levels / continue to rise.
불행하게도 / 세계 온실가스 배출 수준은 / 계속 증가하고 있다

25. practice ★★
[præktis]

n 관행, 관습; 연습

Mild Shipping has **adopted practices** / that will conserve the company's resources.
Mild Shipping은 관행을 취했다 / 회사의 자원을 절약해 줄

> **토익 출제 포인트 (Part 7_동의어 찾기)**
>
> The conference will focus on best environmental "**practices**".
> (A) ways of doing something
> (B) rehearsals of something
> 그 회의는 최적의 환경 관습에 초점을 맞출 것이다.
> → practice가 문맥상 '관습, 관행'이라는 의미로 쓰이면 ways of doing something(무언가를 하는 방식)과 동의어가 된다. (rehearsal of something 무언가의 리허설)

26. climate ★★
[kláimət]

n 기후

With its **moderate climate**, / Verona is a popular tourist attraction.
온화한 기후를 가진 / 베로나는 인기 있는 관광 명소이다

27. accumulation ★★
[əkjùːmjuléiʃən]

n 축적

Due to a rapid **accumulation of snow** / in the area, / many had to stay at home.
빠르게 눈이 쌓여 / 그 지역에 / 많은 사람들은 집에 머물러야 했다

28. vast ★★
미 [væst]
영 [vɑːst]
(파) vastly adv 대단히, 엄청나게

adj 거대한, 방대한

The **vast meadowland** / of Berno Mountain / is home to a variety of animals.
거대한 초원은 / Berno 산의 / 다양한 동물들의 서식지이다

29 usage *
[júːsidʒ]

n 사용(량)

The state's new driving law / is expected / to greatly **reduce** fuel **usage**.
그 주의 새로운 운전 법은 / 예상된다 / 연료 사용량을 크게 줄일 것으로

🔍 빅데이터 토익 빈출 표현 ● 빈출도
annual[regular] **usage** 연간[정기적인] 사용(량) ●

---

30 recycling *
[risáikliŋ]
ⓟ recycle v 재활용하다

n 재활용

To reduce waste, / Sant, Inc., has decided / to implement a new **recycling** policy.
쓰레기를 줄이기 위해 / Sant 사는 결정했다 / 새로운 재활용 정책을 시행하기로

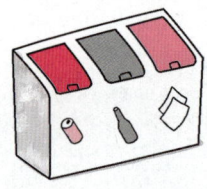

⊕ 토익 출제 포인트 (Part 6)

(**Recycling** / ~~Repairing~~) your unwanted phone is easy. Simply drop your old devices in this collection box, and we will **reclaim** them.
불필요한 전화기를 재활용하는 것은 쉽습니다. 오래된 기기를 수거함에 넣어 두시면, 저희가 재활용할 것입니다.
→ 뒤에 reclaim(재활용하다) 표현이 있으므로 동의어인 recycle(재활용하다) 동사가 오는 것이 알맞다. (repair 수리하다)

---

31 worsening *
미 [wə́ːrsniŋ]
영 [wə́ːsniŋ]
ⓟ worsen v 악화되다; 악화시키다

adj 악화되는

Worsening weather **conditions** / may bring about / cable reception problems.
기상 악화는 / 야기할 수 있다 / 케이블 방송 수신 문제를

---

32 forecast *
미 [fɔ́ːrkæ̀st]
영 [fɔ́ːkɑ̀ːst]

n 예보, 예상, 예측

The **weather forecast** / predicted a huge snowstorm / in Mali.
일기 예보는 / 큰 눈보라를 예측했다 / 말리에

33 portion *
미 [pɔ́ːrʃən]
영 [pɔ́ːʃən]

n 부분, 일부 (of)

The annual rainfall / in the **southern portion** of the state / has decreased substantially.
연간 강우량이 / 주 남부 지역의 / 현저히 감소했다

34 reusable *
[riːjúːzəbl]

adj 재사용할 수 있는

The **reusable** coffee **cup** / designed by UD Creation / is very popular / among young adults.
재사용할 수 있는 커피 잔은 / UD Creation이 설계한 / 매우 인기가 있다 / 젊은 성인들 사이에서
▶ UD Creation이 설계한 재사용할 수 있는 커피 잔은 젊은 성인들 사이에서 매우 인기가 있다.

35 soak *
미 [souk]
영 [səuk]

v 흠뻑 적시다, 푹 담그다 (A in B)

Despite the heavy **rains** / that **soaked** the city, / more people participated in the concert / than last year.
폭우에도 불구하고 / 도시를 흠뻑 적신 / 더 많은 사람들이 콘서트에 참가했다 / 작년보다

> **토익 출제 포인트 (Part 5&6)**
> Do not (drain / **soak**) the clothes in hot water.
> 뜨거운 물에 옷을 푹 담그지 마세요.
> → soak는 soak A in B(A를 B에 푹 담그다) 형태로 종종 출제된다. (drain 액체를 빼내다)

36 source *
미 [sɔːrs]
영 [sɔːs]

n 수원, 원천, 근원; 출처, 정보원

The main natural **source** of water / in Bangi / is Kubamba Lake. 주요 천연 수원은 / 방이의 / Kubamba 호수이다

We obtained this weather information / **from a reliable source**. 우리는 이 기상 정보를 얻었다 / 믿을 만한 출처에서

환경/날씨

37 **sparingly** *
[spέərinli]

adv 절약하여, 아껴서

All employees / at Westfield Company / are asked / to **use** the color printer / **sparingly**.
모든 직원들은 / Westfield 사의 / 요청받는다 / 컬러 프린터를 사용하도록 / 절약하여

▶ Westfield 사의 모든 직원들은 컬러 프린터를 절약하여 사용하라는 요청을 받고 있다.

38 **steep** *
[sti:p]

adj 급격한; 가파른

The recent drought / has led to **a steep increase** / in water usage in farms.
최근의 가뭄은 / 급격한 증가를 초래했다 / 농장 물 사용량에서의

> **빅데이터 토익 빈출 표현** ● 빈도도
> a **steep** increase[decrease] in ~에서의 급격한 증가[감소] ●
> **steep** slope 가파른 비탈 ●

39 **dispose** *
미 [dispóuz]
영 [dispáuz]
⑳ disposal ⓝ 처분, 처리

v 폐기하다, 처분하다, 없애다 (of)

Please **dispose of** only recyclable materials / in this container. 재활용 가능한 재료만 폐기해 주세요 / 이 용기에는

> **토익 출제 포인트 (Part 5&6)**
> (**dispose** / relieve) of harmful chemicals
> 유해한 화학 물질을 폐기하다
> → 전치사 of와 함께 쓰이는 자동사를 고르는 문제로, dispose는 '~을 폐기하다, 처분하다'라는 의미일 때 반드시 전치사 of가 있어야 목적어를 취할 수 있다. (relieve (부담 등을) 덜어 주다)

40 **pollution** *
[pəlú:ʃən]
⑳ pollutant ⓝ 오염 물질, 오염원

n 오염

This week's marathon / is to **raise awareness** / of **pollution** in our community.
이번 주 마라톤 대회는 / 인식을 높이기 위한 것이다 / 우리 지역 사회의 오염에 대한

Day 27 **Daily Test**

A 각 영어 단어의 알맞은 의미를 찾아 연결하세요.

01 restoration • • ⓐ 복구, 회복
02 emphasis • • ⓑ 급격한; 가파른
03 steep • • ⓒ 강조, 중점
04 worsening • • ⓓ 악화되는

B 우리말과 일치하도록 다음 빈칸에 알맞은 단어를 찾아 넣으세요.

| ⓐ consecutive ⓑ initiative ⓒ preserve ⓓ emission ⓔ unfavorable |

05 take the _____ 솔선해서 하다, 주도하다
06 _____ market conditions 불리한 시장 여건
07 for seven _____ years 7년 연속으로
08 _____ a historic building 역사적인 건물을 보존하다

C 다음 빈칸에 문맥상 적절한 단어를 찾아 넣으세요.

해석 p. 509

| ⓐ authority   ⓑ conserved   ⓒ protect |
| ⓓ usage   ⓔ prevented |

09 Mr. Fotti has the _____ to change the whole marketing plan.
10 The unusually cold weather _____ us from traveling to London.
11 We will implement measures to reduce the _____ of electricity.
12 Scientists have developed several new ways to _____ crops.

정답 01 ⓐ 02 ⓒ 03 ⓑ 04 ⓓ 05 ⓑ 06 ⓔ 07 ⓐ 08 ⓒ 09 ⓐ 10 ⓔ 11 ⓓ 12 ⓒ

토익 LC/RC 짝꿍 표현

환경/날씨

☐ **waste**	n 쓰레기, 폐기물	reduce the amount of **waste** 쓰레기 양을 줄이다 excessive **waste** 과도한 쓰레기	
☐ **drought**	n 가뭄	during the **drought** season 가뭄 철 동안에 adversely affected by the **drought** 가뭄에 의해 악영향을 받은	
☐ **litter**	v 쓰레기를 버리다 n 쓰레기	Please do not **litter**. 쓰레기를 투기하지 마십시오. pick up **litter** 쓰레기를 줍다	
☐ **furnace**	n 보일러	a **furnace** inspection 보일러 점검 renovate the **furnace** 보일러를 개조하다	
☐ **fossil**	n 화석	**fossil** fuel 화석 연료 a special **fossils** exhibit 특별 화석 전시회	
☐ **subtle**	adj 미세한, 미묘한	**subtle** fragrance 미세한 향 **subtle** differences 미묘한 차이	
☐ **heritage**	n 유산	national **heritage** 국가적인 유산 preserve cultural **heritage** 문화유산을 보존하다	
☐ **sustain**	v 유지하다, 지속시키다	**sustain** the forestry 산림을 유지하다 the **sustained** revenue growth 지속된 수익 증가	
☐ **fertilizer**	n 비료	the use of **fertilizer** 비료의 사용 chemical **fertilizers** 화학 비료	
☐ **abundant**	adj 풍부한, 많은	an **abundant** harvest 풍부한 수확량 an **abundant** supply 많은 양의 공급	
☐ **depleted**	adj 감소된, 고갈된	**depleted** resources 감소된 자원 replace a **depleted** battery 방전된 배터리를 교체하다	
☐ **purify**	v 정화하다	**purify** the air 공기를 정화하다 **purify** water 물을 정화하다	

☐ **ecology**	n 생태계	ecology of mammals 포유류의 생태계 the ecology movement 생태계 보존 운동	
☐ **knowledgeable**	adj 박식한, 아는 것이 많은	a knowledgeable environmentalist 박식한 환경론자 the most knowledgeable recruiter 가장 아는 것이 많은 모집 담당자	
☐ **flood**	v 침수시키다 n 홍수	The roads were flooded. 도로가 침수되었다. flood caused by the heavy rain 폭우로 인해 야기된 홍수	
☐ **dust**	n 먼지	remove dust particles 먼지 입자를 제거하다 eliminate dust 먼지를 없애다	
☐ **landfill**	n 쓰레기 매립지	in a landfill 쓰레기 매립지에 reduce landfill trash 매립지 쓰레기를 줄이다	
☐ **gardening**	n 원예	a gardening service 원예 서비스 gardening tools 원예 도구	
☐ **riverside**	n 강변	along the riverside 강변을 따라 a riverside hotel 강변에 있는 호텔	
☐ **scenery**	n 풍경; 배경, 무대 장치	spectacular scenery 장관을 이루는 풍경 create scenery for the film 영화를 위한 배경을 만들다	
☐ **desert**	n 사막 v 포기하다, 버리다	a barren desert 척박한 사막 desert the current procedure 현재의 절차를 포기하다	
☐ **dirt**	n 흙, 먼지, 때	remove dirt from the floor 바닥에서 흙을 제거하다 with a handful of dirt 한 줌의 흙으로	
☐ **extinction**	n 멸종	in danger of extinction 멸종의 위기에 처한 on the verge of extinction 멸종 직전에 있는	
☐ **shelter**	n 보호소, 대피소	an animal shelter 동물 보호소 a shelter from the rain 비를 피할 수 있는 곳	
☐ **endangered**	adj 멸종 위기에 처한, 위험에 처한	endangered species 멸종 위기에 처한 종 endangered health 위험한 처한 건강 상태	
☐ **botanical**	adj 식물의	a botanical garden 식물원 an annual botanical expo 연례 식물 박람회	

☐ debris	n 잔해	discard debris 잔해를 처리하다 construction debris 공사 잔해	
☐ rainfall	n 강우(량)	annual rainfall 연간 강우량 the average rainfall 평균 강우량	
☐ atmosphere	n 분위기, 환경	maintain a positive atmosphere 긍정적인 분위기를 유지하다 competitive work atmosphere 경쟁적인 근무 환경	
☐ humidity	n 습도, 습기	fluctuating humidity levels 변동이 심한 습도 수준 damaged by humidity 습기에 의해 손상된	
☐ energy-efficient	adj 에너지 효율이 좋은	an energy-efficient design 에너지 효율이 좋은 디자인 energy-efficient appliances 에너지 효율이 좋은 기기	
☐ inclement	adj (날씨가) 좋지 못한, 궂은	due to inclement weather 악천후로 인해 in the event of inclement weather 악천후가 발생할 경우에	
☐ vacuum	n 진공 v 진공청소기로 청소하다	a vacuum cleaner 진공청소기 vacuum carpets 카펫을 진공청소기로 청소하다	
☐ fountain	n 분수	restore a fountain 분수 시설을 복구하다 water fountains 분수대, 식수대	
☐ temperature	n 온도	regulate the temperature 온도를 조절하다 monitor the temperature 온도를 관찰하다	
☐ wildlife	n 야생 동물	a protected wildlife habitat 야생 동물 보호 서식지 wildlife preservation 야생 동물 보호	
☐ receptacle	n 용기, 통, 그릇	place materials in the receptacle 용기에 물품을 넣다 empty a waste receptacle 쓰레기통을 비우다	
☐ species	n (동식물) 종	native bird species 토종 새의 종 common wildlife species 흔한 야생 동물 종	
☐ reforestation	n (숲의) 재식림	reforestation of the mountain 산의 재식림 작업 a reforestation project 재식림 프로젝트	
☐ scatter	v 흩뿌리다, 흐트러뜨리다	scatter the seeds 씨를 흩뿌리다 scatter things about 물건을 흐트러뜨리다	

damp	adj 눅눅한, 축축한	damp and misty weather 눅눅하고 안개 낀 날씨 a damp cloth 축축한 천
emit	v 발산하다, 방출하다	emit hazardous pollutants 유해 오염 물질을 발산하다 harmful gases emitted by vehicles 차량에서 방출되는 유해 가스
conservation	n (자연환경) 보호	water conservation 수원 보호 conservation efforts 보호 노력
sparsely	adv 듬성듬성, 드문드문	a sparsely wooded mountain 듬성듬성하게 나무가 있는 산 plant trees sparsely 드문드문 나무를 심다
terrain	n 지형, 지대	the trail's rough terrain 그 산길의 울퉁불퉁한 지형 uneven terrain 고르지 못한 지대
gusty	adj 거센, 돌풍이 부는	gusty winds 거센 바람 a gusty day 돌풍이 부는 날
precipitation	n 강수(량)	annual precipitation 연간 강수량 an increase in precipitation 강수량의 증가
disposable	adj 일회용의	disposable items 일회용 물품 disposable paper plates 일회용 종이 접시
environmentally-friendly	adj 환경 친화적인	environmentally-friendly companies 환경 친화적인 회사 environmentally-friendly practices 환경 친화적인 관행
in the meantime	phr 그동안, 그 사이에	In the meantime, check your local weather. 그동안, 지역 날씨를 확인해 보세요. In the meantime, I will contact you. 그 사이에, 제가 연락드리겠습니다.
disaster	n 참사, 재난	disaster victims 참사 희생자들 disaster recovery 재난 복구
cleaning supplies	phr 청소 용품	natural cleaning supplies 천연 청소 용품 environmentally-friendly cleaning supplies 환경 친화적인 청소 용품
ventilation	n 환기	an efficient ventilation system 효율적인 환기 시스템 ventilation ducts 환기관
valley	n 계곡, 골짜기	in the valley 계곡에 a mountain valley 산골짜기

DAY 28

건강/의료

오늘의 단어 듣기

토익에서는 진료 예약, 정기 검진, 의사의 진단과 치료법, 운동, 영양, 식생활과 같은 건강/의료 관련 주제가 출제됩니다.

📖 내일부터!

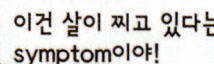

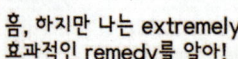

01 recommend ★★★
[rèkəménd]
ⓝ recommendation ⓝ 추천

ⓥ 추천하다, 권하다

Doctors **recommend** / **getting** a routine checkup / every 6 months. 의사들은 권한다 / 정기 검진을 받을 것 / 6개월마다

🎯 토익 출제 포인트 (Part 5&6)

recommend (**taking** / <s>to take</s>) a different course
다른 강좌를 수강할 것을 권하다
→ recommend는 to부정사가 아닌 동명사를 목적어로 취한다.

🔍 빅데이터 토익 빈출 표현 • 빈출도

recommend that + 주어 + (should) + 동사원형
~하는 것을 추천하다 ●●●
make a **recommendation** 추천하다 ●●●
a letter of **recommendation** 추천서 ●●

02 appointment ★★★
[əpɔ́intmənt]
ⓥ appoint ⓥ 약속하다; 임명하다, 지명하다

ⓝ 예약, 약속; 임명

Patients are advised / to **make appointments** / at least 7 days in advance.
환자들은 권고된다 / 예약할 것이 / 적어도 7일 전에

🔍 빅데이터 토익 빈출 표현 • 빈출도

make[arrange] an **appointment** 예약[약속]을 잡다 ●●
appointment of a new president 새로운 회장의 임명 ●

03 potential ★★★
[pəténʃəl]
ⓐⓓ potentially adv 잠재적으로

ⓝ 잠재력, 가능성 (for)

The new medicine / has **potential** / for providing more cost-effective healthcare.
그 신약은 / 잠재력을 가지고 있다 / 더 비용 효과적인 의료를 제공할

ⓐⓓⓙ 잠재적인, (~될) 가능성이 있는

The **potential benefits** / of maintaining a healthy diet / outweigh the inconveniences.
잠재적인 이점은 / 건강한 식단을 유지하는 것의 / 불편함을 능가한다

🔍 빅데이터 토익 빈출 표현 • 빈출도

potential clients 잠재 고객들 ●●●
potentially harmful 잠재적으로 유해한 ●●

건강/의료 | 457

04 periodically ★★★

[pìəriádikəli]

㉾ periodical ⓝ 정기 간행물
period ⓝ 기간, 시기

adv 주기적으로, 정기적으로

Oman Medical Institute / **periodically** purchases / quality medical equipment.
Oman 의학 연구소는 / 주기적으로 구입한다 / 양질의 의료 기기를

> ◈ 토익 출제 포인트 (Part 5&6)
>
> Brandon (**periodically** / ~~previously~~) checks his e-mail.
> Brandon은 주기적으로 이메일을 확인한다.
> → periodically는 '습관, 반복'을 나타내는 현재 시제 동사와 함께 정답으로 자주 출제된다. (previously 이전에)

05 reliance ★★★

[riláiəns]

㉾ reliant ⓐⓓⓙ 의존하는, 의지하는

ⓝ 의존, 의지 (on)

Some patients / seek alternative treatments / to avoid **reliance** / **on** costly medication.
일부 환자들은 / 대체 치료법을 찾는다 / 의존을 피하기 위해 / 비싼 약에 대한

06 substitute ★★★

미 [sʌ́bstətù:t]
영 [sʌ́bstitjù:t]

㉾ substitution ⓝ 대용(품)

ⓝ 대용품, 대체물; 대신하는 사람 (for)

Honey / is a popular **substitute for** sugar / when baking. 꿀은 / 인기 있는 설탕 대용품이다 / 빵을 구울 때

ⓥ 대체하다, 대신하다 (A for B)

Tofu can be **substituted** / **for** red meat / to achieve optimal health levels.
두부는 대체할 수 있다 / 붉은 고기를 / 최적의 건강 수준을 달성하기 위해

07 persistent ★★★

미 [pərsístənt]
영 [pəsístənt]

㉾ persistently ⓐⓓⓥ 지속적으로; 끈질기게
persistence ⓝ 지속; 끈기

adj 만성적인, 계속되는; 끈기 있는, 끈질긴

Simple home remedies / can help cure you / of the **persistent** flu virus.
간단한 가정 요법이 / 당신을 치료하는 데 도움을 줄 수 있습니다 / 만성적인 독감 바이러스를

> ◎ 빅데이터 토익 빈출 표현   ● 빈도도
>
> **persistent** effort 끈기 있는 노력 ★★

458 | 영단기 토익 기출 보카

08 **treatment** ★★★
[tríːtmənt]
(파) treat ⓥ 치료하다; 대접하다, 대우하다

ⓝ 치료; 대접, 대우
Most of the patients / showed great satisfaction / with the **new treatment program**.
대부분의 환자들이 / 큰 만족을 보였다 / 새로운 치료 프로그램에

> 🎯 **토익 출제 포인트 (Part 7_동의어 찾기)**
>
> Please "**treat**" customers with respect.
> (A) repair   (B) deal with
> 고객들을 정중하게 대하세요.
> → treat가 문맥상 '대접하다, 대우하다'라는 의미로 쓰이면 deal with(~을 대하다)와 동의어가 된다. (repair 수리하다)

🔍 **빅데이터 토익 빈출 표현**   ● 빈출도

receive[get] **treatment** for a cold 감기 치료를 받다 ●●
treat an illness 병을 치료하다 ●●
treat A to lunch A에게 점심을 대접하다 ●

09 **symptom** ★★★
[símptəm]

ⓝ 증상, 증세
Symptoms of a cold / include a sore throat and headache. 감기 증상은 / 인후염과 두통을 포함한다

🔍 **빅데이터 토익 빈출 표현**   ● 빈출도

show[display] **symptoms** 증세를 보이다 ●

10 **relieve** ★★★
[rilíːv]

ⓥ (고통 등을) 완화하다, 덜어주다
Doctors recommend / warm baths / to **relieve pain** / in the joints.
의사들은 권한다 / 따뜻한 목욕을 / 통증을 완화하기 위해 / 관절의

11 **conscious** ★★★
미 [kánʃəs]
영 [kɔ́nʃəs]

adj 의식하는, 의식이 있는 (of)
Health-**conscious** parents / requested / that the school improve / its lunch menu.
건강에 신경 쓰는 부모들은 / 요구했다 / 학교가 개선할 것을 / 점심 메뉴를

🔍 **빅데이터 토익 빈출 표현**   ● 빈출도

conscious of ~을 의식하고 있는, 알고 있는 ●●●

건강/의료 | 459

12 cause ★★
[kɔːz]

v (~로 하여금) ~하게 하다 (A to V); 야기하다, 초래하다

Healthy cooking shows / have **caused** viewers / **to reconsider** their eating habits.
건강 요리 쇼는 / 시청자들로 하여금 하게 했다 / 그들의 식습관을 재고하도록
▶ 건강 요리 쇼는 시청자들로 하여금 그들의 식습관을 재고하게 했다.

n 원인 (of); 이유

The technology allows doctors / to easily **determine** / the **cause** of the patients' illnesses.
그 기술은 의사들로 하여금 가능하게 한다 / 쉽게 알아내는 것을 / 환자들의 질병 원인을

> ⊕ 토익 출제 포인트 (Part 5&6)
>
> The storm caused (**delays** / ~~to delay~~) in shipment.
> 폭풍우가 배송을 지연시켰다.
> → 동사 cause는 cause A to V(A로 하여금 ~하게 하다) 형태는 가능하지만, 바로 뒤에 to부정사를 취하는 cause to V 형태로는 쓰이지 않는다.

13 check ★★
[tʃek]

(동) inspection, examination 점검
inspect, examine 점검하다

n 점검, 검사

A number of **quality checks** / will be conducted / in South Saint Hospital.
많은 품질 점검이 / 시행될 것이다 / South Saint 병원에서

v 점검하다, 검사하다

Before getting a membership / at a gym, / **check** its exercise **equipment**.
회원 가입 전에 / 체육관에서 / 운동 기구를 점검하세요

14 common ★★
미 [kámən]
영 [kɔ́mən]

(파) commonly **adv** 통상, 일반적으로

adj 흔한, 보통의; 공통의

It is **fairly common** / for hospitals / to have security staff. 꽤 흔한 일이다 / 병원에 / 보안 요원이 있는 것은

> 🔍 빅데이터 토익 빈출 표현 ● 빈출도
>
> have A in **common** A를 공통으로 가지고 있다 ★★

15 ingredient **
[iŋgríːdiənt]

n (요리의) 재료, 성분

The Thai restaurant / uses only **the freshest ingredients** / for customers' health.
그 태국 식당은 / 가장 신선한 재료만을 사용한다 / 고객들의 건강을 위해

> 🎯 **토익 출제 포인트 (Part 5&6)**
>
> The chef used only organic (materials / **ingredients**) for the dish. 그 요리사는 요리에 오직 유기농 재료만을 사용했다.
> → 둘 다 '재료'라는 의미가 있지만, '요리의 재료'를 의미하는 것은 ingredient이다. (material (물건의) 재료, 자재)

16 knowledge **
미 [nάlidʒ]
영 [nɔ́lidʒ]
adj knowledgeable 해박한, 박식한

n 지식 (of/about)

Dr. Harmon is often consulted / for his **knowledge** / **of** medical advances.
Harmon 박사에게 종종 상담을 한다 / 그의 지식 때문에 / 의학적 발전에 대한

> 🔍 **빅데이터 토익 빈출 표현** • 빈출도
>
> broaden[expand] one's **knowledge** 지식을 넓히다 •

17 extremely **
[ikstríːmli]

adv 극도로, 극히; 매우

Dr. Han was **extremely** happy / to be the new chief surgeon / at Royal Hospital.
Han 박사는 극도로 기뻤다 / 새로운 외과 의사가 된 것에 / Royal 병원의

> 🎯 **토익 출제 포인트 (Part 5&6)**
>
> Sales have increased (extremely / **dramatically**).
> 매출이 급격하게 증가했다.
> → extremely는 형용사나 부사의 원급만 수식하고 동사는 수식할 수 없으므로 주의하자. (dramatically 급격하게)

18 nevertheless **
미 [nèvərðəlés]
영 [nèvəðəlés]

adv 그럼에도 불구하고

Stressed and exhausted, / Dr. Santiago **nevertheless** completed / his first year as an intern.
스트레스를 받고 지쳤지만 / 그럼에도 불구하고 Santiago 박사는 마쳤다 / 그의 인턴으로서의 첫해를

19. diagnose ★★
미 [dáiəgnòus]
영 [dáiəgnèuz]
ⓓ diagnosis n 진단
diagnostic adj 진단의, 진단을 위한

v 진단하다
To **diagnose** illnesses, / medical professionals / employ a variety of blood tests.
질병을 진단하기 위해 / 의료 전문가들은 / 다양한 혈액 검사를 사용한다

20. advantage ★★
미 [ædvǽntidʒ]
영 [ədvάːntidʒ]
ⓓ advantageous adj 유리한, 이로운

n 우위, 우세 (over); 이점, 장점 (of)
As the restaurant serves / only healthy meals, / it has an **advantage** / **over** its competitors.
그 식당은 제공하기 때문에 / 몸에 좋은 음식만을 / 우위에 있다 / 경쟁 업소보다

🔍 빅데이터 토익 빈출 표현 ● 빈출도
take **advantage** of ~을 이용[활용]하다 ●●●●

21. care ★★
미 [kɛər]
영 [kɛə]

n 치료, 돌봄; 주의, 조심
HK Hospital's diverse array of medical services / allow patients / to receive comprehensive **care**.
HK 병원의 다양한 의료 서비스는 / 환자들로 하여금 가능하게 한다 / 종합적인 치료를 받는 것을

v 보살피다, 돌보다 (for)
Nurses / cannot **care for** patients adequately / when they are too tired.
간호사들은 / 환자들을 제대로 보살필 수 없다 / 너무 피곤할 때는

⊕ 토익 출제 포인트 (Part 5&6)
Your belongings will be handled with (**care** / repair).
당신의 소지품은 조심스럽게 다뤄질 것입니다.
→ 전치사 with와 함께 쓰여 '조심스럽게'라는 의미를 만드는 care가 정답이다. with care는 carefully와 같은 의미의 표현으로 기억해 두자. (repair 수리)

🔍 빅데이터 토익 빈출 표현 ● 빈출도
take **care** of ~을 돌보다 ●●●

22 reminder **

[rimáindər]

⊞ remind ☑ 상기시키다, 생각나게 하다

n 상기시키는 것, 생각나게 하는 것

South Health Clinic / routinely **sends a reminder** / **to** its patients / for appointments.
South Health 클리닉은 / 정기적으로 상기시켜 주는 메시지를 보낸다 / 환자들에게 / 예약에 대해
▶ South Health 클리닉은 정기적으로 환자들에게 예약에 대해 상기시켜 주는 메시지를 보낸다.

🔍 **빅데이터 토익 빈출 표현** ● 빈출도

This is a **reminder** that절.
이것은 ~을 상기시키기 위한 편지[이메일/문자]입니다. ●●●

23 dietary **

[dáiətèri]

adj 식사의, 식생활의

In-flight meals / can be catered to those / with **dietary** restrictions.
기내식은 / 사람들에게 맞춤 제공될 수 있다 / 식사에 제약이 있는

24 ultimately **

[ʌ́ltəmətli]

동 finally, eventually 결국

adv 결국, 궁극적으로

Ultimately, / Dr. Alvarez determined / the surgery would be too risky.
결국 / Alvarez 박사는 판단했다 / 그 수술이 너무 위험할 것이라고

🎯 **토익 출제 포인트 (Part 5&6)**

(**Ultimately** / ~~Widely~~), we decided to join the program.
결국, 우리는 그 프로그램에 참여하기로 결정했다.
→ ultimately는 주로 문두에 위치하여 문장 전체를 수식하므로 위치상/의미상으로 모두 적절한 Ultimately가 정답이다. (widely 널리, 광범위하게)

25 consume **

미 [kənsúːm]
영 [kənsjúːm]

⊞ consumer n 소비자

☑ 섭취하다, 소비하다

To easily **consume** / enough **vegetables**, / try drinking / a nutritious smoothie / daily.
쉽게 섭취하려면 / 충분한 채소를 / 마셔 보세요 / 영양이 풍부한 스무디를 / 매일

26 insurance ★★
미 [inʃúːrəns]
영 [inʃɔ́ːrəns]

n 보험(료) (against)
Hurst Athletics / offers its employees / an attractive **health insurance** plan.
Hurst Athletics는 / 직원들에게 제공한다 / 매력적인 의료 보험 상품을

> 🔍 빅데이터 토익 빈출 표현
> **insurance** policy 보험 증권 ●●●
> purchase[buy] **insurance** against ~에 대비해 보험을 들다 ●●

● 빈출도

27 prescription ★★
[priskrípʃən]
파 prescribe **v** 처방하다

n 처방(전)
The Bintan Pharmacy / is well known / for **processing prescriptions** / fast and efficiently.
Bintan 약국은 / 잘 알려져 있다 / 처방전을 처리하는 것으로 / 빠르고 효율적으로

28 mutually ★★
[mjúːtʃuəli]

adv 서로, 상호 간에
The partnership / between physicians and food manufactures / proved to be **mutually** beneficial.
협력은 / 의사들과 식품 제조 업체들과의 / 서로 이익이 되는 것으로 밝혀졌다

29 athletic ★
[æθlétik]
파 athlete **n** 운동선수

adj 운동용의; 운동선수다운; 경기의
People / serious about fitness / spend a lot / on durable **athletic** wear.
사람들은 / 건강에 대해 진지한 / 돈을 많이 쓴다 / 내구성 있는 운동복에

30 invaluable ★
[invǽliuəbl]
파 valuable **adj** 귀중한

adj 귀중한, 매우 중요한 (to/for)
Dr. Arai / had an **invaluable** opportunity / to join one of the most prestigious hospitals.
Arai 박사는 / 귀중한 기회를 얻었다 / 가장 권위 있는 병원 중 곳에 들어갈 수 있는

> 🔍 빅데이터 토익 빈출 표현
> **invaluable** to[for] ~에게 매우 중요한 ●●

● 빈출도

31 medicine *
[médəsin]
ⓐ medical adj 의학의

n 약, 약물; 의학, 의술

Please be advised / that Cyquill, / a popular **cold medicine**, / may induce sleep.
숙지하시기 바랍니다 / Cyquill이 / 유명한 감기약인 / 졸음을 유발할 수 있다는 점을

32 wellness *
[wélnis]

n 건강

The company will **implement** / **a wellness program** / to promote employee health.
그 회사는 시행할 것이다 / 건강 프로그램을 / 직원들의 건강을 증진시키기 위해

33 minimal *
[mínəməl]

adj 최소한의, 아주 적은

The new book illustrates / how to be healthy / with **minimal effort**.
그 신간은 보여 준다 / 어떻게 건강해지는지 / 최소한의 노력으로

34 nutrition *
[njuːtríʃən]
ⓐ nutritional adj 영양상의

n 영양(학)

University students were invited / to participate in a **nutrition** study. 대학생들은 초청을 받았다 / 영양 연구에 참여하도록

35 recover *
[rikʌ́vər]

v 회복하다, 되찾다 (from)

SMC Hospital's physical therapy unit / helps patients / **recover from** severe injuries.
SMC 병원의 물리 치료실은 / 환자들을 돕는다 / 심한 부상에서 회복하도록

36 remedy *
[rémədi]

n 치료(약); 해결책, 개선책 (for)

A pharmacist can provide / an over-the-counter **remedy** / **for** this disease.
약사는 제공할 수 있다 / 처방전 없이 살 수 있는 치료약을 / 이 병의

건강/의료 | 465

37 stretch *
[stretʃ]

n (도로 등의 길게 뻗은) 구간; 지속 기간

The Marina Marathon is held / on a **50-kilometer stretch** / of the coastal road.
Marina 마라톤은 열린다 / 50km 구간에서 / 해안 도로의

> ◆ 토익 출제 포인트 (Part 7_동의어 찾기)
> The two-mile "**stretch**" in the road between Fine Avenue and Main Avenue will be widened.
> (A) enlargement   (B) section
> Fine가와 Main가 사이의 도로 2마일 구간이 확장될 것이다.
> → stretch가 문맥상 '(도로의) 구간'이라는 의미로 쓰이면 section(구역)과 동의어가 된다. (enlargement 확대)

38 worthwhile *
미 [wə̀:rθwáil]
영 [wə̀:θwáil]

adj 가치 있는, 보람 있는

Weekly meal planning / is **worthwhile** / to keep a healthy lifestyle.
주간 식사 계획은 / 가치가 있다 / 건강한 생활 방식을 유지하기 위해

> 🔍 빅데이터 토익 빈출 표현   ● 빈출도
> It is **worthwhile** to V.   ~하는 것은 가치 있다. ••
> find A **worthwhile**   A가 가치 있다고 생각하다

39 medical *
[médikəl]

adj 의료의, 의학의

Keeping patients' **medical** records confidential / is SD Hospital's top priority.
환자 의료 기록을 기밀로 유지하는 것은 / SD 병원의 최우선 과제이다

40 physician *
[fizíʃən]

n 의사

The **physician** advised his patients / to take sufficient rest / for a cold.
그 의사는 자신의 환자들에게 권고했다 / 충분한 휴식을 취하라고 / 감기(치료)를 위해

Day 28 **Daily Test**

A 각 영어 단어의 알맞은 의미를 찾아 연결하세요.

01 recover • • ⓐ 회복하다, 되찾다
02 consume • • ⓑ 귀중한, 매우 중요한
03 invaluable • • ⓒ 의식하는, 의식이 있는
04 conscious • • ⓓ 섭취하다, 소비하다

B 우리말과 일치하도록 다음 빈칸에 알맞은 단어를 찾아 넣으세요.

| ⓐ potential | ⓑ knowledge | ⓒ advantage |
| ⓓ appointment | ⓔ insurance | |

05 arrange an _____ 예약[약속]을 잡다
06 purchase _____ against ~에 대비해 보험을 들다
07 broaden one's _____ 지식을 넓히다
08 take _____ of ~을 이용[활용]하다

C 다음 빈칸에 문맥상 적절한 단어를 찾아 넣으세요.   해석 p. 509

| ⓐ extremely | ⓑ mutually | ⓒ prescription |
| ⓓ care | ⓔ ingredients | |

09 The soup is made from organic _____.
10 Let's arrange a _____ convenient time to meet.
11 The employees are _____ knowledgeable and friendly.
12 Patrons with food allergies are treated with _____ at most restaurants.

정답 01 ⓐ 02 ⓓ 03 ⓑ 04 ⓒ 05 ⓓ 06 ⓔ 07 ⓑ 08 ⓒ 09 ⓔ 10 ⓑ 11 ⓐ 12 ⓓ

토익 LC/RC 짝꿍 표현

건강/의료

☐ **clinical**	adj 임상의	**clinical** procedures 임상 시험 절차 **clinical** practice 임상 실습	
☐ **illness**	n 병, 질환	diagnose an **illness** 병을 진단하다 the fatal **illness** 치명적인 병	
☐ **physical**	adj 신체의, 물리적인	promote **physical** health 신체 건강을 증진하다 find **physical** defects 물리적인 결함을 발견하다	
☐ **drug**	n 약(품)	a **drug** company 제약 회사 a **drug** resistant illness 약에 내성이 있는 병	
☐ **disease**	n 질환, 질병	a respiratory **disease** 호흡기 질환 a widespread **disease** 널리 퍼진 질병	
☐ **awareness**	n 인식, 의식	raise **awareness** of medical services 의료 서비스에 대한 인식을 높이다 increase public **awareness** 대중 의식을 높이다	
☐ **cleanliness**	n 청결(도)	**cleanliness** guidelines for food 음식 청결도 가이드라인 **cleanliness** of the room 방의 청결 상태	
☐ **dental**	adj 치과의	a **dental** office 치과 의원 **dental** instruments 치과용 도구	
☐ **health**	n 건강; 의료	continued good **health** 계속 좋은 건강 상태 a **health** care business 의료 서비스 사업	
☐ **prevention**	n 예방, 방지	**prevention** of injuries 부상 예방 **prevention** of air pollution 공기 오염 방지	
☐ **allergic**	adj 알레르기가 있는	**allergic** to water 물에 알레르기가 있는 those **allergic** to dairy products 유제품에 알레르기가 있는 사람들	
☐ **cosmetics**	n 화장품	a new line of **cosmetics** 새로운 화장품 라인 a market for **cosmetics** 화장품 시장	

단어	품사/뜻	예시
☐ fitness	n 피트니스, 신체 단련	a **fitness** club 피트니스 클럽, 헬스클럽 a workplace **fitness** program 직장 내 신체 단련 프로그램
☐ surgeon	n 외과 전문의	a chief **surgeon** 외과 과장 experienced **surgeons** 경험 많은 외과 전문의들
☐ administrator	n 관리자, 운영 책임자	clinic **administrators** 병원 관리자들 contact an **administrator** 관리자에게 연락하다
☐ remainder	n 나머지, 남은 것	for the **remainder** of the year 올해 남은 기간 중에 the **remainder** of the work 남아 있는 작업
☐ non-profit	adj 비영리의	**non-profit** hospitals 비영리 병원 a **non-profit** organization 비영리 단체
☐ posture	n 자세	maintain healthy **posture** 건강에 좋은 자세를 유지하다 maintain comfortable **posture** 편안한 자세를 유지하다
☐ practitioner	n 개업의, 의사	a medical **practitioner** 개업의 an experienced **practitioner** 경험 많은 의사
☐ antibiotic	adj 항생의 n 항생제	a new **antibiotic** medication 새로운 항생 의약품 prescribe **antibiotics** 항생제를 처방하다
☐ informational	adj 정보를 제공하는	an **informational** meeting for doctors 의사들에게 정보를 제공하는 회의 register for **informational** sessions 정보 제공을 위한 시간에 등록하다
☐ grand	adj 성대한, 대대적인	the **grand** opening of the hospital 병원의 성대한 개장 the **grand** opening ceremony 대대적인 개장 행사
☐ workload	n 업무량	doctors' regular **workload** 의사들의 일반 업무량 heavy **workload** 과도한 업무량
☐ staffing	n 직원 채용	**staffing** needs of the hospital 병원의 직원 채용 필요성 maintain current **staffing** levels 현재의 직원 규모를 유지하다
☐ dose	n 복용량, 투여량	a high **dose** of medicine 다량의 약 복용량 exceed the **dose** 복용량을 초과하다
☐ culinary	adj 요리의	a **culinary** school for healthy cooking 건강에 좋은 음식을 만드는 요리 학교 **culinary** equipment 요리 도구

☐ ergonomic	adj 인체 공학의	a doctor-recommended **ergonomic** chair 의사가 추천하는 인체 공학적인 의자 **ergonomic** design of the furniture 인체 공학적인 가구 디자인	
☐ dehydration	n 탈수	avoid **dehydration** 탈수를 피하다 suffer from **dehydration** 탈수로 고생하다	
☐ on behalf of	phr ~을 대표해, 대신해	**on behalf of** the hospital 병원을 대표해 **on behalf of** the company 회사를 대표해	
☐ medication	n 약(물)	take **medication** 약을 먹다 be on **medication** 약물 치료 중이다	
☐ lifestyle	n 생활 방식	a healthy **lifestyle** 건강한 생활 방식 a traditional **lifestyle** 전통적인 생활 방식	
☐ meal	n 식사	healthful **meals** 건강에 좋은 식사 indicate **meal** preferences 선호하는 식사를 표기하다	
☐ doctor's office	phr 진료소, 병원	arrive at the **doctor's office** 진료소에 도착하다 visit the **doctor's office** 병원을 방문하다	
☐ of one's choice	phr 직접 선택한	a meal **of one's choice** 직접 선택한 식사 a bank **of one's choice** 직접 선택한 은행	
☐ establishment	n 시설, 기관	a medical **establishment** 병원 시설 a local dining **establishment** 지역 식당	
☐ dermatologist	n 피부과 전문의	see a **dermatologist** 피부과 전문의 진찰을 받다 speak with a **dermatologist** 피부과 전문의와 이야기하다	
☐ relaxing	adj 마음을 편하게 하는, 긴장을 풀어 주는	a **relaxing** atmosphere 편안한 환경 a **relaxing** stay 편안한 숙박	
☐ ease	n 용이함, 편의성 v 완화하다	with **ease** 용이하게 **ease** traffic congestion 교통 혼잡을 완화하다	
☐ cure	n 치료(약), 치료법 v 치료하다	search for a **cure** 치료약을 찾다 **cure** an illness 병을 치료하다	
☐ pharmacist	n 약사	speak to the **pharmacist** 약사와 이야기하다 a **pharmacist**'s office 약국	

□ fatigue	n 피로	minimize **fatigue** 피로를 최소화하다 relieve **fatigue** 피로를 덜다
□ aging	n 노화, 나이 먹음	an **aging** population 노령화 인구 an **aging** society 노령화 사회
□ emergency	n 비상 (사태), 응급 상황	an **emergency** exit 비상구 **emergency** repair work 비상 수리 작업
□ wary	adj 조심하는, 경계하는	Please be **wary** of sweets. 단것을 조심하십시오. Children should be **wary** of strangers. 아이들은 낯선 사람들을 경계해야 한다.
□ transmit	v 전염시키다; 전하다	**transmit** the flu 감기를 전염시키다 **transmit** information 정보를 전하다
□ highlight	v 강조하다	**highlight** the contribution of the nurses 간호사들의 공헌을 강조하다 to **highlight** an event 행사를 강조하기 위해
□ intake	n 섭취(량)	sodium **intake** 나트륨 섭취 reduce **intake** 섭취량을 줄이다
□ patient	n 환자	meet the needs of **patients** 환자들의 요구를 충족하다 improve **patient** care 환자 치료 서비스를 개선하다
□ dietitian	n 영양사	a certified **dietitian** 공인 영양사 train **dietitians** 영양사들을 교육하다
□ slip-resistant	adj 미끄럼 방지의	**slip-resistant** footwear 미끄럼 방지용 신발 **slip-resistant** products 미끄럼 방지용 제품
□ workout	n 운동	during **workouts** at the gym 체육관에서 운동하는 중에 importance of **workouts** 운동의 중요성
□ on a first-come, first-served basis	phr 선착순으로	serve patients **on a first-come, first-served basis** 선착순으로 환자들을 받다 available **on a first-come, first-served basis** 선착순으로 이용 가능한
□ year-round	adj 연중 계속되는	**year-round** training for nurses 간호사들을 위한 연중 교육 provide **year-round** service 연중 서비스를 제공하다
□ infection	n 전염병	an ear **infection** 귀 전염병 spread an **infection** 전염병을 퍼뜨리다

DAY 29

교통/차량

오늘의 단어 듣기

토익에서는 버스, 지하철, 기차, 여객선, 비행기 등의 대중교통 수단, 교통 체증을 줄이기 위한 다양한 시도, 도로의 포장과 수리 등이 출제됩니다.

📖 고마운 조언?

오늘도 점심을 안 먹었더니 힘이 없네.
택시 타고 가야지.

다희 씨, 퇴근? 뭐 타고 commute 하세요?
택시 타려고요.

노 노, 지금은 congestion이 심할 때라 지하철을 타시길 advise 합니다.

하긴, 지금은 택시 fare가 많이 나오겠네요. 지하철이 낫겠어요.
고마워요.
뭘요.

단기역에서 transfer 해야 하니까... 가장 빠른 환승이...

으윽... 태준 씨~ 내게 이런 시련을 undergo 하게 해줬군요!

01 advise ★★★
[ædváiz]
- ⓐ advice ⓝ 조언, 충고
- advisable adj 바람직한, 권할 만한

v 권고하다, 조언하다 (A to V/that절); 알리다 (A of B)
Passengers **are** advised / **to keep** their belongings close / at all times.
승객들은 권고된다 / 소지품을 가까이 둘 것이 / 항상

⊕ 토익 출제 포인트 (Part 5&6)
We will (advise / ~~suggest~~) Mr. Vinson of our decision today. 우리는 오늘 Vinson 씨에게 우리의 결정을 알릴 것이다.
→ 뒤에 A(사람) of B(A에 대해 B에 대해 알리다) 구조를 취할 수 있는 advise가 정답이다. suggest(제안하다)는 주로 동명사나 that절을 목적어로 취한다.

⊙ 빅데이터 토익 빈출 표현
● 빈출도
be **advised** to V ~할 것이 권고되다 ●●●●
Please be **advised** that절. ~임을 숙지하시기 바랍니다. ●

02 schedule ★★★
- 미 [skédʒuːl]
- 영 [ʃédjuːl]

v 예정하다, 일정을 잡다 (A to V)
The 11:30 train / **is** scheduled / **to depart** from Track 18. 11시 30분 기차는 / 예정이다 / 18번 트랙에서 출발할

n 일정, 계획
A **revised** schedule / for the construction project / on Cyprus Road / was released.
수정된 일정이 / 공사 프로젝트에 대한 / Cyprus로의 / 발표되었다

03 heavy ★★★
[hévi]
- ⓐ heavily adv 많이, 심하게; 무겁게

adj 많은, 심한; 무거운
We expect delays / due to heavy **traffic** / in the surrounding area.
우리는 지체될 것을 예상하고 있다 / 많은 교통량으로 인해 / 주변 지역의

⊕ 토익 출제 포인트 (Part 5&6)
due to (~~lengthy~~ / **heavy**) call volumes 많은 통화량으로 인해
→ call volumes(통화량)와 의미상 어울리는 형용사는 '(정도·양 등이) 많은'이라는 의미의 heavy이다. (lengthy 긴, 장황한)

교통/차량 | 473

04 notable ***
미 [nóutəbl]
영 [nə́utəbl]

adj 유명한; 주목할 만한 (for)
The **notable** economist James Marsden / was consulted / regarding the new vehicle tax.
유명한 경제학자인 James Marsden은 / 자문을 받았다 / 새로운 자동차세에 관해

> 🔍 **빅데이터 토익 빈출 표현** ● 빈출도
> be **notable** for ~로 유명하다 **

05 once ***
[wʌns]
⑧ as soon as ~하자마자

conj ~하자마자
Once the construction of Highway 9 / is complete, / traffic conditions / will improve.
9번 고속 도로 공사가 / 완료되자마자 / 교통 상황은 / 개선될 것이다

adv 한때, 예전에; 한 번
Highway 54, / the country's largest, / was **once** a dirt road. 54번 고속 도로는 / 나라에서 가장 큰 / 한때 비포장도로였다
Routine maintenance / is performed / **once** a month / on all vehicles.
정기 유지 보수는 / 수행된다 / 한 달에 한 번 / 모든 차량에 대해

> ➕ **토익 출제 포인트 (Part 5&6)**
> Tony has been to the restaurant (ago / **once**).
> Tony는 그 식당에 한 번 가 본 적이 있다.
> → have been to(~에 가 본 적이 있다)와 의미상 잘 어울리는 부사는 once(한 번)이다. ago(~전에)는 과거 시제에 사용되므로 오답이다.

06 attempt ***
[ətémpt]
⑧ try 시도(하다)

n 시도, 도전 (to V)
A stop light / was installed / **in an attempt to improve** / the traffic flow.
신호등이 / 설치되었다 / 개선하기 위해 / 교통 흐름을

v 시도하다 (to V)
The mayor / **attempted to reduce** / traffic congestion / by widening major roads.
그 시장은 / 줄이려고 했다 / 교통 체증을 / 주요 도로를 넓힘으로써

07 locate ★★★

미 [lóukeit]
영 [ləukéit]

파 location n 위치, 장소
동 find 찾다

v <be located> ~에 위치해 있다; (위치를) 찾아내다

The train station / **is located** / at Otter Avenue and 34th Street. 그 기차역은 / 위치해 있다 / Otter가와 34번가에

In order to **locate** your **destination**, / enter the address / into your device.
목적지를 찾으려면, / 주소를 입력하세요 / 당신의 기기에

> 🎯 **토익 출제 포인트 (Part 7_동의어 찾기)**
>
> To "**locate**" our shop, use the map below.
> (A) find   (B) fix
> 저희 매장을 찾으려면, 아래의 지도를 사용하세요.
> → locate가 문맥상 '(위치를) 찾아내다'라는 의미로 쓰이면 find(찾다)와 동의어가 된다. (fix 고정시키다; 수리하다)

08 transfer ★★★

v [trænsfə́:r]
n [trǽnsfə:r]

v 갈아타다; 이체하다; 전근하다, 옮기다 (A to B)

Passengers / arriving from Tokyo / must **transfer** at LAX / for a flight to Memphis.
승객들은 / 도쿄에서 도착하는 / LA 국제공항에서 갈아타야 한다 / 멤피스행 항공편을 타기 위해
▶ 도쿄에서 들어오는 승객들은 멤피스행 항공편을 타기 위해 LA 국제공항에서 갈아타야 한다.

To register your vehicle, / please **transfer** the necessary funds / **to** Mercy Bank.
당신의 차량을 등록하려면 / 필요한 자금을 이체하세요 / Mercy 은행으로

n 전근, 이동

Mr. Tanaka **requested a transfer** / **to** the New York branch. Tanaka 씨는 전근을 요청했다 / 뉴욕 지사로

09 possibility ★★★

미 [pɑ̀səbíləti]
영 [pɔ̀səbíləti]

파 possible adj 가능한

n 가능성 (that절)

There is a **slight possibility** / **that** ferry tickets / will be sold out.
약간의 가능성이 있다 / 여객선 표가 / 매진될 것이라는

10. occasionally ★★★
[əkéiʒənəli]
㈜ occasional adj 가끔씩의, 때때로의

adv 가끔, 때때로

Mr. Parker / occasionally books a rental car / when he comes to town.
Parker 씨는 / 가끔 렌터카를 예약한다 / 시내에 올 때

> 🔹 토익 출제 포인트 (Part 5&6)
>
> (**occasionally** / ~~marginally~~) miss the team meeting
> 가끔 팀 회의에 참석하지 못하다
> → occasionally, often, usually 등과 같은 빈도부사는 주로 현재 시제 동사와 함께 정답으로 출제된다. (marginally 근소하게, 미미하게)

11. designated ★★★
[dézignèitid]

adj 지정된

Parking is only allowed / in designated areas / while construction is underway.
주차는 오로지 허용된다 / 지정된 장소에만 / 공사가 진행 중인 동안은

> 🔍 빅데이터 토익 빈출 표현 ● 빈출도
>
> **designated** parking space 지정된 주차 공간 ●●

12. encourage ★★★
미 [inkə́:ridʒ]
영 [inkʌ́ridʒ]

v 권장하다, 장려하다 (A to V)

Passengers are encouraged / to book their tickets / in advance. 승객들은 권장된다 / 표를 예매하는 것이 / 미리

13. close ★★★
[klóuz]
㈜ closure n 폐쇄, 봉쇄
closed adj 닫힌

v 폐쇄하다, 닫다

The terminal / will be closed for repairs / but will resume operations / next week.
그 터미널은 / 수리를 위해 폐쇄될 것이다 / 하지만 운행을 재개할 것이다 / 다음 주에

adj 가까운 (to)

Misty Beach is popular / because it is close / to a metropolitan area.
Misty 해변은 인기가 많다 / 가깝기 때문에 / 수도권에서

14 proposal **
미 [prəpóuzəl]
영 [prəpə́uzəl]
파 propose v 제안하다, 제의하다

n 제안, 제의 (to V/for)
The government / **approved the** proposal / **to expand** the railway.
정부는 / 제안을 승인했다 / 철도를 확장하는

🔍 **빅데이터 토익 빈출 표현**　● 빈출도
proposal to V[for]　~하자는[~을 위한] 제안 ●●●

15 rarely **
미 [rɛ́ərli]
영 [rɛ́əli]
파 rare adj 드문, 흔치 않은, 희귀한
동 seldom 거의 ~하지 않는

adv 거의 ~하지 않는, 드물게
The flights of Sun Miles Airlines / are rarely **on schedule**.
Sun Miles 항공사의 항공편은 / 예정대로 운항되는 경우가 거의 없다

🔍 **빅데이터 토익 빈출 표현**　● 빈출도
rare book　희귀 도서, 희귀본 ●

16 congestion **
[kəndʒéstʃən]

n 체증, 혼잡, 정체
A lane will be added / to **ease the traffic** congestion.　차선이 추가될 것이다 / 교통 체증을 완화하기 위해

17 oppose **
미 [əpóuz]
영 [əpə́uz]
파 opposed adj 반대하는
　opposition n 반대

v 반대하다, 맞서다
Business owners / concerned about income loss / **opposed** the road repair **project**.
사업주들은 / 소득 손실에 대해 우려하는 / 도로 정비 사업에 반대했다

🔍 **빅데이터 토익 빈출 표현**　● 빈출도
be **opposed** to　~에 반대하다 ●●●

18 functional **
[fʌ́ŋkʃənəl]
파 function n 기능
　functionality n 기능성

adj 가동되는, 기능을 하는; 실용적인
The *Times* reported / that the railway remained **functional** / despite yesterday's accident.
<Times>는 보도했다 / 철도는 계속 가동되었다고 / 어제의 사고에도 불구하고

19 impact ★★
- v [ímpækt]
- n [ímpækt]

v 영향[충격]을 주다
The new shopping center / will **negatively impact** / the local traffic.
새로운 쇼핑센터는 / 부정적인 영향을 줄 것이다 / 지역 교통에

n 영향, 충격 (on)
Drastic temperature changes / have **had a substantial impact** / **on** the pavement.
급격한 기온 변화는 / 상당한 영향을 미쳤다 / 포장도로에

◆ 토익 출제 포인트 (Part 5&6)
the (**impact** / development) of the new policy on staff productivity 새 정책이 직원 생산성에 미치는 영향
→ 명사 impact는 impact (of A) on B((A가) B에 미치는 영향) 형태로 자주 출제된다. (development 개발)

20 option ★★
- 미 [άpʃən]
- 영 [ɔ́pʃən]
- (¤) optional adj 선택적인

n 선택(권), 선택 항목 (of -ing)
Carpooling is an **economical option** / for commuters / who work downtown.
카풀은 경제적인 선택이다 / 통근자들에게 / 시내에서 근무하는

🔍 빅데이터 토익 빈출 표현 ● 빈출도
have the **option** of -ing ~할 수 있는 선택권이 있다 ★★

21 fare ★★
- 미 [fɛər]
- 영 [fɛə]

n (교통) 요금, 운임
Air Blue / is trying to benefit its passengers / through **lower fares**.
Air Blue는 / 승객들에게 혜택을 주기 위해 노력하고 있다 / 요금 인하를 통해

22 public ★★
- [pʌ́blik]
- (¤) publicize v 알리다, 홍보하다, 광고하다

adj 대중의, 일반의, 공공의
Higher fuel prices / have resulted in / a rise in **public transportation** costs.
기름값의 인상은 / 초래했다 / 대중교통 요금의 상승을

n 대중

We will introduce / our new products / to the **public** / next month.
우리는 출시할 것이다 / 우리의 신제품을 / 대중에게 / 다음 달에

> 🔍 **빅데이터 토익 빈출 표현**　　　　　　　● 빈출도
>
> **public** transportation 　대중교통　●●●●
> **public** meeting 　공청회　●●
> be open to the **public** 　대중에게 개방되다　●●

23 interruption **
[ìntərʌ́pʃən]
(파) interrupt **v** 중단시키다, 방해하다

n 중단, 방해

A large winter storm / **caused an interruption** / to the train service to Boston.
엄청난 겨울 폭풍이 / 중단을 초래했다 / 보스턴행 열차 운행의

> ⊕ **토익 출제 포인트 (Part 7)**
>
> Q. What was the reason for the **interruption** in construction? 공사 중단의 이유는 무엇이었는가?
> 지문: All roadworks were **suspended** due to harsh weather conditions. 악천후로 인해 모든 도로 공사가 중단되었다.
> 정답: Severe weather 혹독한 날씨
> → interruption은 이와 유사한 의미를 지닌 suspend(중단하다, 정지시키다)로 패러프레이징되어 출제된다.

24 marked **
미 [mɑːrkt]
영 [mɑːkt]
(파) markedly **adv** 현저하게, 두드러지게

adj 현저한, 뚜렷한

The report cited / **marked improvements** / in passenger train safety.
그 보고서는 언급했다 / 현저한 개선을 / 여객 열차 안전에 있어서

25 transit **
[trǽnsit]

n 운송, 수송

New York City's **transit system** / is in desperate need of an upgrade.
뉴욕 시의 운송 체계는 / 개선이 절실히 필요하다

> 🔍 **빅데이터 토익 빈출 표현**　　　　　　　● 빈출도
>
> in[during] **transit** 　운송 중에　●●●●

교통/차량 | 479

26 transportation **
미 [trænspərtéiʃən]
영 [trænspɔːtéiʃən]

n 교통, 운송, 운반

Many landmarks of London / are easily accessible / **by public transportation**.
런던의 많은 명소는 / 쉽게 갈 수 있다 / 대중교통으로

27 instead **
[instéd]

adv 대신에

Ms. Nunez canceled her flight, / choosing **instead** to rent a car.
Nunez 씨는 그녀의 비행편을 취소했다 / 대신에 차를 빌리기로 결정하여

28 seldom **
[séldəm]

adv 거의 ~하지 않는

According to the study, / trains **seldom arrive on time** / during rush hour.
조사에 따르면 / 열차는 거의 제시간에 도착하지 않는다 / 혼잡 시간 동안에

> **토익 출제 포인트 (Part 5&6)**
>
> Kyle (elsewhere / **seldom**) shops at the Carter Mall anymore. Kyle은 Carter 몰에서 더 이상 쇼핑하지 않는다.
> → anymore는 부정어와 함께 어울려 '더 이상 ~않다'라는 의미로 사용되므로, 부정어에 해당하는 seldom이 정답이다. (elsewhere 다른 곳에서)

29 vehicle **
[víːikl]

n 차량, 탈것

The **electric vehicle** industry / is growing / at a rapid rate.
전기 차량 산업은 / 성장하고 있다 / 빠른 속도로

30 commute **
[kəmjúːt]
ⓓ commuter **n** 통근자

v 통근하다

The subway is a **way** / for people **to commute** / without parking.
지하철은 한 방법이다 / 사람들이 통근할 수 있는 / 주차하지 않고

> **토익 출제 포인트 (Part 5&6)**
>
> **(develop /** ~~commute~~**) a new bus route**
> 새로운 버스 노선을 개발하다
> → commute는 자동사이므로 전치사 없이 바로 목적어를 취할 수 없다.
> (develop 개발하다)

31 alleviate *
[əlí:vièit]

v 완화시키다, 덜다

Traffic light repair / in Detroit / **alleviated traffic delays** / that occurred frequently.
교통 신호 수리는 / 디트로이트에서의 / 교통 정체를 완화시켰다 / 자주 발생했던
▶ 디트로이트의 교통 신호 수리는 자주 발생했던 교통 정체를 완화시켰다.

> 🔍 **빅데이터 토익 빈출 표현**　　　● 빈출도
>
> **alleviate** concerns　우려를 덜다 ●

32 intersection *
미 [ìntərsékʃən]
영 [ìntəsékʃən]

n 교차로

This bus stops / **at the intersection** / **of** Creek Road and Emerson Avenue.
이 버스는 정차한다 / 교차로에서 / Creek로와 Emerson가의

33 undergo *
미 [ʌ̀ndərgóu]
영 [ʌ̀ndəgə́u]

v 거치다, 겪다, 치르다

Traffic on Camden Bridge / worsened / while it **underwent** / **extensive repair**.
Camden 다리 위 교통은 / 악화되었다 / 다리가 거치는 동안 / 대대적인 보수를

> 🔍 **빅데이터 토익 빈출 표현**　　　● 빈출도
>
> **undergo** renovation　수리를 받다 ● ●
> **undergo** restructuring　구조 조정을 겪다 ●

34 fleet *
[fli:t]

n (회사가 보유하는 비행기·버스 등의) 무리

Car rental companies / are **upgrading** their **fleets** / with hybrid vehicles.
렌터카 업체들이 / 자사 보유 차량을 업그레이드하고 있다 / 하이브리드 차량으로

35 obstruct *
[əbstrʌ́kt]
⑧ block 막다, 방해하다

v 막다, 방해하다
Heavy rain / obstructed the view of drivers, / causing numerous accidents.
폭우는 / 운전자들의 시야를 막아 / 수많은 사고를 야기했다

36 tow *
미 [tou]
영 [təu]

v 견인하다, 끌다
Ms. Maloney / had her car towed / to a nearby service center.
Maloney 씨는 / 자신의 차를 견인시켰다 / 인근 서비스 센터로

37 divert *
미 [divə́:rt]
영 [daivə́:t]

v 다른 길로 가게 하다, 다른 데로 돌리다
Drivers are being diverted / because of the highway construction / in Madison.
운전자들은 다른 길로 안내되고 있다 / 고속 도로 공사로 인해 / 매디슨의

38 repave *
[ripéiv]

v (도로를) 다시 포장하다
Traffic congestion downtown / will likely worsen / while crews repave the roads.
시내 교통 체증은 / 악화될 것으로 보인다 / 작업반이 도로를 다시 포장하는 동안

39 automotive *
미 [ɔ̀:təmóutiv]
영 [ɔ̀:təméutiv]

adj 자동차의
Decreasing fuel prices / are expected / to favorably affect / automotive sales.
하락하는 기름값은 / 예상된다 / 좋은 영향을 미칠 것으로 / 자동차 판매에

40 detour *
미 [dí:tuər]
영 [dí:tuə]

n 우회로
Detour signs / were posted / in the vicinity of the roadworks. 우회 표지판이 / 세워져 있었다 / 도로 공사 인근에

Day 29 **Daily Test**

A 각 영어 단어의 알맞은 의미를 찾아 연결하세요.

01 tow ・ ・ ⓐ 막다, 방해하다
02 obstruct ・ ・ ⓑ 견인하다, 끌다
03 alleviate ・ ・ ⓒ 완화시키다, 덜다
04 commute ・ ・ ⓓ 통근하다

B 우리말과 일치하도록 다음 빈칸에 알맞은 단어를 찾아 넣으세요.

| ⓐ detour | ⓑ designated | ⓒ notable | ⓓ opposed | ⓔ transit |

05 take a _____ 우회하다
06 during _____ 운송 중에
07 _____ parking space 지정된 주차 공간
08 be _____ to ~에 반대하다

C 다음 빈칸에 문맥상 적절한 단어를 찾아 넣으세요.

해석 p. 509

| ⓐ congestion | ⓑ advised | ⓒ impact |
| ⓓ proposal | ⓔ heavy | |

09 The road was flooded by _____ rain last night.
10 A tunnel will be constructed to ease traffic _____.
11 You are _____ to contact us immediately if problems arise.
12 The council approved the _____ to build a community garden.

정답 01 ⓑ 02 ⓐ 03 ⓒ 04 ⓓ 05 ⓐ 06 ⓔ 07 ⓑ 08 ⓓ 09 ⓔ 10 ⓐ 11 ⓑ 12 ⓓ

토익 LC/RC 짝꿍 표현

교통/차량

☐ route	n 길, 경로	the most direct **route** to work 출근하는 가장 빠른 길 find an alternate **route** 대체 경로를 찾다	
☐ block	n 블록, 구역	two **blocks** from the library 도서관에서 두 블록 거리의 only three **blocks** away 불과 세 블록 떨어져 있는	
☐ impose	v 부과하다, 지우다	**impose** a fine 벌금을 부과하다 **impose** financial burdens 재정적 부담을 지우다	
☐ pedestrian	n 보행자	increased **pedestrian** traffic 늘어난 보행자 통행량 drop off **pedestrians** (차에서) 보행자들을 내려 주다	
☐ in the heart of	phr ~의 중심(부)에	located **in the heart of** the city 도심에 위치한 right **in the heart of** downtown 시내 한복판에	
☐ via	prep ~을 통해, 거쳐	**via** Northern Line 북쪽 노선을 통해 **via** an e-mail 이메일을 통해	
☐ downtown	n 도심, 시내	in the **downtown** area 도심 지역에 restoration of the **downtown** 도심 복구 작업	
☐ highway	n 고속 도로	situated just off of the **highway** 고속 도로에서 바로 떨어진 곳에 위치한 add lanes to the **highway** 고속 도로에 차선을 추가하다	
☐ in motion	phr 움직이는, 이동 중인	when the bus is **in motion** 버스가 움직일 때 while the vehicle is **in motion** 차량이 이동하는 동안	
☐ corner	n 모퉁이, 구석	around the **corner** 모퉁이를 돈 곳에, 아주 가까운 on the **corner** of the Con Street and Glendale Avenue Con가와 Glendale가가 만나는 모퉁이에	
☐ across the street	phr 길 건너편에, 맞은편에	right[just] **across the street** 길 바로 건너편에 **across the street** from the building 그 건물 맞은편에	
☐ driver's license	phr 운전면허증	possess a **driver's license** 운전면허증을 보유하다 a valid **driver's license** 유효한 운전면허증	

☐ lane	n 차선	cities with bicycle **lanes** 자전거 전용 도로가 있는 도시들 keep one's **lane** 차선을 지키다	
☐ carpool	v 카풀(승용차 함께 타기)하다	**carpool** to work 카풀로 출근하다 **carpool** or use public transportation 카풀을 하거나 대중교통을 이용하다	
☐ traffic	n 교통(량), 통행량	**traffic** congestion 교통 혼잡 heavy **traffic** 심각한 교통량	
☐ departure	n 출발, 떠남	prior to **departure** 출발하기 전에 **departure** from the city 도시에서 출발	
☐ signal	n 신호 v 신호를 보내다	traffic **signals** 교통 신호 **signal** to the people 사람들에게 신호를 보내다	
☐ parallel	adv 평행하여 adj 평행의	Main Street runs **parallel** to Market Street. Main가와 Market가는 평행하게 나 있다. **parallel** lines 평행선	
☐ march	v 행진하다	**march** down the street 거리를 따라 행진하다 **march** through London 런던 시내를 행진하다	
☐ bound for	phr ~행의	a flight **bound for** New York 뉴욕행 항공편 The train is **bound for** Denver. 그 기차는 덴버행이다.	
☐ ramp	n 진입로, 경사로	an exit **ramp** (고속 도로의) 진출로 widen a **ramp** 경사로를 넓히다	
☐ fund	v 자금을 제공하다 n 자금, 기금	**fund** the road expansion 도로 확장 공사에 자금을 제공하다 raise **funds** 자금을 마련하다	
☐ commuter	n 통근자	a **commuter** train 통근 열차 during **commuter** hours 통근 시간대에	
☐ ride	n (차·자전거 등의) 타기, 타고 가기	share **rides** to work 차를 함께 타고 출근하다 shuttle bus **rides** 셔틀버스 타고 가기	
☐ tow away	phr ~을 견인하다	Unauthorized cars will be **towed away**. 무허가 차량은 견인될 것이다. **tow away** vehicles 차량을 견인하다	
☐ stroll	n 산책, 걷기	a leisurely **stroll** 여유로운 산책 a short **stroll** to coffee shops 잠깐 걸어서 커피 매장에 가기	

교통/차량 | 485

☐ qualify for	phr	~에 대한 자격을 얻다	**qualify for** discount tickets 할인 티켓에 대한 자격을 얻다 **qualify for** free shipping 무료 배송에 대한 자격을 얻다
☐ crew	n	(함께 일하는) 반, 작업자들	street repair **crews** 도로 수리 작업반 construction **crews** 공사 작업자들
☐ shortcut	n	지름길	take a **shortcut** 지름길을 이용하다 a **shortcut** to City Hall 시청으로 가는 지름길
☐ accidental	adj	우연한, 뜻하지 않은	**accidental** crashes 우연한 충돌 사고 **accidental** damage 우연한 손상
☐ roadwork	n	도로 공사	the department of **roadwork** 도로 공사 전담 부서 the **roadwork** schedule 도로 공사 일정
☐ barrier	n	장벽, 장애물	install a noise **barrier** 소음 방지용 벽을 설치하다 create a **barrier** against ~에 대한 장벽을 만들다
☐ ferry	n	여객선	board a **ferry** 여객선에 탑승하다 accessible by **ferry** 여객선으로 접근 가능한
☐ last-minute	adj	마지막 순간의	a **last-minute** change 마지막 순간의 변경 **last-minute** requests 마지막 순간의 요청 사항
☐ runway	n	활주로	inspection of the **runway** 활주로 점검 congestion on the **runway** 활주로의 혼잡
☐ attendant	n	안내원, 종업원	flight **attendants** 항공기 승무원들 train **attendants** 열차 승무원들
☐ take off	phr	이륙하다	be about to **take off** 막 이륙하려는 참이다 **take off** from the airport 공항에서 이륙하다
☐ distance	n	거리	within walking **distance** 걸어서 갈 수 있는 거리에 있는 a short **distance** away 조금 떨어져 있는
☐ harbor	n	항구, 항만	along the **harbor** 항구를 따라 the **harbor** district 항만 지역
☐ on one's way	phr	가는 중인, 오는 중인	Mr. Kim is **on his way** to the office. 김 씨는 사무실로 가는 중이다. I am **on my way** to pick you up. 당신을 차로 태우러 가는 중입니다.

☐ passenger	n 승객	low **passenger** volumes 저조한 승객 수송량 **passengers** with bicycles 자전거를 갖고 있는 승객들	
☐ carry-on	adj 휴대용의	a durable **carry-on** bag 내구성이 좋은 휴대용 가방 measure **carry-on** baggage 휴대용 수하물을 측정하다	
☐ cargo	n 화물	carry **cargo** 화물을 수송하다 commercial **cargo** 상업용 화물	
☐ vessel	n 배, 선박	board a **vessel** 배에 탑승하다 get off a **vessel** 배에서 내리다	
☐ track	n 선로, 철로 v 추적하다	along the **track** 선로를 따라 **track** packages 배송 물품을 추적하다	
☐ aviation	n 항공(술)	an **aviation** enthusiast 항공 애호가 an **aviation** mechanic 항공 정비사	
☐ get lost	phr 길을 잃다	if you **get lost** 길을 잃을 경우에 try not to **get lost** 길을 잃지 않도록 하다	
☐ row	n 줄, 열	the front **row** 앞줄 space between the **rows** 줄 사이의 공간	
☐ railway	n 철도, 선로, 철길	the **railway** station 기차역 expand the **railway** 철도를 확장하다	
☐ accelerate	v 가속화하다	**accelerate** a plan 계획을 가속화하다 **accelerate** production 생산을 가속화하다	
☐ fasten	v (단단히) 매다; 고정시키다	**fasten** one's seatbelt 안전벨트를 매다 **fasten** side panels 측면 패널을 고정시키다	
☐ overnight	adv 하룻밤 동안 adj 야간의, 하룻밤 동안의	stay **overnight** 하룻밤 머물다 an **overnight** shift 야간 교대 근무조	
☐ rush	n 급함, 혼잡, 분주	in a **rush** 서두르는, 급한 during the holiday **rush** 휴일 혼잡 시간 중에	
☐ conductor	n (버스·열차 등의) 안내원, 차장, 승무원	show tickets to the **conductor** 안내원에게 표를 보여 주다 purchase tickets from the **conductor** 안내원에게서 표를 구입하다	

여행

오늘의 단어 듣기

토익에서는 개인적인 여행 및 비즈니스 출장, 여행 일정 관리, 관광 명소 소개, 숙박 시설의 위치와 전망 및 다양한 관광 상품에 관한 내용이 출제됩니다.

완벽한 워크숍

올여름에는 워크숍을 가도록 하지! 좋은 곳에서… 와아~

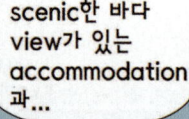

scenic한 바다 view가 있는 accommodation과…

맛있는 dining을 저렴하게 즐길 수 있고…

picturesque한 거리와 attraction이 많은 동남아로 가요!

guide는 내가 하지! meticulously하게 itinerary를 짤테니 모두들 기대하게! 네~

여행 일정표

완벽하구만~

01 increasingly ★★★
[inkríːsiŋli]

adv 점점 더, 갈수록

Tuscon is experiencing / an **increasingly** large number of visitors.
투손은 경험하고 있다 / 점점 더 많은 수의 방문객들을

> 🔍 빅데이터 토익 빈출 표현　　　　　● 빈출도
> **increasingly** popular　점점 더 인기 있는 ●●●

02 necessary ★★★
미 [nésəseri]
영 [nésəsəri]
(파) necessity **n** 필요(성)

adj 필요한, 필수의 (to V)

It is **necessary** / **to submit** relevant receipts / to get travel reimbursement.
필요하다 / 관련 영수증을 제출하는 것이 / 출장 경비를 환급받으려면

03 attraction ★★★
[ətrǽkʃən]
(파) attract **v** 마음을 끌다
　　attractive **adj** 매력적인

n 명소; 끌림, 매력

London's reputation / for having the top **tourist attractions** / is well-deserved.
런던의 평판은 / 최고의 관광 명소를 갖고 있다는 / 그만한 이유가 있다

04 view ★★★
[vjuː]
(동) opinion 의견

n 전망; 견해, 의견 (on/about)

The Blue Hotel / with a spectacular **view** of the ocean / is quite popular / regardless of season.
Blue 호텔은 / 멋진 바다 전망을 갖춘 / 꽤 인기가 있다 / 계절에 상관없이

v 보다, 구경하다

You will be given the opportunity / **to view** the inside of the museum.
여러분은 기회가 주어질 것입니다 / 박물관의 내부를 볼 수 있는

> 🔍 빅데이터 토익 빈출 표현　　　　　● 빈출도
> express one's **view**　견해를 표명하다 ●

여행 | 489

05 allow ★★★
[əláu]
⑧ enable 가능하게 하다

v 가능하게 하다, 허락하다 (A to V)
Pacific Air / **allows** passengers / **to change** their tickets / at minimal cost.
Pacific Air는 / 승객들에게 가능하게 한다 / 표를 바꾸는 것을 / 최소의 비용으로

> ◆ 토익 출제 포인트 (Part 5&6)
> Your feedback will (**allow** / ~~give~~) us to improve our service. 여러분의 피드백을 통해 저희의 서비스 개선이 가능합니다.
> → allow는 주로 allow A to V(A가 ~하는 것을 가능하게 하다) 형태로 출제된다. (give 주다)

06 complimentary ★★★
미 [kàmpləméntəri]
영 [kɔ̀mpləméntəri]
⑧ free 무료의

adj 무료의
The hotel provides its guests / with **complimentary** Internet **services**.
그 호텔은 투숙객들에게 제공한다 / 무료 인터넷 서비스를

07 itinerary ★★★
미 [aitínərèri]
영 [aitínərəri]

n 여행 일정(표)
Please print out / a copy of your **travel itinerary**.
출력해 주세요 / 당신의 여행 일정표 한 부를

08 depart ★★★
미 [dipá:rt]
영 [dipá:t]
⑭ departure **n** 출발

v 떠나다, 출발하다 (from)
Due to construction, / all scheduled flights / will **depart from** Terminal 2.
공사로 인해 / 모든 예정된 항공편은 / 2번 터미널에서 출발할 것이다

09 accommodation ★★★
미 [əkàmədéiʃən]
영 [əkɔ̀mədéiʃən]

n 숙박 (시설), 거처
The $500 fee covers / the **accommodation** and **meals** / for the trip.
500달러의 요금은 포함한다 / 숙박과 식사비를 / 여행에 필요한

10 simply ***
[símpli]
⑪ simplify ⓥ 단순화하다
⑧ just 그저, 단지

adv 그저, 단순히, 단지

To encourage efficiency, / all employees may **simply submit** / travel requests / electronically.
효율성을 높이기 위해 / 모든 직원들은 그저 제출하기만 하면 된다 / 출장 요청을 / 컴퓨터로

> 📌 **토익 출제 포인트 (Part 5&6)**
>
> To receive our weekly newsletter, (~~justly~~ / **simply**) enter your e-mail address.
> 저희 주간 소식지를 받으시려면, 그저 당신의 이메일 주소를 입력하기만 하면 됩니다.
> → simply는 명령문을 수식해서 '그저 ~하기만 하면 된다'라는 의미로 자주 출제된다. justly(정당하게, 공정하게)와 just(그저, 단지)의 의미를 혼동하지 않도록 주의하자.

11 leave ***
[liːv]

ⓥ 떠나다 (for); 남기다

Ms. Perez **left for** the airport / early in the morning / to avoid heavy traffic.
Perez 씨는 공항으로 떠났다 / 아침 일찍 / 교통 체증을 피하기 위해

The manager / **left clear instructions** / on how to respond to e-mails / from clients.
그 관리자는 / 명확한 지침을 남겼다 / 이메일에 답변하는 방법에 관해 / 고객들로부터의

ⓝ 휴가

The company allows its employees / seven days of **sick leave** / per year.
그 회사는 직원들에게 허락한다 / 7일의 병가를 / 연간

12 guarantee **
[gæ̀rəntíː]

ⓥ 보장하다, 보증하다 (that절)

Advanced security measures / **guarantee** / **that** passengers / using JFK Airport / will be safe.
첨단 보안 조치는 / 보장한다 / 승객들이 / JFK 공항을 이용하는 / 안전할 것을
▶ 첨단 보안 조치는 JFK 공항을 이용하는 승객들이 안전할 것을 보장한다.

ⓝ 품질 보증(서)

Our mobile phones / come with a one-year **guarantee**. 우리 휴대 전화는 / 1년간의 품질 보증서가 딸려 있다

13. generously **

[dʒénərəsli]
(형) generous adj 관대한, 후한, 넉넉한

adv 관대하게, 아낌없이, 넉넉하게

Mr. Tines / **generously offered to wait** / with the luggage. Tines 씨는 / 기다려 주겠다고 관대하게 제의했다 / 그 짐을 들고

> 🔍 **빅데이터 토익 빈출 표현** ● 빈출도
>
> **generously** sized 넉넉한 크기의 ●
> **generous** contribution 관대한[후한] 기부 ●

14. hesitant **

[hézitənt]

adj 주저하는, 머뭇거리는 (to V)

Ms. Owens is **hesitant** / **to try** new foods / while in a foreign country.
Owens 씨는 주저한다 / 새로운 음식을 시도하는 것을 / 외국에 있는 동안

15. nearby **

미 [nìərbái]
영 [nìəbái]

adj 근처의, 인근의

In addition to numerous local shops, / Breaker Beach is **nearby**.
수많은 지역 상점 외에도 / Breaker 해변이 근처에 있다

adv 근처에

Most young employees / at Golden, Inc., / look for housing **nearby**.
대부분 젊은 직원들은 / Golden 사의 / 근처의 주택을 찾는다

> ⊕ **토익 출제 포인트 (Part 5&6)**
>
> work at a (**nearby** / ~~nearly~~) store 근처 매장에서 일하다
> → 명사(store)를 수식하는 자리이므로 형용사인 nearby가 정답이다.
> nearly(거의)는 부사이므로 오답이다.

16. destination **

[dèstənéiʃən]

n (여행) 목적지, 여행지

Destinations in Asia / are gaining popularity / among business travelers.
아시아의 여행 목적지는 / 인기를 얻고 있다 / 출장 여행자들 사이에서

17 attach **
[ətǽtʃ]
파 attached adj 첨부된

v 첨부하다, 붙이다 (A to B)
Attach a copy of your passport / **to** your visa application. 당신의 여권 사본을 첨부해주세요 / 비자 신청서에

18 positive **
미 [pázətiv]
영 [pɔ́zətiv]
파 positively adv 긍정적으로; 확실히

adj 긍정적인; 확신하는
The restaurant has received / consistently **positive reviews** / from travelers.
그 식당은 받아 왔다 / 꾸준히 긍정적인 평가를 / 여행객들로부터

> 🔍 **빅데이터 토익 빈출 표현** ● 빈출도
> respond **positively** to ~에 긍정적으로 답하다 •••

19 multiple **
[mʌ́ltəpl]

adj 여러, 다양한, 많은
William Park / will travel to **multiple destinations** / on his tour.
William Park는 / 여러 목적지를 다닐 것이다 / 그의 여행 중에

> ⊕ **토익 출제 포인트 (Part 5&6)**
> show (~~multiple~~ / **exceptional**) growth
> 이례적인 성장을 보이다
> → multiple 뒤에는 복수 명사가 와야 한다. (exceptional 이례적인, 뛰어난)

20 fee **
[fiː]

n 요금, 비용, 수수료
The **fee for room service** / should not be charged / to the company card.
룸서비스 이용료는 / 청구되어서는 안 된다 / 회사 카드로

21 ignore **
[ignɔ́ːr]

v 무시하다
Local **laws and regulations** / should not be **ignored**. 현지 법률과 규제를 / 무시해서는 안 된다

여행 | 493

22 originate ★★
[ərídʒinèit]

v (열차·버스가) ~에서 출발하다; 유래하다 (from)

I missed a connecting flight / **originating from** Dulles Airport / via Bangkok to India.
저는 연결 항공편을 놓쳤습니다 / Dulles 공항에서 출발하는 / 방콕을 거쳐 인도로 가는
▶ 저는 Dulles 공항에서 방콕을 거쳐 인도로 가는 연결 항공편을 놓쳤습니다.

23 prominently ★★
[prámənəntli]
(파) prominent adj 두드러진; 저명한, 유명한

adv 눈에 잘 띄게, 두드러지게

The arrival and departure times / should be **prominently posted** / at the airport.
도착 및 출발 시각은 / 눈에 잘 띄게 게시되어야 한다 / 공항에

🔍 빅데이터 토익 빈출 표현 ● 빈출도
be **prominently** displayed 눈에 잘 띄게 전시되다 ★★
a **prominent** figure 저명인사 ★★

24 ahead ★★
[əhéd]

adv 미리, 앞에

The passengers were able / to board early / after the train arrived / **ahead** of schedule.
승객들은 할 수 있었다 / 일찍 탑승하는 것을 / 열차가 도착한 후에 / 예정보다 미리

🎯 토익 출제 포인트 (Part 5&6)
The work has been completed (**ahead of** / ~~next to~~) schedule. 그 작업은 예정보다 미리 끝났다.
→ 숙어 표현 ahead of schedule(예정보다 미리)을 이루는 ahead of가 정답이다. (next to ~옆에)

🔍 빅데이터 토익 빈출 표현 ● 빈출도
plan[call] **ahead** 미리 계획[전화]하다 ★★

25 guide ★★
[gaid]

n 안내 책자; 안내(인)

Worldview's **updated guide** / includes key phrases / in French and Arabic.
Worldview의 최신 안내 책자는 / 주요 문구를 포함한다 / 프랑스어와 아랍어로 된

v 안내하다, 이끌다 (through)

On the tour, / the visitors will be **guided** / **through** several wineries.
여행 중에 / 방문객들은 안내받을 것이다 / 여러 포도주 양조장을 지나

> 🔍 **빅데이터 토익 빈출 표현** • 빈출도
>
> an experienced tour **guide** 경험이 많은 관광 안내인 ••

26 case ** [keis]

n 경우, 사례

Use a luggage tag / **in case** your baggage gets lost. 수하물 꼬리표를 사용하세요 / 당신의 가방이 분실될 경우를 대비해서

> 🔍 **빅데이터 토익 빈출 표현** • 빈출도
>
> in **case**   ~의 경우에, ~인 경우를 대비해서 ••••
> in many **cases**   많은 경우에 ••
> as is the **case** with   ~에 흔히 있는 경우지만 •

27 tour ** 미 [tur] 영 [tuə]
⑧ trip 여행

n 관광, 여행, 견학 (of)

The guided **tour** of Bian Park / is offered / every weekday / at 1 P.M.
Bian 공원의 안내원이 딸린 관광은 / 제공된다 / 평일마다 / 오후 1시에

v 관광하다, 여행하다, 견학하다

This book / is a useful guide / for anyone / planning to **tour** Nepal.
이 책은 / 유용한 안내서이다 / 모든 사람들을 위한 / 네팔 관광을 계획하고 있는

28 customs * [kʌ́stəmz]

n 세관; 관세

Passengers / transferring to another flight / do not need to complete / the **customs** declaration form.
승객들은 / 다른 비행편으로 갈아타는 / 작성할 필요가 없다 / 세관 신고서를

29 picturesque *
[pìktʃərésk]

adj (풍경이) 그림 같은, 그림처럼 아름다운
Each room at Sweetwater Inn / offers a **picturesque** view of the mountains.
Sweetwater 호텔의 각 방은 / 그림 같은 산 전망을 제공한다

30 scenic *
[síːnik]

adj 경치가 좋은
Our bike tours / will take you / along the most **scenic** routes / in Paris.
저희 자전거 여행은 / 여러분을 데려갈 것입니다 / 가장 경치가 좋은 길을 따라 / 파리에서

> 🔍 빅데이터 토익 빈출 표현　　　　　　　　　　● 빈출도
> **scenic** beauty　아름다운 경치 ● ●

31 cleaning *
[klíːniŋ]
ⓥ clean ⓥ 청소하다
adj 깨끗한

n 세탁, 세척; 청소
The Laramount Hotel / provides additional **cleaning** services / free of charge.
Laramount 호텔은 / 추가 세탁 서비스를 제공한다 / 무료로

> ✚ 토익 출제 포인트 (Part 5&6)
> regular (**cleaning** / clean) of the printer　프린터의 정기적인 청소
> → 형용사(regular)의 수식을 받는 자리이므로 명사인 cleaning이 정답이다. cleaning은 -ing의 형태이지만 명사임을 기억해 두자.

32 coastal *
미 [kóustəl]
영 [kə́ustəl]

adj 해안의, 연안의
Blue Waves / conducts surfing lessons / in the **coastal** waters of Florida.
Blue Waves는 / 파도타기 강습을 진행한다 / 플로리다의 해안가에서

33 excursion *
- 미 [ikskə́ːrʒən]
- 영 [ikskə́ːʃən]

n (단체) 여행, 소풍 (to)

An e-mail was sent to those / interested in the **excursion** / **to** Lake Tahoe.
이메일이 사람들에게 보내졌다 / 단체 여행에 관심이 있는 / Tahoe 호수로의

34 differ *
- [dífər]
- ⓟ different **adj** 다른

v 다르다; 의견이 다르다

Discounts will **differ**, / so please consult a local travel agent.
할인 금액은 다를 것입니다 / 그러니 지역 여행사에 문의하세요

> ◆ 토익 출제 포인트 (Part 5&6)
> Prices may (**differ** / ~~include~~) depending on season.
> 가격은 계절에 따라 다를 수 있다.
> → 뒤에 목적어가 없으므로 자동사 differ가 정답이다. (include 포함하다)

35 baggage *
- [bǽgidʒ]
- ⓤ luggage 수하물

n 수하물

Please **keep** / **your baggage** and personal belongings / **with you** / at all times.
지니세요 / 수하물과 개인 소지품을 / 당신 곁에 / 항상

> 🔍 빅데이터 토익 빈출 표현 ● 빈출도
> **baggage** allowance 수하물 허용 한도 **

36 leisure *
- 미 [líːʒər]
- 영 [léʒər]
- ⓟ leisurely **adj** 느긋한, 한가한, 여유로운

n 여가

Leisure and business **travelers** alike / may encounter challenges abroad.
휴가 여행자들과 출장 여행자들 모두 / 해외에서 난관에 봉착할 수 있다

37 meticulously *
- [mətíkjuləsli]

adv 꼼꼼하게, 세심하게

Mr. Collins often travels by himself / and **meticulously plans** his itinerary.
Collins 씨는 자주 혼자서 여행한다 / 그리고 여정을 꼼꼼하게 계획한다

여행 | 497

38 tourism *
미 [túrizəm]
영 [túərizəm]

n 관광(업)

Despite the hurricane warning, / **tourism** in Puerto Rico / remains **stable**.
허리케인 경보에도 불구하고 / 푸에르토리코의 관광업은 / 안정된 상태를 유지하고 있다.

39 dining *
[dáiniŋ]

n 식사

The newspaper / routinely gives **recommendations** / **for** local hotels and **dining**.
그 신문은 / 정기적으로 추천을 한다 / 지역 호텔과 식사에 대해

> 🔍 빅데이터 토익 빈출 표현 ● 빈도도
> **dining** establishment 식당 ••

40 unattended *
[ʌ̀nəténdid]

adj 방치된, 돌보지 않는

Do not **leave** your belongings / **unattended** / for any reason. 소지품을 두지 마세요 / 방치된 채로 / 어떤 이유로든

> ⊕ 토익 출제 포인트 (Part 5&6)
> Personal materials left (nonreturnable / **unattended**) will be removed. 방치된 채로 남겨진 개인 자료는 치워질 것이다.
> → unattended는 동사 leave와 함께 쓰여 leave ~ unattended(~을 방치된 채로 두다) 또는 left unattended(방치된 상태로 남겨진) 형태로 종종 출제된다. (nonreturnable 반환되지 않는)

Day 30 **Daily Test**

A 각 영어 단어의 알맞은 의미를 찾아 연결하세요.

01 itinerary • • ⓐ 여행 일정(표)
02 customs • • ⓑ (여행) 목적지, 여행지
03 excursion • • ⓒ (단체) 여행, 소풍
04 destination • • ⓓ 세관; 관세

B 우리말과 일치하도록 다음 빈칸에 알맞은 단어를 찾아 넣으세요.

| ⓐ prominently | ⓑ positively | ⓒ increasingly |
| ⓓ generously | ⓔ ahead | |

05 _____ popular 점점 더 인기 있는
06 be _____ displayed 눈에 잘 띄게 전시되다
07 respond _____ to ~에 긍정적으로 답하다
08 plan _____ 미리 계획하다

C 다음 빈칸에 문맥상 적절한 단어를 찾아 넣으세요. 해석 p. 509

| ⓐ differ | ⓑ guarantee | ⓒ necessary |
| ⓓ dining | ⓔ multiple | |

09 We _____ delivery within five business days.
10 Please note that it is _____ to register in advance.
11 The new software will _____ greatly from the previous version.
12 The company currently operates ten manufacturing plants in _____ countries.

정답 01 ⓐ 02 ⓓ 03 ⓒ 04 ⓑ 05 ⓒ 06 ⓐ 07 ⓑ 08 ⓔ 09 ⓑ 10 ⓒ 11 ⓐ 12 ⓔ

토익 LC/RC 짝꿍 표현

여행

☐ **aisle seat**	phr 통로 쪽 좌석	a window seat or an **aisle seat** 창문 쪽 좌석 또는 통로 쪽 좌석 a couple of vacant **aisle seats** 비어 있는 두어 개의 통로 쪽 좌석	
☐ **suburb**	n 교외 (지역)	commute from the **suburb** area 교외 지역에서 통근하다 a wealthy **suburb** of London 런던의 부유한 교외 지역	
☐ **terminal**	n 터미널, 종점	close to the ferry **terminal** 여객선 터미널과 가까운 the airport **terminal** 공항 터미널	
☐ **hit the road**	phr 출발하다, (여행을) 떠나다	ready to **hit the road** 출발할 준비가 된 **hit the road** to the USA 미국으로 떠나다	
☐ **go on vacation**	phr 휴가 가다	a desire to **go on vacation** 휴가 가고 싶은 바람 can afford to **go on vacation** 휴가를 갈 여유가 있다	
☐ **passport**	n 여권	verify identification with a **passport** 여권으로 신분을 증명하다 a copy of a **customer**'s passport 고객의 여권 사본	
☐ **recreational**	adj 여가의, 오락의	**recreational** activities 여가 활동 a **recreational** vehicle 여가용 차량	
☐ **recovery**	n 회복, 복원, 복구	make a full **recovery** 완벽하게 회복하다 **recovery** from the operation 수술로부터의 회복	
☐ **souvenir**	n 기념품	a complimentary **souvenir** frame 무료 기념품 액자 a **souvenir** shop 기념품 매장	
☐ **flexible**	adj 탄력적인; 잘 구부러지는	a **flexible** schedule 탄력적인 일정 more **flexible** than metal 금속보다 더 잘 구부러지는	
☐ **on board**	phr 기내[차내/선상]에서; 승차한	Refreshments are sold **on board**. 다과가 기내에서 판매된다. go **on board** 승차하다, 승선하다	
☐ **host**	v 주최하다	**host** exhibitions 전시회를 주최하다 **host** a book discussion 도서 토론회를 주최하다	

☐ reservation	n 예약	confirm the **reservation** 예약을 확인하다 a tentative **reservation** 잠정적인 예약	
☐ geographical	adj 지리적인, 지리학적인	another **geographical** region 또 다른 지리적 영역 at a comparable **geographical** scale 비슷한 지리적 규모로	
☐ vicinity	n 인근, 부근	in the immediate **vicinity** 바로 인근에 in the **vicinity** of the station 역 인근에	
☐ check in	phr (호텔·공항 등) 체크인하다	**check in** at any time before 3:00 3시 전에 언제든지 체크인하다 **check in** our hotel 우리 호텔에 체크인하다	
☐ bay	n (바다와 접한) 만	the surface area of the **bay** 만의 면적 a large **bay** 거대한 만	
☐ climb	v 오르다 n 등산	**climb** a famous mountain 유명한 산에 오르다 prepare for a steep **climb** 가파른 등산을 준비하다	
☐ museum	n 박물관	the **Museum** of Modern Art 현대 미술 박물관 register for **museum** events 박물관 행사에 등록하다	
☐ navigate	v 탐색하다	**navigate** around the major site 주요 부지 주변을 탐색하다 **navigate** the homepage 홈페이지를 탐색하다	
☐ get off	phr (~에서) 내리다	**get off** the train 기차에서 내리다 **get off** at the next stop 다음 정거장에서 내리다	
☐ float	v (물 위에) 뜨다; (물 위에) 띄우다	Leaves are **floating** in the water. 나뭇잎이 물에 떠다니고 있다. People are **floating** small boats. 사람들이 작은 배를 띄우고 있다.	
☐ hub	n 중심(지)	the commercial **hub** in the region 지역 내의 상업 중심지 an important traffic **hub** 중요한 교통 중심지	
☐ region	n 지역	attract visitors to the **region** 그 지역으로 방문객들을 끌어들이다 some coastal **regions** 몇몇 해안 지역	
☐ sightseeing	n 관광	have a free day for **sightseeing** 관광으로 여유로운 하루를 보내다 book **sightseeing** activities 관광 활동을 예약하다	
☐ safeguard	n 보호 장치, 안전 장치 v 보호하다	a **safeguard** against misuse 오용에 대비한 보호 장치 **safeguard** sensitive information 민감한 정보를 보호하다	

여행

☐ declaration	n 신고서	a written declaration 서면 신고서 fill out a customs declaration form 세관 신고서를 작성하다
☐ concierge	n (호텔) 안내인	speak to a concierge at the front desk 프런트 데스크에서 안내인과 이야기하다 have a concierge service 안내 서비스를 받다
☐ layover	n 도중하차, 기착지	allow at least 2-hour layover 최소 2시간 동안의 도중하차를 참작하다 an extended layover 연장된 도중하차 시간
☐ haven	n 안식처, 피난처	a haven of tranquility 고요한 안식처 a peaceful rural haven 평화로운 시골 지역의 안식처
☐ vacancy	n 빈방; 공석	have a vacancy tonight 오늘 밤에 빈방이 있다 fill the vacancies 공석을 충원하다
☐ duty-free	adj 면세의	duty-free liquor 면세 주류 abolish duty-free shops 면세점을 폐지하다
☐ currency exchange	phr 환전	currency exchange rates 환율 the currency exchange commission 환전 수수료
☐ awake	adj 깨어 있는	stay awake 깬 상태로 있다 awake before anyone else 다른 누구보다 먼저 깬
☐ round trip	phr 왕복 여행	include round trip transportation 왕복 교통편을 포함하다 one way or round trip 편도 아니면 왕복
☐ voyage	n 여행, 항해	a voyage to Canada 캐나다로의 여행 the sea voyages of discovery 탐사를 위한 항해
☐ immigration	n 출입국 관리(소); 이민	immigration officials 출입국 관리 직원들 enforce immigration laws 이민법을 집행하다
☐ international	adj 해외의, 국제의	have extensive international experience 폭넓은 해외 경험을 지니고 있다 sell international food 국제 식품을 판매하다
☐ indulge	v 마음껏 하다	indulge in our special pastry 우리의 특별 페이스트리를 마음껏 즐기다 indulge in one of our delectable items 우리의 아주 맛있는 음식 중 하나를 마음껏 먹다
☐ board	v 탑승하다 n 이사회; 판	board the plane for London 런던행 항공편에 탑승하다 a board meeting 이사회 회의

☐ carry-on baggage	phr (기내) 휴대용 수하물	limit **carry-on baggage** to one piece 휴대용 수하물을 하나로 제한하다 Batteries may be in **carry-on baggage**. 배터리는 휴대용 수하물에 넣어 둘 수 있다.	
☐ resort	n 리조트, 휴양지	open a large beach **resort** 대형 해변 리조트를 개장하다 book rooms at the **resort** 리조트에 객실을 예약하다	
☐ theater	n 극장	the **theater** complex 극장가 a **theater** performance 극장 공연	
☐ getaway	n 휴가(지)	a relaxing **getaway** 편안한 휴가 a **getaway** to a ski resort 스키 리조트로의 휴가	
☐ gourmet	adj (음식이) 고급의	affordable **gourmet** foods 가격이 적절한 고급 음식 a **gourmet** lunch 고급 점심 식사	
☐ interval	n (시간) 간격; (연극 등의) 막간, 중간 휴식	The bus runs at 10-minute **intervals**. 그 버스는 10분 간격으로 운행한다. get some drinks in the **interval** 막간에 음료를 구입하다	
☐ pure	adj 순전한, 완전한, 순수한	**pure** joy 순전한 기쁨 **pure** white cotton 순수 백색 면	
☐ suburban	adj 교외의	a well-developed **suburban** area 잘 발달된 교외 지역 a **suburban** shopping center 교외의 쇼핑센터	
☐ warm	adj 따뜻한	in a **warm** and cozy atmosphere 따뜻하고 쾌적한 환경에서 the recent **warm** weather 최근의 따뜻한 날씨	
☐ discover	v 발견하다; 알아내다	**discover** the best spot 가장 좋은 위치를 발견하다 **discover** the latest trends 최신 동향을 알아내다	
☐ prevalent	adj 일반적인, 널리 퍼져 있는	a **prevalent** view 일반적인 견해 the **prevalent** belief 널리 퍼져 있는 믿음	
☐ exotic	adj 이국적인	**exotic** flowers 이국적인 꽃 **exotic** food 이국적인 음식	
☐ gather up	phr ~을 주워 모으다	**gather up** the clothes 옷을 주워 모으다 **gather up** the rubbish 쓰레기를 주워 모으다	
☐ reset	v 재설정하다, 다시 맞추다	**reset** one's alarm clock 알람 시계를 재설정하다 Your account has been **reset**. 당신의 계정이 재설정되었습니다.	

Actual Test 6

01 The 21st edition of Merman's English Dictionary ------- an introduction by noted linguist and author Ursula Reed.

(A) contains
(B) observes
(C) arrives
(D) occupies

02 Applications for parking permits are more ------- to receive approval quickly if all paperwork is completed correctly.

(A) ongoing
(B) selective
(C) likely
(D) typical

03 Based on his interview, we believe Mr. Vernon has enormous ------- to expand our client list using his large professional network.

(A) treatment
(B) proposal
(C) criteria
(D) potential

04 Larkin Solar's windows ------- energy by allowing more sunlight into a room, thereby reducing the need for electric lighting.

(A) conserve
(B) extract
(C) conclude
(D) relieve

05 As employee health is a priority, staff members may take as many days off as necessary to ------- from an illness.

(A) oppose
(B) recover
(C) conceive
(D) ignore

06 This translation program will prove ------- to anyone in need of language assistance while traveling overseas.

(A) accomplished
(B) complimentary
(C) invaluable
(D) reputable

07 Continued application of the cream could result in resistance to the medication, so please use it -------.

(A) lately
(B) sparingly
(C) greatly
(D) widely

08 In response to ------- rumors that the spring line would be delayed, Square Fashion released a statement denying the claims.

(A) eager
(B) persistent
(C) notable
(D) functional

Questions 09-12 refer to the following information.

Using Fairway Pharmacy's Online System

Since the introduction of our online platform, it has never been easier to fill a prescription. ------- start by creating an account on our Web site. Once your
    09.
account has been set up, you will be asked for your prescription information.

-------. Return users will be able to select a medication from a list. If filling a
10.
prescription at Fairway for the first time, we ------- that you visit us in person to
                                              11.
speak with one of our pharmacists. Before any orders can be processed, you will

also need to confirm your ------- information.
                          12.

09 (A) Likely   (B) Simply
    (C) Evenly   (D) Justly

11 (A) consult   (B) recommend
    (C) dispose   (D) conform

10 (A) Don't forget to take advantage of our prescription savings plan.
    (B) New users will need to enter a prescription number and medicine name.
    (C) However, medications not originally provided by Fairway are not eligible for refill.
    (D) For a small fee, delivery is also available within a five-mile area.

12 (A) delegation   (B) emphasis
    (C) insurance   (D) reliance

Question 13 refers to the following article.

Though markets have been trending downwards, the CEO of Inglewood Pharmaceuticals has a positive outlook on the company's future. According to a letter written to investors, she believes the launch of the company's new heart monitor will be good for sales.

13 The word "positive" in paragraph 1, line 2, is closest meaning to
    (A) convinced   (B) absolute   (C) optimistic   (D) occasional

정답 및 해석/해설

Daily Test
해석

Actual Test
정답 및 해석/해설

Daily Test 해석

DAY 01
09 방문자들은 사진이 부착된 신분증을 제시해야 한다.
10 모든 지원자들 중 Boyer 씨가 가장 인상적인 이력서를 가지고 있다.
11 이 서류는 불만 사항을 처리하는 저희 절차를 설명하고 있습니다.
12 모든 채용 후보자들은 자신의 이력서와 자기소개서를 업로드해야 한다.

DAY 02
09 Fire 사는 아시아에서 여러 개의 생산 공장을 운영한다.
10 우리는 고객들이 구매한 장치를 설치하는 것을 도와줄 자원봉사자들을 모집했다.
11 Ose Nikki는 Ben Smith에 의해 공석이 된 자리를 맡았다.
12 저희는 당신이 기상 상태를 확인하고 그에 따라 계획하길 제안합니다.

DAY 03
09 우리는 건물 복구를 전문으로 한다.
10 그 팀은 많은 재능 있는 그래픽 디자이너들로 구성되어 있다.
11 Lee 씨는 다음 주 목요일 이전에 여행 일정을 마무리 지어야 한다.
12 더 자세한 정보는 저희 제품 카탈로그를 참고하세요.

DAY 04
09 그 회사는 상당히 더 큰 사무실로 이전할 것이다.
10 시장은 새로운 자전거 도로가 관광업을 증가시킬 것으로 확신한다.
11 대부분의 분석가들은 그 투자가 수익성이 있을 것으로 예상한다.
12 당신의 물품이 배달되는 데는 대략 2주가 소요될 것입니다.

DAY 05
09 Harrison 씨가 약속을 확인하기 위해 오늘 아침에 전화했습니다.
10 실제 비용은 견적보다 약간 더 높았다.
11 저희는 당신 계좌로 운송비를 입금해 드릴 것입니다.
12 Paula Moore는 자신의 유명 추리 소설 시리즈 마지막 편을 출간했다.

DAY 06
09 당신의 구독은 취소되지 않는다면 자동으로 갱신될 것입니다.
10 새로운 공급 업체로 전환하면 상당한 비용을 절약하게 될 것이다.
11 당신의 거래를 처리하는 동안 오류가 발생했습니다.
12 저희는 현재 신용 카드에 대한 당신의 적격성을 평가하고 있습니다.

DAY 07
09 양측은 마침내 합의에 도달했다.
10 품질 관리 비용은 총비용의 20% 이상을 차지한다.
11 많은 사람들이 올 것으로 예상되오니, 표를 살 정확한 잔돈을 준비하세요.
12 소비 지출의 증가로 인해 나라의 경제가 더 튼튼해졌다.

DAY 08
09 저희는 다양한 배경을 가진 다양한 직원들을 적극 채용합니다.
10 이 시계는 악천후를 견딜 만큼 내구성이 있다.
11 모든 객실에는 최신 시청각 설비가 갖춰져 있다.
12 이 전지는 품질 면에서 다른 인기 있는 브랜드와 견줄 만하다.

DAY 09
09 우리는 카페의 좌석 수용력을 늘릴 계획이다.
10 그 서비스는 낮은 수요로 인해 중단될 것이다.
11 제가 배송의 지연을 알리기 위해 고객에게 이메일을 보내겠습니다.
12 자동차의 수명을 연장하려면 저희의 간단한 유지 관리 지침을 따르세요.

DAY 10

09 그 자전거는 중요한 안전 기능이 부족하기 때문에 우리는 재설계할 필요가 있다.
10 우리 웹사이트는 세계 사건에 대한 광범위한 보도를 제공한다.
11 많은 소비자들이 우리 보조 식품의 장기적인 혜택에 관해 알고 싶어 한다.
12 최대한의 노출을 원하신다면, 당신은 광고를 프리미엄 위치에 넣는 것을 고려해야 합니다.

DAY 11

09 재활용품은 작동 중인 컨베이어 벨트 위에 놓아 주세요.
10 그 고객은 영수증 없이 물건을 반품하길 원했다.
11 우리는 선택할 수 있는 다양한 종류의 상품을 제공한다.
12 우리 설문 조사 참가자들은 관례적으로 할인 쿠폰을 받는다.

DAY 12

09 냉동 차량은 부패하기 쉬운 상품을 운반하는 데 사용된다.
10 우리는 고객들이 구매를 여섯 번의 동등한 지불 금액으로 나눌 수 있게 해 준다.
11 이 주문은 배송 시점에 인증된 서명을 필요로 할 것이다.
12 깨지기 쉬운 물품을 배송할 때는 추가 포장 재료로 보호하세요.

DAY 13

09 그 리조트는 시설이 완비된 비즈니스 센터를 갖추고 있다.
10 기술 지원이 필요하시면 저희 지원 센터에 연락하세요.
11 유감스럽게도, 제품이 손상된 상태로 배송되었다.
12 고장 난 장비는 공인된 엔지니어들이 점검할 것이다.

DAY 14

09 Tucker 씨는 현재 회사 몇 곳에서 컨설턴트로 근무하고 있다.
10 World Limited는 당신의 모든 유지 관리 요구를 충족시키기 위해 노력합니다.
11 한 고객이 자신의 예약에 관해 문의하기 위해 오늘 아침에 전화했다.
12 우리는 고객들과의 모든 서신을 안전한 곳에 보관한다.

DAY 15

09 Ence 씨는 세미나에 제시간에 도착하지 못했다.
10 양사는 곧 있을 프로젝트에 대해 협력하길 원한다.
11 지금까지 100명이 넘는 회의 참석자들이 등록을 취소했다.
12 Jarvis Industries는 전 직원이 매달 교육 워크숍에 참석해야 한다고 주장한다.

DAY 16

09 그 상점은 10년 이상 영업을 해 왔다.
10 제가 7일 전에 주문을 했는데, 아직 보류 중입니다.
11 회사 창립 기념일을 축하하기 위해 연회가 열릴 것이다.
12 그 회사는 남미 시장으로 입지를 넓히기 위해 노력하고 있다.

DAY 17

09 저는 약관을 읽었으며 이에 동의합니다.
10 Carosso 씨는 광고 분야의 전문가로 간주된다.
11 부주의로 인한 손상은 품질 보증에 의해 보장되지 않는다.
12 달리 요청하지 않는 한 계약은 자동으로 갱신될 것이다.

DAY 18

09 점심 식사는 모든 참석자들에게 제공될 것이다.
10 Hwang 씨는 시민 회관에 100달러를 기부했다.
11 연례행사를 위해 교통편이 준비되었다.
12 저희는 당신이 총회에서 연설해 주었으면 합니다.

DAY 19

09 Foxx 씨는 회의 일정을 재조정하는 것을 꺼리는 듯 보인다.
10 그 건설 프로젝트는 지역 사회에 지속적인 이익을 가져다줄 것이다.
11 그 과정은 공학 분야의 경력을 추구하는 사람들에게 유용할 것이다.
12 이 4주짜리 프로그램 동안, 여러분은 유능한 관광 가이드가 되는 데 필요한 기술을 배우게 될 것입니다.

DAY 20
09 자기소개서는 특정한 스타일로 작성되어야 한다.
10 카펫에 손상을 줄 수 있기 때문에 음료는 금지된다.
11 회사 시설 이용은 근무 시간 외에는 엄격하게 제한되어 있다.
12 좌석은 선착순으로 이용 가능하므로 좌석을 확보하려면 일찍 도착하세요.

DAY 21
09 지금 등록하시면 등록비가 없습니다.
10 Kirkwood 씨는 Cambridge 대학에서 장학금을 받았다.
11 이 직책의 연봉은 경험과 자격에 따라 결정될 것이다.
12 Paradise Bay는 두 살 미만의 아이들에게는 입장료를 면제해 준다.

DAY 22
09 Tatt 씨는 프라하 여행에서 방금 돌아왔다.
10 Taylor Hill은 인턴으로 그 회사에 들어갈 것이다.
11 보조금은 기관 사이에서 똑같이 분배될 것이다.
12 우리는 지점장 자리에 대한 지원을 받고 있다.

DAY 23
09 Choi 씨는 마감 시한의 연장을 요청했다.
10 당신이 이 보고서를 출판하려면 그 회사의 승인을 받아야 합니다.
11 Alpha Technologies는 아시아 전역에 걸쳐 사업을 확장할 계획이다.
12 많은 주민들이 그 프로젝트에서 오는 소음에 대해 우려를 표명했다.

DAY 24
09 그 두 섬은 다리로 연결될 것이다.
10 지하 주차장은 세입자들만 이용할 수 있다.
11 새로 단장한 로비에는 식당과 커피 라운지가 들어설 것이다.
12 방문객들은 역사적인 건물을 둘러볼 기회를 얻게 될 것이다.

DAY 25
09 이 우아한 핸드백은 당신의 의상을 보완해 줄 것입니다.
10 창고 온도는 일정하게 유지될 것이다.
11 컴퓨터는 아마도 세계 최고의 발명품 중 하나이다.
12 우리는 그 분야에서 평판이 좋은 과학자인 Yoon 씨와 협력할 것이다.

DAY 26
09 저희 잡지의 구독이 곧 만료되실 것입니다.
10 그 패션 잡지의 월간 발행 부수는 10만부이다.
11 이 영화는 베스트셀러 책을 충실하게 각색한 것이다.
12 저희 출판물에 당신의 꽃집을 다루고 싶습니다.

DAY 27
09 Fotti 씨는 전체 마케팅 계획을 변경할 권한이 있다.
10 이례적으로 추운 날씨 때문에 우리는 런던으로 여행 갈 수 없었다.
11 우리는 전기 사용량을 줄이기 위한 조치를 시행할 것이다.
12 과학자들은 농작물을 보호하기 위한 몇 가지 새로운 방법을 개발했다.

DAY 28
09 그 수프는 유기농 재료로 만들어진다.
10 만나기에 서로 편리한 시간을 정합시다.
11 그 직원들은 매우 박식하고 친절하다.
12 식품 알레르기가 있는 손님들은 대부분의 식당에서 조심스럽게 대한다.

DAY 29
09 그 도로는 어젯밤 폭우로 침수되었다.
10 교통 체증을 완화하기 위해 터널이 건설될 것이다.
11 문제가 발생하면 저희에게 즉시 연락할 것이 권고됩니다.
12 의회는 지역 사회 정원을 짓자는 제안을 승인했다.

DAY 30
09 우리는 영업일 5일 이내에 배달을 보장한다.
10 미리 등록하는 것이 필요하다는 점을 유념하시기 바랍니다.
11 새 소프트웨어는 이전 버전과 크게 다를 것이다.
12 그 회사는 현재 여러 나라에서 10개의 제조 공장을 운영하고 있다.

Actual Test 정답 및 해석/해설

Actual Test 1
문제 p. 94

01 (A) 02 (A) 03 (D) 04 (D) 05 (A)
06 (A) 07 (A) 08 (D) 09 (D) 10 (A)
11 (A) 12 (B) 13 (C)

01
Mark Yates 씨는 작년에 자신의 사무실에 조명 기구를 설치했던 회사에 우리가 연락해 보도록 추천해 주었다.

(A) 설치하다   (B) 들어가다, 입력하다
(C) 채용하다, 빌리다   (D) 전화하다, 부르다

해설 각 보기가 모두 동사이므로 사물 명사 lighting을 목적어로 취해 조명 기구와 관련된 행위를 나타낼 수 있는 것을 골라야 한다. 따라서 '~을 설치하다'라는 의미로 쓰이는 (A) installed가 정답이다. (C) hired도 사물 명사를 목적어로 취할 수 있지만 '~을 빌리다'를 뜻하므로 문맥상 맞지 않는다.

어휘 recommend that ~하도록 추천하다, 권하다
contact ~에게 연락하다   lighting 조명 (기구)

02
인사부의 Hart 씨는 초과 근무 수당에 관한 새로운 정책과 관련된 어떠한 사안이든지 처리할 수 있을 것이다.

(A) 모집하다   (B) 허용하다
(C) 처리하다, 다루다   (D) 쓰다

해설 각 보기가 모두 동사이므로 사물 명사 issues를 목적어로 취해 문제나 사안과 관련해 사람이 할 수 있는 행위를 나타낼 동사를 골라야 한다. 따라서 '~을 처리하다, 다루다' 등을 의미하는 (C) address가 정답이다.

어휘 Human Resources 인사(부)   be able to V ~할 수 있다   issue 사안, 문제   related to ~와 관련된   policy 정책   regarding ~에 관하여   overtime pay 초과 근무 수당

03
현대 미술 박물관에서 열리는 전시회에 자주 참석하는 방문객들께서는 저희 주간 소식지 구독 신청을 하시면 할인 받으실 수 있습니다.

(A) 크게, 대단히   (B) 적당히
(C) 상호 간에   (D) 자주

해설 각 보기가 모두 부사이며 빈칸이 who절의 동사 attend 바로 앞에 위치하고 있으므로 이 동사와 의미가 어울리는 부사를 골라야 한다. attend가 현재 시제로 쓰여 있으므로 '자주'라는 의미로 빈도를 나타내어 현재 시제 동사와 함께 사용하는 부사 (D) frequently가 정답이다.

어휘 attend ~에 참석하다, 다니다   exhibit 전시(회)   sign up for ~을 신청하다, ~에 가입하다   receive ~을 받다

04
값어치가 200달러 미만인 물품들은 추가 수입세가 면제되지만, 조사 대상은 될 수 있습니다.

(A) 뚜렷한   (B) 준비된
(C) 지연된   (D) 면제된

해설 'be ~ from' 구조에 어울릴 수 있으면서 의미가 적절한 형용사가 필요하다. 따라서 'be exempt from'의 구조로 '~에서 면제되다'라는 의미를 나타낼 때 사용하는 (D) exempt가 정답이다. (A) distinct도 전치사 from과 함께 쓰이지만 문장 내에서 의미가 어울리지 않으므로 오답이다. (B) ready는 전치사 for나 to부정사와 함께 쓰인다.

어휘 worth + 비용 ~의 값어치가 있는, ~의 가치가 되는   less than ~ 미만의   additional 추가적인   import tax 수입세   be subject to ~ 대상이 되다, ~의 영향을 받다   inspection 점검, 조사

05
우리는 Menard 씨에게 그 직책을 제안하기로 결정했는데, 그의 모든 추천인들이 그를 크게 칭찬했기 때문이다.

(A) 매우, 크게   (B) 더 높이
(C) 높이   (D) 가장 높이

해설 'speak ~ of' 구조에 사용되어 특정 대상을 칭찬하는 행위를 강조할 때는 '크게, 대단히'라는 의미를 나타내는 부사 highly가 적합하므로 (A) highly가 정답이다. speak highly of(~을 크게 칭찬하다)를 하나의 표현으로 기억해 두자. (C) high가 부사로 쓰일 때는 물리적인 높이나 지위 등을 나타내므로 빈칸에 맞지 않는다.

어휘 decide to V ~하기로 결정하다   offer A B A에게 B를 제안하다, 제공하다   reference 추천인, 추천서

06
오직 12월 17일까지 주문서가 제출되고 비용이 지불된 제품들만 말일이 되기 전에 배송될 것입니다.

(A) 오로지   (B) ~까지

(C) ~하지 않으면   (D) 꽤, 상당히

해설 사물 명사 orders가 동사 submitted와 paid의 주체가 될 수 없으므로 이 둘은 수식어구를 구성하는 과거 분사임을 알 수 있다. 따라서 'submitted ~ December 17'는 주어 orders를 수식하는 구조이며, 문장에 동사 will be shipped 하나만 존재하는 구조이므로 두 개의 절을 연결하는 접속사인 (B) Until과 (C) Unless는 오답이다. 부사 보기인 (A) Only와 (D) Quite 중 의미상 '오로지 ~만'이 적합하므로 (A) Only가 정답이다.

어휘 order 주문(품), 주문서 submit ~을 제출하다 pay for ~에 대한 비용을 지불하다 ship ~을 배송하다, 선적하다

07
Halton Financial의 직원들은 승진 자격을 갖추기 위해서 반드시 연례 직원 평가를 받아야 한다.

(A) 자격이 있는   (B) 그럴 듯한
(C) 탄력적인, 융통성 있는   (D) 호환되는

해설 빈칸 뒤에 위치한 전치사 for와 어울리며 직원 평가를 받는 목적과 관련된 형용사를 찾아야 하므로 '~에 대한 자격이 있는'이라는 의미를 나타낼 때 사용하는 (A) eligible이 정답이다. (D) compatible은 전치사 with와 함께 쓰인다.

어휘 receive ~을 받다 annual 연례의, 해마다의 evaluation 평가(서) in order to V ~하기 위해 promotion 승진

08
모니터 제품의 생산을 계속 진행하기 전에, 우리는 해당 제조 비용에 대한 상세 분석을 실시해야 한다.

(A) 제공   (B) 수정, 변경
(C) 기술   **(D) 분석**

해설 각 보기가 명사이며 빈칸이 동사 conduct의 목적어 자리이므로 수행 또는 실시 대상이 될 수 있는 명사를 골라야 한다. 또한, 빈칸 이하의 내용 '제조 비용에 대한'과도 어울릴 수 있는 명사를 선택해야 하므로 '분석'을 뜻하는 (D) analysis가 정답이다.

어휘 proceed with ~을 계속 진행하다, 속행하다 production 생산 conduct ~을 실시하다, 수행하다 detailed 상세한, 자세한 manufacturing 제조 cost 비용

[09-12] 다음 회람을 참조하시오.

수신: Edison 전 직원
발신: Jason Foyers, 인사부장
날짜: 9월 23일

제목: 사무실 이전

내일 있을 사무실 이전에 대한 준비 작업으로, 포장 용품이 오늘 오후에 배부될 것입니다. 새로운 사무실은 설비가 [09]완전히 갖춰져 있기 때문에, 현재 사용 중인 어떠한 사무 가구도 가져가지 않을 예정이므로, 모든 서랍과 캐비닛을 꼭 비우시기 바랍니다. [10]모든 개인 물품을 꾸릴 수 있도록 상자가 제공될 것입니다. 각 상자에 여러분의 이름과 사원 번호, 그리고 부서명을 명확하게 적어 두시기 바랍니다.

[11]성공적인 이전 작업을 가능하게 할 수 있도록, 모든 직원들께서 내일 오전 7시 30분까지 새 사무실에 도착하셔야 합니다. 짐을 풀기 전에, 10층을 방문해 새로운 보안 출입증을 [12]받아 가시기 바랍니다.

이 기간에 여러분의 협조에 감사드립니다.

어휘 move 이전, 이사 in preparation for ~에 대한 준비로 packing 포장, 짐 꾸리기(↔ unpacking) material 물품, 재료, 자재 distribute ~을 배부하다, 배포하다 furnished 설비가 갖춰진 current 현재의 be sure to V 꼭 ~하십시오 empty ~을 비우다 drawer 서랍 employee ID number 사원 번호 department 부서 clearly 명확히, 분명히 facilitate ~을 가능하게 하다, 용이하게 하다 transition 이전, 전환 arrive 도착하다 security badge 보안 출입증 appreciate ~에 대해 감사하다 cooperation 협조

09
(A) 아직   (B) 특히
(C) 정기적으로   **(D) 완전히**

해설 각 보기가 모두 부사이므로 빈칸 뒤에 위치한 과거 분사 furnished를 수식하기에 적절한 부사를 골라야 한다는 것을 알 수 있다. furnished는 '설비가 갖춰진'을 뜻하므로 그 정도를 나타낼 수 있는 부사와 어울린다. 따라서 '모두, 완전히'라는 의미로 쓰이는 (D) fully가 정답이다.

10
(A) 모든 개인 물품을 꾸릴 수 있도록 상자가 제공될 것입니다.
(B) 새로운 사무실은 West Elm가의 금융 센터에 위치해 있습니다.
(C) 추가로, 직원들은 오리엔테이션에 참석해야 할 것입니다.
(D) 컴퓨터와 모니터는 전원을 끄고 플러그를 뽑아 두어야 합니다.

해설 빈칸 앞에는 모든 서랍과 캐비닛을 비우라는 내용이,

그리고 빈칸 뒤에는 각 상자(each box)에 특정 정보를 꼭 써 놓으라는 내용이 언급되어 있다. 따라서 물품을 꾸리는 데 쓰일 상자가 제공된다는 내용의 (A)가 정답이다.

어휘 be located in ~에 위치해 있다 in addition 추가로, 게다가 be required to V ~해야 하다, ~할 필요가 있다 attend ~에 참석하다 turn off ~을 끄다, 잠그다 unplug ~의 플러그를 뽑다

11
(A) 성공적인   (B) 부유한
(C) 예상된   (D) 의무적인

해설 각 보기가 모두 형용사이므로 빈칸 바로 뒤에 위치한 명사 transition과 의미가 어울리는 것을 골라야 한다. 빈칸이 속한 to부정사구는 직원들이 새 사무실로 아침 일찍 도착해야 하는 목적을 나타내야 하므로 '성공적인 위치 이전'이 문맥상 적절하다. 따라서 (A) successful이 정답이다.

12
(A) 시행하다   (B) 가져가다, 모으다
(C) 돕다   (D) 진행되다

해설 각 보기가 모두 동사이므로 바로 뒤에 위치한 명사구 your new security badge와 의미가 어울리는 것을 골라야 한다. 새 출입증과 관련해 10층을 방문해야 하는 목적을 나타내는 to부정사구를 구성해야 하므로 '~을 가져가다' 등의 의미로 쓰이는 (B) collect가 정답이다.

[13] 다음 편지를 참조하시오.

처리 과정의 오류로 인해 귀하의 계좌로 잘못 청구된 연체료에 대해 사과의 말씀드리고자 합니다. 해당 요금인 15달러는 귀하의 온라인 청구서에서 삭제되었으며, 그 결과로 발생된 모든 이자액 또한 공제되었습니다. 귀하의 계좌로 입금 처리를 한 결과, 현재 귀하의 ¹³미결제 잔액은 384.76달러입니다.

어휘 would like to V ~하고자 하다 apologize for ~에 대해 사과하다 late fee 연체료 incorrectly 부정확하게, 맞지 않게 charge ~을 청구하다 account 계좌, 계정 due to ~로 인해 processing 처리 (작업) remove A from B A를 B에서 없애다, 제거하다 billing statement 청구서, 내역서 resulting 결과로 발생되는 interest 이자 deduct ~을 공제하다 credit ~에 입금하다 current 현재의 outstanding 미지불된, 미결제의 balance 잔액

13
첫 번째 단락, 네 번째 줄의 단어 "outstanding"과 의미가 가장 가까운 것은 무엇인가?
(A) 불충분한   (B) 눈에 잘 띄는, 뚜렷한
(C) 지불되지 않은   (D) 훌륭한, 뛰어난

해설 outstanding은 '뛰어난'이란 뜻과 '미지불된, 미결제의'라는 두 가지 뜻을 가지고 있는데, balance(잔액, 잔고)를 수식하는 경우 '미지불된'이란 의미이므로 '지불되지 않은'이라는 뜻의 (C) unpaid가 정답이다.

Actual Test 2   문제 p. 176

01 (B)	02 (B)	03 (D)	04 (B)	05 (B)
06 (A)	07 (B)	08 (B)	09 (C)	10 (B)
11 (C)	12 (D)	13 (D)

01
여러분의 DusterPro 800 제품 수명을 연장하기 위해서는, 제조사의 설명에 따라 주기적으로 필터와 수조를 세척하십시오.
(A) 주장하다   (B) 연장하다
(C) 확대하다   (D) 참다

해설 각 보기가 모두 동사이므로 빈칸 뒤에 위치한 명사 life를 목적어로 취해 특정 제품의 수명과 관련된 행위를 나타낼 수 있는 것을 골라야 한다. 빈칸이 속한 to부정사구는 주기적인 세척의 목적을 나타내야 하므로 '수명을 연장하기 위해'라는 의미를 나타내는 (B) prolong이 정답이다.

어휘 regularly 주기적으로 clean ~을 세척하다, 닦다 water tank 수조, 물탱크 according to ~에 따라 manufacturer 제조사 instruction 설명, 안내, 지시

02
그 새로운 시스템은 각 부서에서 만드는 컬러 복사의 수를 관리하기 위해 특별히 고안되었다.
(A) 꽤   (B) 특별히
(C) 좀처럼 ~ 않다   (D) 필연적으로

해설 각 보기가 모두 부사이므로 빈칸 뒤에 위치한 과거 분사 designed와 의미가 가장 자연스럽게 어울리는 것을 찾아야 한다. 새로운 시스템이 만들어진 목적과 관련된 의미를 나타내야 하므로 designed와 함께 '특별히 고안된'이라는 의미를 나타내는 (B) specially가 정답이다.

어휘 be designed to V ~하기 위해 고안되다 monitor ~을 관리하다, 감시하다, 관찰하다 the number of ~의 수, 숫자 copy 복사, 1부

03

매출이 매주 조금씩 다르기는 하지만, 뉴욕시를 오가는 항공편들이 지속적으로 높은 수요를 유지하고 있다.

(A) 고려하다 (B) 퍼뜨리다
(C) 반영하다 **(D) 다르다**

해설 빈칸 뒤에 부사 slightly와 전치사구가 이어져 있어 자동사가 필요하다는 것을 알 수 있으며, '매출이 매주 조금씩 다르다'라는 의미가 되어야 문맥상 적절하므로 '다르다, 차이가 나다'를 뜻하는 자동사 (D) vary가 정답이다. (A) consider와 (C) reflect는 목적어가 뒤에 이어지는 타동사로만 쓰이며, (B) spread는 자동사와 타동사로 모두 쓰이지만 의미가 맞지 않는다.

어휘 sales 매출, 판매(량) slightly 조금, 약간 from week to week 매주, 주마다 flight 항공편 consistently 지속적으로 in high demand 수요가 높은 상태인

04

그 행사장의 주차 공간이 다소 제한적이기 때문에, 근처의 주차장에서 차량을 주차할 수 있도록 대리 주차 서비스의 도움을 받아야 할 것이다.

(A) 갑작스럽게 **(B) 다소, 약간**
(C) 능숙하게 (D) 정확히

해설 각 보기가 모두 부사이므로 빈칸 뒤에 위치한 형용사 limited와 의미가 가장 자연스럽게 어울리는 것을 찾아야 한다. limited는 '제한된, 한정된'을 뜻하므로 그 정도를 나타낼 부사의 수식을 받아야 자연스럽다. 따라서 정도나 수준 등과 관련해 '다소, 약간'을 의미하는 (B) somewhat이 정답이다.

어휘 parking 주차 (공간) venue 행사 장소 limited 제한된, 한정된 valet 대리 주차 (서비스) on hand (도움 등을) 얻을 수 있는, 이용 가능한 park ~을 주차하다 nearby 근처의 lot 주차장

05

Ursten Cosmetics의 저조한 지난 분기 매출은 분명 Bridger Industries와의 합병 협상에 부정적인 영향을 미칠 것이다.

(A) 매력적으로 **(B) 불리하게**
(C) 값비싸게 (D) 다양하게

해설 각 보기가 모두 부사이므로 빈칸 뒤에 위치한 동사 affect와 의미가 가장 자연스럽게 어울리는 것을 찾아야 한다. 매출이 저조한 것(poor sales)은 합병 협상을 하는 데 좋지 않은 영향을 미치는 원인으로 판단할 수 있으므로 '부정적으로, 불리하게'를 나타내는 (B) adversely가 정답이다.

어휘 poor 저조한, 형편없는 quarter 분기 be sure to V 분명 ~하다 affect ~에 영향을 미치다 merger 합병, 통합 negotiation 협상

06

최고 경영자 Gary Filton은 밴쿠버 공장의 직원들이 올여름부터 최신 라인의 휴대 전화를 조립할 것이라고 발표했다.

(A) 조립하다 (B) 협동하다
(C) 견뎌 내다 (D) 거절하다

해설 각 보기가 모두 동사이므로 빈칸 뒤에 위치한 명사구 latest line of cell phones를 목적어로 취해 특정 제품과 관련해 공장 근로자들이 할 수 있는 행위를 나타낼 수 있는 것을 골라야 한다. 따라서 '~을 조립하다'라는 의미로 쓰이는 (A) assemble이 정답이다.

어휘 announce that ~라고 발표하다 latest 최신의 line 제품 라인, 종류 starting ~부터

07

Jackson 경찰서는 주민들에게 휴대 전화나 지갑과 같은 귀중품을 차량 내부에 놓아두지 말라고 한다.

(A) 수행하다 **(B) 단념시키다**
(C) 마주치다 (D) 발견하다

해설 각 보기가 모두 동사인데, 빈칸에 쓰일 동사는 바로 뒤에 위치한 'A + from -ing' 구조와 어울려야 하므로 '~에게 …하지 못하게 하다'라는 의미를 나타내는 (B) discourages가 정답이다.

어휘 resident 주민 leave ~을 놓아두다, 남겨 두다 valuables 귀중품 such as ~와 같은 wallet 지갑

08

비록 회사 야유회에 대한 참석이 선택적이기는 하지만, 팀장은 모든 직원들이 그 축제 행사에 참가하기를 바라고 있다.

(A) 경쟁력 있는 **(B) 선택적인**
(C) 이용 가능한 (D) 개인의

해설 각 보기가 모두 형용사인데 빈칸에 쓰일 형용사는 Though절의 주어 attendance의 보어로서 그 상태나 특성을 나타내야 한다. Though절은 '비록 ~이지만, ~라 하더라도'라는 의미로 일치하지 않거나 상반되는 것을 나타내므로 모든 직원들의 참석을 바라고 있다는 주절과 대비되어야 한다. 따라서 해당 행사에 대한 참석이 '선택적'이라는 의미가 되어야 적절하므로 (B) optional이 정답이다.

어휘 though 비록 ~이지만, ~라 하더라도 attendance 참석, 참석자의 수 hope that ~하기를 바라다 join 참가하다, 참여하다 festivity 축제 행사, 경축 행사

[9-12] 다음 기사를 참조하시오.

더럼-3월 21일에, 더럼 시 의회는 새로운 계획인 '더 나은 내일'의 ⁰⁹시작을 발표했다. 이 ¹⁰캠페인은 버려진 시설물을 공공장소로 탈바꿈시킴으로써 시를 다시 활성화하기 위한 노력의 일환이다. 향후 10년 동안에 걸쳐, 시는 공원과 박물관, 그리고 설치 미술품을 세우는 데 100만 달러에 가까운 비용을 소비할 계획이다. ¹¹이 계획에 관한 소식은 주민들에게 긍정적인 반응을 얻었다. 더럼시의 주민이자 지역 내 사업가인 Barry Murphy는 "우리 모두는 그와 같은 변화에 대해 ¹²낙관하고 있습니다. 우리는 그 변화들이 이곳 삶의 질을 크게 개선시켜 줄 것으로 기대합니다."라고 말했다. 시에서는 Madison가 다리를 따라 놓여 있는 사용하지 않는 철로를 고가 공원으로 변모시키는 공사부터 시작할 것이다.

어휘 council 의회 announce ~을 발표하다 initiative (사회적 운동 등의) 계획 effort to ~하기 위한 노력 revitalize ~을 다시 활성화하다, 회생시키다 by (방법) ~함으로써 turn A into B A를 B로 탈바꿈시키다, 변모시키다(= convert A into B) abandoned 버려진 facility 시설(물) public space 공공장소 plan to V ~할 계획이다 close to ~에 가까운 construct ~을 짓다, 세우다 installation 설치(물) resident 주민 expect A to V A가 ~할 것으로 기대하다, 예상하다 greatly 크게, 대단히 improve ~을 개선하다, 향상시키다 quality 질, 품질 unused 사용하지 않는 along (길 등) ~을 따라 elevated (지면보다) 높은, 고가의

09
(A) 반영, 반사 (B) 단계, 국면
(C) 시작, 출시 (D) 지연, 지체

해설 각 보기가 모두 명사이므로 빈칸 앞뒤의 내용과 어울리는 것을 찾아야 하며, 바로 뒤에 전치사 of로 연결된 its new initiative와 관련된 의미를 나타내야 한다. 이 명사구는 '새로운 계획'을 뜻하는데, 뒤에 이어지는 'Over the next ten years, the city plans to ~' 등을 보면 앞으로 도시의 모습을 바꾸려는 계획임을 알 수 있다. 따라서 빈칸이 속한 문장은 '새로운 계획의 시작을 발표하다'라는 의미가 되어야 가장 자연스러우므로 '시작, 개시, 착수'를 뜻하는 (C) launch가 정답이다.

10
(A) 상태, 지위 **(B) 캠페인, 운동**
(C) 질, 품질 (D) 허가, 승인

해설 각 보기가 모두 명사이므로 빈칸 앞뒤의 내용과 어울리는 것을 찾아야 한다. 빈칸에 들어갈 명사는 보어로 쓰인 an effort와 동격이 될 수 있는 것이어야 하며, 빈칸 이하는 앞에서 언급한 its new initiative의 목적을 나타내고 있다. 따라서 its new initiative를 대신할 수 있는 명사가 빈칸에 쓰여야 적절하다는 것을 알 수 있으므로 '캠페인, 운동'을 뜻하는 (B) campaign이 정답이다.

11
(A) 이 박물관들은 다음 목요일에 연장된 시간 동안 문을 열 것이다.
(B) 시에서는 건강에 더 좋은 학교 급식을 도입할 계획도 논의했다.
(C) 이 계획에 관한 소식은 주민들에게 긍정적인 반응을 얻었다.
(D) 공사로 인해, 오후 3시부터 4시까지 주차가 허용되지 않을 것이다.

해설 빈칸 앞에는 새로 시작되는 계획의 목적과 간략한 계획을, 빈칸 뒤에는 한 주민의 인터뷰 내용이 제시되어 있다. 이 주민은 삶의 질을 크게 개선할 것으로 기대된다(greatly improve the quality of life)는 말을 하고 있는데, 이는 호의적인 주민 반응을 보여 주는 예시로 판단할 수 있다. 따라서 앞서 언급한 계획을 the plan으로 지칭해 주민들의 반응이 긍정적이라는 의미로 쓰인 (C)가 정답이다.

어휘 extended 연장된 discuss ~을 논의하다 introduce ~을 도입하다, 소개하다 be received positively by ~로부터 긍정적인 반응을 얻다 due to ~로 인해 parking 주차 allow ~을 허용하다

12
(A) 놀고 있는, 게으른 (B) 인상적인
(C) 호기심이 많은 **(D) 낙관적인**

해설 각 보기가 모두 형용사인데, 빈칸은 주어 All of us에 대한 보어 자리이므로 All of us의 상태나 특성 등과 관련된 것을 찾아야 한다. 여기서 All of us는 주민들을 지칭하므로 변화에 대한 주민들의 생각과 관련된 형용사가 필요하다. 바로 뒤에 제시된 '삶의 질을 크게 개선할 것으로 기대된다(greatly improve the quality of life)'는 내용과 연결되어야 하므로 '낙관적인'을 뜻하는 (D) optimistic이 정답이다.

[13] 다음 편지를 참조하시오.

Prairie Books는 단골 고객들께 저희가 개최하는 제 10회 연례 도어버스터(Doorbuster) 세일 행사에 참석하실 수 있는 초대장을 ¹³전해 드리고자 합니다. 모든 방문객들께서는 4월 2일부터 9일까지 25%의 할인을 받으실 것이며, 매장 회원들께서는 10%의 추가 할인도 받게 되실 것입니다.

어휘 would like to V ~하고자 하다, ~하고 싶다   extend an invitation 초대장을 보내다, 발송하다   loyal customer 단골 고객   attend ~에 참석하다   annual 연례의, 해마다의   receive ~을 받다   additional 추가의

13
첫 번째 단락, 첫 번째 줄의 단어 "extend"와 의미가 가장 가까운 것은 무엇인가?
(A) 증가시키다   (B) 확인해 주다
(C) 연장시키다   (D) 제공하다

해설 동사 extend가 '초대장'을 뜻하는 invitation과 함께 쓰이면 '(초대를) 전하다'의 의미를 갖는다. 이는 초대(장)을 제공하는 것과 같으므로 '~을 제공하다'를 뜻하는 (D) offer가 정답이다.

Actual Test 3   문제 p. 258

01 (A)	02 (C)	03 (D)	04 (C)	05 (C)
06 (A)	07 (C)	08 (C)	09 (B)	10 (A)
11 (C)	12 (A)	13 (B)		

01
호텔에서 곧바로 출발하시는 손님들께서는 무료 공항 셔틀 버스를 이용하셔야 하는데, 이는 로비 출입구 앞에서 탑승하실 수 있습니다.
(A) 곧바로, 직접   (B) 철저히
(C) 신중히   (D) 정확히

해설 각 보기가 모두 부사이므로 빈칸 앞뒤에 각각 위치한 동사 depart, 전치사 from과 의미가 어울리는 것을 찾아야 한다. 이동을 나타내는 동사 depart, 출발점을 나타내는 from과 어울려야 하므로 '곧바로, 직접'의 의미로 이동 방식을 나타내는 부사인 (A) directly가 정답이다.

어휘 depart from ~에서 출발하다, 떠나다   complimentary 무료의   board ~에 탑승하다   in front of ~의 앞에

02
이번 주에 Olivia Willis가 진행하는 발표는 생산 관련 문제들을 신속하고 효과적으로 해결하는 것에 대한 전략을 다룰 것입니다.
(A) 기쁘게 하다   (B) 소개하다
(C) 해결하다   (D) 제조하다

해설 각 보기가 모두 동명사이므로 빈칸 뒤에 위치한 명사구 production problems를 목적어로 취해 의미가 가장 자연스러운 것을 골라야 한다. 빈칸 앞뒤 부분이 '문제점 해결에 대한 전략'이라는 뜻을 나타내는 것이 가장 적절하므로 '~을 해결하다'라는 뜻으로 쓰이는 (C) resolving이 정답이다.

어휘 presentation 발표(회)   led by ~가 진행하는, 이끄는   address (문제 등) ~을 다루다, 처리하다   strategy 전략   effectively 효과적으로

03
모든 주민들이 시청 개관식 직후에 개최되는 축하 연회에 초대됩니다.
(A) 이전에   (B) 적절히, 알맞게
(C) 원래, 애초에   (D) 즉시

해설 각 보기가 모두 부사이므로 의미가 가장 적절한 것을 찾아야 하는데, 빈칸 바로 뒤에 위치한 after와 어울려 '~ 직후에'라는 의미로 진행 순서나 전후 관계를 강조할 때 사용하는 (D) immediately가 정답이다. 빈칸에 동사를 수식하는 부사가 쓰일 수도 있지만, 나머지 보기의 부사들은 모두 의미가 어울리지 않는다.

어휘 resident 주민   be invited to ~로 초대되다, 초청되다   reception 축하 연회, 기념 연회   hold (행사 등) ~을 개최하다, 열다   opening ceremony 개관식, 개장식, 개회식   immediately after ~ 직후에

04
추가 요금을 피하기 위해서는, 이달 말까지 반드시 최소 25달러의 일부 비용 지불이 이뤄져야 합니다.
(A) 위험한   (B) 믿을 만한
(C) 일부의   (D) 유망한

해설 각 보기가 모두 형용사이므로 빈칸 뒤에 위치한 명사 payment를 수식하기에 의미가 적절한 것을 골라야 한다. payment는 '지불되는 비용'을 의미하므로 비용과 관련된 특성을 나타낼 형용사로 '일부의, 부분적인'이라는 의미로 쓰이는 (C) partial이 정답이다.

어휘 avoid ~을 피하다   further 추가의, 더 이상의, 한층 더 한   fee 요금   make a payment 비용을 지불하다   at least 최소한, 적어도

05
호놀룰루 중심부에 위치한 Destination Trips는 기업 단체 고객들에게 저렴한 여행 패키지를 제공하는 것을 전문으로 한다.

(A) 낭비하는 (B) 의무적인
(C) 가격이 적절한 (D) 집요한

해설 각 보기가 모두 형용사이므로 빈칸 뒤에 위치한 명사구 travel packages를 수식하기에 의미가 적절한 것을 골라야 한다. travel packages는 '여행 패키지'를 의미하며, 빈칸에 쓰일 형용사는 단체 고객들에게 제공되는 여행 패키지의 특성을 나타내야 하므로 '가격이 적절한, 저렴한'을 뜻하는 (C) affordable이 정답이다.

어휘 located in ~에 위치한 in the heart of ~의 중심부에 specialize in ~을 전문으로 하다 provide A for B B에게 A를 제공하다 corporate 기업의, 법인의

06
자사의 직원들에게 감사의 마음을 전하기 위해, Garrison Industries는 임직원들과 그들의 가족들을 위해 연례 야외 회 행사를 개최한다.

(A) 감사 (B) 논쟁
(C) 유연성 (D) 전송

해설 빈칸은 to부정사로 쓰인 동사 express의 목적어로 쓰일 명사 자리이다. express는 감정이나 의견 등을 나타내는 명사를 목적어로 취해 '~을 표현하다, 나타내다'라는 의미로 쓰이며, 이 문장에서는 직원들을 위한 행사를 개최하는 목적과 관련되어야 한다. 따라서 '감사, 감사의 마음'을 뜻하는 (A) appreciation이 정답이다.

어휘 in order to V ~하기 위해 express (생각·감정 등) ~을 표현하다, 나타내다 hold (행사 등) ~을 개최하다, 열다 annual 연례의, 해마다의

07
Gutierrez 씨는 최신 설계도의 배송을 기다리고 있기 때문에 우리와 함께 점심을 먹으러 갈 수 없을 것이다.

(A) 전문 지식 (B) 합의
(C) 배송 (D) 자원

해설 각 보기가 모두 명사이므로 빈칸 앞뒤에 각각 위치한 동사 is awaiting, of가 이끄는 전치사구와 의미상 가장 잘 어울리는 것을 찾아야 한다. 동사 await의 목적어로서 기다리는 행위의 대상이 될 수 있으며, 빈칸 뒤 '최신 설계도의'와도 어울리는 명사는 (C) delivery이다.

어휘 be unable to V ~할 수 없다 join ~와 함께하다, ~에 합류하다 as ~이므로, ~ 때문에 await ~을 기다리다 latest 최신의 blueprint 설계도, 청사진

08
비록 설득력 있는 주장을 하기는 했지만, 대통령은 자신의 교통세 법안에 대한 지지를 확보할 수 없었다.

(A) 신속한 (B) 의존하는
(C) 설득력 있는 (D) 결함이 있는

해설 각 보기가 모두 형용사이므로 빈칸 뒤에 위치한 명사 argument를 수식하기에 의미가 적절한 것을 골라야 한다. argument는 '주장, 논쟁'을 의미하므로 그 특성을 나타낼 형용사로 '설득력 있는'을 뜻하는 (C) convincing이 정답이다.

어휘 though (비록) ~이지만, ~라 하더라도 deliver an argument 주장하다 secure ~을 확보하다 support 지지, 지원, 후원 transportation tax 교통세 bill 법안

[9-12] 다음 이메일을 참조하시오.

수신: Harriet Bromley <harriet_bromley@starworks.com>
발신: Matthew Yates <myates@speedsportswear.com>
날짜: 4월 15일
제목: 주문 번호 89180415

저희에게 가장 최근에 주문하신 내역과 관련해 연락 드립니다. 저희는 귀하의 불만 사항을 검토했으며, 귀하께서 구입하신 10벌의 유니폼 중 5벌에 [09]얼룩이 묻어 있었다는 얘기를 듣게 되어 유감스럽습니다.

[10]귀하께서는 결함 있는 품목을 교환하고 싶으시다는 의사를 나타내 주셨습니다. 안타깝게도, 현재 귀하께서 주문하셨던 사이즈와 색상으로 된 [11]재고가 부족한 관계로, 지금은 완전히 교환 처리를 해 드릴 수 없습니다. 저희는 앞으로 2주 후에 추가 재고품을 들여올 수 있을 것으로 예상하고 있습니다. 귀하께서 기다릴 수 없으실 경우, 기꺼이 전액 [12]환불을 제공해 드리겠습니다.

최고의 운동복 공급 업체인 저희 Speed Sports wear를 이용해 주셔서 다시 한번 감사드립니다.

어휘 contact ~에게 연락하다 regarding ~에 관해, ~와 관련해 recent 최근의 order 주문(품), 주문 사항; ~을 주문하다 review ~을 검토하다 complaint 불만, 불평 be sorry to V ~해서 유감이다 purchase ~을 구입하다 unfortunately 안타깝게도, 아쉽게도 current 현재의 low (수준·정도·가치 등이) 부족한, 저조한, 낮은 process ~을 처리하다

complete 완전한, 전적인 exchange 교환 at this time 지금, 현재 expect A to V A가 ~할 것으로 예상하다, 기대하다 additional 추가의 stock 재고(품) available 이용 가능한, 구매 가능한 provide A with B A에게 B를 제공하다 full 전부의, 모든, 완전한 business 이용, 거래 premier 최고의, 최상의 supplier 공급 업체 athletic 운동의 apparel 의복

09
(A) 능숙한 (B) 얼룩이 묻은
(C) 신중한 (D) 우려하는

해설 be 동사 were 뒤에 위치한 빈칸은 that절의 주어 five of the ten uniforms를 설명하는 보어 자리이므로 이 제품들의 특성과 관련된 형용사를 찾아야 한다. 바로 앞에 상대방이 이 제품들과 관련해 불만(complaint)을 제기한 사실이 언급되어 있으므로 문제점과 관련된 형용사가 필요하다는 것을 알 수 있다. 따라서 '얼룩이 묻은'을 뜻하는 (B) stained가 정답이다.

10
(A) 귀하께서는 결함 있는 품목을 교환하고 싶으시다는 의사를 나타내 주셨습니다.
(B) 별도로 명시되어 있지 않은 한, 모든 구매 제품은 변경 불가능합니다.
(C) 또한, 흠이 있는 제품을 서비스 센터로 가져오시기 바랍니다.
(D) 직원 한 명이 오늘 귀하께 연락해 환불을 처리해 드릴 것입니다.

해설 빈칸 뒤에 부정적인 정보를 말할 때 사용하는 부사 Unfortunately와 함께 현재 제품 교환을 해 줄 수 없는 상황임을 알리는 문장이 언급되어 있다. 따라서 첫 단락에 언급된 내용과 연계된 조치로 상대방이 문제점이 발견된 제품을 교환하도록 요청했다는 의미를 나타내는 (A)가 정답이다.

어휘 indicate that ~임을 나타내다, 보여 주다 exchange ~을 교환하다 defective 결함 있는 final 변경 불가능한, 최종적인 unless otherwise specified 별도로 명시되지 않는 한, 달리 지정되지 않는 한 faulty 흠이 있는 representative 직원, 대리인 refund 환불

11
(A) 생산성 (B) 의견
(C) 재고(품) (D) 치수, 차원

해설 빈칸은 주어 자리이며 보어로 쓰인 low로 설명 가능한 명사가 쓰여야 한다. 뒤에 이어지는 내용을 보면, 현재 교환이 불가능한 상태이며 추가 물품이 들어올 때까지 기다려야 한다고 알리고 있다. 따라서 재고가 부족한 상태임을 알 수 있으므로 '재고(품)'을 의미하는 (C) inventory가 정답이다.

12
(A) 환불 (B) 용량
(C) 버전, 판 (D) 택배 회사

해설 빈칸에 쓰일 명사는 바로 앞에 위치한 형용사 full과 어울려야 하며, If절에서 말하는 '기다릴 수 없는 경우'라는 조건과 관련되어야 한다. 즉, 바로 앞서 언급한 추가 물품이 들어올 때까지 기다릴 수 없는 경우에 따른 조치를 나타내야 하므로 '전액 환불을 제공하겠다'라는 의미를 나타낼 수 있는 (A) refund가 정답이다.

[13] 다음 편지를 참조하시오.

이 메시지는 저희 Checkers Moving에 11월 5일, 월요일로 예약하신 사항을 확인해 드리기 위한 것입니다. 운반 담당 직원들이 오전 8시에서 9시 사이에 도착할 것이므로, 준비해 주시기 바랍니다. 또한, 새로운 주택 내에 가구와 물품을 어디에 ¹³놓기를 원하시는지 미리 고려해 보시도록 요청드립니다.

어휘 confirm ~을 확인해 주다 reservation 예약 mover 운반 담당자 arrive 도착하다 between A and B A와 B 사이에 ask that ~하도록 요청하다 consider ~을 고려하다 in advance 미리, 사전에 place ~을 놓다, 두다, 위치시키다 belongings (개인) 물품, 소지품 residence 주택, 거주지

13
첫 번째 단락, 세 번째 줄의 단어 "place"와 의미가 가장 가까운 것은 무엇인가?
(A) 시작하다 (B) 놓다
(C) 참조하게 하다 (D) 확인하다

해설 이사와 관련된 정보를 전달하는 문장에서 your furniture and belongings를 목적어로 취해 '가구와 물품을 놓다'라는 의미로 사용되었으므로 동일한 뜻으로 쓰이는 동사인 (B) put이 정답이다.

Actual Test 4

문제 p. 340

01 (A)　02 (B)　03 (B)　04 (C)　05 (A)
06 (C)　07 (B)　08 (B)　09 (C)　10 (A)
11 (A)　12 (A)　13 (C)

01
올봄에 열릴 공연 My Lady의 입장권은 이번 주말에 일반 대중이 구매할 수 있을 것이다.

(A) 이용[구매] 가능한　(B) 할 수 있는, 유능한
(C) 표준의　(D) 편리한

해설 각 보기가 모두 형용사이므로 빈칸 앞뒤에 각각 위치한 동사 be made, 'to 사람' 전치사구와 어울려 주어 Tickets의 특성이나 상태 등을 설명할 수 있는 것을 찾아야 한다. 따라서 '~가 구매 가능하게 되다, 이용할 수 있게 되다'라는 의미를 나타내는 (A) available이 정답이다.

어휘 performance 공연, 연주(회)　be made available to ~가 구매 가능하게 되다, 이용할 수 있게 되다　the general public 일반 대중

02
연례 안전 교육 과정에 아직 등록하지 않은 직원들은 인사부의 Ross Martin에게 연락해야 한다.

(A) 기록하다　(B) 등록하다
(C) 개발하다　(D) 승인하다

해설 각 보기가 모두 동사인데, 빈칸 바로 뒤에 전치사 for가 있으므로 이 전치사와 어울리는 자동사를 찾아야 한다. 따라서 for와 함께 쓰여 '~에 등록하다'라는 의미를 나타내는 동사 (B) register가 정답이다. (A)와 (C)는 주로 타동사로 사용되며, 자동사로도 사용되는 (D) approve는 'approve of(~을 찬성하다)' 형태로 쓰인다.

어휘 have yet to V 아직 ~하지 않다　annual 연례의, 해마다의　training 교육　contact ~에게 연락하다　human resources 인사부

03
General Store는 지역 농장으로부터 직접 구입하는 유기농 식품을 사용하는 것으로 널리 인정받고 있다.

(A) 손쉽게　(B) 널리
(C) 급격히　(D) 알고도, 고의로

해설 각 보기가 모두 부사이며 빈칸이 수동태 동사 is respected의 사이에 위치하고 있으므로 이 동사를 수식해 인정 또는 존중받는 정도를 나타낼 부사를 찾아야 한다. 따라서 be respected 동사와 함께 '널리 인정받다'라는 의미를 나타낼 때 사용하는 (B) widely가 정답이다.

어휘 be widely respected for ~로 널리 인정받다, 존중받다　organic 유기농의　purchase ~을 구입하다　directly 직접　local 지역의, 현지의　farm 농장

04
Fernandez & Associates의 힘든 업무량은 모든 직원이 종종 꺼리지 않고 주말마다 근무하는 것을 필요하게 만든다.

(A) 의존하는　(B) 민감한
(C) 힘든, 까다로운　(D) 만족한

해설 직원들이 주말마다 일하게 되는 것은 '힘든 업무량, 부담이 큰 업무량(demanding workload)' 때문이므로 '힘든, 부담이 큰'이란 의미의 (C) demanding이 정답이다. 참고로 demanding은 사물 명사와 사람 명사를 모두 수식할 수 있다.

어휘 workload 업무량　A require that A로 인해 ~하는 것이 필요하다, A가 ~하도록 요구하다　be willing to V 꺼리지 않고 ~하다, 기꺼이 ~하다　occasionally 종종, 가끔　on weekends 주말마다

05
1등석으로의 업그레이드는 Blue Sky 항공사의 단골 항공 고객 프로그램 회원인 탑승객들에게만 독점적으로 제공된다.

(A) 오직, 독점적으로　(B) 꽤, 상당히
(C) 상호 간에　(D) 그 대신에, 또는

해설 각 보기가 모두 부사이므로 빈칸 앞에 위치한 동사 are offered 또는 뒤에 위치한 'to 사람' 전치사구를 수식해 제공 방식과 관련된 의미를 나타낼 수 있는 것을 찾아야 한다. 여기서 to 전치사구는 특정 서비스를 받는 대상자들을 가리키므로 to와 어울려 '~에게만 오로지, ~에게 독점적으로'라는 의미를 나타낼 때 사용하는 (A) exclusively가 정답이다.

어휘 offer A to B A를 B에게 제공하다　passenger 탑승객　frequent flyer program 단골 항공 고객 프로그램

06
최근의 여론 조사에 따르면, 대부분의 유권자들은 Sousa 주지사가 재임 기간에 도시의 자원을 적절히 활용한 것으로 생각하고 있다.

(A) 동봉하다　(B) 바치다, 헌신하다
(C) 활용하다　(D) 반영하다

해설 각 보기가 모두 동사이며, 빈칸 뒤에 목적어 the city's resources가 있으므로 이 목적어와 의미가 어울리는 타동사를 찾아야 한다. the city's resources는 '도시의 자원'을

뜻이므로 '~을 활용하다'라는 의미로 쓰이는 (C) utilized가 정답이다.

어휘 according to ~에 따르면   recent 최근의   poll 여론 조사   voter 유권자   believe that ~라고 생각하다   governor 주지사   properly 적절히, 제대로, 올바로   resource 자원   during ~ 중에, ~ 동안   term 재임 기간, 임기

07
그 제휴 관계의 가장 힘든 측면은 베이징에 있는 사무실과의 회의 일정을 조정하는 어려움일 것으로 예상된다.

(A) 크기, 치수 (B) 규정
(C) **어려움** (D) 수집(품)

해설 빈칸 앞에 동사 be expected to be 형태가 있으므로 to be 뒤에 들어갈 명사는 주어와 동격에 해당되는 보어 역할을 해야 한다. 따라서 '제휴 관계의 가장 힘든 측면'과 의미가 연결되는 명사이며, 빈칸 뒤에 위치한 of 전치사구와도 어울려야 하므로 '회의 일정을 조정하는 어려움'이라는 의미를 뜻하는 (C) challenge가 정답이다.

어휘 aspect 측면, 양상   partnership 제휴 관계   be expected to V ~할 것으로 예상되다, 기대되다   coordinate ~을 조정하다, 편성하다

08
인디애나 주립 단과 대학에 입학 허가를 받은 학생들은 앞으로 몇 주 후에 이메일을 통해 통보받을 것이다.

(A) 증명(서) (B) **입학 (허가), 입장**
(C) 수업 (D) 합의, 계약

해설 각 보기가 모두 명사이므로 동사 receive의 목적어로 쓰일 수 있으면서 빈칸 뒤에 위치한 to 전치사구와 어울리는 것을 찾아야 한다. to 뒤에 학교 이름이 있으므로 '~로의 입학 허가를 받다'라는 의미를 나타내는 (B) admission이 정답이다.

어휘 receive ~을 받다   notify ~에게 통보하다, 알리다   via ~을 통해   in the coming weeks 앞으로 몇 주 후에

[09-12] 다음 광고를 참조하시오.

애완동물 소유주들께 알립니다! 저희 Dog Pawz가 10주년을 09기념해, 할인을 제공해 드릴 예정이며, 8월 한 달 내내 다양한 행사를 개최합니다. 모든 털 손질 서비스는 25% 할인될 것이며, 모든 상품 가격이 최대 50%까지 할인될 것입니다! 또한, 저희 웹 페이지에 이용 후기를 남기시는 분들을 위해 특별 10추첨 행사도 개최합니다. 행운의 당첨자 세 분께는 저희 베스트셀러 제품들이 담긴 바구니를 각각 받으실 것입니다. 11게다가, 저희 Southport 지점에서 새로운 스파 서비스를 공개합니다. 자리가 제한되어 있으므로, 712-555-4362로 전화하셔서 12미리 예약 일정을 잡으시기 바랍니다.

어휘 Attention ~에게 알립니다   anniversary (해마다 돌아 오는) 기념일   hold (행사 등) ~을 개최하다   various 다양한   throughout ~ 동안 내내   grooming (동물의) 털 손질   off 할인된   merchandise 상품   reduce ~을 할인하다   up to 최대 ~까지   those who ~하는 사람들   leave ~을 남기다   review 후기, 의견, 평가   winner 당첨자, 수상자   win (상·상품 등) ~을 타다, 받다   spot 자리, 지점   limited 제한된, 한정된   schedule ~의 일정을 잡다   appointment 예약

09
해설 빈칸 앞뒤로 각각 전치사 In과 of가 있으므로 빈칸은 In의 목적어 역할을 할 명사 자리이다. 이 두 전치사와 함께 '~을 축하하여, 기념하여'라는 의미를 나타낼 때는 명사 celebration이 사용되므로 (C) celebration이 정답이다. 동사 celebrate는 목적어가 필요한 타동사이므로 동사의 성질을 가지고 있는 동명사 (B) celebrating 뒤에도 반드시 목적어가 있어야 한다.

어휘 celebrate ~을 기념하다, 축하하다   celebration 기념(행사), 축하 (행사)

10
(A) **추첨** (B) 외모, 겉모습
(C) 메뉴 (D) 면허(증)

해설 빈칸은 동사 hold의 목적어 자리이자 형용사 special의 수식을 받는 명사 자리이다. 동사 hold의 목적어로 개최 대상이 될 수 있는 명사가 쓰여야 어울리므로 '추첨 (행사)'를 뜻하는 (A) drawing이 정답이다.

11
(A) **게다가, 저희 Southport 지점에서 새로운 스파 서비스를 공개합니다.**
(B) 저희 매장은 9월 1일에 새로운 장소로 이전할 예정입니다.
(C) 애완동물들은 반드시 소유주의 연락처가 적힌 인식표를 착용해야 합니다.
(D) 종합적인 헤어 커트 서비스에는 샴푸와 손톱 손질이 포함되어 있었습니다.

해설 빈칸 앞에는 당첨자들이 받는 경품 관련 정보가, 빈칸

뒤에는 예약 방법과 관련된 정보가 제시되어 있다. 따라서 추가 정보를 말할 때 사용하는 Moreover와 함께 고객을 대상으로 하는 또 다른 서비스를 알리는 내용을 담은 (A)가 빈칸에 들어가야 앞뒤 흐름이 자연스러워진다.

어휘 moreover 게다가, 더욱이 branch 지점, 지사 unveil ~을 공개하다 move to ~로 이전하다 location 위치, 지점 identification tag 인식표 contact information 연락처 include ~을 포함하다 trim 손질, 다듬기

12
(A) 미리, 사전에 (B) 뒤떨어져
(C) 한 번에 (D) 자주

해설 예약 방법을 알리는 문장인데, 자리가 제한되어 있다는 말(Spots are limited)과 의미가 연결되어야 하므로 '미리' 예약하도록 당부하는 내용이 되어야 알맞다. 따라서 '미리, 사전에'를 뜻하는 (A) in advance가 정답이다.

[13] 다음 이메일을 참조하시오.

이번 달 회의에 참석하실 수 없었던 분들은, 이 이메일에 첨부된 회의 기록 사본을 검토해 보시기 바랍니다. 논의된 주제에는 사무실 배치의 변경과 AdSoft 박람회 준비 작업이 포함되어 있었습니다. 이 회의는 자회사를 세우는 것의 가능성을 조사하는 위원회를 ¹³설립하기 위한 긍정적인 투표로 종료되었습니다.

어휘 those who ~하는 사람들 be unable to V ~할 수 없다 attend ~에 참석하다 review ~을 검토하다 notes 기록, 메모 attach A to B A를 B에 첨부하다 discuss ~을 논의하다 include ~을 포함하다 revise ~을 변경하다 layout 배치, 배열 preparation for ~에 대한 준비, 대비 positive 긍정적인 vote 투표 establish 설립하다 committee 위원회 investigate ~을 조사하다 possibility 가능성 create ~을 만들다 subsidiary 자회사

13
첫 번째 단락, 세 번째 줄의 단어 "establish"와 의미가 가장 가까운 것은 무엇인가?
(A) 편집하다 (B) 설득하다, 유도하다
(C) 세우다 (D) 똑바르게 하다

해설 establish 뒤에 목적어로 쓰인 명사 committee는 '위원회'를 의미한다. 따라서 '가능성 조사를 하는 위원회를 설립하기 위해'라는 의미가 자연스럽게 연결되므로 '설립하다, 세우다'를 뜻하는 또 다른 동사 표현인 (C) set up이 정답이다.

Actual Test 5   문제 p. 422

01 (C)	02 (B)	03 (D)	04 (D)	05 (B)
06 (B)	07 (A)	08 (D)	09 (C)	10 (A)
11 (D)	12 (D)	13 (D)		

01
정기적인 세미나를 통해 Comp Tech의 직원들은 보안 기술의 최신 발전 상황에 관한 정보를 지속적으로 파악할 수 있게 된다.
(A) 동의하다 (B) 얻다, 인수하다
(C) 확실히 하다 (D) 확신시키다

해설 빈칸 바로 뒤에 that절이 이어지므로 that절을 목적어로 바로 취하는 동사 (C) ensure가 정답이다. (D) assure의 경우, 'assure 사람 that절'의 구조로 쓰이므로 that절이 바로 뒤에 올 수 없다.

어휘 regular 정기의, 주기적인 ensure that 반드시 ~하게 하다, 확실히 ~할 수 있게 하다 stay informed of ~에 관한 소식을 지속적으로 듣다 latest 최신의 development 개발, 발전 security 보안

02
장시간의 논의 끝에, Refresh Foods는 마침내 노조와 임금 협상을 했다.
(A) 일찍 **(B) 마침내**
(C) 정확히 (D) 대단히, 크게

해설 각 보기가 모두 부사이므로 문장 전체 내용 또는 바로 뒤에 위치한 동사와 의미가 어울리는 것을 찾아야 한다. 문장 시작 부분에 '장시간의 논의 끝에'라는 의미의 전치사구가 있으므로 결과의 의미를 나타낼 부사가 빈칸에 쓰여야 알맞다. 따라서 '마침내, 결국'을 뜻하는 (B) finally가 정답이다.

어휘 following ~한 끝에, ~ 후에 discussion 논의 negotiate ~을 협의하다, 협상하다 wage deal 임금 협상 workers' union 노조

03
어제 발표된 바와 같이, Omnibus Motors는 세금 감면 혜택을 이용하기 위해 온타리오로 제조 본사를 이전할 예정이다.

(A) 지지하다　　　　(B) 칭찬하다
(C) 확고히 하다　　　(D) 이전하다

해설 빈칸은 is와 결합해 문장의 동사를 구성할 단어가 필요한 자리인데, 바로 뒤에 위치한 'A to B(A를 B로)'의 구조와 어울려 이동과 관련된 의미를 나타내야 하므로 '~을 이전하다'라는 뜻으로 쓰이는 (D) relocating이 정답이다.

어휘 as announced 발표된 바와 같이　manufacturing 제조　headquarters 본사　take advantage of ~을 이용하다　tax incentives 세금 감면 혜택

04

그 프로젝트의 성공에 대한 공은 대부분 고객들과의 전화 통화에 셀 수 없는 시간을 할애한 Wong 씨에게 돌려져야 한다.

(A) 즉시, 지체 없이　(B) 거의
(C) 단지, 그저　　　 (D) 주로

해설 각 보기가 모두 부사이므로 빈칸 앞뒤에 각각 위치한 동사 be given, 전치사 to와 어울리는 것을 찾아야 한다. 의미상 '공은 주로 ~에게 돌려야 한다'가 적합하므로 '주로, 대부분'을 뜻하는 (D) mostly가 정답이다. '거의'를 의미하는 (B) nearly는 숫자 혹은 다른 형용사 앞에 잘 쓰인다.

어휘 credit for ~에 대한 공, 공적　success 성공　countless 셀 수 없는　on the phone 통화 중인, 전화상에서

05

배관공은 파이프에 대한 전면적인 평가가 완료될 때까지 수돗물을 사용하지 말라고 주의를 주었다.

(A) 입학, 입장　　　(B) 평가
(C) 초대　　　　　　(D) 지인

해설 빈칸 앞에 위치한 형용사 full과 어울릴 수 있으면서 until절의 주어로서 의미가 적절한 것을 찾아야 한다. 따라서 동사와도 의미가 어울리려면 완료 가능한 일을 나타낼 명사가 빈칸에 쓰여야 하므로 full과 함께 '전면적인 평가, 모든 평가'의 의미를 나타내는 (B) evaluation이 정답이다.

어휘 plumber 배관공　warn against ~하지 않도록 주의를 주다　running water 수돗물　until (지속) ~까지　full 전면적인, 모든, 최대의　complete ~을 완료하다

06

메이플턴시의 운전자들은 속도 제한을 초과할 경우에 150달러의 벌금 대상이 될 수 있다.

(A) 감탄할 만한　　　(B) ~이 될 수 있는
(C) 민감한　　　　　 (D) 불확실한

해설 각 보기가 모두 형용사이므로 빈칸 앞뒤에 각각 위치한 be동사, 전치사 to와 어울리면서 의미가 적절한 것을 찾아야 한다. 사람 명사인 Drivers가 주어이고, 전치사 to 뒤에 벌금이 제시되어 있으므로 '~의 대상이다'라는 의미를 나타낼 수 있는 (B) subject가 정답이다.

어휘 be subject to ~이 될 수 있다, ~의 영향을 받다　fine 벌금　exceed ~을 초과하다　speed limit 속도 제한

07

Diablo Pakk500은 여러 가지 다양한 방식으로 휴대하고 다닐 수 있는 다기능 배낭이다.

(A) 다기능의　　　　(B) 의무적인
(C) 재정의　　　　　(D) ~에 달려 있는

해설 각 보기가 모두 형용사이므로 빈칸 뒤에 위치한 backpack을 수식해 그 특성을 나타내기에 적절한 것을 골라야 한다. 뒤에 이어지는 that절에 수많은 방식으로 휴대가 가능하다는 말과 의미가 연결되어야 하므로 '다기능의'라는 뜻으로 쓰이는 (A) versatile이 정답이다.

어휘 carry 휴대하다, 갖고 다니다　in different ways 다양한 방식으로　a number of 많은

08

그 극장의 중앙 출입구는 Chambers가 쪽에 위치해 있지만, 손님들은 뒤쪽의 문을 이용할 수도 있다.

(A) 측면, 양상　　　(B) 차실, 방해
(C) 전략　　　　　　(D) 입구

해설 각 보기가 모두 명사이므로 빈칸 앞뒤에 각각 위치한 형용사 main, 전치사 to와 어울리는 것을 찾아야 한다. to 뒤에 장소 명사가 쓰여 있으므로 이동과 관련된 명사가 필요하다는 것을 알 수 있다. 따라서 main과 함께 '~로 들어가는 입구'를 의미할 수 있는 (D) entrance가 정답이다.

어휘 be located on ~에 위치해 있다　patron 손님, 고객　rear 뒤쪽의

[09-12] 다음 기사를 참조하시오.

시카고—역사적인 Landmark 호텔이 대대적인 보수 공사로 인해 곧 문을 닫을 예정이다. 이 [09]건물은 거의 한 세기 전에 지어졌으며, 로비와 객실, 그리고 호텔 외관에 대한 개조 작업을 거칠 것이다. 유명 [10]건축가인 Anika Kapoor가 이 프로젝트에 대한 의뢰를 받은 상태이다. Kapoor 씨는 Tripoli 타워 작업으로 가장 잘 알려져 있으며, 이번 공사 작업이 완료될 때까지 일시적으로 시카고로 옮겨 올 것이다. 이번 폐쇄에도 불구하고, Landmark 호텔 체인의 소유주인 Marcus Winter는 최종 결과물은 수익성이

높을 것이라고 [11]확신하고 있다. "저희는 고객들에게 가능한 한 최고의 경험을 제공해 드리기를 원합니다."라고 Winter 씨는 설명했다. "[12]이 변화들로 인해 현대적인 감각과 함께 역사적인 매력을 유지하게 될 것입니다." 이 호텔은 3월 말까지 예약을 받을 계획이다.

어휘 historic 역사적인 soon 곧, 머지않아 major 대대적인, 주요한 renovation 보수, 개조 century 1세기, 100년 undergo ~을 거치다, 겪다 alteration 개조, 변경 exterior 외관, 외부 renowned 유명한 be commissioned for ~에 대한 의뢰를 받다 well-known for ~로 잘 알려진 temporarily 일시적으로, 임시로 relocate to ~로 옮기다, 이전하다 complete 완료된, 완성된 despite ~에도 불구하고 end result 최종 결과(물) profitable 수익성이 있는 the 최상급 possible 가능한 가장 ~한 explain 설명하다 plan to V ~할 계획이다 accept ~을 받다, 수용하다 reservation 예약 through ~까지 계속

09
(A) 품질 (B) 물질
(C) 건물, 부동산 (D) 문제, 사안

해설 각 보기가 모두 명사인데 정관사 The와 어울려야 하므로 앞서 언급된 특정한 것을 대신할 수 있는 명사가 필요하다는 것을 알 수 있다. 빈칸이 속한 문장은 앞 문장에서 말한 Landmark Hotel을 부연 설명하는 내용을 담고 있으므로 이 호텔을 대신할 명사로 '건물'을 의미하는 (C) property가 정답이다.

10
(A) 건축가 (B) 건축학, 건축술
(C) 건축학의 (D) 건축학적으로

해설 각 보기의 품사가 모두 다르므로 빈칸의 역할을 파악해 알맞은 것을 골라야 한다. 빈칸에 쓰일 단어는 형용사 Renowned의 수식을 받음과 동시에 바로 뒤에 위치한 사람 이름 Anika Kapoor와 동격이 될 수 있는 것이어야 하므로 사람 명사인 (A) architect가 정답이다. (B) architecture는 사람 명사가 아니므로 오답이다.

11
(A) 가능한 (B) 최종의
(C) 수많은 (D) 확신하는

해설 be 동사 is와 that절 사이에 빈칸이 위치한 구조인데, 주어가 사람 명사이므로 사람의 생각이나 감정 등을 나타내는 보어로 쓰이면서 that절과 연결되는 구조에 어울리는 형용사가 빈칸에 필요하다. 따라서 'be confident that절'의 구조로 '~임을 확신하다'라는 의미를 나타낼 때 사용하는 (D) confident가 정답이다. (A) possible도 that절과 연결되는 구조로 쓰이지만 'It ~ that절'로 된 가주어/진주어 구문으로 쓰이므로 오답이다.

12
(A) Kapoor 씨는 또한 피닉스에 있는 대통령 박물관도 디자인했습니다.
(B) 안타깝게도, 옥외 수영장은 우천으로 인해 문을 닫을 것입니다.
(C) 성함과 예약 번호를 포함한 이메일을 저희에게 보내 주시기 바랍니다.
(D) 이 변화들로 인해 현대적인 감각과 함께 역사적인 매력을 유지하게 될 것입니다.

해설 지문 전체적으로 'Landmark 호텔'에서 진행되는 보수 공사와 그 공사를 맡은 사람과 관련된 정보가 제시되어 있고, 빈칸 바로 앞에는 해당 호텔의 소유주가 원하는 바가 간략히 언급된 흐름이다. 따라서 해당 공사로 인한 긍정적인 결과와 관련된 내용을 담은 (D)가 정답이다.

어휘 presidential 대통령의 unfortunately 안타깝게도, 아쉽게도 due to ~로 인해 maintain ~을 유지하다 historical 역사적인 charm 매력 feel 감각, 느낌

[13] 다음 이메일을 참조하시오.

추가 테스트를 요청하는 것이 당신의 연구원들에게 틀림없이 엄청난 압박감을 주게 될 것임을 [13]알고 있습니다. 하지만 우리 목표가 고객들에게 가능한 한 가장 안전한 의약품을 제공하는 것이라는 사실을 인식하실 수 있기를 바랍니다. 마지막 테스트 단계의 결과가 엇갈렸다는 점을 감안하면, 추가 검사가 필수적입니다.

어휘 recognize ~을 알다, 인식하다 immense 엄청난, 어마어마한 pressure 압박(감) request ~을 요청하다 additional 추가의 testing 테스트 (과정) place A on B (압력 등) A를 B에 넣다, (중요성·가치 등) A를 B에 두다 researcher 연구원, 조사자 however 하지만, 그러나 appreciate that ~임을 인식하다 deliver A to B A를 B에게 제공하다, 전달하다 medication 약, 약품 given that ~임을 감안하면, 고려하면 result 결과(물) round 한 단계, 한 차례 mixed (결과 등이) 엇갈린, 뒤섞인 further 추가의, 한층 더한 examination 검사, 조사 necessary 필수의, 필요한

13
첫 번째 단락, 첫 번째 줄의 단어 "recognize"와 의미가 가장 가까운 것은 무엇인가?
(A) ~에게 영예를 주다　(B) ~의 말에 동의하다
(C) ~을 승인하다　**(D) ~을 인정하다**

해설 recognize 뒤에 위치한 명사구가 '엄청난 압박감'을 뜻하므로 recognize가 '~을 알다, 인식하다'라는 의미로 쓰였음을 알 수 있다. 따라서 특정 사실에 대한 인식이나 인정과 관련된 뜻으로 쓰이는 또 다른 동사인 (D) acknowledge가 정답이다.

Actual Test 6　　　　　　　문제 p. 504

01 (A)	02 (C)	03 (D)	04 (A)	05 (B)
06 (C)	07 (B)	08 (B)	09 (B)	10 (B)
11 (B)	12 (A)	13 (C)		

01
Merman's 영어 사전의 21번째 판은 유명 언어학자이자 작가인 Ursula Reed 씨가 쓴 서문을 포함하고 있다.
(A) 포함하다　(B) 관찰하다, 준수하다
(C) 도착하다　(D) 차지하다

해설 각 보기가 모두 동사이므로 빈칸 뒤에 위치한 명사 introduction을 목적어로 취해 적절한 의미를 구성할 수 있는 것을 골라야 한다. edition은 출판물 등의 새로운 판이나 버전을 의미하며, 이 문장에서는 특정 사전의 21번째 판을 나타낸다. 또한, introduction은 '서문, 도입부'를 뜻하므로 해당 출판물의 일부분임을 알 수 있다. 따라서 '~을 포함하다'라는 의미로 쓰이는 (A) contains가 정답이다.

어휘 edition (출판물 등의) 판, 버전　introduction 서문, 도입(부)　noted 유명한　linguist 언어학자　author 작가, 저자

02
주차 허가증에 대한 신청은 모든 서류가 정확히 작성 완료된 경우에 신속히 승인받을 가능성이 더 크다.
(A) 지속되는　(B) 선별적인
(C) ~일 것 같은　(D) 전형적인

해설 각 보기가 모두 형용사이므로 빈칸 앞뒤에 위치한 be 동사, to부정사와 어울릴 수 있으면서 의미가 적절한 것을 찾아야 한다. 따라서 'be likely to V'의 구조로 '~할 가능성이 있다, ~할 것 같다'라는 의미가 되어야 가장 자연스러우므로 (C) likely가 정답이다. 나머지 형용사는 빈칸 앞뒤 구조 또는 의미상 맞지 않는다.

어휘 application 신청(서), 지원(서)　parking permit 주차 허가증　be likely to V ~할 가능성이 있다, ~할 것 같다　receive ~을 받다　approval 승인　paperwork 서류 (작업)　complete ~을 작성 완료하다　correctly 정확히, 올바르게

03
면접 내용을 바탕으로, 우리는 Vernon 씨가 그의 폭넓은 전문적 인적 관계를 활용해 우리의 고객 목록을 확대해 줄 엄청난 잠재력을 지니고 있다고 생각한다.
(A) 치료, 대우　(B) 제안
(C) 기준　**(D) 잠재력**

해설 각 보기가 모두 명사이며, 빈칸은 has의 목적어 자리인데 주어가 사람 명사이므로 사람이 소유 가능한 것을 나타내야 하고 빈칸 뒤에 위치한 to부정사와도 결합될 수 있어야 한다. 따라서 'have potential to V'의 구조로 '~할 수 있는 잠재력을 갖고 있다'라는 의미를 나타낼 때 사용하는 (D) potential이 정답이다.

어휘 based on ~을 바탕으로, 근거로　enormous 엄청난, 막대한　expand ~을 확대하다, 확장하다　professional 전문적인, 직업적인　network 인적 관계(망)

04
Larkin Solar의 창문은 방에 더 많은 햇빛이 들어올 수 있게 함으로써 에너지를 절약하며 그로 인해 전기 조명의 필요성을 낮춘다.
(A) 절약하다　(B) 추출하다
(C) 결론짓다　(D) 덜어 주다

해설 각 보기가 모두 동사이며, 빈칸 뒤에 명사 energy가 있으므로 이 명사를 목적어로 취해 가장 자연스러운 의미를 구성할 수 있는 타동사를 찾아야 한다. 뒤에 이어지는 by 전치사구가 에너지를 절약할 수 있는 방식을 나타내고 있으므로 '~을 절약하다, 아끼다'라는 의미로 쓰이는 (A) conserve가 정답이다.

어휘 by (방법) ~함으로써　allow ~할 수 있게 하다　thereby 그로 인해, 그렇게 함으로써　reduce ~을 낮추다, 줄이다　need for ~에 대한 필요성　electric lighting 전기 조명

05
직원들의 건강이 최우선 사항이기 때문에, 모든 직원들은 질병으로부터 회복하는 데 필요한 만큼 많은 날을 쉴 수 있다.
(A) 반대하다　**(B) 회복하다**
(C) 구상하다　(D) 무시하다

해설 각 보기가 모두 동사이며, 빈칸 뒤에 전치사 from이

이끄는 구가 있으므로 from과 어울려 쓰이는 동사를 찾아야 한다. 따라서 전치사 from과 함께 '~로부터 회복하다'라는 의미를 나타낼 때 사용하는 동사 (B) recover가 정답이다.

어휘 priority 최우선 사항 take A off A만큼 쉬다, 휴무하다 necessary 필요한, 필수의 recover from ~로부터 회복하다 illness 질병, 병

06
이 통역 프로그램은 해외여행을 하는 동안 언어적인 도움을 필요로 하는 사람 누구에게나 매우 유용한 것으로 입증될 것이다.

(A) 숙련된 (B) 무료의
(C) 매우 유용한 (D) 평판이 좋은

해설 각 보기가 모두 형용사인데, 빈칸 앞에 동사 prove가 있으므로 'prove 형용사'의 구조로 '~한 것으로 입증되다, 판명되다'라는 의미가 되어야 한다는 것을 알 수 있다. 이때 prove 뒤에 쓰이는 형용사는 보어로서 주어의 특성을 나타내야 하는데, 빈칸 뒤에 쓰인 전치사 to와 어울려 '~에게 매우 유용한'이라는 의미가 되어야 적절하므로 이와 같은 의미와 구조로 쓰이는 형용사 (C) invaluable이 정답이다.

어휘 translation 통역, 번역 prove ~한 것으로 입증되다, 판명되다 in need of ~을 필요로 하는 assistance 도움 while ~하는 동안 overseas 해외로, 해외에

07
해당 크림을 지속적으로 바르면 약물에 대한 내성을 초래할 수 있으므로 조금씩 사용하십시오.

(A) 최근에 (B) 조금씩, 아껴서
(C) 대단히, 매우 (D) 널리, 폭넓게

해설 각 보기가 모두 부사이며, 빈칸에 쓰일 부사는 바로 앞에 위치한 동사 use를 수식해 사용 방식을 나타내야 한다. 앞에는 계속 바르게 되면 약물에 대한 내성이 생길 수 있다는 말이 있으므로 사용 방법에 관한 조언을 나타내는 문장이 이어지기에 적합하다. 따라서 '조금씩 사용하라'라는 의미로 사용 횟수를 제한하도록 권하는 의미를 나타낼 수 있는 (B) sparingly가 정답이다.

어휘 continued 지속된 application 바름, 도포, 적용 result in ~을 초래하다, ~의 결과를 낳다 resistance 내성, 저항(력) medication 약물

08
봄 제품 라인이 지연될 것이라는 끊임없는 소문에 대한 대응으로, Square Fashion은 그와 같은 주장을 부인하는 내용의 성명을 발표했다.

(A) 열망하는 (B) 끊임없는, 지속되는
(C) 주목할 만한 (D) 가동되는

해설 각 보기가 모두 형용사인데, 빈칸 뒤에 명사 rumors가 있으므로 이 명사를 수식하기에 적절한 것을 골라야 한다. 빈칸 뒤에 제품이 지연될 것이라는 소문에 대응하기 위해 그 소문을 부인하는 성명을 발표했다고 언급되어 있는데, 이는 소문이 지속되는 것에 대한 조치로 판단할 수 있다. 따라서 '끊임없는 소문'이라는 뜻이 되어야 적절하므로 이와 같은 의미로 쓰이는 (B) persistent가 정답이다.

어휘 in response to ~에 대응해, 반응해 rumor that ~라는 소문 line 제품 라인, 종류 delayed 지연된, 지체된 release ~을 내놓다, 공개하다 statement 성명(서) deny ~을 부인하다, 부정하다

[9-12] 다음 정보를 참조하시오.

Fairway 약국의 온라인 시스템 활용

저희의 온라인 플랫폼이 도입된 이후로, 처방 약을 받으시는 일이 그 어느 때보다 더 수월해졌습니다. 저희 웹사이트에서 계정을 하나 만드시는 것으로 09시작하기만 하시면 됩니다. 계정이 설정되는 대로, 여러분께서는 처방전 정보에 대한 요청을 받으실 것입니다. 10신규 가입자께서는 처방전 번호와 약품 명칭을 입력하셔야 할 것입니다. 재방문 이용자께서는 목록에서 약품을 고르실 수 있으실 것입니다. 저희 Fairway 약국에서 처음으로 처방 약을 받으시는 경우, 직접 저희 약국을 방문하셔서 약사들 중의 한 명과 이야기해 보실 것을 11권해 드립니다. 어떠한 주문 사항이든 처리되기 전에, 여러분께서는 각자의 12보험 정보도 확인해 주셔야 할 것입니다.

어휘 pharmacy 약국 since ~ 이후로, 이래로 introduction 도입, 소개 it has never been easier to V ~하는 것이 더 쉬웠던 적이 없었다(가장 쉽다) fill a prescription 처방 약을 받다, 처방 약을 조제하다 create ~을 만들다 account 계정, 계좌 once ~하자마자, (일단) ~하는 대로 set up ~을 설정하다, 설치하다 be asked for ~에 대한 요청을 받다 return user 재방문 이용자 be able to V ~할 수 있다 select ~을 고르다, 선택하다 medication 약물 for the first time 처음으로 in person 직접 pharmacist 약사 order 주문(품) process ~을 처리하다 confirm ~을 확인해 주다

09

(A) 아마도 　　　　(B) 단지, 그저
(C) 고르게, 균등하게　(D) 공정하게

해설 문장 맨 앞에 빈칸이 있고 바로 뒤에 동사원형으로 시작되는 명령문 구조의 문장이다. 따라서 명령문 맨 앞에 쓰여 '(단지) ~하기만 하면 됩니다'와 같은 의미를 나타낼 때 사용하는 부사 (B) Simply가 정답이다.

10

(A) 저희가 제공하는 처방 약 비용 절감 제도를 잊지 말고 이용해 보시기 바랍니다.
(B) 신규 가입자들께서는 처방전 번호와 약품 명칭을 입력하셔야 할 것입니다.
(C) 하지만 애초에 Fairway에서 제공하지 않은 약물은 보충 대상이 되지 않습니다.
(D) 소정의 요금으로, 배송 서비스 또한 5마일 거리 내의 지역에서 이용 가능합니다.

해설 빈칸 앞에는 웹사이트 계정을 만드는 일을 알리는 내용이, 뒤에는 웹사이트 재방문 이용자들이 할 수 있는 일을 말하는 내용이 언급되어 있다. 따라서 빈칸에는 해당 웹사이트 이용과 관련해 신규 가입자들이 해야 하는 일을 나타내는 문장이 어울리므로 (B)가 정답이다.

어휘 forget to V ~하는 것을 잊다　take advantage of ~을 이용하다　prescription savings plan 처방 약 비용 절감 제도　enter ~을 입력하다　medicine 약, 약품　however 하지만, 그러나　originally 애초에, 처음에　be eligible for ~의 대상이 되다, ~에 대한 자격이 있다　refill 보충, 다시 채우기　small fee 소정의 요금, 수수료　available 이용 가능한　within ~ 이내에

11

(A) 상담하다, 참고하다　(B) 권하다, 추천하다
(C) 처분하다　　　　　(D) 순응하다

해설 주어 we와 that절 사이에 빈칸이 있으므로 that절을 목적어로 취할 수 있는 타동사가 필요한 자리임을 알 수 있다. 따라서 'recommend that절'의 구조로 that절을 목적어로 취하는 동사인 (B) recommend가 정답이다.

12

(A) 대표단　　　　(B) 강조, 주안점
(C) 보험　　　　　(D) 의존, 의지

해설 각 보기가 모두 명사인데 빈칸 뒤에 또 다른 명사 information이 있으므로 이 명사와 어울려 복합 명사를 구성할 수 있는 명사를 찾아야 한다는 것을 알 수 있다. 또한, 이 복합 명사는 confirm의 목적어로 쓰여 주문 처리에 필요한 정보를 나타내야 하는데, 지문 내용으로 보아 약품 구입과 관련된 정보여야 하므로 '보험 정보'라는 의미를 구성할 수 있는 (C) insurance가 가장 적합하다.

[13] 다음 기사를 참조하시오.

비록 시장이 계속 침체 경향을 보여 왔지만, Inglewood 제약 회사의 최고 경영자는 자사의 미래에 대해 긍정적인 전망을 지니고 있다. 투자자들에게 쓴 편지 내용에 따르면, 그녀는 자사의 심장 모니터 출시가 매출에 도움이 될 것으로 생각하고 있다.

어휘 though 비록 ~이지만, ~라 하더라도　trend ~하는 경향이다, 추세이다　downwards 하향하여, 아래로　positive 긍정적인　outlook (앞으로의) 전망　according to ~에 따르면　investor 투자자　launch 출시, 개시, 공개　heart monitor 심장 모니터　sales 매출, 판매(량), 영업

13

첫 번째 단락, 두 번째 줄의 단어 "positive"와 의미가 가장 가까운 것은 무엇인가?

(A) 확신하는　　　(B) 완전한
(C) 낙관적인　　　(D) 가끔 있는

해설 positive는 '앞으로의 진망'을 의미하는 outlook을 수식하고 있으므로 미래의 전망과 관련된 특성을 나타낸다. 이와 관련해 뒤에 이어지는 문장을 보면 신제품이 매출에 좋은 영향을 미칠 것으로 생각한다는 내용이 있으므로 '긍정적인 전망'을 의미한다는 것을 알 수 있다. 따라서 이와 유사한 의미를 나타내는 형용사로 '낙관적인'을 뜻하는 (C) optimistic이 정답이다.

부록

빈출 전치사 표현

묶어서 기억해 두면 정답을 바로 찾을 수 있는 빈출 전치사 숙어 표현만 모았습니다. 전치사 어휘 문제는 전체 어휘 문제에서 15~20% 정도의 비중을 차지할 정도로 중요도가 높으므로 틈나는 대로 꾸준히 암기하는 것이 중요합니다.

01. AT (시점/시간, 가격/요금, 장소 등)

at the beginning of	~의 초반에
at the end of(= at the conclusion of)	~의 말에, 끝날 때
at the time of purchase[registration]	구매[등록] 시점에
at your earliest convenience	가급적 빨리
at the moment(= at present)	지금 이 순간에
at the latest	늦어도
at the earliest	빨라야
at all times	늘, 항상
at a rapid rate	빠른 속도로
at best	기껏해야
at no cost[expense/charge]	무료로
at a reasonable price	저렴한 가격으로
at a discounted rate(= at a discount)	할인된 요금으로
at + 회사명	~ 사에서
at the library	도서관에서

02. TO (방향, 대응, 비교 등)

deliver[ship/submit/forward/direct/escort] A to B	A를 B에게 배달하다[운송하다/제출하다/보내다/향하게 하다/바래다 주다]
attribute A to B	A의 원인을 B로 돌리다
allocate A to B	A를 B에게 할당하다
delegate A to B	A(업무)를 B에게 위임하다
donate A to B	A를 B에(게) 기부하다

restore A to B	A를 B의 상태로 복원하다
add A to B cf.) add to ~을 늘리다	A를 B에 추가하다
apply A to B cf.) apply to ~에 적용되다	A를 B에 적용하다
transfer A to B cf.) transfer to ~로 옮기다, 전근 가다	A를 B로 옮기다
return A to B cf.) return to ~로 복귀하다	A를 B로 반납하다
admission to	~로의 입장
access to	~에의 접근(권)
approach to	~에의 접근(법)
reply[respond/react] to	~에 답하다[대응하다/반응하다]
adhere to	~을 고수하다
subscribe to	~을 구독하다
solution to	~에의 해결책
be committed to(= be dedicated to, be devoted to)	~에 헌신하다
be opposed to	~에 반대하다
be accustomed to	~에 익숙하다
be related to(= be relevant to)	~와 연관되다
comparable[equal/equivalent/identical/similar] to	~와 견줄 만한[동등한/등가의/똑같은/유사한]
be superior[inferior] to	~보다 우월한[열등한]

03. OF (구성, 분량/수량, 목적/대상 등)

a team **of** analysts	분석가들로 구성된 팀
consist **of**	~로 이루어지다
be comprised **of**(= be composed **of**)	~로 구성되다
be made **of**	~로 만들어지다
a cup[glass] **of**	한 컵[잔]의
a piece **of**	한 점의
in favor **of**	~에 찬성하여
in excess **of**	~을 초과하여
in honor **of**	~을 기려서
in recognition **of**	~을 인정하여
in appreciation **of**	~에 감사하여
keep track **of**	~을 계속 파악하다
be appreciative **of**	~을 고맙게 여기다
be reflective **of**	~을 반영하다
be critical **of**	~을 비평하다
be indicative **of**	~을 보여 주다, 나타내다
be aware **of**	~을 알고 있다
of help[assistance/service]	도움이 되는
of importance	중요한

04. WITH (~와 함께, ~을 가지고)

cooperate **with**	~와 협동하다
collaborate **with**	~와 협력하다
conflict **with**	~와 충돌하다; (일정이) 겹치다
in compliance **with**	~을 순응하여
in conjunction **with**	~와 함께
provide[present/supply] A **with** B	A에게 B를 제공하다[증정하다/공급하다]
come complete **with**	~이 갖춰져 나오다, ~이 딸려 나오다
with care(= carefully)	조심스럽게
with enthusiasm(= enthusiastically)	열정적으로

05. FOR (목적, 교환/대가, 이유, 대상)

be closed **for** renovation	개조를 위하여 문을 닫다
prepare **for**	~을 위해 준비하다
for your convenience	당신의 편의를 위해
for your reference	당신이 참조할 수 있도록
for pleasure	재미로
exchange A **for** B	A를 B로 교환하다
substitute A **for** B	B 대신 A로 대체하다
be known[noted/notable/renowned] **for**	~때문에 유명하다
reputation **for**	~에 대한 명성

commend[honor/recognize] A for	~에 대해 A를 칭찬하다[명예를 부여하다/인정하다]
be responsible for	~에 책임이 있다
be eligible for(= be liable for, be accountable for)	~의 자격이 있다

06. IN (분야, 상태, 증가/감소)

advances in technology	기술의 발전
experience in	~분야의 경험
degree in	~분야의 학위
be involved in	~에 연루되다
in writing	서면으로
in detail	상세하게
in advance	미리
in transit	운송 중에
in charge of	~을 담당하는
in preparation for	~을 위한 준비로
an increase[rise/decrease/drop] in	~의 증가[상승/감소/하락]

07. INTO (동작, 이동, 변화/변신)

go into effect cf.) be in effect 효력이 있다	효력을 발생하다
load paper into the printer	프린터에 종이를 넣다
expand into	~로 확장하다

evolve[grow] **into**	~로 진화[성장]하다
transform A **into** B(= turn A **into** B)	A를 B로 바꾸다
process A **into** B	A를 B로 가공하다
translate A **into** B	A를 B로 번역하다
divide A **into** B	A를 B(여러 개)로 나누다

08. **FROM** (시작, 출처, 금지)

from the beginning	시작부터
from the inception	개시부터, 시작부터
depart **from**	~에서 출발하다
obtain[purchase/order/receive] A **from** B	B로부터 A를 얻다[구매하다/주문하다/받다]
remove[eliminate/delete/detach/save] A **from** B	B로부터 A를 제거하다[없애다/삭제하다/떼어내다/구하다]
select A **from** B	B에서 A를 선택하다
choose (A) **from** B	B에서 (A를) 고르다
prevent[prohibit/deter/discourage/keep/stop] A **from** -ing	A가 ~하지 못하게 하다
refrain **from**	~을 삼가다

09. ON (접촉, 근거, 영향(력), 집중)

on the floor[wall]	바닥[벽]에
(**up**)**on** arrival[delivery/retiring]	도착[배송/은퇴]하자마자
rely **on**(= depend **on**)	~에 의존하다
be based **on**	~에 기초하다, 근거하다
seminar[conference/comment/stance] **on**	~에 대한 세미나[회의/발언/입장]
effect[impact/influence] **on**	~에 미치는 영향
focus **on**(= concentrate **on**)	~에 집중하다
place emphasis **on**	~을 강조하다

10. ONTO (~위로)

step **onto** the deck cf.) stand **on** the deck 갑판에 서 있다	갑판 위로 올라서다

11. TOWARD (방향, 목적, 시간)

contribute **toward**(= contribute **to**)	~에 기여하다
apply **toward**(= apply **to**)	~에 적용되다
work **toward**	(목표를) 향해 노력하다
trend **toward**	~로의 추세
toward the end	끝나기 직전에

12. UNDER (~중인, ~(영향력)하에)

under consideration[investigation/discussion/warranty]	고려[조사/논의/보증 기간] 중인
under the supervision[direction/control/management] of	~의 감독[지도/통제/관리]하에
under pressure	압박하에서

13. DURING (기간)

during business hours	영업시간 동안
during the meeting	회의 동안
during the holiday season	휴가철 동안
during the weekend	주말 동안

14. 기타 전치사

information[question/details] **about**	~에 관한 정보[질문/세부 사항]
be concerned **about**	~에 대해 걱정하다
be enthusiastic **about**	~에 대해 열정적이다
within walking distance	걸을 수 있는 거리에
within city limits	도시 경계 내에서
within the firm[company]	회사 내부에서
across the road	길 건너에
across the industry[country]	업계[국가] 전반에 걸쳐

walk **past** the building	건물을 지나서 걷다
work **past** retirement age	정년이 지나서 일하다
extend **beyond**	~의 범위를 넘다
beyond one's predictions[expectations]	~의 예상[기대]을 넘어
as proof of purchase	구매의 증거로서
work **as** a researcher	연구원으로서 일하다
unlike other companies	다른 회사와는 달리

인덱스

이렇게 활용하세요!

01 얼마나 암기했는지 체크
본 교재를 모두 학습한 후, 인덱스를 차례로 훑어보며
뜻을 기억하고 있는지 확인해 보세요.

02 사전으로 활용하기
기억 안 나는 단어가 있다면
인덱스에서 그 페이지를 찾아보세요.
A부터 Z까지의 순서로 정렬되어 있어
찾기 편하답니다.

A

abandon	222	adjustment	420	alteration	387
ability	363	administer	410	alternate	59
abolish	337	administrative	55	alternative	245
about	86	administrator	469	altogether	52
abrupt	240	admirable	367	alumni	420
absence	55	admission	293	ambitious	91
absolutely	192	advanced	104	amend	288
absorb	419	advancement	77	amendment	93
abstract	339	advantage	462	amenity	402
abundant	452	advent	339	amount	79
accelerate	487	adversely	117	ample	394
accept	362	advertise	173	amusement park	305
access	326	advisable	311	amusing	167
accessible	34	advise	473	analysis	83
accidental	486	advisory	370	analyze	323
accidentally	143	advocate	59	anniversary	266
acclaimed	378	affect	118	announce	293
accommodate	391	affiliate	77	annually	302
accommodation	490	affiliated	346	anonymous	289
accompany	137	affiliation	291	anonymously	56
accomplished	365	affix	207	antibiotic	469
accomplishment	360	affordable	180	anticipate	67
accordingly	31	afford to V	192	antique	193
according to	127	after all	44	anxious	255
account	97	afterward	383	apology	236
accounting	86	against the law	110	apparatus	158
accrue	108	agency	173	apparel	186
accumulate	108	agenda	250	apparent	202
accumulation	447	agent	307	appeal	173
accuracy	223	aggravate	111	appealing	165
accurately	79	aggressive	168	appearance	396
accustomed	27	aging	471	applaud	239
achievement	21	agreeable	289	appliance	214
acknowledge	348	agreement	278	applicant	16
acquaint	321	ahead	494	application	311
acquaintance	367	aid	26	apply	182
acquire	261	ailing	127	appoint	370
acquisition	272	aim	314	appointment	457
across the street	484	aisle seat	500	appraisal	397
activity	306	alert	43	appraise	91
actually	446	alignment	338	appreciate	355
adaptation	427	alike	106	appreciation	227
addition	359	allergic	468	apprehension	224
additional	145	alleviate	481	apprentice	318
address	36	alliance	58	apprise	419
adept	27	allocate	82	approach	162
adequate	131	allot	254	appropriate	147
adhere	330	allow	490	approval	32
adjacent	392	almost	114	approve	257
adjourn	58	along with	321	approximately	65
adjust	213	already	196	aptitude	29
		alter	222	arable	157

537

単語	ページ
a range of	141
arbitration	257
architect	378
archive	437
area	380
arena	306
arguably	408
argument	251
argumentative	238
arise	108
around the clock	43
arrange	295
array	133
arrest	338
arrive	199
article	428
artificial	403
artwork	398
as a token of	305
ascend	126
a selection of	192
a series of	437
aside from	158
aspect	413
aspire	322
aspiring	438
assemble	150
assent	354
assert	127
assess	330
asset	72
assign	37
assimilate	307
assist	37
assistance	372
associate	164
association	444
as soon as possible	239
assortment	135
assume	40
assumption	273
assure	346
assuredly	124
as though	91
astonish	356
astute	371
at all cost	272
at all times	336
at a stretch	273
athletic	464
at large	338
at least	82
atmosphere	454
at no extra charge	192
atrium	387
attach	493
attainable	418
attempt	474
attend	47
attendance	306
attendant	486
attendee	296
attention	251
attentively	44
at the latest	289
at the moment	173
attire	339
attitude	239
attorney	92
attract	161
attraction	489
attribute	349
at your earliest convenience 208	
auction	191
audience	297
audiovisual	437
audit	87
auditorium	255
authentic	138
author	434
authority	441
authorize	273
authorized	197
autobiography	437
autographed	92
automatically	100
automobile	157
automotive	482
available	265
average	421
aviation	487
avoid	58
awake	502
award	350
aware	39
awareness	468

B

単語	ページ
bachelor's degree	29
backdrop	322
background	126
baggage	497
balance	97
ban	337
bankrupt	272
bank teller	108
banner	173
banquet	304
barely	379
bargain	191
barrier	486
barter	288
based	267
basement	405
basic	322
basically	125
basis	215
bay	501
bear	60
become	291
be composed of	127
be filled with	159
beforehand	302
behavior	175
be known for	438
be likely to V	142
belong to	208
beneficial	36
benefit	346
be supposed to V	45
be used to -ing/명사	111
be used to V	45
beverage	302
bewildering	191
biannually	125
billing	106
biography	431
biweekly	75
blend	421
block	484
blueprint	388
board	502
boast	397
bold	363
boldly	174
bond	109
bonding	290
booklet	187
bookshelf	437
booming	124
boost	71
borrow	288
botanical	453
bound for	485

bountiful	356	
boycott	143	
branch	270	
brand-new	191	
break down	222	
breakthrough	125	
briefly	264	
bright	175	
brilliant	43	
bring	70	
brisk	110	
broadcast	172	
broaden	56	
broadly	143	
brochure	169	
brokerage	272	
browse	437	
budget	83	
bulk	208	
bulky	158	
business	269	
business card	110	
business day	206	
butcher	209	
by check	111	
by hand	158	

C

calculate	323	
call for	93	
call off	291	
call on	255	
calmly	235	
campaign	164	
canal	206	
cancel	244	
cancellation	304	
candidate	21	
capable	310	
capacity	149	
capital	74	
capitalize on	158	
captivate	174	
capture	225	
care	462	
career	309	
carefully	17	
carelessly	222	
cargo	487	
carpool	485	
carry	208	

carry-on	487	
carry-on baggage	503	
carton	207	
case	495	
cash	200	
cashier	192	
casual	193	
casually	304	
catalog	140	
categorize	209	
catering service	304	
cause	460	
cautiously	113	
cease	157	
ceiling	402	
celebration	294	
celebrity	172	
censorship	437	
central	400	
ceremony	296	
certificate	24	
certified	91	
certify	329	
chair	60	
challenge	310	
challenging	119	
change	114	
characteristic	121	
charge	195	
charitable	300	
charity	306	
check	460	
check in	501	
chemical	156	
chemist	414	
choir	305	
choose	193	
chronological	416	
circuit	225	
circulation	430	
circumstances	170	
cite	61	
civil	355	
claim	219	
clarify	45	
clash	291	
classification	419	
cleaning	496	
cleaning supplies	455	
cleanliness	468	
clear	149	
clearance	240	

clerical	59	
clerk	61	
cleverly	285	
clientele	206	
climate	447	
climb	501	
clinical	468	
cloakroom	305	
close	476	
close a deal	238	
closely	230	
closing	257	
clothing	192	
coastal	496	
code	334	
coincide	247	
collaborate	56	
collapse	126	
collateral	111	
colleague	37	
collect	38	
collection	184	
colloquium	320	
columnist	172	
combine	426	
combustible	156	
come up for	256	
come up with	42	
comfortable	356	
commemorate	305	
commence	378	
commend	348	
commensurate	355	
commentary	238	
commerce	58	
commercial	399	
commission	416	
commitment	231	
commodity	141	
common	460	
commonplace	357	
community	405	
commute	480	
commuter	485	
compact	404	
company	274	
comparable	129	
compare	174	
comparison	193	
compatible	321	
compel	92	
compensate	349	

word	page	word	page	word	page
competent	311	connect	395	cookbook	439
competition	296	conscientiously	366	cooperation	48
competitive	34	conscious	459	coordinate	163
compilation	439	consecutive	444	cope with	59
compile	38	consensus	246	copy	432
complaint	229	consent	333	copyright	142
complement	409	consequence	121	cordially	304
complete	48	conservation	455	corner	484
complex	394	conserve	443	corporate	27
compliance	325	consider	279	correctly	408
compliant	337	considerable	70	correspondence	232
complicated	131	considerate	311	correspondent	425
compliment	350	consideration	290	corridor	405
complimentary	490	consignment	207	corrosion	223
comply with	110	consist	412	cosmetics	468
component	150	consistently	80	cost	82
composition	141	conspicuously	126	costly	127
comprehensive	344	constant	410	costume	190
compromise	42	constitute	421	council	256
conceal	75	constraint	90	counselor	239
conceive	430	construction	375	counterpart	241
concentrate on	109	constructive	249	count on	355
concentration	198	consult	50	courier	200
concern	375	consultant	356	courteous	239
concerned	121	consume	463	courtesy	434
concession	288	consumer	235	cover	282
concierge	502	contact	26	coverage	165
conciliate	257	contain	431	cover letter	27
concise	45	contemporary	289	coworker	42
conclude	410	contend	257	crack	224
conclusion	289	content	427	craft	159
concrete	387	contest	302	creative	141
condensed	431	continent	175	credential	26
condition	283	contingency	268	credibility	241
conduct	34	continually	147	credible	108
conductor	487	continuously	59	credit	86
confer	92	contract	277	crew	486
conference	299	contractor	386	crisis	125
conference call	58	contradict	257	criterion	434
confidence	321	contribution	362	critical	328
confident	362	contributor	428	crop	209
confidential	328	controversial	351	crowded	302
confidentiality	109	convene	252	crucial	45
configuration	142	conveniently	391	crude oil	156
confine	257	convention	298	culinary	469
confirm	79	conventional	58	culminate	306
confirmation	306	conversation	254	cultivate	241
conflict	246	conversion	110	cure	470
conform	333	convert	381	currency	108
confront	275	convey	61	currency exchange	502
confuse	239	convince	256	currently	98
congestion	477	convincing	251	curriculum	322

curtail	126	
customarily	185	
customary	288	
customer	239	
customize	151	
customized	142	
customs	495	
cutting-edge	142	

D

dairy	202	
damage	223	
damaged	215	
damp	455	
database	421	
deadline	38	
deadlock	288	
deal	283	
dealership	220	
deal with	42	
debate	255	
debit card	76	
debris	454	
debt	90	
decade	277	
decision	360	
declaration	502	
decline	66	
decorate	304	
decoration	402	
dedicated	345	
dedication	370	
deduct	105	
deduction	274	
deem	254	
default	275	
defeat	291	
defective	214	
defer	249	
deficient	76	
deficit	91	
define	336	
definitely	93	
defy	337	
degrade	140	
degree	23	
dehydration	470	
delay	145	
delegation	300	
delete	254	
deliberate	429	

deliberation	291	
delicate	251	
delighted	411	
delinquent	92	
delivery	195	
demand	99	
demanding	286	
demolish	386	
demolition	387	
demonstrate	134	
demonstration	141	
demote	371	
densely	383	
dental	468	
deny	106	
depart	490	
department	26	
department store	207	
departure	485	
dependent	185	
depleted	452	
deposit	102	
depot	405	
depreciation	109	
depression	126	
derive	291	
dermatologist	470	
describe	172	
description	134	
desert	453	
deserve	345	
designated	476	
desirable	398	
desperate	240	
destination	492	
detach	420	
detail	244	
detailed	263	
detect	61	
detergent	140	
deteriorate	125	
determine	245	
detour	482	
devaluation	125	
devalued	418	
develop	49	
development	413	
deviate	93	
device	222	
devise	159	
devoted	28	
diagnose	462	

dietary	463	
dietitian	471	
differ	497	
difficult	421	
dignify	275	
dignity	339	
diligently	285	
dimension	398	
diminish	111	
dining	498	
dining room	404	
diploma	27	
diplomat	371	
direction	99	
directly	180	
director	365	
directory	110	
dirt	453	
disappoint	239	
disapprove	110	
disassemble	157	
disaster	455	
disastrous	420	
discard	188	
discharge	370	
discipline	320	
disclose	58, 334	
discontinue	151	
discount	183	
discourage	118	
discover	503	
discrepancy	76	
discretion	103	
discuss	256	
disease	468	
dismantle	389	
dismiss	371	
disobedient	337	
dispatch	207	
dispense	175	
displace	60	
display	167	
disposable	455	
dispose	450	
dispute	290	
disregard	279	
disruption	234	
disruptive	148	
dissatisfaction	236	
dissent	255	
distance	486	
distinct	130	

distinguish	201	dwell	402	empty	224
distracting	138			enable	315
distraction	420			enact	291
distribute	175	**E**		enclosed	228
distribution	49	eagerly	266	enclosure	110
distributor	263	eagerness	29	encompass	110
district	380	early	181	encounter	52
disturb	403	earnings	69	encourage	476
disturbance	60	ease	470	endangered	453
diverse	132	easily	228	endeavor	29
diversified	273	ecology	453	endless	357
diversify	44	economic	121	endorse	269
divert	482	economical	52	endurance	241
divide	197	economist	127	endure	74
dividend	75	edge	91	energetic	26
division	355	edition	436	energy-efficient	454
doctor's office	470	editor	427	enforce	334
document	55	editorial	438	engage	371
domestic	207	educational	316	engrave	136
dominant	275	effective	161	enhance	332
dominate	126	efficiently	32	enjoyable	438
donate	299	effort	261	enlarge	379
donation	321	elaborate	254	enormously	354
dose	469	elderly	354	enough	357
double	63	elect	363	enrollment	344
double-sided	142	election	254	ensure	343
doubt	43	electrically	152	entail	111
downfall	76	electronically	103	enter	186
downsize	272	electronics	156	enterprise	269
downtown	484	elegant	137	entertaining	162
downturn	120	element	313	enthusiasm	18
draft	43	elementary	93	enthusiast	170
drag	254	elevate	291	entirely	201
drain	402	eligible	17	entitle	278
dramatically	66	eliminate	151	entrance	395
drastic	44	eloquent	366	entrepreneur	27, 268
drawback	60	elsewhere	297	entrust	109
drawing	300	embark	60	entry	298
driver's license	484	embark on[upon]	76	envelope	111
driveway	404	embarrass	222	environmentalist	442
drop off	419	embellish	388	environmentally-friendly	455
drought	452	embezzle	272	envision	141
drug	468	embrace	191	equally	360
due	102	emerge	217	equation	323
due to	74	emergency	471	equipment	148
duplicate	27	eminent	371	equipped	214
durability	224	emission	447	equivalent	69
durable	134	emit	455	ergonomic	470
duration	106	empathy	370	errand	305
dust	453	emphasis	442	error	53
duty	152	employment	21	escape	43
duty-free	502	empower	273	escort	238

especially	199	
essential	148	
establish	264	
established	266	
establishment	470	
estate	391	
estimate	47	
ethic	336	
evade	75	
evaluate	373	
evaluation	361	
evenly	379	
event	293	
eventful	240	
eventually	428	
ever	83	
ever since	355	
everywhere	232	
evidence	274	
evident	61	
evidently	336	
evolve	310	
exactly	116	
exaggerate	173	
examination	280	
examine	321	
example	82	
excavation	388	
exceed	63	
excel	371	
excellent	230	
exception	143	
exceptional	17	
excessive	442	
exchange	188	
excited	307	
exclude	282	
exclusive	289	
exclusively	263	
excursion	497	
executive	27, 279	
exemplary	366	
exemplify	371	
exhibit	172	
exhibition	295	
exhilarating	305	
existing	152	
exotic	503	
expand	261	
expect	113	
expedite	26	
expel	323	

expenditure	88	
expense	80	
expensive	180	
experience	20	
experienced	427	
experimental	135	
expert	26	
expertise	16	
expiration	337	
expire	215	
explain	256	
explicitly	330	
exploit	275	
explore	44	
export	272	
exposition	44	
exposure	164	
express	254	
exquisite	191	
extend	145	
extension	377	
extensive	18	
external	224	
extinction	453	
extra	200	
extract	429	
extraordinary	59	
extravagant	191	
extremely	461	
eye-catching	208	

F

fabric	190	
fabricate	157	
face	444	
facilitate	117	
facility	15	
factor	348	
factory	156	
factually	418	
failure	214	
faintly	255	
fair	297	
fairly	318	
fake	91	
familiarize	51	
famous	175	
fare	478	
farming	200	
fascinated	169	
fasten	487	

fast-growing	74	
fatigue	471	
faucet	386	
faulty	216	
favorably	167	
feasibility	347	
feasible	140	
feature	392	
federal	338	
fee	493	
feedback	231	
fellowship	357	
ferry	486	
fertilizer	452	
fiction	439	
field	313	
figure	71	
figure out	43	
fill	207	
fill in for	372	
fill out	26	
filtration	405	
final	90	
finalize	49	
finally	392	
finance	103	
financial	82	
find	349	
finding	45	
find out	439	
fire	370	
fireplace	404	
firm	270	
firmly	59	
fiscal	90	
fit	191	
fitness	469	
fix	223	
fixed-rate	111	
flair	224	
flat	389	
flavor	140	
flavored	193	
flaw	320	
flawless	158	
fleet	481	
flexibility	100	
flexible	500	
float	501	
flood	453	
floor	403	
flourish	120	

인덱스 | 543

fluctuation	119	
fluent	28	
flyer	173	
focus	165	
focus on	172	
fold	387	
following	100	
follow up on	29	
for ages	143	
forcefully	252	
forecast	448	
foreign	60	
foreseeable	122	
forfeit	339	
forge	387	
form	39	
formally	365	
format	432	
formerly	375	
formidable	411	
forthcoming	76	
fortunately	356	
forum	305	
forward	36	
fossil	452	
foster	371	
foundation	389	
founder	268	
founding	323	
fountain	454	
fragile	222	
fragment	322	
fragrance	202	
frankly	92	
free	239	
freight	207	
frequently	47	
friendly	240	
frustrate	216	
fulfill	45	
fully	50	
functional	477	
fund	485	
fundamental	275	
funding	83	
fundraiser	300	
furious	257	
furnace	452	
furnished	403	
furniture	403	
further	217	
furthermore	283	

G

gadget	223
gain	70
gap	223
garage	398
gardening	453
garment	193
gather	173
gather up	503
gauge	167
generally	409
generate	157
generation	373
generic	190
generously	492
gently	152
genuine	136
geographical	501
get a discount	190
get along with	305
get a refund	193
getaway	503
get in touch	438
get in touch with	42
get lost	487
get off	501
get out of	336
get over	306
get rid of	58
get to	28
giant	274
gift certificate	192
give out	110
glassware	208
goods	209
go on vacation	500
go over	44
go through	42
gourmet	503
graciously	172
gradual	71
gradually	445
graduate	322
grain	156
grand	469
grant	407
grateful	355
gratified	238
gratitude	348
greatly	345
grocery	202
gross	77

groundbreaking	175
group rate	93
growth	63
guarantee	491
guardian	356
guest	209
guide	494
guideline	334
gusty	455
gutter	389

H

habitat	443
habitually	235
had better	238
halt	337
handbook	56
handheld	321
handle	216
hand out	28
handout	61
hang	404
harbor	486
hardly	442
hardware	202
harmony	357
harsh	282
harvest	201
haul	207
have difficulty -ing	158
haven	502
hazard	225
hazardous	153
headline	437
headquarters	274
health	468
heavily	111
heavy	473
hectic	59
hedge	387
height	388
heighten	373
helpful	233
heritage	452
hesitant	492
hesitate	51
high-end	419
highlight	471
highly	15
highway	484
hire	22

historically	379		impractical	421		industry	21	
history	26		impressed	227		industry-wide	91	
hit the road	500		impression	439		inevitable	338	
hobby	355		impressive	17		inevitably	118	
hold	294		improbable	339		inexperienced	370	
hold off	91		improper	238		in favor of	75	
hold on to	289		improve	343		infection	471	
homemade	402		improvement	174		infer	93	
honor	347		improvise	300		inferior	321	
honorable	371		imprudent	240		inflict	272	
hospitality	238		inaccessible	339		influence	117	
host	500		inaccurate	53		influx	389	
household	402		in addition to	111		inform	330	
hub	501		inadequate	224		informal	313	
humidity	454		in advance	316		information	425	
hype	174		inadvertently	43		informational	469	
			inattentive	322		informative	430	
			inaugural	254		infrastructure	126	
			incalculable	92		infuriate	238	
ideal	418		in case of	339		ingredient	461	
ideally	393		in cash	193		inhabitant	405	
identical	338		incentive	350		initial	66	
identification	19		inception	372		initiate	307	
identify	216		in charge of	27		initiative	441	
idle	153		incidental	252		injection	125	
ignore	493		inclement	454		in light of	60	
illegible	437		inclination	254		in motion	484	
illiterate	322		include	48		innovative	31	
illness	468		income	76		in person	27	
illustrate	437		incoming	61		in place	208	
image	438		in conjunction with	111		inquire	233	
imaginable	141		inconvenience	230		inquisitive	166	
imitation	225		incorporate	169		in reference to	141	
immediately	227		incorrect	323		insecure	109	
immense	235		increase	64		insert	239	
immerse	225		increasingly	489		insightful	61	
immigration	502		incredibly	74		insist	249	
imminent	421		incrementally	72		insolvent	275	
impact	478		incur	122		inspect	211	
impeccable	174		incurable	372		inspiration	163	
impede	124		indecisive	142		install	53	
impel	321		indeed	278		installation	389	
impending	109		independently	411		installment	85	
imperative	334		indicate	114		instantly	370	
implement	33		indicator	93		instead	480	
implicate	275		indifferent	238		instinctive	275	
implication	165		indigenous	420		institute	411	
import	270		individual	345		institution	104	
importance	445		individuality	373		instruction	130	
impose	484		individually	137		instrumental	366	
imposing	174		induce	285		insufficient	28	
impossible	322		indulge	502		insulation	386	

insult	373	
insurance	464	
intake	471	
integral	92	
integrate	268	
integrity	371	
intelligence	323	
intend	407	
intense	45	
intensify	127	
intensive	92	
intent	415	
intention	232	
intently	126	
interact	412	
interactive	310	
interest	98	
interested	264	
interest rate	109	
interfere	60	
intermittent	92	
in terms of	124	
internal	349	
international	502	
internship	371	
interpersonal	27	
interpret	436	
interrupt	254	
interruption	479	
intersection	481	
interval	503	
interview	24	
in the coming year	111	
in the heart of	484	
in the meantime	455	
in the middle of	92	
intimate	371	
intriguingly	420	
introduction	156	
introductory	316	
intuitively	316	
in tune with	421	
invaluable	464	
invention	415	
inventory	187	
investigate	273	
investigation	215	
investment	69	
invigorating	169	
invitation	295	
invite	174	
inviting	166	

invoice	206	
involve	436	
in[with] regard to	29	
irrelevant	249	
irritation	241	
issue	426	
item	187	
itinerary	490	

J

janitor	372	
jeopardy	206	
job	53	
join	360	
joint	225	
journal	430	
journalist	431	
jovial	190	
just	364	
just as	355	
justification	166	
just in time	209	

K

keep	247	
keep in mind	241	
key	283	
keynote speaker	255	
kindly	175	
kindness	240	
knob	403	
knowingly	285	
knowledge	461	
knowledgeable	453	

L

label	192	
labor	357	
laboratory	413	
lack	166	
ladder	387	
landfill	453	
landlord	402	
landmark	386	
landscape	388	
landscaping	399	
lane	485	
lapse	217	
largely	65	

lasting	317	
last-minute	486	
late	250	
lately	409	
later	393	
latest	130	
launch	132	
laundry	403	
lay off	125	
lay out	388	
layover	502	
leading	264	
leaflet	58	
leak	386	
leakage	223	
lease	399	
leave	491	
lecture	320	
leftover	305	
legacy	320	
legal	289	
legally	90	
legislation	336	
leisure	497	
lend	111	
lengthen	389	
lengthy	247	
lesson	312	
liability	289	
liable	91	
lifestyle	470	
lift	405	
lighten	389	
likelihood	76	
likely	432	
likewise	188	
limited	35	
linguistics	320	
liquidate	75	
liquidity	272	
listing	187	
literacy	320	
literally	323	
literature	439	
litter	452	
load	203	
loan	102	
lobby	386	
local	197	
locate	475	
location	211	
lock up	402	

lodge	404	
log	389	
logistics	206	
long-term	418	
look forward to	28	
look over	209	
look through	28	
look up to	357	
loose	225	
loss	270	
lost and found	404	
lounge	306	
lower	84	
low income	356	
loyalty	235	
lucrative	75	
lumber	382	
luncheon	307	
lyrics	436	

M

mailing	209
main	372
mainly	45
maintain	212
maintenance	376
majority	198
make	181
make sense	126
makeup	357
make up for	127
make up one's mind	291
make use of	44
malfunction	219
manage	39
managerial	367
mandate	333
mandatory	38
maneuver	273
manner	159
manual	191
manually	156
manufacturer	146
manuscript	433
march	485
margin	209
marginally	84
marine	444
marked	479
markedly	67
market	168

marketplace	193
massive	156
masterpiece	193
master's degree	26
material	153
maternity	354
maximize	153
meal	470
meaningful	275
means	168
measure	69
measurement	188
mechanic	220
mechanism	159
mediate	338
medical	466
medication	470
medicine	465
meditation	241
meet	15
membership	175
memorize	323
mend	222
mention	256
merchandise	185
merchant	77
merely	395
merge	106
merger	45
merit	141
mess up	418
method	45
methodically	433
meticulously	497
metropolis	387
microscope	419
migration	403
milestone	59
mindful	44
minimal	465
mining	125
minor	217
minutes	252
misconduct	338
misleading	436
misplace	337
mispronounce	306
missing	222
mission	372
mistakenly	98
misunderstanding	241
moderately	66

modernize	402
modesty	373
modification	376
modify	90
momentarily	154
momentary	320
monetary	90
monitor	37
monopoly	273
monument	306
morale	44
mortgage	76
mostly	366
motivate	354
motivation	53
mount	420
mow	405
multilateral	143
multilingual	28
multinational	28
multiple	493
municipal	381
mural	193
museum	501
mutually	464

N

namely	58
nap	355
narrative	438
narrow	405
national	286
nationally	274
nationwide	208
native	29
navigate	501
nearby	492
nearly	80
neat	305
necessarily	118
necessary	489
neglect	125
negligible	419
negotiation	265
neighbor	372
neither A nor B	127
neutral	307
neutrality	110
nevertheless	461
niche	60
no matter how	93

nominal	76	
nomination	347	
nominee	305	
non-profit	469	
non-slip	403	
normally	50	
notable	474	
notably	77	
note	196	
noteworthy	351	
notice	327	
noticeable	72	
notification	175	
notify	180	
novelist	438	
novice	61	
numerical	320	
numerous	54	
nutrition	465	
nutritional	140	

O

oak	389
objective	248
obligation	332
oblige	273
observance	336
observe	329
obsess about	174
obsolete	138
obstacle	388
obstruct	482
obtain	375
obvious	44
occasion	372
occasionally	476
occupancy	402
occupation	24
occupy	363
occur	222
offer	179
offering	307
office supplies	43
official	281
off-season	172
offset	74
of one's choice	470
omission	437
omit	44
on a first-come, first-served basis	471

on behalf of	470
on board	500
once	474
on duty	373
ongoing	381
only	35
on one's way	486
on purpose	223
on sale	208
on-site	301
on the edge of	159
on time	29
open	293
opening	22
operate	33
operation	267
opinion	45
opportunity	393
oppose	477
opposite	307
opposition	289
opt	158
optimal	84
optimistic	120
optimize	59, 378
option	478
optional	169
orchard	209
order	183
orderly	338
ordinary	339
organic	193
organization	51
organize	298
orientation	312
oriented	241
original	182
originate	494
ornamental	388
otherwise	113
outage	403
outcome	42
outdated	140
outdoor	304
outfit	138
outgoing	204
outing	304
outlast	143
outlay	158
outlet	207
outline	32
outlook	29

out of business	77
out of order	159
out of stock	190
out of town	388
output	150
outrageous	388
outreach	300
outsource	126
outstanding	84
outwardly	419
ovation	356
over	115
overall	119
overcome	90
overdue	380
overhaul	154
overhead	383
overlap	419
overlook	43
overnight	487
overseas	203
oversee	40
oversight	218
overtime	60
overview	27
overwhelmingly	428
owing to	143
own	323

P

pace	150
package	199
paid leave	354
palace	404
panel	317
panic	274
parallel	485
paramount	174
parcel	206
pardon	382
part	220
partial	204
participate	244
particular	326
particulars	281
partition	110
partner	286
part-time	29
passenger	487
passerby	405
pass out	76

passport	500	number)	108	precise	61		
password	108	place	186	precisely	74		
past	150	plain	438	predecessor	370		
patent	418	planning	248	predicate	257		
patently	241	plant	154	predict	115		
patient	471	platform	207	prediction	274		
patio	404	pleased	228	predominant	125		
patron	235	pledge	288	preference	161		
patronage	236	plenty of	159	preliminary	420		
patronize	306	plummet	274	premises	386		
pavilion	387	podium	323	premium	77		
payable	75	poem	318	preparation	147		
paycheck	352	poet	436	prepare	256		
payment	181	poetry	437	prerequisite	29		
pay off	371	policy	48	prescription	464		
payroll	354	polish	383	presence	267		
pedestrian	484	politely	239	present	327		
peer	59	politics	339	presentation	245		
penalty	336	poll	256	preservation	421		
pending	265	pollution	450	preserve	443		
pension	29	ponder	124	preside	255		
perceive	418	poorly	61	press	436		
percentage	419	popular	306	pressure	372		
perceptive	321	population	446	prestigious	349		
perfectly	131	porch	387	prevail	77		
performance	32	portable	140	prevalent	503		
perhaps	240	portfolio	109	prevent	445		
periodical	438	portion	449	prevention	468		
periodically	458	portrait	438	preview	436		
perishable	197	portray	321	previous	81		
permanent	23	pose	173	price	192		
permission	332	position	18	pride	372		
permit	376	positive	493	primarily	361		
persistent	458	possess	363	primary	74		
personal	329	possession	397	primitive	420		
personality	367	possibility	475	principal	141		
personalized	136	post	101	print	437		
personnel	312	postage	207	prioritize	257		
perspective	364	postpone	243	priority	262		
persuasive	162	posture	469	privatization	126		
pertinent	141	potential	457	privilege	44		
perturbed	224	pottery	206	prize	356		
pharmaceutical	416	practical	133	probably	115		
pharmacist	470	practice	447	probe	419		
phase	133	practitioner	469	procedure	19		
physical	468	pragmatic	142	proceed	54		
physician	466	praise	175	proceeds	85		
pick up	157	preach	172	process	148		
picturesque	496	precaution	332	procrastinate	290		
pile up	159	preceding	122	produce	275		
pillar	388	precious	209	product	132		
PIN(personal identification		precipitation	455	productivity	31		

professional	20		purpose	246		realignment	373
professionalism	229		pursue	317		realistic	290
professor	320		pursuit	322		realize	356
proficiency	273		put away	305		rear	404
proficient	309		put down	257		reason	322
profile	43		put forth	61		reasonable	184
profit	67		put in	108		reassure	124
profitable	85		put into effect	288		rebate	209
progress	370		put off	43		rebound	274
progressive	275		put on	190		rebuild	386
prohibit	331		put together	158		recall	223
project	377					receipt	195
projected	72					receive	343
proliferation	223		**Q**			recently	443
prolong	154		qualified	19		receptacle	454
prominently	494		qualify for	486		reception	54
promise	357		quality	135		receptive	255
promising	20		quantity	207		recession	74
promote	161		quarter	290		recharge	373
promotion	359		quarterly	87		recipient	304
promotional	184		query	124		reciprocal	337
promptly	31		questionnaire	414		reckless	240
proof	282		quicken	92		reclaim	225
proofread	61		quickly	227		recognize	344
propel	157		quite	101		recommend	457
properly	219		quota	289		reconcile	337
property	393		quote	74		reconsider	257
proportion	157					record	412
proposal	477					recover	465
prospect	122		**R**			recovery	500
prospective	23		railway	487		recreational	500
prosperous	77		rainfall	454		recruit	15
protect	441		raise	90		recycling	448
protocol	337		ramp	485		redeemable	191
prototype	142		randomly	203		redirect	208
proudly	173		random sampling	419		reduce	65
prove	365		rapidly	262		reduction	274
provide	229		rarely	477		refer	409
provisional	364		rate	198		reference	21
provoke	255		rather	116		referral	323
proximity	394		rating	236		refine	320
public	478		ratio	90		reflect	120
publication	433		rational	173		reflection	420
publicity	162		rationale	339		reforestation	454
publish	425		raw material	143		reform	119
published author	439		reach	116		refrain	333
publisher	436		react	239		refreshment	254
punctual	250		readership	431		refrigerator	206
punishment	336		readily	212		refund	183
purchase	179		readjust	373		refurbish	386
pure	503		ready	100		refusal	289
purify	452		real-estate	77		refute	168

regain	355	
region	501	
regional	433	
regionally	421	
register	297	
regret	234	
regrettably	109	
regularly	179	
regulation	329	
reimburse	39	
reinforce	225	
reject	101	
related	379	
relatively	182	
relaxing	470	
release	131	
relevant	376	
reliable	129	
reliance	458	
reliant	77	
relieve	459	
religion	307	
relinquish	337	
relocate	397	
relocation	370	
reluctant	312	
rely on	29	
remain	149	
remainder	469	
remark	110	
remarkable	116	
remarkably	355	
remedy	465	
remember	373	
remind	42	
reminder	463	
remit	108	
remnant	142	
remodel	389	
remove	40	
render	58	
renew	280	
renewal	438	
renovate	396	
rental	396	
repair	212	
repave	482	
repeatedly	233	
rephrase	256	
replace	211	
replica	404	
reply	240	

report	51	
representative	64	
reproduction	42	
reputable	409	
reputation	33	
request	343	
request form	338	
require	325	
requirement	18	
reschedule	256	
research	407	
resemble	157	
reservation	501	
reserve	294	
reset	503	
reside	405	
residence	395	
resident	403	
residential	396	
resignation	364	
resistance	285	
resolute	339	
resolve	211	
resort	503	
resource	314	
respect	278	
respectfully	233	
respectively	127	
respondent	238	
respond to	439	
response	49	
responsibility	33	
restoration	445	
restore	354	
restraint	338	
restrict	331	
result	408	
resume	22	
retailer	204	
retain	346	
retard	174	
retention	354	
retirement	365	
retreat	272	
retrieval	223	
retrieve	87	
return	182	
reusable	449	
reveal	43	
revenue	72	
reverse	336	
revert	351	

review	19	
revise	425	
revision	91	
revolutionary	141	
revolve around	338	
reward	352	
ride	485	
ridiculous	241	
rightly	339	
rigid	337	
rigidly	334	
rigorous	331	
rigorously	336	
rise	272	
risk	275	
risky	104	
ritual	336	
rival	372	
riverside	453	
roadwork	486	
role	323	
rooftop	387	
rotate	373	
rough	225	
round trip	502	
route	484	
routine	34	
routinely	418	
row	487	
royalty	288	
ruin	405	
rule out	338	
run	109	
run into	173	
run out of	191	
runway	486	
rural	388	
rush	487	

S

safeguard	501	
safety	146	
safety inspection	158	
salary	350	
sale	64	
salesperson	174	
sales trend	172	
salvage	240	
sample	134	
sanction	124	
sanitary	402	

satisfactorily	309	sewerage	405	soak	449
saving	99	shallow	158	soar	75
savvy	372	share	63	social	307
scant	224	shareholder	290	solar	399
scarce	224	sharpen	93	sold out	190
scarcity	143	sharply	64	solely	163
scatter	454	shelter	453	solicit	170
scenery	453	shift	52	solid	42
scenic	496	shipment	199	solidify	368
schedule	473	shipping	206	solitary	415
scheme	91	shop	187	solution	420
scholarship	354	shortage	87	somewhat	104
score	373	shortcut	486	sophisticated	404
scratch	223	shortly	145	sort	321
screening	26	shovel	389	sort out	418
screenwriter	438	showcase	304	source	449
scrutinize	140	show off	172	souvenir	500
sculptor	318	shred	291	space	389
seal	284	shrink	158	spacious	400
search	420	shut down	208	span	289
seasonal	201	sightseeing	501	spare	91
seating	299	signal	485	sparingly	450
secondary	126	signature	284	sparsely	455
secretary	256	significant	113	specialist	415
secure	328	significantly	67	specialize	49
security	357	signify	439	specially	136
seek	357	signing	290	species	454
seemingly	142	sign up for	27	specific	81
segment	223	silence	255	specification	278
seize	357	similar	174	specify	281
seldom	480	simplify	248	specimen	143
select	361	simply	491	speculation	105
selection	129	simultaneously	28	speech	257
selective	426	sincere	315	spend	208
sell	175	site	384	spending	88
semiconductor	157	situated	305	splendid	191
sensitive	331	situation	125	split	257
separately	81	sizable	68	spoil	222
separation	273	skeptical	127	spokesperson	304
sequence	299	skilled	22	sponsor	436
series	309	skillfully	133	spot	124
seriously	239	skyrocket	77	spread out	109
serve	234	skyscraper	386	square	403
service	229	sleeve	192	squeeze	307
session	314	slight	193	stable	85
setback	382	slightly	68	stack	387
set forth	289	slip-resistant	471	staffing	469
settle	218	slot	45	stage	307
settle on	255	slowdown	125	stagnant	124
set up	27	sluggish	127	stain	220
severe	421	smoke detector	388	stamp	291
severely	213	smoothly	252	stance	291

stand	439	submit	16	switch	105		
standard	325	subscribe	436	switch off	208		
stand in line	192	subscriber	190	symmetrical	404		
staple	192	subscription	427	symptom	459		
stare	191	subsequent	163	synergy	75		
starting	354	subside	241	synthetic	142		
startled	412	subsidiary	269	systematically	88		
statement	105	substantial	68				
state-of-the-art	141	substantive	288				
stationery	190	substitute	458	**T**			
statistical	88	subtle	452	tactic	75		
status	102	suburb	500	tag	192		
steady	68	suburban	503	tailored	111		
steel	143	success	130	take care of	109		
steep	450	successful	20	take down	175		
steer	157	successfully	263	take effect	109		
stellar	173	sudden	74	take off	486		
stern	290	suffer	220	takeover	272		
still	359	sufficient	81	take part in	60		
stimulate	164	suggestion	243	take place	301		
stipulation	127	suitable	249	take the initiative	275		
stock	124	summarize	418	talent	307		
stockholder	290	summary	248	target	173		
stockroom	206	summit	255	task	37		
stop by	240	sumptuous	256	tax	90		
storage	200	superb	240	tear down	389		
store	209	superbly	137	technical	214		
story	405	superior	351	technically	158		
straightforward	284	supervise	38	technician	213		
strategically	50	supervision	380	technique	225		
strategy	266	supplement	42	technology	416		
streamline	60	supplier	156	tedious	306		
strength	261	supply	196	televise	438		
strengthen	59	support	54	temperature	454		
strenuous	382	supreme	193	template	433		
stretch	466	surely	255	temporary	185		
strictly	326	surface	419	tenant	395		
stringent	337	surge	74	tend to V	190		
strive	231	surgeon	469	tentative	280		
stroll	485	surpass	299	tentatively	108		
strong	114	surplus	85	tenure	370		
structure	377	surrender	290	term	277		
struggle	59	surrounding	397	terminal	500		
study	414	survey	232	terminate	288		
stunned	304	susceptible	321	terrain	455		
sturdily	142	suspect	281	terrific	45		
sturdy	135	suspend	147	testimonial	172		
stylish	207	sustain	452	textile	126		
subcontractor	290	sustainable	71	theater	503		
subject	352	swap	290	then	218		
subjective	256	sweep	403	theory	125		
submission	339	swiftly	218	thermostat	140		

thickly	206	turn on	156	update	146
thoroughly	34	turn out	58	upgrade	148
thrive	119	turnover	76	upon[on] -ing/명사	157
throw away	140	turn up	224	upset	224
tighten	357	twice	421	upswing	75
timely	204	twofold	75	up to	188
title	439	typically	394	up-to-date	43
tolerate	238			urban	398
tool	159			urge	240
total	88	**U**		urgent	243
totally	382	ultimately	463	usage	448
tour	495	unable	246	utensil	159
tourism	498	unambiguous	356	utility	381
tow	482	unanimous	250	utilize	315
tow away	485	unattended	498	utmost	44
trace	208	unauthorized	93		
track	487	unavoidable	92		
trademark	174	unbearably	224	**V**	
traditional	186	unbeatable	142	vacancy	502
traffic	485	uncertain	284	vacant	16
trail	384	undergo	481	vacuum	454
trainee	60	underline	320	valid	186
training	23	underlying	273	validate	93
tranquil	421	understaffed	28	valley	455
transaction	97	understandably	368	valuable	361
transcript	436	understanding	317	value	357
transfer	475	undertake	410	vanish	225
transform	269	underway	77	variable	415
transit	479	undue	356	variation	421
transition	265	unduly	76	variety	35
translate	418	unexpected	117	various	135
translation	437	unfamiliar	280	vary	101
transmission	252	unfavorable	446	vast	447
transmit	471	unforeseen	93	vaulted	388
transparent	105	unforgettable	322	vehicle	480
transportation	480	unfortunately	378	vendor	203
treat	241	unique	184	ventilation	455
treatment	459	unit	159	venture	268
tremendous	26	universally	439	venue	28
tremendously	92	unoccupied	403	veranda	386
trend	61	unprecedented	72	verbal	77
trial	273	unproductive	76	verification	291
trigger	306	unresponsive	236	verify	331
triple	75	unrest	274	versatility	347
trouble	224	unstable	273	vessel	487
truly	356	untenable	256	veteran	317
trustee	110	unusually	446	via	484
try on	192	unveil	410	viable	274
try out	143	unwanted	429	vicinity	501
tuition	323	unwavering	225	vicious cycle	124
turnaround	206	unwilling	290	view	489
turn down	307	upcoming	243	vigilantly	105

violation	333
virtual	42
virtue	241
virtuous	322
visible	439
visitor	209
vital	329
vivid	93
volatile	274
volume	420
voluntary	318
volunteer	296
voucher	354
voyage	502

W

wage	28
waive	351
wane	127
warehouse	199
warm	503
warranty	219
wary	471
waste	452
wasteful	151
waterproof	141
weakness	225
wealth	434
wear	223
wearable	143
weave	156
weeklong	301
weigh	419
welcome	228
welcome reception	29
welding	222
welfare	355
wellness	465
when it comes to	90
whether	322
whole	404
wholesale	190
widely	262
widespread	368
wildlife	454
willing	239
win	175
win a contract	288
window-shopping	191
wing	400
wire transfer	108
withdraw	103
without	355
withstand	137
wonder	321
work a shift	159
workbench	159
workflow	157
workforce	372
working condition	356
workload	469
work on	439
workout	471
workplace	28
workshop	315
worsening	448
worthwhile	466
worthy	373
wrap	387
wrap up	59
write up	338

Y

year-end	91
year-round	471
yield	413

Z

zealous	140

끊어 읽기, 왜 필요한가?

> 단어를 하나씩 해석하거나 문장에서 단어의 순서나 구조를 고려하지 않고 단어의 의미를 임의로 조합하여 이해하는 경우, 이는 해석 속도를 늦출 뿐만 아니라 오역으로 이어지게 됩니다. 이 교재에는 토익 학습에 적절한 예문이 1,300개 이상 실려 있고, 모든 예문이 빠르고 정확한 해석을 도울 수 있는 적절한 덩어리로 나누어져 있습니다. 이렇게 덩어리로 묶어서 해석하는 연습을 계속하게 되면, 이 교재 학습을 끝내는 30일 이후에는 이전보다 훨씬 더 빠르고 정확한 해석을 할 수 있게 될 것이라고 확신합니다.
>
> 한국외국어대학교 영어통번역학부 교수 김광섭

분명히 문장을 다 읽었는데 의미가 눈에 들어오지 않아 처음부터 다시 읽는 경험을 해 보지 않으셨나요? 어떻게 하면 읽은 문장을 반복해서 읽지 않고 정확한 의미를 빠르게 파악할 수 있을까요?

그 해답은 바로 '끊어 읽기', 즉 단어를 하나씩 해석하는 것이 아니라 의미를 이루는 덩어리 단위로 묶어서 해석하는 연습에 있습니다.

(A) All / applications / must / be / reviewed / by / next / Thursday.
   모든 / 지원서들은 / 반드시 / 되어야 / 검토되어야 / 까지 / 다음 / 목요일

(B) All applications / must be reviewed / by next Thursday.
   모든 지원서들은 / 검토되어야 한다 / 다음 목요일까지

위의 두 끊어 읽기 방식을 비교해 보면 (A)보다 (B)가 훨씬 더 빠르고 정확한 해석을 하도록 도와줍니다.

그렇다면, 무엇이 덩어리를 이루는 것일까요?
주어, 서술어(동사), 목적어, 보어, 수식어가 각각 하나의 덩어리를 이룹니다.

하지만 이러한 문법적 덩어리를 적용해 기계적으로 끊어서 해석할 필요는 없습니다. 각각 구성 성분의 길이가 짧을 경우 구성 성분을 모두 나누어 읽게 되면, 오히려 빠른 해석에 방해가 되고 해석에 불필요한 문법적인 특성에 집중하게 될 수 있습니다.

즉, 단어의 난이도에 따라 그리고 덩어리 크기에 따라 '주어와 동사'가 함께 묶일 수도 있고, '동사와 목적어'가 함께 묶일 수도 있고, '주어와 동사와 목적어'가 함께 묶여서 해석될 수 있습니다.

따라서 본 교재에서는 "빠르고 정확한 해석"을 돕기 위해 어떤 경우에 '주어와 동사'를 묶고 어떤 경우에 '동사와 목적어'를 묶을지를 다음과 같이 정했습니다.

끊어 읽기 기본 규칙

* 여기서 '길다, 짧다, 간단하다'라는 표현은 단순한 '길이'를 나타내기도 하지만, 단어의 난이도를 나타내기도 합니다.

❶ 주어가 길 경우, 주어 뒤에서 끊었습니다.

Most applicants / failed to ~

❷ 주어가 짧을 경우,

(1) '주어와 동사'를 한 덩어리로 묶었습니다.

You should possess / a degree ~

(2) 하지만 동사와 목적어의 관계가 의미적으로 긴밀하게 연결되어 있어 한 덩어리로 학습하면 좋은 경우, 주어 뒤에서 끊고 '동사와 목적어'를 한 덩어리로 묶었습니다.

Alp Limited / must obtain approval ~

❸ 주어, 동사, 목적어가 짧아서 한눈에 읽히면 '주어, 동사, 목적어'를 한 덩어리로 묶었습니다.

You will receive a certificate / at the end of the course.

❹ 단, 한눈에 읽히더라도 학습자가 혼동할 만한 부분이 있다면 끊어 읽기를 통해 의미상 묶이는 표현을 표시했습니다.

It may take / up to 4 weeks / for your overseas order / to arrive.
→ up to(~까지)를 모르는 경우, take up / to 4 weeks로 혼동할 수도 있다고 판단

끊어 읽기 세부 규칙

❶ 전치사구가 앞의 명사를 수식하는 경우,

 (1) 명사가 주어이면 '명사 + [전치사구]'를 한 덩어리로 묶었습니다.

  The construction of the factory / will resume ~

 (2) 명사가 주어가 아니면 명사와 전치사구 사이를 끊었습니다.

  We are seeking candidates / with a background / in sales.

❷ 목적어가 길 경우, 동사가 간단해도 동사와 목적어 사이를 끊었습니다.

 The renovation of the facility / will increase / employee productivity.

❸ '동사 + 전치사'가 타동사를 이룬다면 동사와 전치사 사이를 끊지 않았습니다.

 ~ / have collaborated on the project.

❹ '동사 + to V' 구조에서

 (1) to V가 동사의 목적어 역할을 하는 경우, to V 앞에서 끊지 않았습니다.

  Mr. Crane hopes to show / exceptional performance.

 (2) to V가 5형식 동사의 목적격 보어 역할을 하는 경우, 5형식 동사가 수동태로 쓰이면 to V 앞에서 끊었습니다.

  Customers are encouraged / to read the user's manual ~

❺ '주어 + 수동태 동사'의 경우,

 (1) 주어와 수동태 동사가 짧아서 한눈에 읽히면 한 덩어리로 묶었습니다.

  The form must be submitted / directly to our headquarters.

 (2) 주어가 길고 수식을 받으면 주어와 수동태 동사 사이를 끊었습니다.

  The expansion of the plant / in Shanghai / is expected / to enhance productivity.

❻ 문장의 말미에 위치하는 부사의 경우,

(1) 바로 앞 덩어리를 수식하면 부사 앞에서 끊지 않았습니다.

   A large shipment of items / will arrive in London tomorrow.

(2) 바로 앞 덩어리를 수식하지 않으면 부사의 길이와 관계없이 부사 앞에서 끊었습니다.

   Please read / the enclosed contract / carefully.

❼ 여러 가지 수식어가 명사를 수식하는 경우, 보통 명사 뒤에서 끊었습니다.

명사 / to V
명사 / 관계대명사절
명사 / -ing
명사 / p.p.